U0552690

本书获中国社会科学院老年科研基金资助

中国社会科学院老学者文库
ZHONGGUO SHEHUI KEXUEYUAN LAOXUEZHE WENKU

中国传统城市文化

ZHONGGUO CHUANTONG CHENGSHI WENHUA

杜瑜 ◎ 著

中国社会科学出版社

图书在版编目（CIP）数据

中国传统城市文化/杜瑜著.—北京：中国社会科学出版社，2014.2
ISBN 978-7-5161-3873-1

Ⅰ.①中… Ⅱ.①杜… Ⅲ.①传统文化—城市文化—研究—中国 Ⅳ.①C912.81

中国版本图书馆 CIP 数据核字（2014）第 011912 号

出 版 人	赵剑英
责任编辑	张　林
特约编辑	陈　振
责任校对	王兰馨
责任印制	戴　宽

出　　版	中国社会科学出版社
社　　址	北京鼓楼西大街甲 158 号（邮编 100720）
网　　址	http://www.csspw.cn
	中文域名：中国社科网　010-64070619
发 行 部	010-84083685
门 市 部	010-84029450
经　　销	新华书店及其他书店

印刷装订	三河市君旺印装厂
版　　次	2014 年 2 月第 1 版
印　　次	2014 年 2 月第 1 次印刷

开　　本	710×1000　1/16
印　　张	27.25
插　　页	2
字　　数	461 千字
定　　价	68.00 元

凡购买中国社会科学出版社图书，如有质量问题请与本社联系调换
电话：010-64009791
版权所有　侵权必究

目 录

绪论 ………………………………………………………………… (1)

第一章 城市建筑文化 ………………………………………… (1)
一 城市布局艺术 ……………………………………………… (2)
二 由殿堂到高楼 ……………………………………………… (14)
三 城市市政设施 ……………………………………………… (24)
四 城市民居文化 ……………………………………………… (30)
五 城市园林文化 ……………………………………………… (40)

第二章 城市交通文化 ………………………………………… (51)
一 城市交通环境 ……………………………………………… (52)
二 邮传驿站 …………………………………………………… (60)
三 市内交通 …………………………………………………… (67)
四 城市的桥 …………………………………………………… (72)
五 交通工具 …………………………………………………… (81)

第三章 城市饮食文化 ………………………………………… (90)
一 传统饮食文化演变 ………………………………………… (91)
二 地方特色名菜 ……………………………………………… (101)
三 地方风味小吃 ……………………………………………… (111)
四 城市酒楼文化 ……………………………………………… (116)
五 城市茶馆文化 ……………………………………………… (124)

第四章 城市服饰文化 (134)
- 一 唐代以前城市服饰的定型 (135)
- 二 唐宋时期城市服饰的开放与禁锢 (142)
- 三 元明清时城市服饰的演化 (146)
- 四 近代城市服饰的变异 (151)
- 五 城市服装流行色 (157)
- 六 城市职业服装 (163)

第五章 城市市场文化 (169)
- 一 由坊市到坊巷 (170)
- 二 摊贩与市镇 (178)
- 三 招幌与广告 (186)
- 四 经纪人与牙行 (195)
- 五 会馆、公所 (201)

第六章 城市外来文化 (213)
- 一 中外经济文化交流的窗口 (215)
- 二 蕃坊与租界 (222)
- 三 丝路花雨 (231)
- 四 西方文化引进的桥头堡 (243)

第七章 城市宗教文化 (252)
- 一 城隍庙的兴衰 (254)
- 二 城市道观 (261)
- 三 城市寺庙 (267)
- 四 城市基督教堂 (273)
- 五 城市伊斯兰教 (279)
- 六 行业信仰 (285)

第八章 城市民俗文化 (292)
- 一 城市节日文化 (293)

二　城市婚嫁习俗 …………………………………………（310）
　　三　城市丧葬习俗 …………………………………………（317）
　　四　城市社交礼俗 …………………………………………（325）

第九章　城市娱乐文化 …………………………………（337）
　　一　城市音乐文化 …………………………………………（338）
　　二　城市舞蹈文化 …………………………………………（343）
　　三　城市戏曲文化 …………………………………………（351）
　　四　城市娱乐文化 …………………………………………（358）
　　五　城市娱乐场所 …………………………………………（365）
　　六　城市体育活动 …………………………………………（373）

第十章　城市江湖文化 …………………………………（382）
　　一　江湖 ……………………………………………………（383）
　　二　算卜 ……………………………………………………（389）
　　三　赌博 ……………………………………………………（394）
　　四　娼妓 ……………………………………………………（399）
　　五　乞丐 ……………………………………………………（404）
　　六　盗贼 ……………………………………………………（409）
　　七　流氓 ……………………………………………………（414）

结束语 ………………………………………………………（421）

绪　论

　　文化是一种社会历史现象。传统是民族文化发展过程中世代相继的结果。它们都渊源于过去，却汇注于现代，并影响着未来。今天我们在搞现代化建设的过程中，依然离不开传统文化。中国传统文化曾有过辉煌灿烂的过去，许多历史文化遗产今天仍放射出夺目的光辉，仍在推动着我国现代化的进程，但有些传统文化中的落后形态却起着阻碍作用。所以有必要对中国传统文化作深入细致的分析研究，取其精华，去其糟粕，使中国传统文化中极为珍贵的优秀文化遗产能为现代化建设发挥更为积极的推动作用。

　　当今社会上出现的一些社会现象和社会问题，追本溯源往往都与历史上传统的城市文化有着千丝万缕的联系，在以往的城市文化中总可找到它们的阴影。我们通过对传统城市文化的形成与发展进行系统的研究，可以使我们对传统的城市文化能有一个正确而又全面的认识，端正人们的生活态度和作风，发扬其中有益人们身心健康的物质与精神生活，抛弃陈旧肮脏而有害的东西，从而有益于移风易俗，有益于建立和发展科学而又文明的生活。从而使我们当今的现代城市文化能得到更健康的发展，促进现代化社会生活的茁壮成长。

　　城市的产生是由于人类社会生产力发展到一定水平，特别是当人们有了剩余产品以后，在人类历史上出现了第三次社会大分工，即开始出现专门从事商品交易的商业活动以后，人们为了防御和保护的目的而兴建了城市。所以城市约产生于原始社会后期，[①] 开始只是围以简陋的环形垣垒，以后随着社会的发展，人口的增加，城市设施的日益健全，城市生活日渐方便舒适，城市文化也随之丰富多彩起来。

---

① 拙作：《中国古代城市的起源与发展》，《中国史研究》1983 年第 1 期。

城市是人类活动的产物，凡有人类活动的地方必然会出现各种文化现象，所以自从城市出现以后，便自然造成一种新的文化环境，城市文化也就产生了。只是早期的城市比较简陋，城市文化也就比较简单；随着城市功能的日益完善，城市文化也日渐丰富，以至于人类的主要文化无不产生于城市。所以施本格勒在《西方的没落》一书中称："人类所有伟大文化都是由城市产生的。"

城市的产生是对其周围广阔的乡村而言，所谓的城市文化也正是相对于周围乡村文化而言，它们之间并不对立，相互关系十分密切，是相辅相成的，不可决然分隔对立。只是城市有其特殊的集聚效应，通过大量的城乡间频繁的接触和交流，人类的知识、技能、经验、思想等不断汇集、聚积于城市，并得到加工、整理、提高，从而形成城市文化。从本质上来说，城市文化实际上源自于乡村，但又高出于乡村；原先的一些乡村文化经过城市的凝聚、整合、加工、改造和提高，逐步形成为城市文化后，它往往又会辐射于四周乡村，从而形成为某一地区的中心文化。

马克思曾说：

> 如果城市工人比农村工人发展，这只是由于他的劳动方式使他生活在社会之中，而土地耕种者的劳动方式使他直接和自然打交道。[①]

城市的产生给人类提供了一种与乡村有着本质差别的人工自然生活环境的人群聚落形态。城市中人工自然生活环境居多，诸如街道、地下管道、花园、体育场、建筑物等公共设施和场所，都是人工建筑的，是人类文化智慧的结晶，是属于智力系统的人工自然生活环境。城市使人们主要生活在社会的人工自然生活环境之中，而不是生活在单纯的大自然中。

人在创造城市的同时，也创造了城市文化。城市，本身就是一种特定的文化。城市既然是人类聚居的产物，城市的发展就离不开人；而文化则是相对于自然原生事物而言的，是由人类活动创造的一切，凡有人活动的地方便有文化；城市文化则是人类聚居于城市特殊环境之中所创造的一切。只有立足于文化，着眼于文化，对城市进行"文化的"研究，从文化角度观察城市，才能更系统、完整、全面而又深刻地认识城市。所以城

[①] 《马克思恩格斯全集》，人民出版社1963年版，第26卷下册，第260页。

市文化包括了城市生活中人类活动的各个方面，几乎可以包罗万象，我们主要是抓住城市文化中的一些最突出的方面来探讨。我们先从物质文化的衣、食、住、行方面说起，然后涉及组合城市的市场文化与外来文化，再透过精神文化方面的宗教信仰、民俗风情、娱乐活动等方面文化的论述，最后还对城市文化中经常产生一些负面效应的江湖文化作了适当的披露和研究。

城市文化最能反映城市特点，其文化内容中有的在农村往往也有，甚至更普遍，但远不及在城市中集中、突出、典型。城市主要特点有以下几点：

1. 城市是社会政治、经济和科技文化的中心；
2. 城市人口比乡村人口集中，来源比较分散，成分相对更复杂；
3. 城市劳动分工和社会分工发达，专业化程度高，其社会化程度比乡村高得多；
4. 城市开放性强；人、财、物流动大；其信息传递系统发达，所以其社会变迁速度也就比乡村快；
5. 城市人际关系比较疏远，比乡村复杂得多。城市由于人口集中，分工复杂，人与人的交往也比农村频繁得多。农村那种以血缘、宗法为基础的人际关系，也就变成了城市中以职业、行业为基础的人际关系。

城市的出现，标志着人类社会在经济、文化发展和聚居形式等方面的一次飞跃。城市有较为优越的居住环境、社会生态和生活条件，这些优越条件能使城市更为有利地形成较完善、比乡村进步得多的城市文化。从而城市生活更优越，城市文化更先进，但城市文化生活并不完善，仍需不断与乡村文化沟通交流，从中汲取养分来充实城市文化的发展。

由于城市中市场经济较为发达，城市居民以商贾市民居多，所以在城市文化中市井文化、市民文化所占比例也就比较突出，于是有人往往把市井文化或市民文化与城市文化等同起来。实际这是一个误区。市井文化只是城市中较为普遍的俗文化；除了广大的商贾市民外，城市中还生活着大批的文人学士，在他们生活中又形成有士文化；在官僚集团中又有官文化；在都城里还有更高雅的宫廷文化。这些诸多文化形成城市文化的多层次，使城市文化丰富多彩。所以市井文化只是城市文化的一个方面，它涵盖不了城市文化的全部。

"市井"是什么？一般都认为：它是相对于乡村而言，一个依托城镇中的市场而存在的热闹地方。但是，再深入思索，发现除了市场，它好像还应该有更丰富的内容，它的意义好像远远超越于市场。那么，它到底是什么呢？

实际上，"市井"就是指城市中的市场。市井是城市里的一个集中管理工商业的特殊区域，它的基本职能是货物交易，而它的基本居民是"工商货殖之民"。这种在城市里专门划出市井区的做法，是早期城市管理的重要制度即"坊市制"，在唐代得以比较成熟。

"坊市制"是商、民分隔的城市管理制度。坊为民居，市为市场，居民在坊中生息，贸易在市中进行，政府专设市场管理市场。到宋代以后，整个城市"坊市合一"。因此"市井"的概念也随之发生了很大变化，基本衍变成城市中平民贸易区。

早在魏晋南北朝时期，在一些繁华的城市外，因交通便利，便于贸易，买卖范围扩大，逐渐由定期集市发展为市镇，由非官方市场集镇慢慢纳入官市系统。到宋代，由于市场经济的发展，普遍兴起农村民间集市，叫"草市"，有的逐步发展成"镇市"。

中国的市井有其特殊性：中国的"市井"是城市（镇）平民赖以生存的土壤和营生的空间。但它们的经济意义和商业化的程度远不及欧洲城市发展成为商人和手工业者的自由领土。在中国的城市和城镇，长期以来，它们的经济意义一直没有超越军事和政治意义。因"市井"只是增加了城市功能，而没有改变中国"郡县城市"的特点，因为所有的城市首先是政治中心，有的还是军事重镇，宫殿和衙署始终占据城市空间的中心。

再从城市中"商民"转变为"市民"的角度来看看市井的变化。唐代以前，中国古代商业发展受到种种限制，市井一般只指商人活动的地方。到宋代，市场发生一个关键性变化，即商业不仅仅局限于货物交易，市场上还出现了纯粹为消费服务的新行业，如勾栏、瓦子、妓院，而且还有大批"游手浮浪"的小工小贩及闲人依托市场而形成。在这之前，"商民"只是一种在籍市民，一种经政府登记、获取经商资格的市人，而这时有大批无籍的"市民"已经形成。

宋代首都汴京，已经有六千四百多家大中型商业主，另有八九千家小商小贩，构成汴京坊廓主户；而坊廓客户为数更多。实际上已形成了一个依托市井作为生存基础的社会阶层，至于有无资产、资本、货物已经不是主要因素。只要市井存在，他们能够通过卖货、卖力、卖艺、卖色、卖智、卖乖、卖巧甚至卖势、卖恶、卖命而生存下去，这就是真正具有独立文化意义上的"市民"阶层。从此作为一个社会概念的"市井"也就形成了。

城市中由于人们的政治、经济地位以及文化水准的不同，便会出现不同层次的文化。基本上有雅、俗之分，基本上可分官文化、士文化、野文化、匪文化等。雅文化一般是指官文化；而士文化近似于雅文化，但士文化并不尽雅。俗文化一般是指市民文化，百姓文化；一般来说，野文化优劣参半，而匪文化则完全属于社会负面文化。一般来说，俗文化与野文化都出自平民百姓，扎根于社会基层，它们虽不入士人之眼，不登大雅之堂，它们是野草山花，更加贴近平民百姓。如古代的诗经、楚辞和今天的流行音乐等都来自民间，它们比汉赋、唐诗和现代高雅音乐显得粗犷、生硬、泼辣，又带着某些粗俗的野味。但它们植根于民间，为广大人民群众喜闻乐见，生机勃勃，天天向上，具有强大的生命力。严格来说，任何一种文化形式，从根本上说，都起源于民间，来自广大劳动人民的创造。所以说俗文化是士文化和雅文化的母体，士文化和雅文化是吸取了俗文化的乳汁长大的，它们源于俗文化、萌生于俗文化，是由俗文化发展而来。一种文化要在文化史上留下印迹，必定要经历从通俗到高雅，从原生态到定型、精致化的过程。中国俗文化的雅化过程，往往是由俗文化向士文化转化，士文化向官文化转化。而士文化则文质彬彬，官文化则堂而皇之。一种通俗的、大众化的文化经过一系列环节的升华，一变而成为严肃的、高雅的文化形式，这便是从俗到雅的过程。一旦发展成为宫廷文化，便开始从内容到形式全面脱离人民，脱离生活，变成毫无时代气息的僵尸，逐渐衰微甚至为人民所抛弃。雅文化只有为人民所接受，才能有生命力。

当前我们实行开放政策，需要在中国传统文化的基础上，广泛吸收各种不同的文化思想和外来文化中的优秀成果，将其转化为现代文化，具有较少保守性；更要防止把已有的传统文化思想绝对化。不同民族文化的交流、引进和吸收是人类历史发展的一种趋势。中国应大量吸收外来进步文化，作为自己文化食粮的原料；而外来文化必须适应、融合到中国文化中，才能不被排斥，发挥应有作用。我们应把传统文化和外来文化的一切优秀成果批判地加以改造和创新。在创造现代文明的过程中，需要吸取世界现代化运动的共同经验，把当代最先进的科学技术学到手，努力攀登科学文化高峰，但这种攀登绝不能离开中国的国情，一笔抹杀我们的民族传统，抛弃我们的历史文化遗产，这样就失去了发展的根。

梁启超在《中国历史研究法》中说过，

> 任何一件事情，非追溯其以往不能明白其现在。

历史与现实既有区别，又紧密相连，历史是逝去了的过去，现实是由历史发展的结果，今天的现实对后人来说又是历史。传统渊源于过去，汇注于现在，又奔流于未来。现代化必须以传统为基础，传统又必须以现代化为目的。我们应立足于当今现代化建设的社会实践，批判地继承、改造和弘扬民族优秀文化而又充分体现时代精神，立足于本国而又充分吸收世界文化优秀成果，来建设现代城市文化。

第一章

城市建筑文化

　　城市建筑往往成为一个城市的"标志"。古代中国城市往往以筑城为"标志",现代化城市往往以宽阔的道路和高楼大厦为"标志"。建筑不仅是一种文化,而且是人类文明凝聚的表现,社会视觉的外化。城市中的建筑是城市环境最触目的景象,统一的城市建筑风格也就基本上决定了城市的风格。

　　现代城市中高楼大厦巍巍耸立,这些高层建筑是现代科学技术发展的产物,主要是采用了各种现代建筑材料构筑而成的,特别是用大量钢筋、钢柱、钢梁、水泥、石块等材料,焊接、浇灌而成,从而形成城市现代建筑文化。这些高楼大厦正在逐步替代原先破旧的老城区,可以使更多的城市人口来享受现代生活方式。

　　由于自然条件、地理环境,以及人们的文化修养、宗教信仰、风俗习惯等方面的区别,人们创造了不同形式、不同风格的建筑和城市,呈现出千姿百态各具风采的特点。在西方,人们创造了古希腊、罗马雄伟的柱式,歌德式建筑的飞扶壁,流动跳跃的巴洛克建筑及以教堂尖顶为中心呈放射式道路的城市格局,给人们留下了深刻的印象。在中国,人们创造了婀娜多姿的屋顶飞檐、雕梁画栋的雄伟建筑和方方正正的方格状道路的城市布局,它记下了中国特色的辉煌历史。

　　随着生产的不断发展,人口的不断增长,人民生活水平的不断提高,为了满足人们居住活动的需要和城市化的迅速发展,城市中现代化建筑正在日新月异地拔地而起。各个社会对建筑的需求都有各自社会的伦理要求,它们的标准是各不相同的。如对高层住宅来说,在发达国家含有"贫穷"意义,而在我国却是"富裕"的表示;一般来说只是认为底层和顶部为"较差"部位。

　　城市也像人一样,有自己的个性风格,也有幽默感、人情味和各种文化情趣。它的特色风貌集中体现在历史各个阶段上建筑文化的积累。我国古代建筑中，汉代朴实敦厚，唐代端庄雄伟，宋代纤细秀丽，明清宏大豪华，都富有时代气息。形成城市风格特色的基础条件是城市的历史，历史越悠久，历史建筑精品遗存越多，越具有更加吸引人的艺术魅力，从而城市风格特色也就越加突出。如不能很好地运用这些财富，就会逐渐丧失其本来的光辉，失去本可利用的良好条件。如近年，由于方盒子大玻璃窗的高层建筑的崛起，城市特色正在一步步地丧失，城市形象正趋于千篇一律。

城市建筑的象征是由民族文化心理或国民性格所决定，并通过建筑物的外观造型和表面装饰来表现。如天安门在国民心中具有民族自信心的象征；颐和园长廊中彩画就体现了传统文化精神；承德避暑山庄、苏州园林、杭州西湖等都充满了人工营造之美，优美绝伦，是中华民族文化瑰宝。它们都蕴藏着千百年来民族文化的积淀。

历史文化名城的特色鲜明于其他城市，更多地表现在文化与艺术的价值上。所以保护古建筑、古城和一切历史文化珍品，是在城市高层建筑不断涌现，高科技、高文化密集型工业发展的形势下，在全世界形成一股文化洪流。如果在空间构图、建筑形式上尽量多吸收当地传统手法，使之融合到新建筑中去，使新型的建筑与古老建筑能尽可能地协调起来，共同构成统一的环境气氛，应当是比较可行的办法。

一　城市布局艺术

城市布局的形成，非一日之举，而是长期历史沉积的结果。今天我国一些主要的大城市布局框架，基本受近代半封建半殖民地的旧社会影响较大。特别是一些受帝国主义入侵影响较深，曾被帝国主义直接侵占过的城市，殖民地痕迹更深些。如东北的哈尔滨，历来有"东方莫斯科"之称，其布局形式显然是帝俄时期呈广场放射状道路系统规划手法的产物。大连是帝俄和日本帝国主义的混合产物，既有帝俄占领时的形式，又有呈现日本占领时期的方格网系统。再如山东青岛就是受德国帝国主义规划思想影响的产物，在海边建有西方各色洋楼别墅。而台湾的城市，因长期为日本帝国主义侵占，所以大多数城市都体现了日本城市规划思想。在沿江沿海的一些城市中，如上海、天津、广州、武汉等，因受一些帝国主义共同侵略的影响，他们以租界形式各据一部分城区，从而各自为政，按其各国规划意图布局，租界内往往格局比较整齐，设施齐全，而租界以外的市区，则混乱不堪，道路系统十分紊乱，横七竖八，设施也残缺不齐，整个城市建筑五花八门，没有什么城市用地功能的划分。

我国城市布局除了受近代半封建半殖民地时期的直接影响外，绝大多数城市都是从古代城市基础上发展而来的，所以受我国传统的规划思想影响很深。我国传统的城市布局艺术，有其特殊的艺术魅力，对周边各国的城市发展还产生过积极的影响。所以有必要对我国传统的城市布局特色和具东方城市建筑文化的艺术魅力，作一些历史性的总结。

为了更好地了解今天我国城市布局历史痕迹，我们有必要对我国自出现城市以来，传统的城市布局发展过程作全面的剖析，看看它所具有的一些基本特点：

第一个特点是，城郭建筑。

我国城市建筑从一开始就有修建城垣的优良传统。在历史文献记载中认为黄帝时代已开始筑城。在近半个多世纪以来的考古发掘中，已发现距今四千年左右的龙山文化时期的筑城遗址多处：如河南登封王城岗城址、[1] 河南淮阳平粮台城址、[2] 河南安阳后岗上围墙城址、[3] 河南郾城郝家台城址、[4] 山东章丘龙山城子崖下层城址、[5] 山东寿光边王线城址、[6] 内蒙古凉城老虎山城址、[7] 山东邹平丁公城址、[8] 湖南澧县城头山古城址[9]等。这些城堡遗址虽然都不太大，仅有一万至二十万平方米而已，但它们说明我国早在原始社会末期向奴隶社会过渡时期即已开始出现城市雏形，而且一开始就都筑有城垣。

---

[1] 河南省文物研究所、中国历史博物馆考古部：《登封王城岗遗址的发掘》，《文物》1983年第3期。

[2] 河南省文物研究所周口地区文化局文物科：《河南淮阳平粮台龙山文化城址试掘简报》，《文物》1983年第3期。

[3] 胡厚宣：《殷墟发掘》，学习生活出版社1955年版，第72页。

[4] 《中国考古年鉴（1987）》，文物出版社1988年版，第178页。

[5] 《城子崖遗址又有重大发现，龙山岳石周代城址重见天日》，《中国文物报》1990年7月26日。

[6] 文物编辑委员会编：《文物考古工作十年（1979—1989）》，文物出版社1990年版，第166页。

[7] 田广金：《凉城县老虎山遗址1982—1983年发掘简报》，《内蒙古文物考古》第4期。

[8] 《邹平丁公发现龙山文化城址》，《中国文物报》1992年1月12日。

[9] 《光明日报》1993年1月26日。

我国古代在筑城的同时，往往在城外还加筑有郭。在文献记载中，除了黄帝筑城传说外，尚有夏禹之父鲧筑城郭和禹筑城郭的说法。实际在史书记载中，对"郭"的修筑有明确具体记载的，则始自于西周初年周公营建的成周。《逸周书·作雒篇》中记：

（周公）作大邑成周于土中，立城方千七百二十丈，郛方七十里，南系于雒水，北因于郏山，以为天下之大凑。

这里的"城"是指王城，"郛"即"郭"，是指外城。它不仅明确记载了成周建郭的位置、范围，而且还记载了城与郭的大小比例关系。不过这里记载的数据有误，经历来方家考证，实际应为："城方一千六百二十丈，郛方十七里"。郭大于城不及一倍。城与郭的功能不同，正如《吴越春秋》所云："城以卫君，造郭以居人"。城内一般以宫室为主，虽也有"市"和手工业作坊，但主要还是为宫室服务的；而郭内主要是居住平民百姓、驻扎军队和设立商业市场、手工业作坊等。

"郭"在早期出现时，或是偏于城的一边，与城是并列的；或是部分相套。这在春秋战国的列国都城的发掘遗址中可以看得很清楚。直至西汉时"郭"与"城"不仅仍不相合，而且未必建有城垣，有的是以山川地势连接而成。至东汉以后，城与郭两者渐趋相连一体，渐成"城"北"郭"南之势。

三国曹魏建都邺城（在今河北省临漳县西南），对传统的营国制度有新的发展。邺城布局新颖、结构严谨，宫城居北之中，利用宫城前的东西干道，划全城为南北两大区，南部为居民区和商业市场。这样北部为"城"，南部为"郭"，两者连成一体，"城"在"郭"的北部正中，形成北城南郭新布局。这种革新精神对以后的城市布局产生很大影响。

隋朝在今西安建大兴城，为了严别内外，不与民杂处，隋文帝杨坚首创在宫城外加筑皇城，把宗庙、社稷和官署都纳入皇城内，从此增加了皇城制度。并仿邺城布局，将宫城、皇城置于全城北部之中，主要宫殿都在中轴线上，皇城南分置东西两市。从此宫城包容在皇城之内，皇城便成为以往之"城"，而外城则为以往之"郭"了。

唐代长安城的布局在隋大兴城的基础上更加完善，对我国以后的都城布局及周边各国都有很大影响。如当时后建的东都洛阳城在许多方面都类似长安城。当时位于东北的渤海国上京龙泉府（今吉林宁安），其布局就基本与长安相同。日本的古都平城京、平安京，也是模仿唐长安城的布局，甚至连朱雀大街、东西市的名称都相同。其他如朝鲜新罗古都庆州、越南古都河内、顺化等城市布局，也都受到唐代长安城的影响。

至于北宋东京开封府城的布局在受唐代长安城的影响基础上，又有新的发展。城郭布局形成三套方城，南北较长，东西较短，平面形状并不方正规则。最内是皇城，也称大内（即紫禁城），宫城也在其内，四面开门，位居全城中央。第二重是里城，虽经多次扩建，但其范围与今开封城墙位置基本相同，平面呈不规则的矩形。最外一层为罗城（即外城），城址目前地面尚有痕迹。三套城墙外都有护城河，从此都城中皇城居中心位置，全城形成"回"字形了。这种形式直接影响到以后的金中都、元大都和明都南京、北京的布局。

这种城郭建筑制度对地方城市也颇有一定影响。如唐代以前的北城南郭布局形式，在唐代的扬州城表现就很突出。扬州城是随着当地经济发展的需要，城市从原先蜀冈上丘陵地区向蜀冈下平原地区发展。《雍正扬州府志·城池》记载：

> 唐为扬州，城又加大，有大城又有子城，南北十五里一百一十步，东西七里三十步，盖联蜀冈上下以为城矣。

唐代蜀冈上的子城，又称衙城、牙城，为衙署集中地，实际是城区部分；而蜀冈下的罗城，又称大城，是居民与商贾的活动地区，实际就是郭的部分。

至于宋代以后，形成的城在郭的中心部位的"回"字形布局形式，在南宋平江城中表现极为明显。其布局形式，深受开封城布局的影响，其郡治衙门所在的子城，正位于全城之中心，亦有一条中轴线贯穿其中。

可见，地方城市布局直接受都城布局的影响。今天随着经济的突飞猛进的发展，我国的城市布局早已冲破了原先城墙的束缚，向四周发展新的城区。原先城廓建筑早已失去其现实意义，只是留下历史的痕迹，作为历史文物保存，供旅游者参观欣赏，如北京的故宫紫禁城，西安、南京等保存完好的城墙等。但许多城市的老城区或繁华的闹市区，受原先城墙影响的痕迹，仍依然可见。

第二个特点是，全城以中轴线为主干，左右对称的布局。

古代中国城市具有中轴线布局意识特征的建筑随处可见。全城以中轴线为主干，左右对称安排，城市显得整齐、统一、秩序井然、有条不紊，予人十分美观的感受。从而具有强烈的政治伦理色彩和浓郁的理性精神，这是我国古代城市建筑文化的一大民族特色。

说到城市的"中轴线"，这与我国传统的"择中"思想有关。在《吕氏春秋·慎势》中已明确提出："择天下之中而立国，择国之中而立宫，择宫之中而立庙"的思想。"居中为尊"的思想历来为我国中华民族所尊崇。

我国建筑物中有关中轴线的布局形式由来已久，早在晚夏、早商时即已渗透着中轴线观念。在河南二里头的宫殿台基遗址中，即已发现台基中部偏北为一庑殿式建筑，其平面布局严谨，已初步具备后世宫殿建筑的中轴线特点。其中轴线就处在其南北两边第五柱洞之上，且与宫殿遗址东西两侧为四的柱洞线平行。[①]

我国城市建筑突出中轴线布局的思想有个发展过程。早期形成阶段并不严密，如上述的二里头宫殿遗址中，其大门与主要殿堂实际并不在一条轴线上，而是分成两条南北中轴线。在以后的湖北黄陂盘龙城商代中期的宫殿遗址、[②] 郑州商城中商代后期的宫殿遗址，[③] 以至西周以后到春秋战国时列国都城中的宫殿分布，虽都在一条轴线上，但左右建筑物的分布并不严密对称。这种状况基本持续到西汉。

有关中轴线思想的记载，最早在《周礼·考工记·匠人》篇中反映最为突出：

> 匠人营国，方九里，旁三门。国中九经九纬，经涂九轨。左祖右社，面朝后市。

[①] 中国社会科学院考古研究所二里头队：《河南偃师二里头早商宫殿遗址发掘简报》，《考古》1974年第4期。

[②] 湖北省博物馆、北京大学考古专业盘龙城发掘队：《盘龙城1974年度田野考古纪要》，《文物》1976年第2期。

[③] 河南省博物馆、郑州博物馆：《郑州商代城遗址发掘报告》，《文物资料丛刊》第1辑，文物出版社1977年版。

这里强调了"择中立宫"的思想，要求主要宫殿应布置在全城中轴线上，其他建筑也应依据中轴线相应对称排列。这种营国制度恰恰为以后封建社会所继承，至明清时的北京城得到了最为充分的体现。

《考工记》形成以后不久，春秋战国之际，由于工商业的发展，开始出现反映新兴地主阶级规划思想的《管子》。它冲破了《考工记·匠人》的"先王之制"规划思想约束，提出许多新的规划思想和内容，于是自春秋战国以后，纷纷按城市经济发展的需要来改造旧城，营建新城，直至秦汉时期，我国的一些城市布局并未受《考工记·匠人》中营国制度的约束，形成不规则的布局状态。

三国曹魏的邺城，宫城居北之中，东为宫苑，西为权贵府邸区，形成宫殿建筑群在全城南北中轴线上，左建宗庙，右置社稷的对称格局。北魏迁都洛阳后，借鉴前代邺城及当时平城、建康城的布局，继承传统营国制度的经验，又根据地形特点，便将宫城集中在内城中央微偏西北处，宫城前的南北主干道铜驼街两侧，仍左建宗庙，右立大社，从而加强了南北中轴线的主导作用。所以自东汉以后至隋唐以前，是我国城市布局中突出中轴线的发展时期，不仅将主要宫殿都建筑在中轴线上，而且注意将其他主要建筑也能对称排列两侧。

隋唐以后，我国城市中突出中轴线布局，便步入了成熟期。隋唐时期的都城长安、洛阳建筑规模宏大，规划整齐，是我国古代都市建筑风尚的典范。在城市布局上体现方整对称原则，有南北中轴线，棋盘形的道路网，并在布局上注入了伦理思想的内涵。

隋时大兴城，以宫城的承天门、皇城的朱雀门和郭城的明德门所在的大街为全城的中轴线，把全城分成左右完全对称的两部分。在布局上充分体现了隋代寰宇一统天下的思想。唐代长安城对此加以改造后，其皇城外南北向排列的十三坊寓意古制十三州，也暗寓一年有闰；东西向排列十坊寓意全国十道；皇城以南，东西四坊则象征一年四季；南北九坊暗寓《周礼》中的"王城九逵"思想；这些寓意把当时伦理思想糅进了城市布局之中。

北宋东京开封府，由宫城、里城、外城的南正门宣德门、朱雀门、南薰门相通的"约宽二百余步"[①]"御街"，组成全城的中轴线，宫城中的

---

① （宋）孟元老撰，邓之诚注：《东京梦华录注》卷二，中华书局1982年版，第51页。

主殿大庆殿、紫宸殿等都位于中轴线上。

以后金中都城受此影响，在宫城的中轴线上由南而北依次排列有端门、应天门、大安殿、宣明门、仁政门、仁政殿等主要建筑，此为宫城的"中路"。这条南北中轴线即为全城的中轴线，坊里沿此轴线环绕宫城对称布置。这种布局形式直接影响到明清的北京城。

元大都的全城中轴线：南起外城的丽正门、穿过皇城灵星门、宫城的崇天门、后载门，经万宁桥，达中心阁，此中心阁即崇仁门与和义门间横向轴线与南北纵向中轴线相交点。这种布局符合传统的突出皇权"居中不偏"，"左祖右庙，面朝后市"等规划思想。

明初建都南京，皇城与宫城布局完全继承历代都城布局传统并加以发展而成。宫城南正门为午门，午门左建太庙，右设社稷坛。午门北有五龙桥、奉天门、奉天殿、华盖殿、谨身殿，为前朝部分；后为乾清宫、省躬殿、坤宁宫，为后寝部分。宫城北门为北安门，正对皇城北门玄武门，这些宫殿与门都在全城中轴线上。南面出午门有端门及皇城南门承天门，门外亦有五龙桥，沿此轴线向南为笔直的御道，直达洪武门和正阳门。御道右侧为文职各部，如宗人府、吏部、户部、礼部、兵部、工部、翰林院、太医院等；左侧为中左右前后军都督府、太常寺、仪礼司、通政司、锦衣卫、旗手卫、钦天监等。这种布局基本为以后明北京城所沿袭，甚至连城门宫殿名称都一样。

明代自永乐帝后，迁都北京，其布局充分吸取了金中都、元大都和明初洪武时营建的明中都（凤阳）及明南京城的经验，在元大都的基础上改建的。改建后的北京城直至清亡，其基本格局并无显著变异，乃至今天，北京旧城虽经大幅改造，但其总体格局仍历历可见。全城以宫城（即紫禁城，今故宫）为中心，形成从北部的钟鼓楼至外城的永定门，由城门、干道、广场、宫殿建筑群组成一条长达八公里贯穿全城的中轴线，高低错落、庄严雄伟，充分体现帝王的无上威严。并以这条南北中轴线为主导，采取对称布局方式安排郊坛与里坊，交织纵横交错的棋盘式道路网，完整地体现了古老的《考工记·匠人》中传统的布局方式。

外国的城市建筑中，有中轴线布局的为数不多，法国巴黎的凡尔赛宫是一个例外。其平面布局也有一条长达三公里的中轴线，其两侧对称分布着建筑以及喷泉、花坛、雕像、池沼之类，中轴线的一端与这中轴线是垂直关系，凡尔赛宫筑于高坡上。雄伟的宫殿主楼长400米，主楼正中二楼正处于中轴线之上，是路易十四的卧室，可俯瞰巴黎全城，成为君权至上，企望称霸全球的心理象征。①

此外美国首都华盛顿亦有一条中轴线，它是以国会山为中心，这里建有最引人注目的国会大厦，西起波河东岸，东至安河西岸，全长五公里半。在其西段，保留一条开阔绿地，以后形成为绿茵广场，供人民群众游息其间。而总统府"白宫"并不在中轴线上，而是在绿茵广场西头北侧。②

侯仁之教授通过北京与华盛顿的两条中轴线比较研究，得出深邃的结论：

> 彼此反映的在设计上的主题思想，却截然不同。在北京旧城力求突出的是"帝王至上"，在华盛顿城则企图反映的是"人权为主"。因此，两者在空间处理上也就截然不同。前者是严格的封闭型，后者则是完全的开放型。思想内容不同，表达的形式也就因之而异了。③

我国都城布局艺术经过两千多年的发展，日臻完善，至明清时达到了前所未有的高峰。不同历史时期根据城市功能的不同，城市布局也就不同。综观我国封建社会的长期规划思想，始终突出以统治者为中心的特点，这对全国各地的其他城市布局也有着直接影响。

第三个特点是，在城市用地布局上，有明显的功能分区。

今天的城市规划中，在城市用地布局上，一般都有明确的功能分区，有工业区、新技术开发区、文化区、商业区、生活区等。实际上我国城市发展中，在用地布局方面早已有明显的功能分区。

我国古代城市布局上，在这方面也一直受到重视。在早期城市中即已根据当时生产和生活的需要，开始产生简单的分区。从考古发掘的出土文物中可以看出，在奴隶社会初期的郑州商城和安阳殷墟等古城中，其平面布局上已划分有以统治者为中心的宫殿区和一般平民居住区，以及手工业

---

① 王振复：《中华古代文化中的建筑美》，学林出版社1989年版，第19页。
② 侯仁之：《从北京到华盛顿——城市设计主题思想试探》，《城市问题》1987年第3期。
③ 同上。

作坊、仓库、农业区、墓葬区等初期的分片布局形式。①

在《考工记·匠人》中，已明确提出："左祖右社，面朝后市"的城区布局要求。除了突出宫殿与宗庙建筑外，把当时刚刚兴起的市场则放置在城的后部。

《管子·大匡篇》也提倡按居民职业划分居住用地：

> 凡仕者近宫，不仕与耕者近门，工贾近市。

由于早期的城市经济还不甚发达，城市功能主要表现在政治、军事方面，所以城市布局中主要突出宫殿区，而城市的经济活动基本都集中在外廓之中，那里分布有手工业区、商业区、居民区等。只是随着城市经济的日益发展，城市人口的不断增长，宫殿区所占比例也在逐渐缩减。《尚书·大传》载："九里之城，三里之宫。"宫城与城区比例是1:3，可能有夸大成分。而西汉：

> 长安城内的宫殿，仅长乐、未央两宫就占了全城面积的三分之一，再加上桂宫、北宫和明光宫，宫殿所占的面积可能在全城的二分之一以上。②

到唐长安城时宫殿区已大为缩减，而明清时的北京城中宫殿区又进一步缩减。

唐代以前，我国城市的商业区一直实行集中市制，每个城市都划有专门的封闭市区，规模都不太大。直至唐末宋初，这种"坊市制"被打破，以后发展成"坊巷制"，可以临街巷设店，商业区遍布全城，方便了城市居民的生活，形成新的商业区。这在后面的城市市场文化部分将再作详细叙述。

这种按功能分区的布局，可以更合理地发挥专业所长，便利居民生活，更好地使用城市有限用地。这传统仍为今天城市规划所采用。

---

① 中国社会科学院考古研究所编：《新中国的考古发现和研究》，文物出版社1984年版，第220—235页。

② 王仲殊：《汉代考古学概说》，中华书局1984年版，第9页。

第四个特点是，城市布局中能因地制宜，充分利用自然条件。

我国古代城市一般都是以方形或矩形为主，而且多为正南北方向，但也并不尽然。这些不循"规矩"的城市，就是因受自然条件影响，因地制宜的结果。

在《管子·乘马篇》中就已提出选择城址：

> 凡立国都，非于大山之下，必于广川之上，高毋近旱，而水用足，下毋近水，而沟防省。因天材，就地利。故城郭不必中规矩，道路不必中准绳。

在考古发掘的古代城市遗址中，可以看到，如湖南澧县城头山等古城址：原认为古城年代为屈家岭文化中期，距今4600—4700年，近年又有新的发现，认为可能距今约6000年，是目前我国发现的年代最早的古城。城垣大体呈圆形，但有八个距离不等的转角，这与以往发现多呈矩形的古城址形制不同。①

再如湖北省黄陂县的盘龙城遗址，古城平面近方形，其方向由东北而略为偏西南，② 这显然是受地形限制而造成的。

再有西周时的曲阜鲁国故城，由于西北两侧的城濠是利用洙水而成，所以城墙顺河道弯曲而不平直。③ 至于春秋战国时的齐国都城临淄，其大城的东、西两侧城墙，因受淄水和系水的影响而多曲折拐弯。④ 郑国都城新郑故城，因东受黄水，西北受洧水的影响，使故城东北、西南两侧很不规则。⑤

就说西汉长安城，虽基本呈方形，但南、北城墙多有曲折，"城南为南斗形，北为北斗形，至今人呼汉京城为斗城是也"。⑥ 这正是"北面城

---

① 《光明日报》1993年1月26日。
② 湖北省博物馆、北京大学考古专业盘龙城发掘队：《盘龙城1974年度田野考古纪要》，《文物》1976年第2期。
③ 山东省文物考古研究所、山东省博物馆、济宁地区文物组、曲阜县文管会编：《曲阜鲁国故城》，济南齐鲁书社1982年版。
④ 群力：《临淄齐国故城勘探纪要》，《文物》1972年第5期。
⑤ 河南省博物馆新郑工作站、新郑文化馆：《河南新郑郑韩故城的钻探和试掘》，《文物资料丛刊（3）》，文物出版社1980年版。
⑥ 《三辅黄图》卷一，《汉长安故城》。

墙因地势关系，主要是由于河道的限制，更有许多曲折、偏斜之处"。①

隋建大兴城时，就根据地形特点，合理利用高低的地形，设置不同类型的建筑物，使整个建筑群高低错落，气势壮观。当时长安城内有六条冈阜，称作"六坡"。宇文恺对此作了合理巧妙的设计。《元和郡县图志》中记：

> 隋氏营都，宇文恺以朱雀街南北有六条高坡，为乾卦之象。故以九二置宫殿，以当帝王之居，九三立百司以应君子之数，九五贵位，不欲常人居之，故置玄都观及兴善寺以镇之。

这样布局既合理地利用了地形特点，又很好地运用了风水之术。

明初建都南京，由于南京地区地形复杂，长江由西南向东北流过，北有狮子山、鸡笼山等，东北有玄武湖，东有钟山，南有雨花台，西有清凉山、五台山等。所以当时从防御出发，根据这些地形建成应天府城，呈不规则形。今南京城即当年的应天府城，城周66里多，城垣用条石和砖砌造，十分坚固，为世界第一大城。以后为防御需要，又在应天府城外围，利用天然地形加筑外城。因外城只是筑为土城，仅城门周围砌砖，故城墙早已废圮，今仅有其城门名称作为地名还保留着。

诸如此类在南方水乡地区，因受水道环境影响，其城池形状往往因地制宜而多变。为了充分利用自然条件，将广阔的水面引入城中，一方面解决城市用水和排水，另一方面可以便于城内的水上交通。更重要的还能利用来修建园林，美化城市，增添城市自然景观。如江苏常州市东南约七公里的淹城遗址，"有内、中、外三道城墙，都是泥土堆积而成。内城俗呼王城，又称紫罗城，呈方形，周长不足一里；中城也是方形，周长不足三里；外城为一不规则圆形，周长五里有余"。② 三道城墙外都有护城河，它们或方或圆的形状，即受水域环境影响的结果。

再如水城苏州，最早在春秋时，是由伍子胥"相土尝水"进行选址，即考察了城址周围的山川形势，所以其城根据水势地形，造成偏向东南。

---

① 王仲殊：《汉代考古学概说》，中华书局1984年版，第9页。
② 陈颂华：《江南古国遗址——淹城》，《江苏省考古学会1983年考古论文选》，1983年刊印，第6页。

城内河道纵横，往往与街巷平行，形成住户前街后河格局。故白居易在苏州做刺史时，赞颂苏州"家家门外泊舟航"；"东南西北桥相望，水道脉分棹麟次"。

更为典型的是浙江温州城的选址，据《法苑珠林·伽兰篇》记载：

> 晋氏南迁，郭璞多闻之士，周访地图云，此荆楚旧为王都。欲于硖州置之，嫌逼山，逆止……下至松滋，地有面势都邑之象，乃掘坑称土，嫌其太轻，复于本坑，土又不满，便止。

晋代郭璞善相地术，他对温州城址选择，先后选了两处，一处因山势逼得太近，不利城市发展；另一处地理形势尚可，但土质太疏松。这在嘉靖《温州府志》亦有类似记载：

> 初，谋城于江北，郭璞取土称之，土轻。乃过江，登西北一峰（即今郭公山），见数峰错立，状如北斗，华盖山锁口，谓父老曰：若城绕山外，当聚富盛，但不免兵戈水火。城于山，则寇不入，斗可长保安逸。固城于山，号斗城。

温州城便由此置于江南以山为险，易守难攻，成为"控山带海，利兼水陆，东南之沃壤，一都之巨会"。可见郭璞充分利用自然条件，因地制宜选址的成功。

再说苏北的如皋城，初建于宋，屡有扩建，至清乾隆间修毕，城区由内、外两条城河环绕，城河略呈矩形，外城河呈圆形。

福建的泉州城，初建于唐天祐三年（905年），城作四方形，称为子城；至宋代随着对外贸易的兴盛，先是向南面的"泉南"地区发展扩建；南宋时又向西南地区增筑了"翼城"，从而其罗城南面紧紧傍依晋江，北部受清源山的地形限制，于是发展成一个不等边的三角形状。

又如在明嘉靖年间，为防倭寇侵犯，江苏无锡、常州、上海等城，都受自然条件的影响，修筑成不规则的卵圆形。

诸如此类，不一而足，说明我国古代城市布局在基本不违背封建规划思想的前提下，许多城市根据自然条件的需要，能以因地制宜、灵活便通的方式进行改造城市的形状、位置和方向等。

我国传统的城市布局特点是独具东方特色的建筑文化遗产，它对我国周边国家曾有过一定影响，形成中华文化圈中独特的东方建筑文化特色。今天我国城市规划布局必将充分吸取我国传统规划思想的优秀部分，同时学习、吸收国外先进的规划方法，使城市规划布局更好地为现代化建设服务，把我国城市建设得更具东方特色、更加合理、更加美丽、更加现代化。

二　由殿堂到高楼

今天城市中高楼大厦林立，而且越建越高，高大的建筑物巍巍可观，使人眼花缭乱。这是时代在发展，城市经济日益昌盛、科学技术水平发达的结果。我国古代建筑虽没有今天的摩天大楼那样高耸入云，但古代的宫殿与都城建筑之宏伟，主要表现在建筑群体组合上。庑殿台榭、廊堂楼阁，连属徘徊，一眼无尽，来反映其硕大雄伟。而西方宫殿之大，主要大在其建筑个体上。明清故宫建筑群总占地有 72 万平方米，坐落在一条长约八公里的中轴线及其两旁。而法国 17—18 世纪路易十四、路易十五执政时所建造的凡尔赛宫位于巴黎西南，占地 1500 公顷，相当于巴黎市区的四分之一。[①] 然而远不及中国宫殿规模之大。

这是因中西方建筑材料不同而形成的，西方建筑多用石块垒筑，主要依靠墙体承重，门窗较小，无论是罗马式、歌德式还是伊斯兰式……无不如此。而我国传统住宅主要是木构架结构，基本构造是以立柱和横梁组成构架。

> 此种构架制之特点，在使建筑物上部之一切荷载均由构架负担；承重者为其立柱与其梁枋，不藉力于高墙厚壁之垒砌。建筑物中所有墙壁，无论其为砖石或为木板，均为"隔断墙"，非负重之部分。是故门窗之分配毫不受墙壁之限制，而墙壁之设施，亦仅视分隔之需要。[②]

[①] 王振复：《中华古代文化中的建筑美》，学林出版社 1989 年版，第 14—15 页。
[②] 梁思成：《中国建筑史》，《梁思成文集》（三），中国建筑工业出版社 1985 年版，第 4 页。

这样门窗开启比较灵活，可大可小，可多可少。这种木架结构中，为了加大对上面的负荷载重量，我国很早就已创制"斗拱"形式。早在商代"妇好"墓中偶方彝上可以看到斗拱的初形。在战国青铜器的花纹上，可以看到较完整的斗拱图像。汉代已广泛使用斗拱，从而在梁柱结构基础上，在殿堂、庙宇等重要建筑物上，多采用穿斗结构。梁思成先生对这种斗拱形式有科学的总结：

> 在木构架之横梁及立柱间过渡处，施横材方木相互垒叠，前后伸出作"斗拱"，与屋顶结构有密切关系，其功用在以伸出之供承受上部结构之荷载，转纳于下部之立柱上，故为大建筑物所必用。[1]

我国古建筑中即用斗拱承托梁枋和屋檐，从而使飞檐伸得很长很高，成为重要建筑物的特殊装饰。而房屋的高大，往往再通过房基高台的抬升来作烘托。

《尚书·泰誓上》孔传：

> 土高曰台，有木曰榭。

《尔雅·释宫》云：

> "四方而高曰台，狭而修曲曰楼"。其疏亦曰："凡台上有屋，狭长而屈曲者，曰楼"。

在考古发掘材料中，可以看到早在商周时，建筑台基已有发展：河南淮阳平粮台遗址属龙山文化中期，其四号遗址"原是一座高台建筑，台高0.72米"。[2] 二里头早商宫殿遗址的"基址是一座大型夯土台基……高

---

[1] 梁思成：《中国建筑史》，《梁思成文集》（三），中国建筑工业出版社1985年版，第9页。

[2] 河南省文物研究所周口地区文化局文物科：《河南淮阳平粮台龙山文化城址试掘简报》，《文物》1983年第3期。

出当时地面约 80 厘米"。① 晚商盘龙城二里岗商代大型宫殿，造了四座宫殿，现发掘了三座，其中一座最为完整，"建筑在高约数十厘米的夯土台基上"。② 陕西岐山凤雏村西周建筑遗址，甲组宫殿建筑台基约 69 厘米左右。③

从古代文献记载来看，我国东周时，高台建筑已很流行，其起源是防潮和平整加固地基。其用途主要是游乐观望，远眺军备，观察吉凶，宴请宾客等。列国统治者以高台宫室竞相夸耀，成为风尚。《史记·苏秦列传》则云："高台榭，美宫室，大苑囿，以明得意"。所以《淮南子》载，当时"高台层榭，接屋连阁"。

早期的台基还不太高，到春秋战国以后发生了巨大变化，台基从一米左右增高到几米至十几米，夯土台面由一层发展到多层。以至成为秦汉宫殿建筑的一大特点，以此体现统治者的至高无上、唯我独尊的思想。

春秋晋国侯马古城分别由牛村古城和平望古城等组成。牛村古城中的宫殿遗址，"夯土台高 6.5 米"。平望古城的宫殿遗址，台基"总高达 8.5 米"。④

春秋战国齐都临淄古城，主要宫殿桓公台"台高 14 米"，⑤ 台基分三层。

战国赵都邯郸的"赵王城"，城内高台遗址不下十余处，"其体积之大和保存之完整，都是无可匹敌的。西城中南部的'龙台'最大，长宽 260 米以上，高达 19 米"。⑥

战国燕下都宫殿中心建筑武阳台，台基"高出地面 11 米，并分上下两层"。老姆台基址"南北长 110，东西宽 90，高出地面 12 米。土台分四

---

① 中国科学院考古研究所二里头工作队：《河南偃师二里头早商宫殿遗址发掘简报》，《考古》1974 年第 4 期。
② 湖北省博物馆、北京大学考古专业盘龙城发掘队：《盘龙城 1974 年度田野考古纪要》，《文物》1976 年第 2 期。
③ 杨鸿勋：《从盘龙城商代宫殿遗址谈中国宫殿建筑发展的几个问题》，《文物》1976 年第 2 期。
④ 山西省文管委员会：《山西省文管会侯马工作站工作的总收获》，《考古》1959 年第 5 期。
⑤ 群力：《临淄齐国故城勘探纪要》，《文物》1972 年第 5 期。
⑥ 中国社会科学院考古研究所编：《新中国的考古发现和研究》，文物出版社 1984 年版，第 274 页。

层，作阶梯状"。①

秦汉之际，神仙方士之说盛行。汉武帝笃信"仙人好楼居极高显，神终不降"② 方士之说，大兴建筑高台楼阁，以迎候仙人，并以此模仿仙人飘忽不定的生活情趣。一时通天台、柏梁台、井干楼、九华台等拔地而起。虽未能留下，但从考古发掘遗址，仍可见当年高楼台榭之风采。

秦都咸阳"1号宫殿是列国都城中做过发掘而又保存比较完整的台基，发掘前长60米，宽45米，高6米。这是一座结构相当复杂的高台建筑，上下两层分布十一间用途不同的大小宫室，又有回廊、坡道等将其连接"③ 于秦阿房宫，其前殿夯土台至今仍高出地面3—5米。

汉长安的长乐、未央、建章三大宫殿都建在龙首原高地上。据《三辅黄图》记：未央宫前殿，"高三十五丈。营未央宫因龙首山以制前殿"；"渐台，在未央宫太液池中，高十丈"。④ 长乐宫之酒池鸿台，"高四十丈，上起观宇"；建章宫右神明台，"高五十丈"；又引《汉武故事》云："筑通天台于甘泉，去地百余丈，望云雨悉在其下，望见长安"。⑤

在木结构技术水平较低的情况下，利用高台宫殿建筑可以取得层叠巍峨、高踞臣民之上的效果。高台建筑曾是春秋战国至秦汉三国时期盛行的建筑形式，而且余风一直延续很长时期。

正如梁思成先生所云：

> 中国建筑特征之一为阶基之重要；与崇峻屋瓦为呼应。周秦西汉时尤甚。高台之风与游猎骑射并盛，其后日渐衰驰，至近世台基阶陛

---

① 河北省文化局文物工作队：《河北易县燕下都故城勘察和试掘》，《考古学报》1965年第1期。

② 《三辅黄图》卷五"飞廉观"条下引为班固《汉武故事》曰。实际《汉书·郊祀志下》记，"仙人好楼居"语，为公孙卿曰。

③ 中国社会科学院考古研究所编：《新中国的考古发现和研究》，文物出版社1984年版，第277页。

④ 此为《三辅黄图》卷五"渐台"条记。《汉书·郊祀志下》记："渐台高二十余丈。"《水经注·渭水》："沈水又迳渐台东"，下引《汉武帝故事》曰："建章宫有太液池，池中有渐台，高三十余丈。"

⑤ 此为《三辅黄图》卷五"通天台"条记。《汉书·郊祀志下》云："乃作通天台。"颜师古注引《汉旧仪》云："台高三十丈，望见长安城。"《太平寰宇记》卷三十一与《长安志》均引《汉旧仪》，均与颜注所引同。《元和郡县图志》卷一记：通天台，"高三十五丈，望雷雨悉在下。"

逐渐趋扁平,仅成文弱之衬托,非若当年之台榭,居高临下,作雄视山河之势。但宋辽以后之"台随檐出"及"须弥座"等仍为建筑外形显著之轮廓①。

秦汉以后,高台建筑多用于离宫别馆。历代宫殿台基虽渐趋扁平,但这一遗风一直延续下来,成为中国宫殿建筑的一个显著特征。

东汉末,曹操居邺:

> 城之西北有三台,皆因城为之基,巍然崇举,其高若山……中曰铜雀台,高十丈。②

隋炀帝营建东京雒阳,《大业杂记》记其正殿乾阳殿,"殿基高九尺,从地至鸱尾高二百七十尺"。

唐代长安的大明宫含元殿,《两京记》云:

> 殿左右有砌道盘上,谓之龙尾道。殿陛上高于平地四十余尺。

近人复原认为,其坐落在 15.6 米的高台上,大殿前所设宽广的龙首道,由 75 米长的三层阶梯组成。大殿两侧的翔鸾、栖凤两阁台基也高出地面 15 米③。

直至明清故宫紫禁城中前三殿和后三宫都建筑在工字形须弥座台基上,共分三层,高达八米,有踏道三级。都是这一遗风,成为中国宫殿建筑的一个显著特征。

我国城市宏伟建筑除了有高大的台基外,更重要的是其正身宫殿建筑,宫殿都是庞大的建筑群体,以其高墙深院,重门复殿,恢弘壮丽,给人一种压抑感,感到自身的渺小,皇帝的至尊。一般来说,它严格遵守对称的结构,给人庄严肃穆、井然有序的感觉。尤其是其屋顶造型,别具匠

---

① 梁思成:《中国建筑史》,《梁思成文集》(三),中国建筑工业出版社 1985 年版,第 9 页。

② 郦道元注:《水经注·浊漳水》。杨守敬、熊会贞疏:《水经注疏》,江苏古籍出版社 1989 年版,卷十,第 937—938 页。

③ 傅熹年:《唐长安大明宫含元殿原状的探讨》,《文物》1973 年第 7 期。

心，往往采用曲线和向上微翘的飞檐，使得本来极为沉重下压的屋顶反而随着曲线的弯曲，显示出向上挺举的飞动轻快之感。加上建筑物正身的宽厚和台基的宽阔，从而使整个建筑非常稳重而又得体。

这种飞檐的产生是因为我国古代房子四壁多用素土或三合土夯成，易为雨水冲刷，故将屋顶的房檐修得很大，这样的房檐又影响到屋内的采光，于是便将屋檐向上翘起，既解决了屋内的采光，又保护了墙壁被雨水冲刷，还增强了建筑整体的美观。

宫殿建筑乃是中国古代各个时期建筑技术和艺术成就的集中体现。在君主专制制度下，宫殿是最重要的建筑，它往往是王朝的重要标志，为都城中最主要的组成部分，一个都城可以没有城垣，但不能没有宫殿。可以说宫殿是王权和国都的象征。由于在朝代更替中，为了反复辟的需要，或毁于战火，或人为地拆除破坏，新王朝往往总要另建新的宫殿。所以直到清代以前，历代宫殿无一存留。

中国古代宫殿历来有尚大之风，秦汉以来，大致有过三次建筑高潮：

秦朝是我国第一次营造宫殿的高潮。秦始皇统一全国以后，在函谷关内建宫殿300余处，关外建有400多处。公元前212年，秦始皇又在渭水南另建朝宫，作为朝会之所，朝宫的前殿就是颇负盛名的阿房宫。《史记·秦始皇本纪》记载：

> 先作前殿阿房，东西五百步，南北五十丈，下可以坐五丈旗。周驰为阁道，自殿下直抵南山。表南山之颠以为阙，为复道。自阿房渡渭，属之咸阳，以象天极阁道绝汉抵营室也。

今阿房宫遗址尚存夯土台，东西达1300米，南北约500米，至今仍高出地面10米以上。

西汉建国后，在萧何等人主持下，在渭水之南、潏水东岸兴建新都长安，先后建成未央宫、长乐宫、明光宫、北宫和桂宫等宫殿建筑群，占去全城一半以上。城中其余部分为官员府第，民居与市场等，多集中于城北，普通百姓聚居城外。汉武帝时又在潏水之西建起更大规模的建章宫。

隋唐是我国建造宫殿的又一高潮。隋改变了汉晋的传统，改用"三朝五门"的"周制"，形成门殿纵列的制度，为以后各朝所因袭。唐大明宫是这一高潮的代表作，大明宫位于长安城外，在禁苑之东南部，其西南角与宫城之东北角相接。宫正南含元殿，据《两京记》云：

　　殿左右有砌道盘上。谓之龙尾道。殿陛上高于平地四十余尺，南去丹凤门四百步。
　　宫在龙首原上，可俯瞰全城，遥对终南山。

　　大明宫明确分为外朝内寝两大部分。外朝沿南北向轴线纵列三组宫殿，含元殿为大朝，宣政殿为日朝，紫宸殿为常朝。宋代宫殿格局较小，但比唐代宫殿更为华丽。
　　明清是我国宫殿建筑第三次高潮。明清皇宫紫禁城是我国宫殿建筑的瑰宝。整个紫禁城布局严谨，从天安门至神武门的南北中轴线上布置了前三殿和后三宫等主要建筑。紫禁城是附会《礼记》、《考工记》等古制进行总体设计的，大清门到太和门间五座门以象征"五门"制度，前三殿象征"三朝"制度，内廷的乾清、坤宁二宫象征天地，以乾清宫东西庑日精门、月华门象征日月。紫禁城是因神话传说紫微垣为天帝所居，且皇宫为禁地，故称为紫禁城。宫殿中所有建筑的等级为庑殿、歇山、悬山、硬山等式，加重檐则为重要建筑。
　　建筑宫殿的同时，我国城市中的筑楼技术，也久有发展，只是远不及宫殿建筑发展得那么辉煌。
　　早在《尔雅》中就记曰："狭而修曲曰楼。"
　　《说文解字·木部》曰："楼，重屋也。"
　　段玉裁注曰："重屋与复屋不同，复屋不可居，重屋可居。"[1]
　　在考古出土的文物中亦已得到证实：如成都出土的汉代画像砖上，可以看到当时除了宽敞的大院和宽阔的堂屋外，在后院里面有一座望楼，可能是用作存放东西和登高了望的。在江苏句容和甘肃武威出土的东汉陶屋中，可以看到高达五层的望楼、碉楼建筑。至于三、四层楼的东汉明器，各地汉墓中多有发现，说明当时多层木架结构的建筑技术已有很大发展。
　　说到楼的建筑，不得不说及塔的建筑。以往建筑史学界普遍认为，我国的佛塔是由传统的楼阁台榭与印度的窣堵坡原型相结合的产物，即在木

---

[1]　（汉）许慎撰，（清）段玉裁注：《说文解字注》，上海古籍出版社1981年版，第255页。

楼阁顶部加一座缩小了的印度窣堵坡。如著名的建筑学家梁思成先生就认为：塔，

> 在印度大多为半圆球形冢，而上立刹者。及其传至中国，于汉末三国时代，"上累金盘，下为重楼"（《后汉书·陶谦传》），殆即以印度之窣堵坡置于中国原有之重楼之上，遂产生南北朝所最通常之木塔。①

近年有学者研究后认为：

> 实际是汉地多级塔与高台建筑在形制上并无直接的传承关系，恰恰相反，是塔促进了汉地高层楼阁的发展与成熟，从而部分取代了高台建筑的作用。②

这是因为在商周秦汉时期，正是高层楼阁并不发达才盛行高台建筑。自东汉以后出现"塔"的建筑，才刺激了木构高层技术的进步。以后楼阁的发展，逐渐取代了高台建筑，这应与佛塔的盛行有一定的关系。

东汉时已形成中国式的木塔，到南北朝时，木塔盛行一时，北魏洛阳永宁寺塔是当时最宏伟的一座木塔，方形、九层。以后又发展有石塔、砖塔，北魏时在河南登封嵩岳寺造的密檐砖塔，是我国留存最早的佛塔。这种密檐式塔与楼阁式木塔不同的是，它不再供人们登临远眺，而是作为礼拜的对象。由此可见，我国古代造楼技术水平很高，只是一般民居都没有住楼习惯。

我国城市中楼房建筑也早已有之，至少在唐宋以后，随着商品经济的发展，城市内的酒楼茶肆已相当繁华。如北宋时大都市里的酒楼已很普及。东京开封府的皇城东华门外的东华门街上就有当时京城最有名的超级豪华大酒家——樊楼，后改称为丰乐楼。这座樊楼在徽宗宣和年间经过扩建整修后，"三层相高，五楼相向。各用飞桥栏槛，明暗相通；

---

① 梁思成：《中国建筑史》，《梁思成文集》（三），中国建筑工业出版社1985年版，第56页。

② 常青：《西域文明与华夏建筑的变迁》，湖南教育出版社1992年版，第58—68页。

珠帘绣额，灯烛晃耀"。① 当时的所谓三层建筑，因从二层算起，实际相当四层结构。从张择端的《清明上河图》中亦可看到，当时一般的店铺多是平房，图中有一二流酒店，是三层建筑，已有鹤立鸡群之感。而樊楼竟有四层，真可谓摩天大楼了。话本小说《赵伯升茶肆遇仁宗》中记：

> 将及半响，见座酒楼，好不高峻，乃是有名的樊楼。有《鹧鸪天》词为证："城中酒楼高入天"。

西京洛阳驼马市新造一个气宇轩昂的大酒楼。有个叫李师中的路过此地，见后不禁连声赞叹："有巴！""有巴！"这是当时市民表示赞赏的惯用俚语。南宋临安有三园楼，绍兴有和旨楼。古代由于受砖木构架的影响，楼层高度受到一定的限制，一般只能建造到三、五层为限。直至近代帝国主义入侵后，早期的一些建筑仍然如此。1517年葡萄牙殖民主义者非法侵占我国澳门，他们设立了众多的供外人居住的商馆，《广东新语·澳门》记载：

> 其居率为三层楼，依山高下，楼有方者、圆者、三角者、六角、八角者、肖诸花果形者，一一不同，户以巧丽相尚，己居楼上，而居唐人其下，不以为嫌。

广州是明清时期对外开放重要港口，较早接触西方建筑形式，广州的十三行建筑就是早期的洋楼建筑代表。《广东十三行考》中记载：

> 国朝设关之初，令牙行主之，沿明之习，命曰十三行，十三行皆起重楼台榭，实仍明代怀远驿旁建屋一百二十间以居番人之遗制。

当时的夷商行馆集中在一条新街，即今十三行路，街路两旁列肆其间，专供夷人、水梢等购物。1905年设计建造的广州岭南大学的马丁堂，可能是我国第一幢钢筋混凝土混合结构建筑。这些建筑都还不是

---

① （宋）孟元老撰，邓之诚注：《东京梦华录注》卷二，中华书局1982年版，第71页。

太高。

近代建筑在1900年以前的发展较为缓慢，1900年以后，发展速度加快，绝大多数建筑集中建造在1900年至1937年期间，这时期西方各国、各种风格、各种流派的建筑同时涌入中国。我国近代建筑中，旧时固有的传统建筑虽受新建筑的影响而有局部变化，但仍基本维持旧貌，在遍及全国的中小城市、集镇、农村中仍是建筑中的主要部分。而在大城市中，新式建筑伴随帝国主义侵略直接由西方国家传入，使我国的建筑体系发生了突变，使我国传统的木构架体系为主体向钢筋混凝土构架转换。这些新建筑主要建造在为数不多的大城市，尤其是辟有租界的商埠城市中。中国近代建筑最早在广州、上海、天津、汉口等重要商埠城市中产生、发展，然后再逐渐扩散到中国各地。洋教堂率先建造而产生了最早的一批近代建筑。

如上海，豪华的银行建筑成为重要的建筑类型，高大的公共建筑，如海关、办公楼、饭店、教堂等不断建造，在租界区形成了新的商业中心。20世纪20年代后，上海外滩已高楼栉比，汇丰银行（1923年）、江海关大楼（1927年）、南京路的先施公司（1917年）、永安公司（1918年）、新新公司（1925年）、大世界（1925年）等商业娱乐建筑陆续建成。接着沙逊大厦（1928年）、华懋饭店（1929年）、百老汇大厦（1934年）有21层、大新公司（1934年），1937年建造的永安公司新楼也高达21层，1934年建成的国际饭店高达24层，全高82米，是新中国成立前我国最高建筑。新中国成立前上海共有10层以上的建筑28座。

随着改革开放以后，社会经济获得空前大发展，城市建设日新月异，各地城市中的高楼大厦如雨后春笋般地拔地而起。如今人们往往误认为：琉璃瓦上屋顶、画栋雕梁就是民族形式，玻璃方匣子就是资本主义建筑，有玻璃幕墙、中庭、屋顶旋转餐厅、观光电梯……就是现代建筑，平面、立面切斜角就是创新。实际上我国民族特色的建筑不一定都是大屋顶、琉璃瓦、雕梁画栋等，诸如南方水乡的白墙灰瓦的江南民居，北方的乔家大院，北京的四合院等，都是很有民族特色的建筑；再如建筑环境园林化，利用借景、漏窗、花草、湖石等布置起来，更具中国特色。所以我们建议在城市发展建设高楼大厦的同时，应特别注意发展我国民族特色的建筑，真正做到"古为今用，洋为中用"，使我国的城市建设能充分体现出有中国特色的社会主义现代化建筑。

三 城市市政设施

　　城市设施是为进行某项工作或满足某种需要而建立起来的机构、系统和组织等。城市设施是随城市的经济发展而发展的，并且有着一定的发展序列和规律。一般来说，城市设施分社会设施和基础设施。

　　城市社会设施包括住宅区、零售商业、饮食与维修等服务行业、学校、医疗卫生、文化、体育、机关团体等。一个城市的社会设施是否完善，很大程度决定该城市居民的生活是否方便与正常，决定着该城市居民生活的社会化水平和发达程度。正因为城市社会设施能够满足城市居民的某种需求，使城市居民愈益依赖于城市社会设施，从而大大加强了个人生活活动的社会制约性和人们相互之间的客观依赖性。

　　城市基础设施包括能源、水电、交通、邮电、环境、防灾等设施。它们是城市发展到一定阶段的产物。今天如果一个城市没有水电、能源、交通等基础设施，城市居民生活很难维持。

　　我国古代城市由于功能不健全，主要为政治、军事需要服务，所以突出在宫殿、城墙的建设上。宫殿修筑得豪华宏伟，城墙筑得高大坚固，固若金汤。至于为城市经济发展和居民生活需要的设施，则不太受到统治者的重视。直到近代城市发展以后，城市功能才日益完善，城市的各项市政设施也逐步健全起来。但是由于城市人口增长迅速，城市经济、文化发展很快，总的来说，城市市政设施总是带有滞后性。

　　古代城市中的市政设施比较简单，一些社会设施将在以后有关章节中再涉及细述；这里仅就城市基础设施来看，古代城市中也只是在排水、防火、安全、绿化等方面做些工作。

　　古代城市的用水除了依靠引进的自然河道，它既解决了城市交通问题，又解决了城市用水、排水。而居民的饮水，一般主要靠井水。而城市排水历来较为受到重视，即使在龙山文化时期的古城址遗址中，就已有排水设施，如河南淮阳平粮台遗址中，"在门道下发现最早的排水设施"。而在河南二里头宫殿遗址中即已发现有陶水管地下排水设施。在偃师商城宫殿周围发现三处石砌的排水沟。在以后历代的城市中都较为重视排水设施。宋代都城开封的宫前御道两旁就开有明沟排水。元大都在建城时，当城墙与住房尚未建造时，即先行在全城铺设了下水道。近年勘探表明，南北向干道两旁有用条石砌成的明渠：

> 宽一米，深一点六五米，某些部分顶部覆盖了石条。干渠的排水方向，与大都城内自北而南的地形坡度完全一致。在城墙基部，有石砌的排水涵洞，用来将城中的废水排出城外。①

为了防止排水沟渠淤塞酿成水灾，历代统治者都很重视城市沟渠的疏浚。

明代京城设有兵马司，其职责是在京城防察奸宄、禁捕盗贼、疏通沟渠以及巡视风火等。②明代在各省城、府城、州城、县城中亦设有各城门兵马。③

成化二年（1466年）即令："京城街道沟渠，锦衣卫官校并五城兵马时常巡视，如有怠慢，许巡街御史参奏拿问；若御史不言，一体治罪。"成化六年（1470年）又"令皇城周围及东西长安街，并京城内外大小街道、沟渠，不许官民人等作践掘坑及侵占淤塞。如街道低洼，桥梁损坏，即督地方火甲并力填修。"明代成化十年（1474年）规定：

> 京城水关去处，每座盖火铺一，设立通水器具于衙门，拨军二名看守。遇雨过，即令打捞疏通，其各厂大小沟渠、水塘、河漕，每年二月令地方兵马通行疏浚，看厂官员不许阻挡。④

徐珂：《清稗类钞·地理类·京师道路》记清代：

> 京师街市秽恶，初因官款艰窘，且时为董其事者所乾没，继因民居与店户欲醵资自修街道，而所司吏役辄谓妨损官街，百般讹索，故亦任其芜秽。又京城例于四月间于各处开沟，盖沟渠不通，非此不能渲泄地气也，是时秽臭薰人，易致疫疠，人马误陷其中，往往不得

---

① 转引自陈高华：《元大都》，北京出版社1982年版，第65页。
② 孙承泽：《天府广记》卷二《城防》；《明史·职官三》。
③ 《明太祖实录》卷三四，洪武元年十二月壬午条。
④ 以上均为万历《明会典》卷200《河渠五·桥道》。

活。开沟之处，闹市独多，差役因从而渔利。又开沟者，每故意择大店门口居中开挖，店主以贸易不便，必重贿之，乃稍移偏。光绪中，潘文勤公在工部时，有司员某锐于任事，以开通沟渠平易道路为己任，铺户闻之大喜，亦愿醵资助费，而文勤执不可。某叩其故，文勤曰："汝以通沟平道为美，然一时之利也。汝之后，安得复有汝！将至路仍不修，而年年勒令店户出资，是贻无穷之害矣，不如其已。"遂止。

这里可见清朝明确规定，每年春天京城开地沟，说是通地气，届时由管理沟渠河道大臣及巡城御史董理其事，把各个街道上地沟翻开进行清理。但淘渠的差役故意在大商铺临门中间街道翻沟，以勒索商家。此外京城道路不平，粪便多，影响市容，居民与商家愿集资改善，但主管部门的吏役为敲诈勒索，反说妨碍官街而加以阻挠。

古代城市中除了注意排水以防水灾外，还特别重视防止火灾。因城市中人口密集、财产较为集中，一旦发生火灾，危害极大。如元至正元年（1241年）四月，杭州发生一次特大火灾，"毁官民房屋公廨寺观一万五千七百五十五间，烧死七十四人"。时隔一年，再次发生火灾，致使杭州这"数百年来浩繁之地，日就凋弊"。[1]

又据《履园丛话》记载：清嘉庆十五年（1810年）四月初七汉口镇大火，连烧了三天三夜，约计被烧了商店民户八万余家，死者不可计数。此前船上发生火灾，被烧官船三四千只。道光二年（1822年）九月十八日，广州太平门外火灾，烧毁一万五千余家，洋行十一家。

所以历来政府对城市防火亦极为重视，采取一系列措施来进行防范，诸如实行灯火管制等。以至元代，全国各地城市中仍严格实行夜间灯火管制，直到至元二十九年（1292年）六月，对南方一些城市才解除灯火之禁："江南归附已一十八年，人心宁一，灯火之禁，似宜宽弛"。[2]

我国城市中至迟在北宋已建有类似今天的消防机构，在《东京梦华录·防火》中就记有当时东京城内专门的"潜火队"（即消防队）：

---

[1] 陶宗仪：《南村辍耕录》卷九《火灾》。《元史·五行志一》。
[2] 《元典章》卷五十七，《刑部十九·禁夜》，"讲究开禁灯火"条。

于高处砖砌望火楼，楼上有人卓望，下有官屋数间，屯驻军兵百余人，及有救火家事。谓如大小桶、洒子、麻搭、斧锯、梯子、火叉、大索、铁猫儿之类。每遇有遗火去处，则有马军奔报军厢主，马步军殿前三衙、开封府，各领军级扑灭，不劳百姓。

明代规定，京城居民不论官员军民之家，每家每户都必须置备水缸、水桶，以备不测；更铺需备办麻搭、钩索、水桶等救火器具，"昼则互相谨省，夜则提铃坐更，各要谨慎火烛。但遇大风，不许贪夜张灯烧纸，纵狂饮酒"。[①] 其他城市也各有防火措施，或设火巷，或开渠隔开，或编甲互防。如江西九江府德化县，"郡城内外，于大街之傍辟设巷道，广约寻仞，以便救护（火灾）"。[②] 在江西抚州府东乡县城，"街阔一丈八尺，巷阔一丈二尺，左右渠各一尺五寸，令民居疏阔，以远火灾"。[③]

清时，如江西南安府就将居民按百户编为一甲，每家各置吊桶一个，带绳长一丈五尺，每甲备长梯两张，铁耙两把，由甲长保管。遇火情甲长呼众救护，取长梯上屋，用吊桶盛水泼洒，如遇风猛，火势过盛，便用铁耙拆一房，以断火路。[④]

清代扬州在乾隆末年大火之后，设立水仓，在人烟稠密而又离河道远的坊巷建大院落，中间放大水缸百余只，储满水，并备有炮夫，一发现火情，就前往灭火。水仓建得较多，各有名称，皮市街的叫"广济水仓"。[⑤] 所以，我们今天在参观故宫、颐和园等地时，可以看到宫前有数只特大的鎏金铜缸，那就是宫中的防火设施。

到乾隆初苏州人程肇泰仿照西洋方法，制作救火机，水可以射几十丈，自空而下，灭火有效。此时升平里恰有火情，程带人很快救了火。后人们多加仿效[⑥]。当时常熟县在各街巷设有水龙会。天津灭火组织叫"水会"，各水会有会头，一处有火，各水会相助；嘉庆十八年（1813年）六月十日，天后宫戏楼起火，火势很猛，西沽济水会与各水会合作，很快制

---

① 《皇明条法事类纂》下卷，418页。
② 嘉靖《九江府志》卷二，《方舆志·坊乡》。
③ 嘉靖《东乡县志》卷上，《街巷》。
④ 康熙《南安府志》卷二〇《杂著》，商以仁：《防御火灾示》。
⑤ 《浪迹丛谈》27页。
⑥ 同治《苏州府志》卷149《杂记》。

住了火势。

古代城市统治者为了保障城市夜间的安全，长期实行宵禁制度。一到夜晚，便禁闭城门，市内各坊得关闭坊门，市民不得随意走动。夜晚专门有人值勤打更。如宋代，在《东京梦华录》、《梦粱录》的《天晓诸人入市》中都记载当时都城内，夜晚有值更人员，打着铁板儿和木鱼儿，沿街报告时辰和天气。北宋开封府城内：

> 每坊巷三百步许，有军巡铺屋一所，铺兵五人，夜间巡警。①

元代依然实行宵禁，一般皆由驻守军队进行巡察。如《元典章·刑部十二·捕盗》中记：

> 江南城池，俱有镇守营军衙门，难同腹里路分。官军头目日夜差拨头目、军人等守把街巷，禁钟之后，往来巡绰。

明代各地城市中，除有巡夜军外，还有百姓夜巡，为使夜巡者能有个避风雨和轮流休息场所，于是还在坊巷中设有"警铺"或"更铺"。警铺中往往备有锣、鼓、梆、铃、灯笼、火把和武器等。一旦发现盗贼，则鸣锣击鼓，持械追捕。

清时北京宵禁很严，黄昏时敲梆子、打钟，即行关闭城门，不许行人出入。当时因相当一部分官员住在城外，正阳门于三更时打开左右两侧门，便于他们上朝，但随即关闭；此时头天未能赶回城里的人，也可趁此机会进城，俗称"倒赶城"，但不许城里人出城。

到光宣年间，外国人因正阳门离使馆区东交民巷近，需要经常出入，以夜间关闭城门不便，提出交涉，清朝政府决定上半夜开左侧门，下半夜开右侧门，这样对居民也方便多了。

再有就是古代城市对绿化工作一直比较重视，从汉以来，在主要大道两侧植槐，而洛阳从隋代起以樱桃、石榴作行道树，河岸两旁植柳树，如前秦时，其境内"自长安至于诸州，皆夹路树槐柳。"② 以后唐长安与宋

---

① 《东京梦华录·防火》卷三。
② 《晋书·苻坚载记上》。

东京仍沿用。

北宋开封城内由于大大拓宽了主要街道，不仅允许临街开店，而且还允许居民百姓可以占五步之地进行栽树绿化、打井、搭凉棚，给城市生活带来了极大方便。北宋柳永的词作名篇《望海潮》即曲尽其佳：

> 东南形胜，三吴都会，钱塘自古繁华。烟柳画桥，风帘翠幕，参差十万人家。云树绕堤沙，怒涛卷霜雪，天堑无涯。市列珠玑，户盈罗绮，竞豪奢。

以至明清时的北京以及各地城市中普遍都较为重视城市中街道两旁的植树绿化工作，这对美化城市环境，优化城市空气都有很大的积极作用。

近代城市功能日益增多，市政建设随之日益完善，以上海发展最为典型。

首先表现在城市道路建设上，旧上海的道路，据嘉庆《上海县志》记载：

> 明嘉靖三年（1524年）城内有街巷凡十，明万历十六年（1588年）凡十一，至嘉庆十九年（1814年）增至六十三。

这些街巷大多是泥路，只有部分是砖石路，大多狭窄仅2米左右宽。所以洋人划定租界后，首先感到界内没有一条像样的路，于是1844年修起第一条新式道路，即"界路"。此后十多年中，外滩的黄浦滩路逐渐拓宽至15米，许多洋行在路边起造楼宇。以后法租界先后修筑了霞飞路、法大马路、敏体尼荫路及填了洋泾浜修成的爱多亚路，仅1900—1914年的15年间就筑了24条越界路。这样华界也受此影响修路，随着上海市内新的道路系统的形成，上海新城区逐步形成。

这些道路修筑过程中，起初只是在路基中掺以沙石，以后改为碎石路、煤渣路，逐渐发展成为沥青路、混凝土路。在筑路同时，为了解决排水问题，在马路两旁砌建石堪，埋设阴沟，使我国城市道路步入近代大都市行列。

其次是城市公用设施，最早的公用设施是英商于1865年在上海设立的煤气公司，当时的煤气主要是为了照明需要，街道两旁设有煤气路灯，洋人家庭也用上了煤气灯。直到1882年改用电灯后，煤气才转向作为燃料。随着城市工业发展需要，城市供水不可能再靠天然的河水、井水供应了，于是1881年英商首先成立了自来水公司。接着1882年英商又设立了上海电光公司，开始城市供电，租界内的路灯及居民照明也由原来的煤气灯改为电灯了。与此同时，1881年上海开始有了最初的电话业。至于城市公共交通事业发展较晚，直到1908年才开始出现有轨电车，1914年开始通行无轨电车，1922年才有公共汽车，而黄浦江上的轮渡是1910年由浦东塘工善后局开办。至于在黄浦江上架桥开隧道的事，一直议而未决，直至改革开放以后，上海人民才得以实现。

上海的市政设施虽然发展艰难缓慢，但其水平还是高于国内其他城市，受其影响，其他大中城市也都有所发展，大大改观了我国旧城市面貌，为城市生活带来了很大的方便和舒适，创造了工业发展的投资环境，从而大大促进了城市向现代物质文明发展。

四　城市民居文化

民居建筑是一切建筑的基本原型，其他的宫殿、寺庙等建筑都是在民居基础上发展起来的，它在所有建筑中使用最为广泛，最具有时代性和地域性。

早期的城市民居因尚无考古发掘实例，所以很难恢复判断。从四川成都出土的一块汉代贵族住宅画像砖中可以看到，汉代的楼阁式建筑，其住宅被围墙封闭，左半部为居住的正院，有两层院，后院正厅高大宽敞；右半部的前边为"跨院"，有厨房、炉灶、水井等，后边为一座望楼。每个庭院都被围廊分隔成为一个"廊院"。汉代一些官僚贵族地主的住宅十分奢侈豪华，《汉书·董仲舒传》就记载：当时"富人之室连栋数百，膏田满野"。如《后汉书·樊宏传》云："其所起庐舍，皆有重堂高阁，陂渠灌注。"《水经·比水注》中亦云："广起庐舍，高楼连阁，波陂（《东观汉记》中作'陂池'）灌注，竹木成林"。

而一般平民百姓常用住宅多是"一堂二内"：

"内"之大小是一丈见方。后人所谓"内人"即内中之人的意思，亦即是家庭主妇的别称。堂的大小等于二内，所以宅平面是方形的，近于田字……汉代较好的住宅全有左右阶：左阶是主人上下用的，右阶是客人用的。[1]

古代较为完整的院落民居一般大门坐北朝南开启，门外有屏，称为萧墙，即后来的影壁。大门一般三开间，中间一间是明间，为门，左右各一间为塾。门内为庭院，住宅主体建筑由堂、室、房组成。堂在最前面，东西两面的墙称作序。堂前一般有东、西两个石阶，古人以左为尊，故西阶为迎送宾客的通道。堂的正面无墙，堂边称廉，廉必直，故后人形容行为规正者为"廉"。今称"廉政"，即出于此。

一般讲究的院落，在大门与堂之间还有一小门，这叫"闱"，相当于后来的二门。闱门之内是主人起居之处，所以后来称内宅为闱。封建社会将足不出户的未出嫁女子称作"闱女"，即出于此。在堂的后面为室，有户（房门）相通。堂室间有隔墙，墙上有窗，叫牖。一般户偏东，牖偏西。宾客一般不入主人之室。

室有四角，角又称隅，都有专名，西南隅叫奥，西北隅叫屋漏，东北隅叫宧，东南隅叫窔。四角以奥为尊，所以室内以坐西朝东为最尊，其次是南向、北向、西向。

隋唐以前的主要城市中的民居，普遍实行里坊制度。隋大兴城内有南北向大街11条，东西向大街14条。这些大街把全城划分为108坊。除朱雀街两侧的四列坊只设东西向的横街外，其余各坊内都设十字街，街宽15米左右，两端开坊门，晨启夜闭，由左右街使掌管。坊的四周筑以夯土墙，除了三品以上官僚贵族可在坊墙上开门外，只有"坊内三绝"（即门第、才德、文学）者才能开门，即所谓"归来甲第拱皇居，朱门峨峨临九衢"。这种里坊格局从平面上看，"百千家似围棋局，十二街如种菜畦"。唐代长安在隋大兴城基础上进一步完善，全城由南北、东西道路划分成109坊，使全城布局成棋盘状，整齐划一。这种整齐划一的风尚充分表现出秩序感与和谐感。后世风水学家认为这种布局讲究聚气、不耗散、不泄漏。实际是为了便于管理。

隋唐时期民居中官僚第宅别墅日趋豪侈，《唐语林》卷五记：

---

[1] 刘致平著，王其明增补：《中国居住建筑简史》，中国建筑工业出版社1990年版，第17页。

武后以后，王侯妃主京城第宅，日加崇丽。

在《新唐书·车舆志》中，对私宅建筑虽有明确规定：

> 王公之居不施重栱藻井。三品堂五间九架，门三间五架；五品堂五间七架，门三间两架；六品七品堂三间五架，庶人四架，而门皆一间两架。

但实际上，只是徒具公文，未必实行。在《长安志》中屡记官僚宅第之豪华，如元载则于：

> 城中开南北二甲第，又于近郊起亭榭，帷帐什器，皆如宿设。城南别墅凡数十所。

马璘营宅于皇城南长兴坊：

> 笪价募天下巧工营缮，屋宇宏丽，冠于当时。

《新唐书·长宁公主传》记：

> 又取西京高士廉第、左金吾卫故营合为宅，右属都城，左颣大道，作三重楼以冯观。筑山浚池。

《资治通鉴》卷二〇九记，安乐公主：

> 竞起宅第，以侈丽相高，拟于宫掖，而精巧过之……又作定昆池，延袤数里，累石象华山，引水象天津。

《长安志》引《封演闻见录》记，魏征：

> 所居室屋卑陋。太宗欲为营构，征谦让不受，洎征寝疾，太宗将

营小殿，遂撤其材为造正堂，五日而就。

隋唐时的住宅普遍具有明显的中轴线和左右对称的庭院布局。宅内两座主要房屋往往用带有直棂窗的回廊连接成四合院。大宅第中除有园林布置外，一般前为大门，内有中堂、北堂，东西为厢房，其间有廊回绕连接，庭内宽敞，可种树木花草，类同以后的四合院。一般平民百姓只是一座小屋围以竹篱而已。

在这些贵族官宦的第宅中往往受西域文化影响，有的在宅院内还建有马球场。如前述的长宁公主宅第中，"又并坊西隙地广鞠场"。《国史纂典》中记景龙中，"驸马杨慎交武崇训，至以油洒地筑球场"。以后，德宗时司马兼中书令李晟家在永崇坊，文宗时翰林学士王源中在太平坊的家中都筑有球场。

隋唐时的住宅建筑趋于成熟和标准化，有严格的等级制度。宋代则更加秀丽，打破中轴线上完全对称的单调格局，但居室的封建等级制度更为严格，这在《宋史·舆服志》中记有一套臣庶屋室制度：

> 宰相以下治事之所曰省、曰台、曰部、曰寺、曰监、曰院，在外监司，州县曰衙……私居，亲王、执政曰府，余官曰宅，庶民曰家……六品以上宅舍，许作乌头门。父祖居宅有者，子孙许仍之。凡民庶家，不得施重栱、藻井及五色文采为饰，仍不得四铺飞檐。庶人屋舍，许五架，门一间两厦而已。

仁宗景祐三年（1036年）又下诏规定：

> 天下士庶家，屋宇非邸店楼阁临街市，毋得为四铺作及斗八；非品官毋得起门屋；非宫室寺观，毋得绘栋宇，及朱黑漆梁柱、窗牖、雕镂柱础。

宋代官员宅第建筑基本形状：院落的大门称门屋，一般为三间形式，中间一间往往采用"断砌造"（即过道），以便车马通行；两边两间为看门之用。院内主要建筑，可分为前厅（堂）、穿廊、后寝等成为工字形或王字形平面图。前堂或厅是接待宾客或日常起居用房，后寝为卧室之用。

堂寝两侧建有耳房或偏院。从庭院布局看，院内可分前后二院或前、中、后三院，整体布局仍是四合院风格。与唐代相比，宋代四合院虽保留唐代四合院中廊院特点，由于扩大了使用面积，将廊院的回廊部分改为廊庑，种植了花卉，美化了环境，形成宋代四合院的新风格。宋代住宅院第一般在院后有大小不等的园林建筑相配合。有的以后发展成为了著名园林。总的来说，宋代的住宅建筑趋向更为合理。

自中唐以后，随着商品经济的日益繁盛，原先的里坊制逐渐被冲破，人们纷纷临街设铺。宋时开始出现坊巷制，民居只是以坊为名，以巷为聚居的管理制度。从此以后，城市民居便都临街开门。这在南宋《平江图》中可以明显得到反映，由于当时苏州城内河道纵横，民居往往处于前街后河的状态中。

与北宋同时期的北方辽朝，其都上京临潢府，在今内蒙古巴林左旗南方的波罗城，城南有一汉城，南当横街，各有楼房对峙，楼下列井肆，有绫锦等各种手工业作坊，交易不用货币，以布帛等交换。城内聚居着大批汉族的儒僧尼道与伎乐、教坊、角抵戏艺人。还有回鹘营，是回鹘商贩聚居区。这里还建有同文馆、临潢驿接待各国使节。其格局建制基本与北宋汴京一致。

元代建大都时，全城街道纵横，有统一定制：

>　　大街二十四步阔，小街十二步阔。三百八十四火巷，二十九衖通。衖通二字本方言。[①]

这里的衖通即后来人们所习称的"胡同"。至于一般平民百姓的居处，则矮小简陋，如在北京第一○六中学院内发掘的一间低矮的房基，房内仅有一灶、一炕和一个石臼，墙壁用碎砖块砌成，地面潮湿，比门低约四十厘米。[②] 又如在上都城内见到：

>　　屋宇矮小，多以地窨为屋，每掘地深丈余，上以木条铺为面，次

---

① 《日下旧闻考》卷三十八"京城总记"引《析津志》。
② 《元大都的勘查与发掘》，《考古》1972年第1期。

以茨盖上，仍种麦、菜，留窍出火。①

明清时期的民居则更加定型化，并因地区、阶级、民族不同而呈现多样化。明代北方民居，以四合院住宅为典型代表。江南民居多以封闭式院落为单元，沿纵轴线布局，但方向不限于正南正北。大型民居住宅多在中央纵轴线上建门厅、轿厅、大厅及住房，再在左右纵轴线上布置祝厅、书房、次要住房、厨房、杂房等，从而形成中、左、右三组纵列的院落组群。各组间设置有通前后的交通线，为"备弄"（即夹道），兼有巡逻和防火作用。后面的住房则常为二层建筑，楼上宛转相通。为了减少太阳辐射，院子多采用东西横长的平面，围以高墙，院墙上开漏窗，房屋也多是前后开窗，以利通风。在客厅、书房前往往凿池叠石，广植花木，以构成幽静的庭院。

顺治五年（1648年）正月，清朝颁布住宅法规，不许官员家房柱涂朱色，禁止庶民房梁上贴金。② 当时等级主要规定在建筑高度（台阶、门基上）和内部装饰上。

北京内城多住贵族、官员和旗人，外城居住商人、平民，也有少数汉官。内外城房舍迥然不同，外城房屋低矮，院子隘小，与南方情况差不多。内城的院宅大而深，房屋宽敞高大，大门门楼华丽高耸，二门以内是厅事，厅事后有三门，这才到内眷的住室，即所谓上房。厅事和上房有的大如殿宇，住宅多坐北朝南，上房东西有耳房，住宅东西向有东厢房、西厢房，厢房也有耳房。有的住宅从二门进去，就是迤廊，直达上房。这宏大的规式是仿自王公贵族的府邸，整个建筑富丽堂皇。

在内城，达官贵人多住在西城，而东城多有国家仓库，如禄米仓、海运仓、南新仓、富兴仓、兴平仓等，所以京城有"东富西贵"谚称。这是早期情形，后来富贵之家喜欢住东城，所以东城成了贵人区。都察院在北京设有五城巡查御史，他们根据各城居民和市面情况，编出谚语："中城珠玉锦绣，东城布帛菽粟，南城禽鱼花鸟，西城牛羊柴灰，北城衣冠盗贼。"

同样在苏州各坊巷居民也有很大不同，西部是工商业区，其间金门、

---

① 严光大：《祈请使行程记》。
② 《清世祖实录》卷36，庚申、辛酉条。

阊门有运河流过，热闹非凡，是商业贸易区；胥门、盘门接近府衙、县衙，吏役多在此居住；缙绅士大夫散在城内各坊巷中。苏州住宅一般是在中轴线上布置大门、大厅和主要住房，两侧布局客厅、书房以及厨房之类。往往在住宅前后的庭院中布置小桥流水、假山花木、亭台廊榭，环境幽雅清静，体现苏州园林艺术特色。同治《苏州府志》记府城有街巷344个，民国《吴县志》记光绪宣统年间苏州城有888条巷子。当时松江府城内有54条街巷，东门外有12条，北门外有15条，共81条。吴县所属光福镇，道光时有东街、南桥等23条街道，超过许多州县。

明代计成著《园冶》中谈到各种古代建筑艺术形式，实际上都源于江南民居。尤其是中国古典园林艺术的建筑法则，多半源自江南民居庭院。而江南民居又是中国古代建筑文化的综合产物。

中国最典型的传统住宅莫过于四合院形式，自前面提到过的陕西岐山凤雏的西周建筑遗址算起，已有两千多年的历史。这种建筑空间形态，准确地体现了中国古代的封建宗法制度。经过几千年的发展和演化，到明清时已形成一套成熟的布局方式和多样使用功能。四合院不仅代表北京古代住宅的风格，而且还集中反映了我国传统住宅的许多特点。

四合院的布局结构：以中间的大院和过厅为中心，由四面的房屋组合成一个独立完整的大院，其他房间按居住者的尊卑序列安排。一个四合院坐北朝南，临街一排五间为正房，称"倒座"，最东头一间是大门，大门西第一间为门房，是司阍者居室；其他三间通常是客房、书房以及仆佣的卧室。进门即是紧贴东屋南面山墙砌的磨砖影壁。在影壁前往左一转弯，在南房窗前，有一个圆形月亮门，进入一个狭长的前院，院中另设一道门——垂花门，此门把里面的北屋、东西厢房与外面的南屋分开，构成"一宅分为两院"。进入垂花门并不能直接看到里院，在正面和左侧有木板屏风门挡住视线，习惯右侧为平时出入通道。迎面的四扇木板屏风门，只有过年或迎接贵宾时才开放。从垂花门右侧进入里院，后院正中三大间大北屋为正房，供长辈居住；正房两侧往往各有一间低矮的"耳房"，这就是习惯所称的"三正两耳"。院子东、西两侧各有三间厢房，供晚辈居住。院前正中整个住宅的外墙都不开窗，通风、采光都依赖内院。如家族兴旺繁衍，或扩大正房间口，有七间口（三正四耳）、九间口（五正四耳）以至十一间口（五正六耳）。或在原四合院基础上向纵深发展几进小四合院，或向四周扩展几个四合小院，组合成大院。

北方民居四合院非常适合几代同堂的封建大家庭居住。"四"字是东西南北四面的门和窗都向着中央院子开,"合"字是中央庭院将建筑融合成整体,关上大门,与世无争。

在北京胡同里,不必进大院内,从大门的式样、屋瓦、脊饰、影壁,就可以辨别宅主的身份。《大清会典事例》中对王府大门有明确规定:亲王府"正门广五间,启门三","均红青油饰,每门金钉六十有三";郡王府、世子府"正门金钉减亲王之二";贝勒府"正门三间,培植的观赏树木,丁香、海棠、迎春、紫荆……有盆栽的水生植物,荷花、睡莲、西河柳……启门一","门柱青红油饰";贝子府"启门一";公侯以下官民房屋,"柱用素油,门用黑饰"。

作为住宅的四合院,如果仅有一进进空荡荡的院落,那就不成其为庭院了。这里有的是精心设计与布置:院子上面有遮荫的花架与天棚,院内有既能观赏又能调节小气候的金鱼缸和点景的湖石,应时的盆花、盆景。而花草惹来了蜂蝶,树木招来了蝉鸣,燕雀也飞来落户了,家家庭院形成了一个小型自然保护区。主人似是大自然的主人,大自然的真美,人的价值,人的尊严,都得到了最充分的肯定。

我国地理环境多样性,决定了各地民居形式多样性。古代北方民居多地穴式,南方民居多干栏式。中国传统的民居显示出强烈的地域性,地域性的差别又明显地反映出社会文化特征,恰好显示民居反映了人类的文明和进步性。北京的四合院,江南的水乡民居,四川的坡地民居,福建的客家大院,闽粤沿海的南方民居,黔桂一带的干栏住宅,黄河中游的窑洞住宅以及蒙古包、青藏高原的碉房等等。无不适应当地的自然条件,同时与当地传统的社会条件相协调。北京的四合院、上海的石库门、陕北的窑洞、四川与云南的吊脚楼堂,都蕴含着城市特色。

北方黄土层深厚,气候寒冷,地穴式可以御寒保温,外观上严实厚重,墙体厚实,设有火炕或火墙。南方山林木材资源丰富,建造立木为柱,架木为屋的干栏式建筑,既可适应地势起伏环境,又可防潮防虫兽。外形上多用竹片、木板筑墙,墙体轻薄,建成挑楼、竹楼,形态轻巧多姿。

从北到南,民居屋顶坡度逐渐增大,房檐逐渐加宽,房屋的进深和高度逐渐加大,南方屋顶坡度大,可以防雨水渗漏,可以隔太阳暴晒。房檐较宽,在房檐下可以劳作、憩息、会客、就餐,既明亮,又防雨防晒。北方屋顶坡缓，可以节省建筑材料，兼作晾晒场地，进深小，空间紧凑，便于保温取暖。

具体说，陕西十大怪之一就是房屋半边盖，后墙高大，密实无窗，既可以阻挡西北风，又可以防偷盗。整个屋顶和正墙向阳，可以汲取阳光，增加室温，可以省掉檩梁，节约当地稀缺的木材。

在桂北、湘西和黔东，流行吊脚楼，依山傍水，前部立柱成架空状，后部落地。吊脚楼适应地形起伏、平地狭窄、山溪纵横的自然环境。云南独龙河畔的独龙族人建干栏式民居，北部地势高，气候冷，多木结构干栏房屋，便于保暖。南部温和，建竹篾式干栏，便于通气。可见，民居形式是人与自然融合的产物，渗透了人与自然协调的美感。

近代城市居住最普遍、最典型的是居住大院和里弄住宅。居住大院多分布在北方城市，其中东北的沈阳、哈尔滨最普遍。这种住宅不是一户一宅，而是十几户甚至数十户的集中式住宅，是在四合院的基础上扩大而成的。一般有大小不等的院子，周围建二、三层外廊式楼房，多为砖木结构，院内设集中公用的下水口和厕所。这种住宅建筑密度大，卫生条件差，是一般商业职员和市民的主要居住地。

里弄也叫"弄堂"，多称作"里"或"坊"，是一种毗连式的木屋，或有砖木结构，上海、天津、汉口、福州、青岛等沿海开放城市均有大批里弄建筑，其中以上海最为典型。这种里弄建筑是从传统的四合院蜕变而来，它将门栋改为以花岗岩为门架的石库门，高墙下是两扇乌漆大门，进门的前院改为天井，形成三间两厢及其他变体。正中为堂屋，是客堂，客堂的门是木质落地长罗；客堂楼上为卧室；左右为次间和厢房；客堂后面为横向楼梯，楼梯后为单层灶间；灶间上面为亭子间，一般作孩子卧室、书房或佣人卧室；其上则是晒台。灶间后为横向长方形小天井，后开有后门出入。

旧式里弄住宅是在传统住宅的基础上受西方联排式住宅的影响而产生的一种联排式住宅，分户单元沿用传统住宅的设计手法，平面严整对称，房间无明确分工，所有房间依靠内院及内天井采光通风，整个建筑包围院落，保持着传统的住宅内向封闭的特征。这种旧式里弄住宅在上海称作石库门里弄，建造最早，数量最大，约占上海里弄住宅总面积的三分之二以上。后传到汉口，数量也很大。而传至天津，俗称锁头式住宅，建造数量很少；而天津建造最多的是由传统的四合院住宅发展的院落式住宅。

上海的石库门房子最早出现在19世纪中叶，据说1853年小刀会起义时，便是在石库门房子里发端的。1860年至1862年太平军东征，上海城内（主要在南市区环路内）居民和浙江难民大批避入租界区，租界内房屋日趋紧张，于是有外商设计出一种形似传统的四合院而占地较小的二层楼房，以供外来人们租用。这大概就是原始石库门最早的改良形式。据有人（上海的胡志洪）考证，他发现在上海1873年的老《申报》上就已有石库门房子出租的广告。他还在19世纪70年代中期的一本上海县志上发现有石库门房子的记载，这说明在19世纪五六十年代就应该有石库门房子出现[①]。

石库门，是上海现代化的起源，是现代上海最有标志性的民居，往往被认为是近代上海人的摇篮。这种建筑是地道的中西文化交融的结果，它既保留了中国传统砖木结构和坡瓦屋顶的特色，在造型上又融会了外来建筑的影响。它的阁楼、老虎窗、清水砖墙、有着各式中西纹样结合的门饰和雕花的门楣，形成长长的弄堂等，给人留下深刻的印象。

进入20世纪20年代以后，特别是1927年以后，新式里弄渐多。新式里弄住宅则是从西方引进的联排式住宅，分户单元采用现代住宅的设计手法，平面布置灵活，功能分区明确，充分利用外墙面开设门窗以争取良好的采光通风条件，具有现代住宅外向开放的特征。里弄住宅占地面积节省，用材简单，简化了石库门和天井，有的把高墙和石库门改造成矮墙和小铁门，进门就是房间，有的增为三层。原来的石库门多是有钱人的住宅，改造后的石库门则成为一般城市职员、店员等中等阶层家庭的主要居住形式。一般普通的二三层楼里弄可居住几户或十几户人家，小小的灶披间成了公共厨房，显得十分拥挤，而且没有卫生设施。从19世纪末至20世纪中叶，上海至少有70%—80%的居民居住在这种里弄里，成为上海最为流行的民居样式。所以，瑞士著名建筑师巴斯卡尔·安富曾说过：

> 对于外国人来说，上海是因其外滩上的高楼大厦而闻名，但这只是表象。当我们步入这座城市，看到那层出不穷的里弄，我们一定会感到这实际上才真正是一坐二十世纪的建筑博物馆。

[①]《石库门，我们身边的"古董"》，《解放日报》2001年3月2日A1版。

以上只是城市中一般居民的居住条件，随着城市中的两极分化，住宅也有两极分化状况：

新兴的高级居住建筑主要有独院式高级住宅和花园住宅两类。独院式高级住宅多为两层小楼，采用砖木结构，铁皮屋面，有数间卧室及餐厅、厨房、卫生间等，并设有火墙、壁炉等。花园住宅庭院更宽广，设备齐全、装饰豪华，占地数亩至百亩。

与上述高级住宅形成鲜明对比的是大批贫民居住地棚户区，其建筑有草棚、滚地龙、水上阁楼等形式。草棚是用几根毛竹做柱子，竹笆上抹泥作墙，破布为门，破墙开洞；滚地龙是用几张芦席弯成半圆形的窝棚；水上阁楼是架设在岸边的水上棚舍，一般用几根毛竹或木头插入河底为支柱，墙壁用木板拼成或用篱笆抹上泥，用稻草铺顶。这类贫民住宅低矮、破烂、阴暗、潮湿。在近代的上海、南京等城市的租界边沿或码头、车站附近都有大片这类棚户区。上海解放前这类贫穷的棚户总数估计约有20万户，约有100万人。

而今在改革开放政策指引下，近年城市民居发展很快，随着旧城改造，许多旧式的四合院、破旧的里弄民居陆续被拆除，新的高层住宅及花园别墅拔地而起，居民的生活条件也大为改善，一般每户套间中都能有独自使用的厨房和卫生间，有的甚至还有客厅、餐厅等现代化设施。近年来，我国城市居民达到小康水平后，民居条件都将再上一个台阶，不但住得宽敞，而且还将更加舒适。

五　城市园林文化

中国古代园林文化发轫较早，在世界三大园林文化流派（指中国、西亚、古希腊）中独树一帜，饮誉全球。据古籍记载，早在三四千年之前，即已进行园事。《史记·殷本纪》纣王沙丘苑台之记，说明殷商时已始筑帝苑。甲骨文中已有"囿"的象形字。古代园林称"囿"或"苑"。《淮南子》高诱注中释"有墙曰苑，无墙曰囿"。许慎的《说文解字》称："苑，所以养禽兽也。"《周礼·地官》记周代筑有灵囿。《孟子·梁惠王下》记：

　　文王之囿方七十里，刍荛者往焉，雉兔者往焉。与民同之，民以为小，不亦宜乎？

此时的园林还带有原始古朴的特点，人工因素较少。

从先秦至秦汉时期的皇家园林，除供观赏外，还多有生产性质。如《韩非子》记：

> 秦大饥，应候请曰五苑之草著，蔬菜、橡、果、枣、栗，足以活民，请发之。

可见当时的苑囿实际是帝室物质生活资料的生产基地，并在苑中营建大量离宫别馆。《史记·秦始皇本纪》中记载：

> 始皇以为咸阳人多，先王之宫廷小……乃营作朝宫渭南上林苑中。先作前殿阿房。

汉武帝时，

> 广开上林，南至宜春、鼎湖、御宿、昆吾，旁南山以西，至长杨、五柞，北绕黄山，濒渭而东，周袤数百里。穿昆明池象滇河，营建章、凤阙、神明、驳娑，渐台、泰液象海水周流方丈、瀛洲、蓬莱。游观侈靡，穷妙极丽。[①]

这里具有向往神山圣水的象征意义，从此奠定了中国古代园林文化模山范水的基本构思与造园方法。如此之大的苑园，同样具有经济意义。扬雄在《羽猎赋》中就指出：当时的，

> 宫观台榭，沼池苑囿，林麓薮泽，财足以奉郊庙，御宾客，充庖厨而已。

《三辅黄图》卷四亦记：

[①] 《汉书·扬雄传》。

> 帝初修上林苑，群臣远方，各献名果异卉三千余种植其中。

汉时一些官僚、贵戚、殷富人家亦造园，开始出现私家园林。如《三辅黄图》卷四中记：

> 茂陵富民袁广汉，于北邙山下筑园，东西四里，南北五里，激流水注其中，构石为山，高十余丈，连绵数里……奇兽珍禽，委积其间……奇花异草，靡不培植。

又如汉成帝刘骜所封其舅王凤等兄弟五人为侯，世称五侯，争为奢侈，"大治第室，起土山、渐台、洞门，高廊阁道，连属弥望"。[①] 至后汉桓帝时，外戚大将军梁翼，"广开园囿，采土筑山，十里九坂，以象二崤，深林绝涧，有若自然，奇禽驯兽，飞走其间"。[②] 当时的私人园林规模亦很宏大，筑山开池，飞禽走兽，奇花异木，无所不有。

魏晋南北朝时期是我国古代园林建筑的重要转折时期，由原先在都城以外利用自然山水环境开始转向造在城内或近郊，并向模拟自然山水方面发展了。也就是说，园林建筑自此随城市经济的繁荣和人们生活需要而移植城内渐趋缩小，园林中造山艺术也从形似转向神似，不再是帝室物质生活资料生产基地。

以洛阳的皇家园林华林园来说，《三国志·魏志·高堂隆传》记载，景初元年（237年）：

> （魏明）帝愈增崇宫殿，雕饰楼阁。凿太行之石英，采谷城之文石，起景阳山于芳林（即华林）之园。

说明华林园中景阳山始筑于曹魏时，已采用太行、谷城之石来筑山。到北魏时，对华林园又加扩展增修，《魏书·茹皓传》记：

---

① 《汉书·元后传》。
② 《后汉书·梁统传》玄孙冀条。

迁骠骑将军，领华林诸作。皓性微式工巧，多所兴立。为山于天渊池西，采掘北邙及南山佳石。徙竹汝、颖，罗莳其间，经构楼馆，列于上下。树草栽木，颇有野臻致，世宗心悦之。

《洛阳伽蓝记》卷二又记：华林园景阳山建造参与者张伦，

造景阳山，有若自然。其中重岩复岭，嶔崟相属；深蹊洞壑，逦递连接。高林巨树，足使日月蔽亏；悬葛垂萝，能令风烟出入。崎岖石路，似壅而能；峥嵘涧道，盘于复直。是以山情野兴之士，游以忘归。

可见当时造山已能仿若自然，有洞壑、石路、涧道等崎岖峥嵘之意境。

今天在故宫、中南海、潭柘寺等地有"流杯亭"建筑，这在三国魏时始建。

魏明帝天渊池南，设流杯石沟，燕群臣。晋海西钟山后流杯曲水，延百僚。①

这就是最早在园林中设流杯娱乐建筑。晋人王羲之《三月三日兰亭诗·序》说：

又有清流激湍，映带左右，引以为流觞曲水，列坐其（水）次（边）。

《梦粱录》记载：

三月三日上巳之辰，曲水流觞故事，起于晋时。唐朝赐宴曲江，倾都禊饮踏青，亦是此意。

---

① 《宋书·礼志二》。

所谓"曲水流觞是指三五知己聚在一起，选一段弯曲小溪，将盛满酒的杯子（觞）浮于水面，任其漂流，当杯漂到谁面前，谁就取来饮用，以此取乐"。后人根据这一习俗，在宫廷或名胜之地，建造了流杯亭、流杯池，供人观赏。

六朝古都建康城内也有用山石造就摹写自然山水的园林。

在孙皓时，即：

> 大开园囿，起土山楼观，穷极伎巧。①

东晋成帝咸和五年（320年）：

> 造新宫，始缮苑城。②

南朝宋文帝元嘉二十三年（446年）：

> 筑北堤，立玄武湖，筑景阳山于华林园。③

后大明三年（459年）九月：

> 于玄武湖北立上林苑。④

南齐时，世祖长子文惠太子：

> 开拓玄圃园，与台城北堑等。其中楼观塔宇，多聚奇石，妙极山水。⑤

另在芳乐苑内：

---

① 《三国志·吴志·孙皓传》注引《江表传》。
② 《晋书·成帝纪》。
③ 《宋书·文帝纪》。
④ 《宋书·孝武帝纪》。
⑤ 《南齐书·文惠太子传》。

山石皆涂以五采，跨池水立紫阁诸楼观。①

自此园林中始建有塔。
陈武帝时，在光照殿前：

其下积石为山，引水为池；植以奇树，杂以花药。②

南北朝时，封建士大夫以抑儒扬道的玄学之风大炽，他们为了"得免横流之祸"，"以避君侧之乱"，③ 回避社会而将兴趣移向自然，以自然为精神寄托，醉心山林，隐逸田园，开池筑山，养花营树，一时竟为时尚。东晋谢安就"于土山营墅，楼馆竹林甚盛"。④
东晋时吴郡名园顾辟疆园：

自西晋以来传之。池馆林泉之胜，号吴中第一。⑤

南朝刘宋时，谢灵运就：

修营别业，傍山带江，尽幽居之美。⑥

这时期受庄园经济影响，崇尚自然山水的园林大兴，时以"别业"、"山居"、"别墅"等称之。魏晋以后士人园林才兴起，中国园林才获得自己独特的品格。园林文化的核心在于情趣，主要是自然情趣。造园是在人不离开城市，不出家门的前提下为自己营造和谐的自然情趣。

唐宋时期的园林随城市经济发展而有很大发展，开始与人们的生活相结合，并随城市发展其空间受到限制，基本仍以摹写山水为主，但不再有

---

① 《南齐书·东昏侯纪》。
② 《陈书·后主沈皇后传》附张贵妃传。
③ 《宋书·谢灵运传》中《山居赋》自注。
④ 《晋书·谢安传》。
⑤ （宋）范成大《吴郡志》卷十四《园亭》。
⑥ 《宋书·谢灵运传》。

"构石为山",而以池沼竹木为胜,并以水景为主,故唐宋时多以"池园"相称。

隋唐时园林以丰富的水景手法取胜。如隋炀帝大业元年(605年),即:

> 发大江之南、五岭以北奇材异石,输之洛阳;又求海内嘉木异草,珍禽奇兽,以实园苑。

随后,

> 筑西苑,周二百里;其内为海,周十余里;为蓬莱、方丈、瀛洲诸山,高出水百余尺,台观殿阁,罗络山上,向背如神。北有龙鳞渠,萦纡注海内。[1]

这里已向模拟山水方面发展,并以水景为主,苑内碧波荡漾,象征蓬莱诸神山的土台山景似浮于烟波之中,山上台观楼阁依稀可辨。

唐代长安城中,除筑宫城四周的禁苑外,在城东南隅,建有曲江池园林名胜。这里汉为乐游苑,隋称芙蓉园,"本隋世之离宫也;青林重复,绿水弥漫,帝城胜景也"。[2] 至唐玄宗开元中,开凿黄渠,引南山义峪水入园中,汇为巨浸,形成长安最大湖泊曲江池,使之成为长安风景名胜之地。据载每逢春和景明或秋高气爽之日,或到传统节假日,也向百姓开放,园内游众倍增,摩肩接踵,几乎倾城而出,车马填塞,热闹非凡,万人空巷。

唐代私人宅院内广种树木,多设楼台,凿池堆山,多具园林特色。宋代张舜民的《昼墁录》记载:

> (长安的)公卿近郭,皆有园池,以至樊杜数十里间,泉石占胜,布满川陆。

---

[1] 《资治通鉴》卷一百八十。
[2] 《资治通鉴》卷一百九十四,唐贞观七年十二月,"上幸芙蓉园"下,胡三省注引《景龙文馆记》。

《洛阳名园记》中亦记：

> 唐贞观、开元之间，公卿贵戚，开馆列第于东都者，号千有余邸。

这些私家园林主要建于都城，一般在近郊的规模较大些，如在城内，因受街坊空间限制，规模就较小些，而在都城以外的一般州县城市中则少见。如敬宗时宰相牛僧儒，在"洛都筑第归仁里"。[①]《洛阳名园记》中又记：

> 归仁其坊名也，圜尽此一坊，广轮皆里余。北有牡丹芍药千株，中有竹百亩，南有桃李弥望。

文宗时宰相裴度说：

> 东都立第于集贤里，筑山穿池，竹木丛萃，有风亭月榭，梯桥架阁，岛屿回环，极都城之胜概。[②]

另一宰相李德裕亦说，

> 在长安私第，别构起草院，院有精思亭……东都于伊阙南置平泉别墅，清流翠筱，树石幽奇。[③]

可见他们的园中均以水景为主。长安城内这类园林第宅比比皆是，如安邑坊的奉诚园，金诚坊的后园、戾园，休祥坊的奉明园，升平坊的东宫药园等，都是春池岸荷，绿柳朱门，草树满园，碧茵连天。

北宋城市经济发达，私园大量涌现，袁褧的《枫窗小牍》中所记开封城内著名私园就有十余所，不著名的有百十个。据《东京梦华录》

---

① 《旧唐书·牛僧儒传》。
② 《旧唐书·裴度传》。
③ 《旧唐书·李德裕传》。

记载：

> 大抵都城左近，皆是园圃，百里之内，并无闲地。

仅此书的《收灯都人出城探春》一节中，就记有城外园林数十处。当时的西京洛阳，正是官僚们退隐闲居之地，造园之风大盛。有人称：

> 人间佳节惟寒时，天下名园重洛阳。①

> 洛阳多公卿园林，为天下第一。②

苏辙亦说：

> （洛阳）遗俗，居家治园池，筑台榭，植草木，以为岁时游观之好……贵家巨室，园囿亭观之盛，实甲天下。③

所以，北宋时的李格非为此专门著录了《洛阳名园记》，录有洛阳名园十九处。

南宋开始，江南造园中对湖石的特殊自然美尤为注重，竞相叠石造景。《吴风录》记：

> 至今吴中富豪竞以湖石筑峙，至诸贵占据名岛以凿而嵌空妙绝，珍花异木错映阑围，虽闾阎下户亦饰小小盆景为显。

这是盛产湖石的太湖地区得天独厚的优势，他们于曲径萝垂、横桥卧波、洞门花影之际，取湖石点缀其间，或突兀挺立，或俏然敛容伫站，令人沉思心撼，大有于淡泊中见深沉的精神气质。

元代在造园史上建树虽不及唐宋，但也有其独特的贡献。以苏州狮子

---

① （宋）邵雍云：《伊川击壤集》卷三。
② 邵博则：《邵氏闻见后录》卷二四。
③ 《洛阳李氏园池记》，《栾城集》卷二。

林为例，本是宋代废园，元末至正二年（1342年）于此创普提正宗寺，初名狮子寺，亦称狮子林，园内以石峰奇巧、竹林茂密见称。其叠石狮子峰，已非自然山峰写照，开创了写意式叠山技艺，由此为明清园林写意山水奠定了基础。

到明清时，城市空间更为有限，人们进一步将园林与居住生活环境相结合，于是出现"宅园"的形式，利用庭院或天井来园林化。写意山水渐趋成熟，人们不求形似，但求神似即可。并利用"借景"来扩大人们的欣赏视野，到清代后期，园林中几乎无处不筑亭，因此有"亭园"之称。

明代造园之势如雨后春笋，在以往以水景为主、池中堆山的基础上，发展成一种叠石文化。园内危峰深洞、山石峥嵘，或孤峰独特，或犬牙连绵，渗融一种推崇"洞天福地"的道家情思。不仅南方园林多有叠石，即使北方也不凡其例，如故宫御花园全用规模巨大的石山，在南阳某王府中的石山高达四五丈许。由于城市中私家园林受空间限制，造园艺术中写意山水创作至明末趋于成熟。往往以石拟峰，以假为真，或做假成真，不求形似，但要神似。

明代开始，园林发展的另一特点是居住生活园林化。此前唐宋时期的园林均非"宅园"，即园林与住宅多不在一起，所建园林只是多为文人赋酒吟诗、宴集娱游场所，故园内建筑较少，以池沼竹木造景，没有居住生活要求。随着城市发展，人们可利用空间有限，于是开始出现"宅园"居住环境，这不是简单地对环境进行一般的绿化和美化，而是上升到园林创造高度，使住宅天井加以庭院化。

清代著名画家郑板桥在其《郑板桥集·竹石》篇中有精辟阐述：

> 十笏茅斋，一方天井，修竹数竿，石笋数尺，其地无多，其费亦无多也。而风中雨中有声，日中月中有影，诗中酒中有情，闲中闷中有伴，非唯我爱竹石，即竹石亦爱我也……吾辈欲游名山大川，又一时不得即往，何如一室小景，有情有味，历久弥新乎！

生活园林化后，小小庭院能容天地山川，有景有影、有情有趣、有声有色，其乐无穷。普遍在园内的建筑数量增多，如苏州留园前部右侧为住宅，左侧为祠堂，园内建筑占了很大比例，尤其东部的建筑密度大且庭院深幽。

　　清代为我国古代园林文化集大成时代，不但皇家园林宏大辉煌，而且私家园林亦遍地开花，深入民间小院。明清时期从嘉靖至乾隆年间，是我国造园史上鼎盛时期，私家园林不再是都城少数贵显专利，各地富商豪贾、士大夫等百姓之家亦盛行筑园之风。

　　明清时期著名的皇家园林主要有：故宫御花园、西苑三海、圆明园、畅春园、颐和园、香山静宜园和承德的避暑山庄等。私家宅园主要有：北京的恭王府、蔚秀园、清华园，苏州的拙政园、寒山别业、留园、怡园、网师园，无锡的寄畅园、愚公谷，南京的莫愁湖园、随园，扬州的影园、芍园、个园、筱园，上海的豫园、露香园，松江的熙园，太仓的弇山园，海盐的安澜园、涉园等。

　　一般江南私家园林最盛，而北方以帝王苑园最佳。由于南方气候条件与自然环境较为优越，园内多山石、池水、花树及建造精巧的楼台亭阁，回环宛转，引人入胜。而北方园林与之相比，显得较为笨拙。由于乾隆六下江南，不但刺激了南方大修园林，并且将许多南方名园移植北方，对北方广造园林的发展也起了很大作用。如西湖十景、惠山寄畅园、苏州狮子林、留园水木明瑟、如皋文园、海宁安澜、嘉兴烟雨楼等，均被仿造北方帝王园苑中。

　　我国古代园林文化，历来崇尚自然，师法自然；所谓"虽由人作，宛若天成"；"出于人工，巧夺天工"，形成我国独特的东方园林文化。一种是特殊的出于人对大自然的依恋与向往而创造的建筑空间；一种是人们欣赏人化自然美与建筑技术人工美的特殊方式，它是人对大自然欣赏的回眸与和谐统一。

　　我国传统的园林文化，到近代渐被开放为公园，逐渐为人民大众所享用，成为群众休息、养性、锻炼、娱乐、陶冶情操的场所，无论是南方还是北方的园林艺术都雄踞世界前列。公园首先于1868年在上海租界出现，是由租界当局"工部局"用中外商人税款创办，中国人译为"公家公园"。于20世纪初，全国各地都开始兴办公园。

第二章

城市交通文化

常言道：路是人走出来的。人类为了交往必然走出各种路来，路是人类突破空间限制进行相互了解、相互交流的重要手段。自产生城市以后，城市间为了相互交流，必然有道路相通。一个民族要生存、要发展必须先发展交通，恩格斯在《德意志意识形态》中指出：

> 一个民族本身的内部结构都取决于它的生产以及内部和外部的交往的发展程度。

可见社会的进步发展，除了生产力的发展，另一方面则是它的交通发达。某种程度上讲，交通文化对社会的发展有时也会起到决定性作用。尤其在商品经济社会，没有产品的交流，生产就难以发展。所以人们常说，"要想富，先开路"是有一定道理的。

现代人们的生活离不开交通工具。大城市都有机场，可以与世界各地进行国际间交往。陆上有密集的铁路交通，火车一再提速，大批人流、货物可以迅速运往各地。城市间几乎都有公路相通，许多地方都在建设高速公路，大大加快了运输速度，缩短了城市间的距离。至于沿江沿海的港口城市中，大批大载量的轮船，在水面上驰骋，通行无阻。加上现代通信设施，通过电话、信息网络等，人们相互联系近在咫尺，瞬息可至。甚至通过卫星，无所不至。当今世界变得越来越小。

道路跨越河流或峡谷时，就需要架设桥梁，所以桥梁是架空的道路，它实际是道路不可分割的组成部分。现代城市中由于车水马龙、车流人流如潮，川流不息，为了保证道路的畅通，于是城市中往往在交通繁忙的十字路口，在道路之上架设了立交桥。这些奇异多姿的立交桥宏伟壮观，不仅给城市带来了新的交通景观，而且加快了车辆行驶的速度，消除了诸多交通事故的隐患。

目前全国一些主要的大城市为了改善交通环境,一般都已建起各色立交桥,以首都北京最为突出,已陆续建有上百座立交桥了。这些立交桥的建立,为新时代的交通文化增添了新的内容。其实早在秦朝已有立体交叉的复道出现,说明古代道路发展中早已有向空间发展的要求,只是因客观需要的限制,未能充分发展,更不可能有今天立交桥那么壮观。由此说明今天的城市交通文化是在以往的城市交通文化基础上发展而来的,我们有必要对我国古代的城市交通文化进行深入探讨。

在水路交通方面发展也很早,早在春秋时,吴王夫差开了邗沟,沟通了江淮间的交通;接着战国时,梁惠王又开凿了鸿沟,将中原地区的济、汝、淮、泗等水相通,从而使黄河与长江间水系相沟通。于是大大促进了中原地区的经济都会得到很大发展,并为以后秦的统一创造了重要条件。自隋炀帝开南北大运河后,我国水上交通又开辟了以东南沿海为重心的纵向发展新格局。此后唐、宋、元、明、清历代,政治、经济、文化中心无不维系在运河沿线。

我国古代的城市交通文化一直很发达,长期居于世界领先地位,特别是自汉代开凿陆上丝绸之路以后,我国长期与西方各国进行着友好的物质与文化的交流。唐宋以后,我国海上丝路发展成香瓷之路,进一步扩大了与世界各国的交往,从而为人类文明发展作出了巨大贡献。

城市交通的发展实际是社会开放的结果,只有面向世界,不断地开放、不断交流,社会才能不断发展进步。今天我们正处在改革开放新时期,我国的城市交通正在发生着日新月异的变化,我们探索我国的城市交通文化的发展,其意义更加深远了。

一 城市交通环境

城市的发展与其周围的交通环境有着密切的关系,一般来说,城市交通环境发展良好,对城市的经济、文化发展有着直接的影响;一旦城市交通环境恶化,城市发展必然受到影响而逐渐衰退。从全国来看,一般都是以首都为中心,形成全国交通网络,一旦政治中心转移,那么交通中心往往也会随之转移。

以下我们不妨看看我国历代交通网络形成和变化的过程,从中可以看到历代一些城市交通环境的变化。

夏人主要活动范围在今山西南部、河南中西部地区，主要城邑有阳城（今河南登封）、安邑（今山西夏县南）、钧台（今河南禹县南）等。当时城市与交通尚不发达，但据《史记·夏本纪》记载，在夏启时，已开出一条从伊洛地区通往渭水之滨的交通干线；又因商汤率军西征，自山东曹县至洛阳间也初步形成早期的横向交通干线。商代又增加了殷（今河南安阳）、商（今河南商丘）间经常往来的商道，晚期已形成以殷墟王邑为中心的通往四方的交通网络。

西周为加强东西两都联系，特意修筑了两都间的"周道"。《诗经·大东》中称："周道如砥，其直如矢。"当时洛邑"此天下之中，四方入贡道里均"。[①] 并以此为中心，向四方铺设周道：向北通往晋和燕，即今山西、河北地区；向南至鄂、申，即今河南、湖北地区；向东至邹、谭、齐，即今河南郑州和山东境内。[②] 当时齐、鲁之间也有通道，在鲁国境内称作"鲁道"。这在《诗经·载驱》中颂为"鲁道有荡"，也是一条著名大道。可见西周时主要城市间，邑与邑之间始有道路相通，初步形成陆上交通网络。

春秋时，城市进一步得到发展，城市间交通网络也渐趋完善。除了长安、洛阳间的干线继续发挥轴线作用外，秦人开辟了渭、汾间水运和秦岭通道，楚人经营郢郑通道和江淮间水运，吴越人开凿了邗沟和近海交通线，北方晋人穿越太行山控扼中原，燕人开辟了塞上交通线。

特别是吴王夫差于鲁哀公九年（公元前486年），"吴地邗沟，通江淮"。[③] 这为以后扬州的兴起和发展起了很大作用。接着，吴王夫差为了北上称霸，又在商鲁之间开了菏水，从而沟通了长江、黄河间的南北交通，这为以后定陶的发展奠定了良好基础。当时位于今山东定陶县的陶，正位于菏水由济水分流的地方。由于开凿菏水后，陶便成为全国交通枢纽，所以，《史记·货殖列传》称：

　　陶为天下之中，诸侯四通，货物所交易也。

[①]《史记·周本纪》。

[②] 杨升南：《说"周行""周道"——西周时期交通初探》，《西周史研究》人文杂志丛刊第二辑，1984年，第55—63页。

[③]《左传·鲁哀公九年》。

由此东可通齐鲁，西可通秦晋，南可通吴楚，北可通燕代，从而使它很快发展成为当时的天下经济中心，成为全国最重要的城市。可是，到了秦汉以后，由于黄河的频繁泛滥，其交通环境的优势逐渐丧失，于是很快衰落下去了。由此反映一个城市的兴衰与周围交通环境的关系多么密切。

到战国时，由于列国争战不休，为了争雄，彼此都很重视水陆交通：燕国击东胡打通了塞外及东北地区与中原交通；赵国致力于打通太行山两侧；秦国开凿栈道，打通了与巴蜀的联系；楚国治理了江淮间水陆航道；经各国共同努力，从而初步形成了全国水陆交通网络。

特别是魏国居于中原，梁惠王时开挖了开封附近的鸿沟，将古黄河、古济河与颍水、淮水连成一体；将中原地区的济、汝、淮、泗等水相通，从而使黄河与长江间水系相沟通。这对中原地区的城市发展起了很大促进作用。《史记·河渠书》记：

> 自是之后，荥阳下引河东南为鸿沟，以通宋、郑、陈、蔡、曹、卫，与济、汝、淮、泗会。于楚，西方则通渠汉水、云梦之野，东方则通（鸿）沟江淮之间。于吴，则通渠三江、五湖。于齐，则通淄济之间。

鸿沟实际是一些水流的总称，它是将原先几条互不相通的河流加以沟通而成鸿沟水系。鸿沟的开通，首先受惠的是魏国都城大梁（今河南开封市）。由于其地理位置适中，在其周围"山北、河外、河内，大县数百，名都数十"。[1] 于是大梁很快发展成中原地区重要城市。后于秦始皇二十二年（前225年），由于"王贲攻魏，引河沟灌大梁，大梁城坏"。[2] 于是在其上游的荥阳（今河南荥阳市），下游的睢阳（今河南商丘市）相继崛起。随之兴起的城市还有陈（今河南淮阳县），它位居狼汤渠与颍水汇流处，这里成为颍水物资集散地。在颍水入淮之处有寿春（今安徽寿县）。陈和寿春发展繁荣后，楚国后期曾迁都来这两地。其东在获水入泗水处，还兴起有彭城（今江苏徐州市）。此外，间接受到影响的城市，还

---

[1] 《战国策·魏策三》之八，见《战国策集注汇考》（下），江苏古籍出版社1985年版，第1268页。

[2] 《史记·秦始皇本纪》。

有东面齐国的临淄,西面的洛阳,以及被誉为"天下之中"的陶和卫国都城卫(今河南濮阳市)等。正如《盐铁论·通有》中所云,几乎各国都受益:

> 燕之涿蓟,赵之邯郸,魏之温、轵,韩之荥阳,齐之临淄,楚之宛丘,郑之阳翟,三川之二周,富冠海内,皆为天下名都……居五诸侯之衢,跨街冲之路也。

秦统一全国后,从咸阳向西北通往陇山开有"回中道";正北方向自云阳出发,直通河套地区专门开了"直道";直道全长700公里,是当时为了输送军队所修的相当于今天的高速公路。其他各道也有类似性质。在山西境内开了"井陉道"、"上党道";在蜀地开通一条"五尺道"等。在中原地区"治驰道",这种驰道遍布全国各地:

> 秦为驰道于天下,东穷燕齐,南极吴楚,江湖之上,濒海之观毕至。道广五十步,三丈而树,厚筑其外,隐以金锥,树以青松。①

汉武帝时,"天下郡国皆豫治道桥,缮故宫,及当驰道县"。② 驰道遍布全国各地,初为皇帝专用,至平帝元始元年(公元元年),正式下令:"罢……三辅驰道。"③ 此后遍布各地的驰道,便成为全国重要交通干道。

汉武帝时为经营汉中地区,开辟了"褒斜道",后王莽时还修了条"子午道"。它与褒斜道平行,实际使用价值远不及褒斜道,至东汉时即废,褒斜道通往巴蜀后,又从蜀地向西南继续延伸,修治了"西南夷道"。此外,在西南还开通了灵关道、夜郎道、严道等。从成都到邛崃,通过严道可去西昌、会理,甚至可达大理、保山,到腾冲或盈江再去缅甸。

更重要的是在南方和东南沿海发展了海上交通,沟通了现南洋地区的往来,初步开辟了海上丝路。尤为引人注目的是通过张骞通西域,不仅加

---

① 《后汉书·贾山传》。
② 《史记·平准书》。
③ 《汉书·平帝纪》。

强了与河西走廊和西域地区各城市间的联络，同时可以远达中亚地区，开辟了陆上丝绸之路。从而使长安成为国际性都市。

据《史记·货殖列传》中所记，汉代全国各地名城，如温（今河南温县）、轵（今河南济源县）、洛（今河南洛阳）、睢阳（今河南睢县）、邯郸、蓟（今北京附近）、太原、临淄、辽东（今辽宁辽阳）、江陵、长沙、吴（今江苏苏州）、寿春、合肥、钱塘（今浙江杭州）、番禺（今广东广州）、成都、张掖以及玉门关以西的鄯善、于阗、莎车等城市，皆居交通要冲，都有交通干线相通。正如《盐铁论·力耕》中所云：

> 自京师东西南北，历山川，经郡国，诸殷富大都，无非街衢五通，商贾之所臻，万物之所殖者。

魏晋南北朝时期在局部地区的交通仍有所发展，特别是经六朝对长江流域的开发，使长江流域成为我国经济富饶地区。为隋炀帝开凿南北大运河创造了物质基础。隋代在开凿南北大运河之前，首先整治了黄河漕运线路，于开皇三年（583年），在大兴城东至潼关间开挖了广通渠，从此黄河漕运不必再走渭水，大大解决了漕粮西运难题。接着于开皇七年（587年），"于扬州开山阳渎，以通漕运"。[①] 当时所修范围仅及淮水入邗沟的水口，对邗沟整体并未整治。

其实，隋炀帝开凿南北大运河之事，早在北魏孝文帝定都洛阳时就已认识到这点，他说：

> 朕欲从此通渠于洛，南伐之日，何容不从此入洛，从洛入河，从河入汴，从汴入清，以至于淮。[②]

这历史使命由隋炀帝完成了。

首先于大业元年（605年）开挖了通济渠，《隋书·炀帝纪上》记：

> （三月）辛亥，发河南诸郡男女百余万，开通济渠，自西苑引

---

① 《隋书·高祖纪上》。

② 《魏书·李冲传》。

谷、洛水达于河，自板渚引河通于淮。

即从汜水境内的板渚开始，经浚仪东南去，穿过梁郡、谯郡、彭城郡，直达下邳郡，至盱眙入淮。这条通济渠在唐宋时，通称为汴渠或汴河，对中原地区城市发展起了很大作用。

接着又对隋文帝时所修的山阳渎加以全面整治：

顺流枲淮阴（今江苏清江市西南）至邵伯（今扬州市北）三百有五十里，逆流自邵伯至江九十里。①

自山阳淮至于扬子入江，三百余里，水面阔四十步，通龙舟。两岸为大道，种榆柳，自东都至江都二千余里，树荫相交，每两驿置一官，为停顿之所。自京师至江都，离宫四十余所。②

这是对春秋吴王所开的邗沟，加以进一步疏理，使之更为深广平直。从而自东都洛阳，便可直抵扬州入长江。接着于大业四年（608年），又：

诏发河北诸郡男女百余万开永济渠，引沁水南达于河，北能涿郡。③

并沿岸植柳树，开驰道，水陆并举，将洛阳与幽燕连接起来。

其后于大业六年（610年）底，又：

敕穿江南河，自京口（今镇江）至余杭（今杭州），八百余里，广十余丈，使可通龙舟。④

在短短的六年中，即以洛阳为中心，北抵涿州，南达余杭的南北大运

---

① 李翱：《李文公集》卷十八《来南录》。
② 杜宝：《大业杂记》，据晁载之《续谈助》卷四。
③ 《隋书·炀帝纪上》。
④ 《资治通鉴》卷一百八十一《隋纪五》。

河全线建成。全程四千华里，为我国历史上最长的运河，也是举世最长的运河。这条南北大运河开成，其功绩正如《元和郡县图志》中所述：

> 自扬益湘南至广交闽中等州，公家运漕，私行商旅，舳舻相继，隋世作之虽劳，后代实受其利焉。

它为以后唐宋的南方漕粮北运，商品经济的繁荣奠定了基础。南北大运河的开通，使运河两岸的城市得到了充分的发展，其中特别是扬州的繁盛，至唐中叶后，一跃成为当时我国第一大经济都会。

唐代国内主要交通干线称为"贡路"。仍以长安至洛阳为轴线，向四面八方辐射；水路以南北运河和东西长江为主干。当时全国有扬州、益州、荆州、广州四大商业名城，除广州外，其余三个都在长江干线上。

当时除了以长安和洛阳为中心向四方辐射的交通干线外，以上述的四大商业名城为中心，又各自向四周形成各地区的交通中心。如广州向东有出海通道，可以连接潮州、漳州、泉州、福州等沿海城市，向西通往滇、黔、湘、桂、赣等地都有交通干道。成都陆路有向北过秦岭通汉中至关中或去陇西；向南有通往邛州、雅安、西昌、姚安等地的交通干线；还可通过岷江入长江水运至重庆、万县、荆州，再通往长江中下游各城市。荆州北上过襄阳、南阳到洛阳有交通干线。至于扬州地处运河、长江和入海口，是河、江、海交汇之地，成为全国水运枢纽，发展为全国经济中心，海外贸易的重要港口。

由于南北大运河的开通，宋代对长江航运更为重视，长江沿岸城市也得到很大发展。从成都顺岷江而下，经眉州（今眉山）、嘉州（今乐山）、戎州（今宜宾）、泸州，到渝州（宋为恭州，今重庆），沿长江又有涪州（今涪陵）、万州（今万县），进入三峡，又通过夔州（今奉节）、归州（今秭归）与夷州（即峡州，今宜昌），便到达江陵府（荆州），又过岳州（今岳阳）即到鄂州（今武汉），顺鄂州而下，便是江州（今九江）、池州（今贵池）和江宁府（今南京），再下就是京口（今镇江）、扬州了。再经过运河，由扬州北上可达楚州（今淮阴）、宿州（今宿县）、宋城（今商丘）去汴京；由镇江转江南运河，经平江府（今苏州）、嘉兴府（今嘉兴）便到临安府。再向东顺浙东运河，经萧山、绍兴、上虞、余姚，可达当时重要海外贸易港明州（今宁波）。这些城市好似明珠串在东西长江和南北运河上，形成水上运输网。

元代在中原地区的交通干线，基本仍以旧道为基础，元代全国的主要干道均称作"驿道"。只是辐射中心转移到大都。各行省治所都有驿道直达大都，并以此为中心，建立起与省内各路、府、州、县的交通网。为了加强对边区的交往，还新开辟了岭北、辽阳、云南等行省和吐蕃地区的驿道。从而全国各地都四通八达，甚至还开辟有通往今境外中亚地区的窝阔台、钦察、伊利等汗国的钦察道南北线和波斯道等，这比汉唐时期通西域的丝绸之路还要宽广。

由于元代定都在北方大都，原先的南北大运河在宋、金对峙时期，某些河段已年久失修而湮废，为了使东南地区的漕粮能直接北运抵京，不得不对运河重加整治。首先对旧运河尚可通航的河段加以疏浚利用，如江南运河、扬州运河（即以前的邗沟）、天津至临清的御河（原永济河、卫河）等。元初只能采取水陆兼运办法：

> 自浙西涉江入淮，由黄河逆水至中滦（今河南省封丘县）旱站，陆运至淇门（今河南省淇县东南），入御河，以达于京。①

同时对互不连贯的河段开凿新的运河，如至元二十年（1283年）开了从须城（今山东东平县）安山到济宁接泗水的济州河；至元二十六年（1289年）开了从须城安山到临清的会通河；至元二十九年（1292年）又开了从大都到通州的通惠河。这样由大都至杭州全线1700多公里的南北大运河基本凿通，比旧南北运河缩短了六七百里路程。以后为明清时期重要漕运路线。对沿线的杭州、苏州、扬州、淮安、济宁、临清、德州、天津等城市发展起了很大作用。

值得一说的是，宋元时期都实行对外开放政策，所以海上丝路获得很大发展，航线延伸到西亚、北非以至欧洲，从而大大促进了我国沿海港口城市的繁荣发展，元代沿海主管外贸事宜，设置市舶司的有广州、泉州、温州、庆元（今宁波）、杭州、澉浦（今海盐）、上海等口岸。这对促进我国沿海经济发展起了很大作用。

明清时期的交通并无太大的建树，某些方面甚至有所衰退。清代将国

---

① 《元史·食货志一·海运》。

家干线称作官路，通称为官马大路，后来民间简称为"马路"，沿袭至今，人们仍通称一般道路为"马路"。当时的官马大路分成东北路、东路、西路和中路四大干线，共长四千里。又把各省内部州县间的通道称为官马去支路，即支马路。还把州县内部通往乡镇间的交通要道称作大路，于是民间常说："大路朝天，各走一边"，泛指乡间大道。

直至近代，西方殖民者在我国铺设铁路，从而不仅改变了我国几千年来的夯土筑路历史，而且也改变了我国城市布局。1876年英国商人在中国建造了第一条淞沪铁路，1881年修建了中国人自己筹办修建的唐胥铁路。随着铁路的发展，一批新兴城市得到很快发展，如东北的哈尔滨、长春、沈阳，中原地区的石家庄、郑州、武汉、济南、徐州、蚌埠等城市。

以上通过历代城市交通环境的形成与发展，充分说明，在市场经济发展的今天，我们要培育市场，要发展城市经济，一个重要条件就是必须首先改善城市交通环境，只有在良好的城市交通环境条件下，我们的城市经济才能得到健康、迅速的发展。

二　邮传驿站

城市间交通文化除水陆交通外，另外一个重要方面是信息交通，其主要表现是古代的"邮驿"，即现代的邮政。古代把边陲地区传递书信的机构称为"邮"；将传递官方文书的马、车称作"驿"。邮驿依赖于完善的道路建设，每开拓新的道路都促进邮驿的扩展。同样，由于邮驿的需要，不断促进水陆交通的发展。

我国最早的通信设施，恐怕源自于战争中的军事上需要，为了及时传递军事信息。早在商代的卜辞中就记有"夜则举鼓，昼则举旗"的通信方式。《史记·周本纪》中记载：

> 褒姒不好笑，幽王欲其笑，万方故不笑。幽王为烽燧大鼓。有寇至则烽火，诸侯悉至，至而无寇，褒姒乃大笑。

这著名的周幽王"烽火戏诸侯"的故事，正说明西周时，烽火击鼓的声光军事通信，已成为固定通信制度。

到两汉时，这种烽燧通信设施又有新的发展，特别是在修筑长城的同时，于边防沿线，都设置了这种烽燧设施。考古学专家近年在新疆、甘肃、内蒙一带发现多处汉代北部的烽燧、亭障和长城遗址。在汉代沿长城全线，西至罗布泊沙漠，直达克鲁库特格山麓，皆列置堡垒烽燧。这种原始的声光通信方式，历代沿袭不止，《武经总要》中就总结说："烽燧军中之耳目，豫备之道不可缺也。"乃至近代，在革命根据地发展成"传山哨"，即在山头上设哨监视，一旦发现敌情，即发出信号，如以倒树方向指示敌人行动方向等。

当然这种原始的声光通信方式有一定的局限性，如遇下雨，烽火燃不着时，或遇雾天看不清时，则由戍卒飞骑或快跑步向兄弟堡垒传递情报。所以，平时官方文书的传递主要还是靠驿传制度来完成。

西周时，由于重视修整道路，所以开始形成比较完整的邮驿制度。西周时主要是车传，以车传递称作"传"或"驲"，是一种轻车快传；另外在边境传送机构称为"邮"；再有急行步传的叫"徒"。当时在邮传驿道上，沿途还设置了休息站，叫"馆"或"市"。这些馆、市，设备齐全，有楼室供使臣们歇息，可以沐浴等。

春秋时期开始出现单骑通信和接力传递。单骑快马通信最早出现在郑国，叫"乘遽"。而接力传递最初记载为鲁昭公元年（前541年）秦晋间邮驿大道上每隔十里设一舍，行施接力传递。这两种邮传方式到春秋晚期才逐渐普及，战国时，单骑通信越来越多，"遽"已含有骑马通信之义。春秋战国时，"邮"仍为边防上专门传达书信的机构。秦时将"遽"、"驲"等原先传递方式的不同名目统称为"邮"，从此"邮"便成为通信系统的专有名词。当时近距离传递，主要还是"步传"。

秦朝为加强对人民的控制和管理，全国普遍设置"亭"为基层机构。亭有关照行旅任务，在交通不便时代，亭对商旅来说，具有类似传舍的某些功用。而在交通干线上设置邮亭，为传舍的重要补充。"亭"与"邮亭"并不是一回事。汉代专门用"邮"来称呼短途的步行传书方式。管理这种短途步行投递书信的机构，称为"邮亭"，邮亭即为步行信使的转运和休息站。汉时这种步传通常是接力运递。《汉旧仪》中记：

　　　　十里一亭，亭长亭候，五里一邮，邮间，相去二里半，司盗奸。

由于汉代尤为重视邮亭的设置，除内地外，边疆也大规模修建，所以邮亭在数量上大大超过传舍和驿置，利用邮亭传递文书很方便。

秦代的驰道并非驿道，直到汉平帝下令罢三辅驰道后，驰道才并入驿道。汉代邮传制度最大进步是驿与邮分流。此时车传已逐渐被淘汰，骑传成为长途通信的主要方式。汉初将原来称"邮"的邮传设施，改称为"置"。东汉应劭的《风俗通》说：

> 改邮为置。置者，度其远近置之也。

"置"就是按远近设置的邮递办公机构，也就是说，"置"是邮传信使的中途休息站。

汉武帝后，由于原先的传车过于笨重，于是便改为轻便的单骑传递，这种以骑马为主的信递方式，便以"驿"正式命名。至于原来"传"的名称，两汉时已用于表示一种国家招待所性质的"传舍"，变成专门迎送过往官员、提供饮食车马的场所。一般设在交通干线上的县以上城市中。"驿"实际是以马传递的方式，而"传"已演变成接送机构，人们往往将它们合称为"驿传"或"驿置"。驿置是指长途传递信件文书的设施，紧急的或重要的公文都由它来传递。其长处是迅速，通常以轻车快马为主，驿与驿间一般距离三十里，又称为一置。

汉代基本形成一套完整的邮驿制度："邮"为短途的步行传书方式。管理这种短途步行投递书信的机构，称为"邮亭"，一般十里设一亭，五里设一邮（亭）；而以马传为主的传递方式称为"驿"，驿间邮传设施称"置"或"传舍"，一般三十里设一驿。郡有督邮，县设承驿吏，传舍主管为驿吏，亭有亭长，各行其职，全国驿路畅通无阻。这里插述两个今天我们日常生活中还常使用的有关邮驿中俗语的来历：

一是"公车上书"，这是因东汉九卿中的卫尉属下有一官叫"公车司马令"，负责接待由传车征召来上书的民间贤士，所以后人以此称作"公车上书"。

二是"信函"一词，是因在曹操时，开始用一种青纸作诏书，称为纸诏，发诏时都要装入木函中分送下属文官，然后让他们每月定期把给上级的意见写在纸上，装入木函呈送曹操阅看。这种以"木函"作信封的形式，后人便称作"信函"，并一直沿用下来。

魏晋南北朝时期，将"亭传"和"邮亭"与驿置逐渐统一为驿站制度。因为战争的需要，步递已不太适应形势发展，因此步递基本不复存在。于是道路沿途的亭传、邮亭、驿置逐渐合一。而县以上城市的传舍便与同城的邮驿合并，有的改称为馆，故传舍又叫馆舍。这为隋唐时馆驿合一奠定了基础。

另一方面，魏晋南北朝时期，私营客舍大大发展起来，当时把这种私营客栈称作"逆旅"。这在战国、西汉时已有出现，只是到东汉末年才盛行。《晋书·潘岳传》记，西晋时"近畿辐辏，客舍亦稠"。到南北朝时，无论南方北方，一些官僚都有自营的客店。如南朝梁武帝弟弟萧宏仅在建康城里就开设了宿客和贮货兼营的"邸店"数十处。

同时，这时期在南方水乡还出现了水驿。三国时吴国地处水乡多水，"即便就船，倍道兼行"，晋时崔豹《古今注》记，"孙权时名舸为赤马，言如马之走陆也，又以舟名驰马"。

可见当时已设有水驿。至南朝时更趋发达，往往水陆相兼。以后历朝在南方也都重视水驿的作用，特别是隋唐开凿南北大运河以后，水驿更盛。《大业杂记》中记："自东都至江都二千余里，树荫相交，每两驿置一宫，为停顿之所。"《通鉴》记唐太宗时，"别遣行使行水道，自巫峡抵江、扬，趣莱州"。明代为运送贡物，发展有"快马船"。

隋唐时传与驿完全合一，而且邮驿已极少接待商旅，这是因为私人客舍、邸店已比比皆是，商旅无须住馆驿了。唐代已初步形成以城市为中心的四通八达的道路网，据《大唐六典》记载，唐代最盛时，全国有1639个驿，其中水驿260个，陆驿1297个，水陆兼驿86个。

唐代由于限制诸道乘驿奏事，于是各道节度使及各州为了获取和传递朝廷和各地的公文和动态，便纷纷在京设置进奏院，这有点类似今天的各地驻京办事处性质。他们在京收集信息，及时将京城消息通报各地方长官，于是出现"进奏院状报"，估计这就是我国最早的报纸了。这种状报又称"杂报"。开元杂报系雕版印刷，不定期，单张，每行十五字，每页十三行，楷书大字，有界栏而无中缝。当时的邮驿还承担杂报的传送。

隋唐时期在交通线上普遍设立驿和馆。驿主要设在驿路上，一般兼有通信机构和官方招待所双重作用；而馆只是作招待所而已，一般都设在非交通干线上，另一种是在州县所设的宾馆。所以驿又俗称为馆驿或驿亭，而馆则称为宾馆、客馆或馆第。到唐末，在个别地区开始出现以步递形式在各州辖境内传递公文的递铺，又称作铺驿。

从而到宋时，递铺组织更加完善，于是形成与驿相别的组织形式。宋代的驿又称馆驿，主要是负责接待过往的使臣，供应食宿和交通工具等，不再直接传送官方文书，只是设在交通干线上的馆驿才负责传送官方文书，一般六十里置一驿。而递铺则是官方文书直接送者，主要设在驿路上以及没有驿的地方，一般二十里置一铺。

宋代的递铺有三种传递方式，沈括的《梦溪笔谈》中指出：

驿传旧有三等，曰步递、马递、急脚递。

步递是步行接力传递，速度较慢，除了传送普通公文外，还要负责送人、送官物等。马递速度较快，只是传送紧急文报和敕书，一般不送官物。在与辽、金、西夏作战的特殊环境下，逐步又发展起急脚递，开始只是在边境重镇个别地区设置，主要传送边关机宜切要文字，一旦事毕即撤。这种急递铺创始于宋，昌盛于元，至明代以后未再发展，到清后期趋于衰亡。

元代出于军事行动需要，其急递铺的设置较为普遍，组织严密，制度完备，网络发达，并以此替代了原先的步递、马递形式，发展成为当时公文传递的唯一通信方式。当时按地理远近，人数多寡，或十里、十五里，或二十五里设一铺。《元史·兵志》上记载：

凡铺卒皆腰革带，悬铃，持枪，挟雨衣，赍（带）文书以行，夜则持炬火，道狭则车马者、负荷者闻铃避诸旁，夜亦以惊虎狼也……及各铺得之，则又辗转递去。

铺铺接力传递，日行四、五百里，相当神速。

元代由于国土辽阔，对邮驿制度进行的一项重大改革是在全国建立起严密的"站赤"制度。《元史·兵志》称："站赤者，驿传之译名也。""站"字在元以前并无"驿"的含义，只是从元代开始才将"站赤"译为"驿站"。据《元史·地理志》和《经世大典·站赤》所记，当时全国共有驿站1519处，其中陆驿1095个，水驿424个。一般陆行以马或驴，闽广地区马少，代之以牛，水行有舟，山行有轿，路途艰险则由丁夫负荷，而在东北边远地区用狗拉雪橇行驰冰上，从而形成全国庞大的驿路交通网。到元代后期，由于管理松弛，给驿泛滥，加上连年灾荒，马倒夫逃，驿路不通，从而驿站逐渐衰亡。

明初洪武二年（1369年）颁诏，改"站"为"驿"。当时在京设会同馆，为全国驿站总枢纽，即中央最高级招待所，类似今天的国宾馆。在全国各交通干线和通衢大道上分设马驿、水驿或水陆合设的水马驿，它们的主要任务是"递送客使，飞报军情"。驿站一般只提供交通工具，负责直接传送公文。唯有东北地区，因未设州县，只有卫、所建制，驿站即由卫所管理，派兵卒做驿夫，同时负有传送公文的任务。这地区又没有急递铺，遇有紧急公文，便"马拨飞递"，开创驿递新形式。

同时沿袭元制，在全国州县普遍设置急递铺，没有什么新的发展，只是个别递铺设在驿站内，递铺也兼作馆舍。急递铺与驿站的分工是"常事入递，重事给驿"。明初给驿范围很严，规定非军国重事不许给驿，宣德以后，给驿范围不断扩大重蹈元代覆辙，加重驿夫负担。明代还大开驿路，如重视运河沿线的邮驿，开拓边疆地区的驿路以及在沿海市舶司所在地设立驿所，及至在与友好国家往来中，驿路还通向国外。

鉴于元代驿站与运输混合一体，影响邮驿的效率，于是明代又专门设立了运送军需物资及贡物的递运所。从而使驿、铺、递三个组织互为独立，各司其事，在邮驿分工上又有所发展。

清代邮驿制度一大改革是将以往邮、驿两套体制合并为一。即以往历代"邮"是传递公文的通信组织，而"驿"一般只是提供各种交通或通信工具和接待传驿使者官员。清代将明代在东北地区开创的由驿差直接传送公文形式推广到全国。从而将历代邮驿分开成交通、通信两个系统的传统做法合二为一，这是我国邮驿制度上的一项重大变革。清代为了提高邮驿效率，不仅大大提高传递速度，以往一般一昼夜行走四五百里，清代能提高到一昼夜达六百至八百里；而且在全国还增设了许多驿站，特别是在边疆少数民族地区和以往没有条件设置驿站的边远州县。首先在广大原来没有驿站的地区普遍增设了"县递"，县递只是地方性通信组织，备有专用的马匹，称作递马，又称里甲马。《清史稿》卷141中就记：

驿传在僻地者，仅供本州县所需，亦曰递马（或里甲马），额不过数匹。

从而广泛地扩大了全国各地通信面。其次是随着清代疆土的不断扩大,陆续在东北、内蒙古、西北、西藏及至西南少数民族地区都陆续建立起驿站组织。

  凡置邮曰驿、曰站、曰塘、曰台、曰所、曰铺,各量其途之冲僻而置焉。①

  可见清代所设之驿,全国各地名称不一:在京城及腹地各省所设均为驿;并袭明制,各地均置有急递铺,专司一般日常公文,此为铺。而在边疆地区因地而宜,或称站、称塘、称台,称所。这些或因历史原因沿袭旧称,或为边疆特殊交通通信组织形式,其特点是皆为军卒充役,为送军事文书所需。

  以上所述历代邮驿发展变迁,基本都是官方所设,为传递官方文书之用。至于民间通信在古代长期得不到发展,只能靠托人捎带或派人专送来传递。早在战国时即已开始出现私邮,不过只是握有大权的少数贵族才能建立自己的通信联络组织。秦时,在云梦睡虎地四号秦墓中发现两封木牍家书,这种私书是托人捎带的。汉时也仅有诸侯王才有私邮设置;唐代有所松动,允许官员间私信往来也可以通过邮驿代递了。开元年间在长安、洛阳间出现"驿驴",专为民间传送信函、货物的民间通信业务。直到北宋景祐三年(1036年)才有诏:"中外臣僚,许以家书附递。"从而私书可以附递,方便了在朝的士大夫通信交往。

  以后到明初,由于大规模的移民,湖北麻城县孝感乡有大批移民到四川,他们为思念家乡亲友,每年集会同乡,派出代表回乡探亲,并托代表捎带书信、特产等,逐步自发组织起"麻乡约"的民办通信机构。以后在沿海沿江的一些城市中逐渐发展成为"民信局"。到清道光、咸丰、同治年间,全国民信局发展有数千家。直到1935年才为国民党政府勒令停止其业务活动。

  与此同时,沿海地区有大批海外侨民,他们在海外也逐步建立这类民信组织,因福建方言中称信为"批",这种华侨中通信机构就称作"侨批局"。侨批局为他们与祖国和家乡的联系提供了极大方便,颇受海外侨胞

---

  ① 《光绪会典》卷51。

们的欢迎，虽一再遭受到帝国主义侵略者的打击，终因侨胞们的反对，直至1948年新中国成立前夕，仍有侨批局一百多家，国内外有分号一千多家。

自1840年鸦片战争后，帝国主义入侵我国，开放五口通商，随之英国首先在香港开办邮局，然后扩大到各通商口岸。此后，其他帝国主义纷纷效仿在我国设立邮局，而清政府美其名为"客邮"。它们遍布沿海和内地各大城市。同治五年（1866年）清政府委派海关总税务司的英国人赫德代管京津沪间的邮运。自此中国邮政便附设在海关内。光绪二十二年（1896年）成立大清邮政总局，仍由赫德总管。直至1911年，清政府准备成立邮传部，邮政才脱离海关。不久辛亥革命后，大清邮政更名为中华邮政，但邮政实权仍操纵在帝国主义者手中。直到新中国成立后，邮政才真正回到人民手中。

三 市内交通

今天城市中主要街道宽阔明亮，在一些重要十字路口，往往还建起了立交桥；南方一些城市中，有河道穿行，江河上有各种船只航行；沿海港口城市都有发达的海运码头；一些大中城市还建起了航空港。从而市内交通四通八达，形成现代化立体交通网络。对于城市中市内交通，长期以来发展较为缓慢，只是到了近代，随着现代化交通工具的发展，才有较大变化。在长期的封建社会中，城市中市内交通的发展，基本上以都城最为典型，其他城市往往受此影响而有所发展。所以我们就以周、秦、汉、唐和两宋、明清的都城内交通发展情况，与近代城市中市内交通的发展变化来作比较研究。

早在龙山文化后期的河南淮阳平粮台的古城址中，发现已有贯通城内外的大道、小路，其大道宽达1.7米，路面是由土和料礓石铺垫而成，并在出城门的路段下面敷下陶排水管道。[①] 在山西夏县东下冯遗址中发现一条属于夏史纪年范围内的道路，路面宽1.2—2米，是用陶片和碎石子铺

---

① 河南省文物研究所周口地区文化局文物科：《河南淮阳平粮台龙山文化城址试掘简报》，《文物》1983年第3期。

垫而成。①

在河南偃师二里头夏末都城遗址中,除了发现有用鹅卵石铺成的石子路和红烧土路外,还发现一条铺设讲究的石甬路,其西部是由石板铺砌,而东部则由鹅卵石所铺,路面平整,宽有0.35—0.60米,两侧还有较硬的土路。② 此路非同一般平民百姓所用土路,显然是专为贵族所设。

商代城市中道路有更大发展,在河南偃师尸乡沟的早商都城遗址中,已发现大路11条,东西向5条,南北向6条,路面一般宽约有6米,最宽的达10米,这些大路一般都直贯城门。这些大路的路面都是中间微鼓,两侧稍低,避免积水。另在城门口的道路下还发现铺有用木板盖顶的石壁排水沟,沟底用石板铺砌,内高外低,相互叠砌呈鱼鳞状,叠压序列与水流方向一致,显然是为了排泄城内积水之用。城内尚有与大路相连的斜坡状"马道",可由此直登城墙上,从而全城大小道路纵横交错,构成全城棋盘式的交通网络。③

商代在一些地方的方国中也发现当时的一些道路。如在江西清江县吴城商代遗址中就发现一段长约近百米,宽有3—6米的道路,与一"长廊路"相连。这条"长廊路"残长39米,宽仅1—2米,路面似用三合土铺设,并有排列有序的柱洞。④ 可能路面上还有遮盖的建筑物,那很可能也是专为当地贵族所用。

文献记载先秦时期城市内部交通就已有种种规定。《礼记·王制》中规定:

  道路男子由右,妇女由左,车从中央。

《周礼》中规定不许宵行夜游,不许横行途逾,不许在街上或市上吵

---

① 中国社会科学院考古研究所、中国历史博物馆、山西省文物工作委员会:《山西夏县东下冯龙山文化遗址》,《考古学报》1983年第1期。
② 中国社会科学院考古研究所二里头工作队:《河南偃师二里头遗址三、八区发掘简报》,《考古》1975年5期。又《1980年秋河南偃师二里头遗址发掘简报》,《考古》1983年第3期。
③ 史怀秦:《尸乡沟商城遗址》,《中原考古》1988年第4期。中国社会科学院考古研究所河南第二工作队:《1983年秋季河南偃师商城发掘简报》,《考古》1984年第10期。赵荃芝、徐殿魁:《偃师尸乡沟商城的发现与研究》,《中国古都研究》第三辑,浙江人民出版社1987年版。
④ 龚学峰:《我国商代就有陶瓷窑——清江县吴城遗址考古新发现》,《人民日报》1987年7月23日。

闹斗嚣，更不可结伙群游等等。所以一般市内交通井然有序，以至战国时齐都"临淄之途，车毂击，人肩摩，连衽成帷，举袂成幕，挥汗如雨"。① 楚国郢都，也是：

> 车挂毂，人摩肩，市路相交，号为朝衣新而暮衣弊。②

西汉长安市内道路交错，《三辅黄图》记有"八街九陌"、十二门、九市、十六桥。城内街衢巷陌平直通达，有8条主要街道贯通全城，宽广平坦，均与城门相连，城外护城河上的大桥与城内道路等宽，人行其上不觉为桥。每条街道都由3条并行大道组成，贯通南北的中央大道，全长10华里，宽有50公尺，称为驰道。驰道中央7公尺宽的路面，是专供皇帝专用的御道，任何人不得跨越；御道两侧各有5公尺的路面为旁道，供官府车马行走；旁道两侧开挖排水沟，沟沿栽植榆树、槐树和青松等，形成绿化带；绿化带外侧才是各宽13公尺的人行便道，供公众使用。并规定左出右入，车马行人一律靠左行驶。近年对西汉长安遗址的发掘报告，证实长安城四面各有3个门道，每个门道宽8米，"在汉城内发现当时的车轨宽1.5米，正好容纳4个车轨"。③

当时对驰道管理开始很严，不许任何人逾越，甚至连太子、公主、丞相也不例外，直到汉平帝元始元年（公元元年）才下令"罢三辅驰道"，在关中京畿地区不再执行禁越规定。后世一般除直通皇宫的中心大道的中间御道仍管理从严外，其他街道不再严禁了。汉代长安的交通管理有一整套管理体制，有专职官员各负其责，有专门法规作出规定，有各种措施和设置来保障城市交通安全。如城门管理设有城门校尉，秩同郡守；下设十二名城门侯，各管一城门，职在城门禁卫，疏理交通，处治事故，稽查行人，负责启闭城门等。城内设有"长安街尉"，下属有左都侯、右都侯各一人，属吏五十九人及卫士（即街卒）七百九十九人，他们常年巡行街巷，执行交通法规，保证城内交通安全和治安秩序。城内主要街道还置有街鼓报警用，如汉宣帝时，一度秩序混乱，"长安市（市场）偷盗尤多，

---

① 《战国策·齐策一》。又见《史记·苏秦列传》。
② 《太平御览》卷776引《新论》。
③ 李遇春、姜开任：《汉代长安遗址》，《文物》1981年第1期。

百贾苦之",宣帝派张敞去治理,经调查发现他们有组织、有指挥在进行偷盗,经过一番整治打击,"由是枹鼓稀鸣,市无偷盗"。① 由于一些贵族权势子弟,仗势欺人,横行不法,有时弄得城里不安,如汉成帝时,贵戚骄纵,有红阳侯兄弟藏垢纳污,结交徒隶,以致长安城内奸猾越来越多,闾里少年结伙杀人,一时"城中薄暮尘起,剽劫行者,死伤横道,枹鼓不绝"。②

唐代长安城有12座城门,宫城靠北居中,皇城在宫城南面,皇城内有南北七街,东西五街;全城被南北11条大街,东西14条大街分割成114坊,形成棋盘式布局。街道平直阔宽,特别是宫城与皇城间的横街,宽达300多步,合400多米。又如位于全城中轴线,因正对宫城南面正门承天门与穿过皇城的朱雀门,所以名为承天门大街,或称"天街",又名朱雀门大街,为全城最主要干道,宽达150米。城内的小街巷也有25米左右。

北宋东京开封府从南面正面的南薰门向北,穿过内城的朱雀门抵皇城的宣德门,纵列一条笔直宽大的"御街",极为壮观。御街全长七八里,宽200步(城内其他大街宽30步),通过折算约当300余米宽,这在中世纪城市中是相当可观的了。

"御街"中心的"御道"是皇帝专用之道,禁止其他行人车马通行。"御道"左右两侧各有一条用砖石排砌的"御沟"。沟里种植莲荷,沟岸边交错地栽种了桃、李、梨、杏等。御沟外安装一排红漆栏杆,划出左右两条人行车马道,叫"御廊"。御廊边上就是临街的店铺、民居以及有关的官署。在这些店铺民居之前还有杂错的摊棚,商贩十分活跃,而且逐渐向御廊深处侵入。至北宋最后十年,不得不下令禁止在御廊中设摊交易,并又增设了一道黑漆栏杆,以保证车马行人通行。当时御街绿化相当漂亮,真宗时宰相陈执中就对御沟赋诗道:"一日春来一度新,翠花长得照龙津"。意即站在朱雀门前的龙津桥上即可观赏到御街春意盎然,翠花似锦的美景。每隔两百步或交叉路口,立一块大木牌,称为"榜",上书《仪制令》:

---

① 《汉书·张敞传》。
② 《汉书·酷吏传·尹赏》。

贱避贵，少避长，轻避重，去避来。

提倡行路礼让之风。此外，每隔二三百步设有军巡铺，铺中有防隅巡警，白天负责梳理人流车流，维持交通秩序；夜间负责防火、防盗、防意外事故，警备官宅、民宅、商宅安全。

南宋建都临安（今浙江杭州），对城市管理基本沿袭北宋做法，在京师实行分厢管理，街道分段设军巡铺，安排防隅巡警值勤，专门负责巡察街区寻衅斗殴、偷盗奸淫、纵火行凶、结伙生事之徒，均予捕系，送官司审理。另外还规定，当巡警执行公务时，道路行人都有责任积极协助，若能相助而不相助者，要仗刑八十。至于在街道上纵马，在众人中故意惊扰制造交通混乱者，在街道设施机关、开挖陷阱或施工不设标志而伤人者，侵占街路种植或营建者，或穿洞出污物而妨碍公共卫生者，都要负法律责任，进行严惩。如主管者视而不见，见而不问，或处理不力，都要追究行政责任。尤其是对向大小商号、官府厅堂、居民住户投掷瓦石、弹射丸箭、抛掷燃火物件者，更要从严加重处罚。

宋代不但城内有巡警，而且在全国水陆交通干线上也加以推广。如在驿道上设有"急递铺巡检"，类似今天的"公路巡警"；在主要水道上设有"河道巡检"，类似今天的"水上警察"。在一般工商都会和各路州府城内都设有"厢铺"，类似今天的"派出所"。

元大都"城方六十里"，共开11个城门，"憧憧十一门，车马如云烟"。① 城内街道纵横，大街阔24步，小街阔12步，另有"三百八十四火巷，二十九衢通（即胡同）"。② 城内"论其市廛，则通衢交错，列巷纷纭，大可以并百蹄，小可以方八轮"。③

这些街道大多为土路，仅一些大的街道铺砌石头、石子或砖块，所以城里晴天尘土飞扬，雨天则"燕山积雨泥塞道"。④ 城内依然实行宵禁，并有巡防系统，由驻军和弓手共同进行治安巡察。

明代的北京街道整齐方正，宛如棋盘，这些大街纵横相交，并与其间

---

① 乃贤：《京城杂言六首》，《金台集》卷一。
② 《析津志辑佚·城坊街市》。
③ 黄文仲：《大都赋》，《天下同文集》前甲集卷16。
④ 文天祥：《移司即事》，《文山先生文集》卷14。

的胡同交错，形成大大小小的"十"字或"井"字街道的格局。当时全城胡同达千余条，内城有九百多条，外城有三百多条，构成北京城交通布局的一大特点。元明时期都城内均设五城兵马指挥使司，负责全城的访察奸究、禁捕盗贼、疏通沟渠、巡视风火等。明弘治后又增设了巡捕营。五城兵马司负责由卯时至申时的治安，即白天的巡逻；巡捕营则负责自傍晚酉时至次日清晨寅时的夜间治安。

同治《苏州府志》记府城有街巷 344 个，民国《吴县志》记光绪宣统年间苏州城有 888 条巷子。当时松江府城内有 54 条街巷，东门外有 12 条，北门外有 15 条，共 81 条。吴县所属光福镇，道光时有东街、南桥等 23 条街道，超过许多州县。

我国城市市内交通的模式，长期以来都是以人力或畜力作动力的交通工具为主，而路面以土路为主。直到 19 世纪下半叶，才开始在一些城市的租界里修建西式的马路，向城市近代化交通转化。最早修建马路的是在天津租界里，开始于 1861 年，而在华界修建马路则在 1883 年，至 1900 年才出现环城马路。上海则从 1862 年开始修筑了第一条西式马路静安寺路，不久又修了四条自东向西的通江马路，即今北京东路、汉口路、福州路和广东路。南市至 1896 年才修成外马路，后又修筑了里马路。汉口则至 1905 年才修成第一条马路。

北京至 1904 年才在东四、西四、长安街和前门大街开始铺设第一批碎石路。至于柏油路最早是 1915 年在北京使馆区开始出现，城内到 1920 年才在紧挨中南海南门的长安街上铺设，其后到 1928 年在王府井铺了一段。从 1904 年到 1929 年间，北京共修了 96.7 公里的碎石路，而柏油路只铺了 8.27 公里。早先北京城内车辆多是木轮或铁皮裹着的，对碎石路损坏极大，每年维修路面经费很大。于是在 1929 年便下令禁止生产旧式车轮，一律改用较宽的橡胶车轮，从而可以延长道路寿命，减少道路维修费用。

四　城市的桥

桥梁是道路不可分割的组成部分，我国古代桥梁发展历史悠久，形式多样，在世界桥梁建筑史上占据领先地位。近年城市交通日渐繁忙，应接不暇，为了保证道路交通的畅通，于是学习西方在一些繁华的交通要道口，陆续建起巍巍壮观的立交桥。

其实早在秦朝，即已在城市中建有立体交叉的"复道"。当时的复道就是在平地的路或建筑物下，另开一条道。《史记·秦始皇本纪》中记：秦始皇定都咸阳后，

> 自雍门以东至泾、渭，殿屋复道周阁相属。
> （后建阿房宫），周驰为阁道，自殿下直抵南山。表南山之颠以为阙。为复道，自阿房流渭，属之咸阳，以象天极阁道绝汉抵营室也。

《三辅黄图》卷一中亦云：

> 离宫别馆，弥山跨谷，辇道相属，阁道通骊山八十余里。

以上"阁道"即"复道"。可见，秦时于咸阳以东至骊山即已建复道。同时，在洛阳的南北宫间，也建有复道。《汉书·高帝纪》中记载，汉高祖初登位时，在洛阳"上居南宫，从复道上"，见尚未受封诸将正在窃窃私语，怀疑他们有谋反之嫌。说明当时为了保障皇帝行走安全，广泛建筑复道。可见古代道路发展中，为了皇帝行走安全，早已建有与民众道路交叉的复道，其性质类似今天城市中的立交桥。但它仅仅只是为皇宫生活服务，所以未能得到充分发展。

我国古代城市桥梁不仅历史悠久、数量众多，而且内容丰富、造型美观。往往一个城市就有几百座各色桥梁，而且分布极广，可以说无处不在。这些桥梁在历史上对城市发展都起过很大作用。就其造型来说，它们各有特色，基本以浮桥、索桥、梁桥和拱桥为主。

浮桥 古时称为"舟桥"，它是用船舟作桥墩，只需在船舟上铺设木板即可。所以又有"浮航"、"浮桁"等名称。由于架设浮桥较为简便、快速，往往常为战争中所用，故又称作"战桥"。

古代城市中的浮桥，早在六朝时，南京的秦淮河位于都城南，河上有二十四航，其中正对都城正门"宣阳门"的河上有一座浮桥，叫朱雀航，又名大航。位于今南京市中华门内镇淮桥稍东。《建康实录》卷七记：晋咸康二年（336年），

冬十月，更作朱雀门，新立朱雀浮航。航在县城东南四里，对朱雀门，南度淮水，亦名朱雀桥。注曰：案，《地志》：本吴南津大吴桥也。王敦作乱，温峤烧绝之，遂权以浮航往来。至是，始议用杜预河桥法作之。长九十步，广六丈，冬夏随水高下也。

《资治通鉴》卷八十六，胡三省注：

朱雀桥在建业宫城之南，跨秦淮水。世传晋孝武建朱雀门，上有两铜雀，故桥亦以此得名。余谓朱雀桥自吴以来有之，盖取前朱雀之义，非晋孝武之时始有此名也。朱雀桥，亦曰大桁。

至隋平江南后，诸航始废。

近代城市浮桥最为壮观的可能就是兰州城北的黄河大桥了。在徐珂的《清稗类钞·地理类·船桥》中详细记载：

兰州北门外桥名镇远，以船为之，横排二十四艘，自南岸达北岸，每船相离寻丈，船填土石，头尾用大铁索囊砖石沈河底，复用大铁练连贯之，练环大如盘，两岸均有铁柱，插沙土中，大合抱，出地约丈余，相传为明初所铸。船面铺大木板数层，以草土填平，沿河联以红栏。凡往来甘凉口外者，悉由此桥，车马日以千计，谚所谓"天下黄河一道桥"是也。冬河冰合，甘督率僚属祭河神，始拆船桥，车马皆行冰上，正二月间冰泮，仍驾以桥。

历史上规模最大，在军事上发挥了决定性作用的浮桥，要数太平天国时在武汉战役中所架设的一组浮桥了。太平军为了夺取武汉三镇，于1852年12月24日在武昌至汉阳间的江面上架设了两座浮桥，在攻克汉口后，于汉阳至汉口间的汉水上又架起一座浮桥，其位置与今汉水铁路桥的位置大体相合。后夺取武昌后，又在汉口至武昌间架起一座大浮桥，其位置与今武汉长江大桥基本一致。

这样的城市浮桥还有：东汉初，割据四川的公孙述曾于公元35年，在今湖北宜都县荆门和宜昌县虎牙间架起历史上第一座长江浮桥，即江关浮桥。在晋武帝泰始十年（274年），名将杜预率军南征，曾在富平津（今河南孟津县西盟津）架设了河阳浮桥。唐代以在陕西大荔县和山西蒲州（今山西永济）的蒲津关间架设的蒲津浮桥最为著名。这种以舟为桥的浮桥，一直沿用至今，在许多城市中，往往是在建造固定桥梁前所采用的一种又快又省的解决水上交通的措施。

索桥 又称吊桥、悬索桥、絚桥、笮桥、绳桥等。这是我国首创。前苏联 C. A. 查普林的《吊桥简史》中认为"中国大约在三千年以前已开始建造吊桥"。目前考证我国最早的索桥是益州（今四川成都）的笮桥，建于秦朝李冰任蜀守时（前251年）。此桥跨城南的检江上，又名夷星桥。西汉王褒的《益州记》中记，笮桥在司马相如宅院南一百步。《太平寰宇记》中指出："笮"系"土夷人于天水之上置藤为桥"。

说到这种竹索桥，最具代表性的应是四川灌县都江堰上横跨岷江内外两江的珠浦桥。宋代淳化年间重修后，更名"平事桥"。宋人范成大在《吴船录》中记载：

  绳桥，长百二十丈，分为五架桥，桥之广十二绳，排连之，上布竹笆，攒立大木数十，于江中輂石固其根，每数十本作一架。挂桥于半空，大风过之，掀举幡幡然，略如渔人晒网，染家凉丝帛之状。

此桥明末毁于战争，改为船渡。清嘉庆八年（1803年）仍按旧桥式样修复，取名为"安澜桥"。桥长340米，宽3米多，高近13米，共有八孔九墩，除中间一个为石墩外，余八墩皆为木架。全桥共用竹索24根，10根为桥面底索，上铺桥板，有两根为桥面压索，其余12根分列两侧为扶栏。1964年改建时，已将原竹索改为钢索，桥墩木架也改成钢筋混凝土的排架，使其更为坚固而又稳定。

泸定桥更是名闻天下的铁索桥。泸定桥位于泸定县城西的大渡河上，桥东是二郎山，桥西是海子山。泸定城一半坐落在山坡上，一半紧贴大渡河，自西入城必经此桥。桥建于康熙四十四年（1705年），翌年四月竣工，桥长三百一十一尺（约合104米），宽九尺（约合2.8米）。采用13根铁链为承重索，底索9根，上铺木板，以通人畜，两侧各有两根铁链作扶手。所有铁链都粗如碗口，直径约有9厘米，长三十九丈一尺，约合127.45米，每根重达1.6吨。东西桥台均有桥亭，并在桥东头立有康熙

《御制泸定桥碑记》，在桥东和桥西两端分别铸造了长约 1 米的铁犀牛一头和浮雕蜈蚣一条，以镇"水妖"。铁链两端的锚固定在石砌桥台落井内的困龙桩上，落井是在桥台内有 5 米长、2 米宽、6 米深，近井底部埋有生铁铸成的直径有 20 厘米的铁地龙桩 8 根，埋入桥台的长度约 7 米，困龙桩直径也是 20 厘米，长约 4 米，横卧于桥台之下，用以压重，承受铁链的巨大拉力。

梁桥 古时称为平桥。早在原始社会，人们就开始建造独木桥和几根圆木排列而成的木梁桥。1972 年在春秋战国时齐国都城临淄遗址中，首次发现了当时护城河上的梁桥遗址和桥台遗迹。

在战国秦昭王时，为了使渭水北岸的咸阳宫与南岸的兴（长）乐宫连成一片，开始在今西安北面渭水上的咸阳故城附近建造了中渭桥，后经秦始皇改建。此桥规模宏大，全长约合 525 米，宽约合 13.8 米，相当于今南京长江大桥的汽车道宽度。在两端桥堍上还竖有华表、镇水妖石件、石灯柱等，以作示标、照明之用。汉时不仅重修了中渭桥，而且在其两侧又增筑了东渭桥和西渭桥。汉唐时期，渭水三桥成为送往迎来的重要交际场所。

西汉时，在长安东北约二十里的灞水上建起另一座名桥——灞桥。这是一座石柱墩木梁桥，自汉建后，两千多年来一直是长安与潼关以东的交通咽喉，并以其壮美的身姿和秀丽的景色遍传诗篇。此桥之所以名闻天下，还在于它是古人折柳送别之地，《三辅黄图》中即已记述：

> 跨水作桥，都人送客至此，折柳为别。

可见灞桥折柳送别之习历代沿袭。此桥历代屡毁屡建，历经千余年不衰，到清道光十三年（1833 年）重修成木梁石柱桥，桥长约 400 米，宽有 7 米，坚固持重，稳如泰山。直到 1957 年才将木梁石板桥面换成钢筋混凝土的板梁，使其成为现代化的公路桥。

唐代出现许多著名的梁桥，如《唐六典》记：

> 天下石柱之梁四，洛三霸一。洛者天津、永济、中桥，霸则灞霸桥也。

天津桥即今河南洛阳去龙门石窟的路上，横跨于洛河上的洛阳桥。唐初建后，由于敌不过水势汹涌，屡建屡坏。武则天于天意元年（692年）命李德昭重修，改进采用尖形石墩，以分水势，并石砌河岸加以保护，但仍不断被冲坏。至天宝十年（751年）又加改进，于"自龙门东山至天津桥东，造堰以御水势"。[①] 洛阳天津桥由于其特殊地理位置，对洛阳城市发展有很大影响，天津桥便成为洛阳一大名胜。此桥历代屡屡加修不已，1954年重加改建成钢筋混凝土的悬臂新公路桥，全长470多米。

《闽部疏》称宋代"闽中桥梁甲天下"，又说"泉州桥梁甲闽中"。由于泉州在宋代时海外贸易日益兴盛，港口城市的发展迫切需要便利的交通环境，于是掀起造桥的热潮。这时期在造桥技术上得到飞速发展，无论是桥的长度、跨度、重量、桥型、桥基和施工技术等各方面，都居世界先进行列。李约瑟博士即评述：

  在宋代有一个惊人发展，造了一系列巨大板梁桥，特别是福建省，在中国其他地方或国外任何地方都找不到和他们相比的。

长期以来，泉州地区广为流传的有十大名桥，其中有九座建于宋代，仅有一座是元代所建。这里以万安桥和安平桥最为著名。万安桥是泉州建成的我国第一个濒临海湾的大石梁桥，因跨越在洛阳江上，故又名洛阳桥。该桥建于皇祐五年（1053年），桥长三百六十丈，广一丈五尺，两侧有扶栏，桥上建有南、北、中三亭。桥基采用"筏型基础"，即用大量大石块在水下铺筑成宽约25米，长约500米的江底矮石堤，然后创以"种蛎固础"的办法，利用牡蛎的繁殖来胶结础石。在波涛最汹处的桥墩上还增设石狮、石亭和石塔，以镇水势。此桥的成功经验对以后所建的大石梁桥产生了很大影响。

泉州另一座驰名中外的长桥是地跨晋江、南安二县，雄踞安海港海湾上的安平桥。此桥建于南宋绍兴八年（1138年），历时14年才建成。初建时桥长八百一十一丈（约合2500米），共三百六十二跨，其长度超过五里，故又俗称五里桥。桥上设有五座供行人憩息的桥亭，中间一亭名"水心亭"，又称中亭，为两县交界处，亭柱上对联题为"天下无桥长此

---

① 《唐会要》卷八十六。

桥"。确实如此，直至1905年建成郑州黄河大桥前，在七百多年历史中，它确是我国历史上遗留下来最长的一座桥。由于大量泥沙淤塞，近年实测后，桥墩仅存331个，桥长也仅余2070米，而且如今桥下早已变成一片稻田，此桥现已成为一座陆地长桥了。但作为历史古迹，它被列为全国重点文物保护单位之一。

南宋时在今广东潮州市东门外的韩江上建造了一座梁舟结合桥。初名济川桥，曾又名丁字桥，俗称湘子桥，明宣德年间重修后更名为广济桥。全桥分为三段，东段十二孔，长283.4米；西段七孔，长137.3米；中间用十八只梭形木船搭成浮桥，全长共517.95米，桥面宽约5米。此桥采用梁桥与浮桥结合的办法，开创了中外早期开合桥梁的先例。中间浮桥部分可以开启，不仅为了"以通巨舰"和"排放木筏"，更主要的是"中流惊湍尤深，不可为墩"；再说两端梁桥部分的桥墩巨大，其总宽度占桥长的40%，阻水很大，利用浮桥部分作缓冲，很有必要。此桥另一特点是，它不仅是一座交通桥，同时它还是一座"商桥"。有"一里长桥一里市"之称。桥上商屋栉比，楼台鳞次，商贩会集，喧闹非凡，几乎每个桥墩上都建有高楼。新中国成立后对该桥进行了多次改建、扩建，基本已改变其历史旧貌。

拱桥 拱桥始建于东汉中后期，是从伸臂木石梁桥和撑架桥演变发展而来。我国古代的拱桥种类繁多，造型上有驼峰突起的陡拱、有宛如皎月的坦拱、有玉带浮水的平坦纤道多孔拱桥、有长虹卧波形成自然纵坡的长拱桥等。拱形有半圆、圆弧、椭圆、抛物线、蛋形、马蹄形、尖拱形和多边形等。材料上有木拱、石拱、砖拱、砖石拱、竹拱等。

保留至今最著名的石拱桥是河北赵县的安济桥，即人们常称的"赵州桥"。赵州桥位于赵县城南五里的洨河上，俗称大石桥，是世界上第一座敞肩式单孔圆弧弓形石拱桥。桥的净跨37.02米，矢高7.23米，拱跨与矢高比例为5:1。是在隋开皇末、大业初，由李春、李通等著名工匠建成。桥下大拱采用圆曲线上一小段弧形，从而大大降低了桥的高度，增大了桥面的承受力，造型也更加优美。在大拱两侧各有两个小拱，以杀洪水之势。唐朝张鷟的《朝野佥载》对桥的造型和雕刻艺术赞誉道：

赵州石桥甚工，磨砻密致如削焉，望之如初月出云，长虹饮涧。上有勾栏皆石也，并为石狮子。龙朔年中（661—663年）高丽谍者盗二狮子去，后复募匠修之，莫能相类者。

此桥历经千余年沧桑，迄今巍立无恙，成为全国重点文物保护单位之一。

说到拱桥，不得不使人联想到北宋张择端的《清明上河图》上所画的汴梁虹桥，是座结构新颖的木拱桥。位于北宋京都汴梁（今河南开封市）闹市区的东水门附近的汴河上，桥跨阔约有19米，宽8—9米。《东京梦华录》卷一《河道》记载：

> 自东水门外七里，至西水门外，河上有桥十三，从东水门外七里，曰虹桥，其桥无柱，皆以巨木虚架，饰以丹雘，宛如飞虹。其上下土桥亦如之。

特别是以桥为中心的"桥市"，人群熙熙攘攘，有骑马、赶驴、坐轿、拉车、肩挑、摆摊的，热闹非凡，更可观的是还有载着数十石粮食的大型运输车"太平车"正在平稳过桥，足见此桥坚固程度。实际此桥构造十分简单，主要通过拱骨和横木相互搭叠组成，全桥看似单跨拱桥，实际应是叠梁拱桥。据《渑水燕谈录·事志》记载，这种桥始建于青州城（今山东益都），后于宋仁宗庆历年间（1041—1044年）在汴河上建成。约毁于宋、金战火中。

位于北京西南广安门外三十里永定河上的卢沟桥，这里自古即为太行山东麓通往华北平原的重要渡口。至金建中都以后，为了加强对华北地区的统治，迫切需要改善今北京地区的水陆交通，在金世宗后期始下令在此建桥。《金史·河渠志》记载：

> （大定）二十八年（1188年）五月诏：卢沟河使旅往来之津要，令建石桥，未行而世宗崩。章宗大定二十九年六月复以涉者病，河流湍急，诏令造舟，既而更命建石桥。明昌三年（1192年）三月成，敕命曰广利。但百姓则称之为卢沟桥。桥全长266.5米，桥下共有11孔，中心孔最大，两侧逐孔递减。成为我国北方地区现存古桥中最长的石拱桥。桥体不仅石工鳞砌，坚固莫比；而且桥上装饰艺术、华表、桥栏、石狮等雕刻精美，造型生动。尤其是桥两旁望柱上的大

小石狮有四百多个，或立、或卧、或蹲、或伏，形态各异。历来为世人所赞颂，马可·波罗誉为"世界上最好的独一无二的桥。

以下让我们再看看江南水乡的水城苏州和绍兴两城的众多桥梁，它们是春秋战国时吴、越两国的都城，城市的发展与城内桥梁建设密切相关，这也是城市交通文化的有机组成部分。

苏州位于江南水乡，濒临太湖，江南运河绕城而过，城乡之间河道纵横，城内街道里巷面河临水，自古以来"泽国环城，内外皆水"，素有"东方威尼斯"之称。苏州城内河网密布，为沟通水陆交通，全城桥梁星罗棋布。

早在唐代，白居易诗中就记有：

绿浪东西南北水，红栏三百九十桥。

宋时杨备说有"画桥四百"。南宋《平江图》中标有桥 359 座；《中吴纪闻》中所记桥名有 360 所。迄至清末，志书记载城内有桥 309 座，城区面积约 21 平方公里，平均每平方公里有桥近 15 座。这里许多著名的古石桥，保存完好，如城外著名的枫桥，自唐代张继题咏《枫桥夜泊》后，名闻天下。又如城西南的盘门迄今仍存有水陆城门，门外的"吴门桥"，建于北宋元丰七年（1084 年），跨径 14 米，高达 4 米，至今仍耸立无损。

位于浙东宁绍平原西部的绍兴城，它南面是会稽山脉，北面为杭州湾，南面山脉崎岖，壑谷众多，诸多山溪河流纵横于这片冲积扇中。所以城市处于水网之中，据光绪癸巳（1893 年）绘制的《绍兴府城衢路图》所示，当时城内有桥 229 座，城内面积仅 7.4 平方公里，平均每平方公里有桥 31 座。可见绍兴城内，桥的密度实为苏州的两倍。真可谓是我国古今桥梁博物馆。

城市中的桥除了便利交通外，有些是为了观赏游览而造。它们大都建在城市园林中，或在城郊的名山秀水之中，这些造型奇特的各色桥梁，为园林添景，为山水增色。

在山西太原市的晋祠中，在鱼沼上建有一座"鱼沼飞梁"。正桥东西向，长约 18 米，宽约 6 米；中生两翼南北向，与正桥构成十字形。在桥的中心联成约 6 米见方的平地，四面斜坡而下，跃跃欲飞，故名飞梁。

在扬州城内的瘦西湖上建有著名的五亭桥，又称莲花桥。此桥"上置五亭，下列四翼，洞正侧凡十有五"。下有12个大小不同的桥墩。桥下有15个拱洞，据说每当晴夜月满时，券洞中各衔一月，景色尤为宜人。

北京颐和园昆明湖南端的东堤长桥，即人们通称为"十七孔桥"，横跨碧波荡漾的昆明湖中，宽阔雄壮，宛如初月出云，长虹饮涧。桥下十七孔从中向两侧有序排列，次第渐小。

以上只是就城市桥梁中，挂一漏万地选择了一些最为著名的为例，说明它们对改善城市交通，美化城市环境，促进城市发展等方面起了很大作用，从中不难看到桥梁建设对城市发展的影响。

五 交通工具

今天城市中的交通工具基本已现代化了，天上有飞机，水上有轮船，陆上有火车，城市内地下有地铁，路上有汽车、电车、摩托车、自行车等。乘坐这些现代化交通工具，不但迅捷、安全，而且舒适、便利。实际上这些现代化交通工具，其发展历史仅有百余年而已。回顾以往城市中的交通工具是如何发展而来的，是饶有兴味的。

说起航空事业的发展最晚，北京最早于1910年8月，向法国购得一架"法曼"双翼飞机，[①] 在南苑的一个操场开设飞机试验工场。第二年春天，法国飞行员秦国镛自带一架"高德隆教练机"来做飞行表演。

1919年北洋政府成立"筹办航空事宜处"，从美国购买八架飞机，聘请了几位外国驾驶员，准备开辟京沪、京粤、京哈、京蓉（成都）、京库（库伦）五条航线。到1920年4月开始京津航线试航。第二年又进行了北京至济南航线的试航，并开辟了北京至北戴河的暑期航班。到1924年，连初开的这些短途航线也都停办了。直到1931年5月才逐渐开辟了京沪、京郑、京原（太原）、京满（满洲里）、京迪（即迪化，今乌鲁木齐）等航线。

其后北京又修建了西苑机场；抗战胜利后在城区内还修建过东单机场和天坛机场，东单机场即在今东单公园，天坛机场在今天坛公园南门内。直到1957年才在东郊顺义天竺建成首都机场，并不断扩建，近几十年，

---

① 一说为勃里特式单翼飞机，从俄国运到北京，在北京上空兜了几圈，只是航空表演。

我国民航事业得到了突飞猛进的发展。现在不但开辟了联系全国主要城市的航线，有通往世界各地的国际航线，而且拥有目前最先进的大型客机。

火车最早是英国商人杜兰德于1864年在北京宣武门外修了一段只有0.5公里长的铁路，这只是最早的"铁路广告"而已，很快被拆除了。1888年李鸿章为了讨好西太后，在中南海的瀛秀门外（即今居仁堂宝光门外），沿中海、北海的西岸，修筑了一条小轨道铁路专供慈禧使用。但慈禧怕火车"吼叫"破坏了皇城的气脉，便不准使用火车头，只是由诸多太监在前面用彩带拉着走。同时在车两旁都有手持幡旗等仪仗队护行。故当时有首《清宫词》描绘："宫奴左右引黄幡，轨道平铺瀛秀园；日午午餐传北海，飚轮直过福华门"。这条紫光阁铁路，只是御用娱乐而已。

真正民用铁路，最早是上海在1876年所修的淞沪铁路，当时上海人称其为"火轮车"，后简称为火车。这是由英国怡和洋行经办，开始只有5公里，从河南路桥北块的天妃宫至江湾徐家花园，后延至吴淞口，全长15公里，为我国第一条铁路。曾轰动上海，但也只维持了一年多，即为清政府赎回而拆毁。

其后到光绪六年（1880年）因唐山矿开始出煤，于是向英国借款修筑了从唐山到胥各庄，全长9.7公里，开始清政府也不许用机车牵引，而是用骡马拖曳。后这条铁路向两端延伸，直至北京的前门外，成为京奉线。以后又陆续修建了京汉、京张线，直到辛亥革命时，全国有20多条铁路干线建成运行。至新中国成立前夕，全国共有铁路干线58条，全长23443.21公里，连同各路附设专线，共长24945.52公里。[①]

汽车也是在清末开始使用的，1898年由"奔驰"出产的第一代轿车，赠送给慈禧太后。它是用柴油作燃料，分前后两排，司机坐在前排，慈禧坐在司机后面很反感，所以坐了一次就不再坐了。以后直到1935年，北京才出现公共汽车。上海最早于1901年从美国输入两辆汽车，是由匈牙利人李恩时带来的，当时人们称之为"摩托车"、"机器车"。至1912年上海登记的汽车有1400余辆。

电车是先有有轨电车，最早在香港出现，于1905年7月开始运营。上海在1905年才有英商成立了第一家电车公司，1908年完成了今西藏路至外滩的线路，同年法商也在法租界的常熟路到十六铺铺成电车铁轨。至

[①] 严中平等编：《中国近代经济史统计资料选辑》。

1911年,上海乘客总数达2800万人次。其后1906年比利时商人在天津铺设路轨,而北京的有轨电车于1921年才开始铺设路基,至1924年才通车,由前门至西直门。到1943年有了城内环线。

至于无轨电车的出现,则在1914年,由英商电车公司在今上海福建中路上,从洋泾浜郑家木桥到苏州河老闸桥架设无轨电车路线,全程仅两站地,11月15日正式通车。事隔十多年,直到1926年,法租界内才出现无轨电车。

旧北京城里的交通工具五花八门:有汽车、有轨电车、马车、三轮车、自行车、推小车的、拉骆驼的、赶毛驴的、挑担子的以及步行的。

旧上海在电车、汽车尚未时兴前,街面上主要靠肩挑背驮来运输货物。达官贵人、闺秀妓女的出行及婚丧红白喜事,则靠轿撵。再有就是从农村进城的独轮车。到19世纪70年代开始风行东洋车。随着殖民主义者的日益增多,他们又带进来各色西洋马车。同时又有自行车、摩托车传入。

这里我们先从北京的骆驼说起,在老舍的名著《骆驼祥子》电影中可以看到新中国成立前北京城里仍有很多骆驼作交通工具。早在一千多年前的唐代天宝十四年(755年)安禄山起兵范阳(即河北蓟县,今北京西南)时,就是靠骆驼运送粮草。此后京西石景山、门头沟、丰台一带农村普遍喂养骆驼。骆驼便成为北京主要交通工具之一,尤其是京郊的煤,主要靠骆驼运输,同时城内所需的副食、百货、日用品等也多用骆驼运输。直到1958年以后,骆驼运输工具才绝迹。

同时,我们还可以看到祥子拉的"洋车",因这车是从东洋(日本)引进的,所以叫洋车。这种车子主要用人力手腕拉动,故又叫腕车或二轮车。它在上海,因都漆上黄色的桐油或黄漆,故普遍流行称作"黄包车"。最早是在同治十二年(1873年)六月,由法国人米拉从日本引进上海,向法租界公董局申请执照,最初仅有300辆,车轮为木制而且高大,后外包铁皮,行车震动而嘈杂。到民国三年(1914年)改为滚轴钢丝轮胎,轻盈便捷,并装上细脖子大铜喇叭,很快成为一种时尚,以车代轿,得到普及,发展很快。北京街头于1886年开始出现从日本购进的人力车,由于这种车小而又轻便,便于在狭窄的胡同和巷子里活动,很快得到发展,逐渐替代了原先的骡车。

到清末,这种"东洋车"或称黄包车,在各大中城市中颇为流行。

20年代后一般城市中都流行"包车",车子由主人自备,专雇车夫,车篷较为讲究,夜晚出入夜市,两侧点有两盏照明灯,以示炫耀,车内还有脚垫和绒毯。一般市民用车,多半在街上临时雇用。上海当时所拥有的黄包车,几乎一半为私人自备车,一半为营业车。

说及马车,那就源远流长了,我国早在春秋战国时已普遍使用。在陕西凤翔的战国初期秦墓中出土我国最早的双猿车模型。双猿车可以系驾一马或一牛,可利用畜力拉车来提高运输能力。1956年在河南灵宝县出土了战国时虢国的四马双轮马车。近年在西安秦始皇陵中出土的彩绘铜车马,充分反映当时马车制作技艺已多么精湛高超。古代的马车除了作战争工具外,主要是统治者们所使用,以此显示他们的权力与高贵等级。

近代城市中所出现的西洋马车与我国传统使用的马车不同,它是由租界洋人从西方带进来的。有单马双轮的,也有双马四轮的,车上有轿式车厢,装饰豪华舒适,多为上层人物兜风消闲取乐所用。曾为城市的主要交通工具,也风行过一阵。以后由于东洋车价廉、便捷、灵便,成为城市中大众化的交通工具,而马车不仅价高,而且体积较大,在窄路上行动不便,适用性差,故逐渐被淘汰了。

今天城市中自行车已成为平民百姓日常生活中的主要交通工具,这也是从欧洲传入的。最初只在北京和上海有,北京仅在宫中使用,而上海则为普通百姓享用。据1876年出版的《沪游日记》记载:当时上海的自行车,十分简单,前后两轮,中嵌坐垫,前轮上置一横木作扶手,前轮两侧设铁条踏蹬,还没有链条传动,既无刹车,也没车铃,更无车撑等。另一种为前轮很大,后轮很小。清末的士大夫们都长衫马褂,不便学用这车,所以长久未能在百姓中普及。开始时很少有私人置购的,主要是通过车行进行租赁,每小时一、二角钱。上海在1925年时公共租界才有不足一万辆;到1933年,全上海约有六、七万辆;乃至上海解放前夕,才不过23万辆。直到新中国成立后,随着人民生活的提高,才逐渐普及起来,成为普通平民百姓代步主要工具。上海、北京都有数百万辆,堪称为"自行车王国"。

当时城市中最常见的是独轮车,俗称小车,因其扶手上翘,形似羊角、鹿角,故又名羊角车或鹿车;四川人又称之为鸡公车。上海是从江北传入,所以也叫江北小车。

徐珂在《清稗类钞·舟车类·上海之车》中称:

上海之有车，始于同治初，初惟江北人所推之羊角车而已。

这种独轮车主要靠一个车轮和推车人的两腿三点来保持平衡。车轮两侧有木架可以驮物或载人。这种独轮车早在汉代已出现，在四川成都扬子山汉墓画像石阙、四川渠县燕家村蒲家湾汉代石阙上，都有当时的独轮车的石刻。三国时，诸葛亮所发明的"木牛流马"，在战争中对运输军用物资起过很大作用。《事物纪原》中就说："木牛即今小车之有前辕者，流马即今独推者，是而民间谓之江洲车子。"宋代的独轮车前后有两人把驾，两旁还有两人扶拐，前用驴拉，后有人推称作"串车"。明代则称作"双缱独轮车"，车上用拱席作顶，可避雨淋。

其实我国用车历史十分悠久，传说车为黄帝发明，故黄帝号称"轩辕氏"。《古史考》载："少昊氏驾牛，禹时奚仲驾马。"大禹治水时，即已"陆行乘车，水行乘船，泥行乘橇，山行乘檋（iu，音局。是一种特制的爬山鞋）"①。裴骃集解引如淳曰："檋车，谓以铁如锥，长头半寸，施之履下，以上山不蹉跌也。"当时的奚仲对车加以改制："挠曲为轮，因直辕，驾牛服马。"② 即将板块车轮改为轻便的辐轮，并改造车辕适于驾用牛马。

先秦时用车较为普遍，当时总的来说，分"大车"、"小车"两大类。车厢大、驾牛的为"大车"；车厢小，驾马的为"小车"。小车一般为贵族出行乘坐和用于作战。战国时，因车战频繁，往往以战车多少来衡量一个国家的实力，如史载"千乘之国"、"万乘之国"，以"乘"为车代称，作为计车数量。

汉时逐渐淘汰单辕车，双辕车得到很大发展，车的种类也大为增多，其用途主要用于日常生活中载人装货，而战争中基本改用骑马。隋唐开始逐渐盛行骑乘之风，一般人出门多是骑马而不乘车，甚至连皇帝出门也乘马。一般文人百姓买不起马的便乘驴骡。有些文人隐士偏好骑牛，如文学家王绩，弃官归乡常"乘牛经酒肆"。当时长途陆路运输主要是牛车，同时还有用驴、马以至西北地区用骆驼等。

---

① 《史记·夏本纪》。
② 《新语·道基第一》。

宋代由于官僚们坐轿风气渐盛，车子逐渐转向载货为主了。清代京城交通工具主要有马车、大鞍车、驴车、骡车、冰车、敞车、独轮车，清末盛行人力车。

古人由乘车渐渐发展为坐轿，有一过程。最早是由夏桀始乘人车，是用人挽拉的车，这种人车即辇。秦始皇时始去其轮而舆之，出现无轮辇，即用人扛抬，称为步辇。辇本是辇车，以步代车轮，故称"步辇"。所以熊忠《古今韵会举要·七遇》记载：

> 后世称辇曰步辇，谓人荷之而行，不驾马。

秦汉时多为宫中后妃所乘。这种步辇肩扛者称为肩舆，用手提抬者称为腰舆。"舆"的本义是"车厢"，所以说肩舆是由车改造而来。魏晋南北朝时期因南方多雨多水又多山路，车马通行不便，所以肩舆发展迅速。晋朝顾恺之所画的《女史箴图》中就生动地描绘了汉成帝与班婕妤同乘一架肩舆的情景。

东晋桓玄曾：

> 造大辇容三十人坐，以二百人舁之。[①]

后赵石虎所造猎辇，座位可以转动，用二十人扛行。

初唐时称作"檐子"，也称"竹箯"、"编舆"等，是用竹笆编成，无屏障，用两根竹竿作抬扛。《旧唐书·舆服志》：

> 曾不乘车，别坐檐子，递相仿效，浸成风俗。

显庆二年（657年）曾下诏禁止乘坐檐子，

> 开成（836—841年）末，定制：宰相、三公、师保、尚书令、仆射、诸司长官及致仕官，疾病许乘檐，如汉、魏载舆、步舆

[①] 《晋书·桓玄传》。

之制。①

实际上隋唐时期，步辇仍在社会上日益流行。初唐阎立本所画《步辇图》，画中唐太宗所坐"步辇"由六宫女抬着，此即肩舆。从敦煌莫高窟中的一些壁画、绢画、经卷中的肩舆图中可见，唐代的肩舆已很完备，大都为亭阁式，有顶盖，后期甚至还有垂帘。人在舆内或盘坐或跪坐。当时除称步辇、肩舆、檐子外，还有兜子、竹篼、编舆、滑竿等名称。五代开始出现"轿子"一词，宋王銍《默记》云：

> 艺祖（即赵匡胤）初自陈桥推戴入城，周恭帝即衣白襴，乘轿子，出居天清寺。

轿子作为交通工具的普遍使用是在宋朝，在著名的《清明上河图》中，描绘了北宋汴梁城中大街上众多轿子出游。这些轿子虽与汉唐时期上有顶盖，大同小异，仍以两人抬扛，前有门，两侧有窗，四面闭合，饰以雕龙花纹等。当时民间庶家与富贵人家的婚嫁时用"花檐子"。司马光《司仪·三·婚仪上》记载：

> 今妇人幸有毡车可乘，而世俗重檐子，轻毡车。

南宋以后，轿业日益兴旺发达。以至从事轿业的人。

> 京师之人，衣食于此者，殆及万余。②

到明清时，轿子大兴，凡是官员出行，富豪绅商走亲访友及民间婚嫁娶亲等，都兴坐轿，同时发展成由四人或八人抬的大轿。分官轿、平轿、花轿、素轿等。

直到20世纪三四十年代，随着东洋车、汽车等现代交通工具的出现，轿子才渐衰落。不过在四川的一些风景游览胜地，还能见到简易的轿

---

① 《新唐书·车服志》。
② （明）谢肇淛：《五杂俎》。

子——滑竿。传说最早约出现于民国初年，是由担架改造而成，用两根三米长的竹竿两端绑上短杠作抬肩，中间用竹片和绳子编成软扎，前面再系上一个踏脚即成。

古代城市间的交通主要是靠水运，载量大，运费便宜。水上工具自然主要是船，最早的船从考古发掘来看，在浙江余姚河姆渡发现距今七千年前的木浆，后在浙江杭州水田畈和吴兴钱山漾等地也发现了距今五千年左右的木浆。文献中《周易·系辞·涣卦》记载：

> 刳木为舟，剡木为楫，舟楫之利，以济不通，致远以利天下。

在独木舟基础上，到商朝开始建造木板船。最早出现的木板船叫舢板，其原名为"三板"，这种船的船体用三块木板构成，即由一块底板和两块舷板组成。直到今天，人们将划行在溪河上的小船称之为舢板，即源自于此。

秦汉时期的造船业已很发达，汉代能造出"楼船"，即在船上建楼数层，楼高十余丈。1975年在广州发掘一处秦汉时期的规模巨大的造船式场遗址，有三个大船台，能同时建造数艘重达五、六十吨的大木船。西晋灭了蜀汉以后，为灭吴国，王浚曾在四川建造楼船，最大的有百二十步，可载人二千多，舱面上设有了望台，甲板上甚至可以驰马，其盛令人叹为观止。南朝时已能造上千吨的大船。隋朝曾造出高四丈五尺，长达二十丈的巨型大龙船。唐宋时造的船，不仅种类多、体积大、载量大，而且航行快、船上设施和建造工艺先进，居世界领先地位。明代郑和下西洋时，所造大船长44丈，超过百米，舵杆高达11米，需张12张大帆；中等船也有37丈长。它们远航至非洲，在世界航运史中遥遥领先。

近代的轮船是在19世纪30年代，中国海上运输中开始出现由英国制造的蒸汽机船。上海人称之为"火轮船"，后简称为轮船。同治七年（1868年）由上海江南制造局制造了我国第一艘新式轮船，为载重六百吨的木壳兵轮"恬吉"号，后更名为"惠吉"。1872年李鸿章筹办招商局，才自置蒸汽机船，并开始航行于海上和内河航运上。

徐珂在《清稗类钞·舟车类·汉宜汽船》中记述当年长江上游汉口至宜昌段航运轮船的情况：

汉口至宜昌，水程约华里一千五百余里，江面较下游窄，而湍急过之，且多浅滩，航行视下游为难，往来有汽船。

最初航行者，为我国招商局之江通，次则彝陵，次则固陵。初辟时，仅半月或一月航行一次。盖当时民智未开，往来商货，仍由内港轮船上下，必俟客货俱满，始能启行。其后则怡和、太古，以渐航驰。迨光绪甲午中日战争之后，宜昌、沙市辟为通商口岸，日本商船亦渐露头角矣。

约从19世纪50年代起，上海港崛起后，很快成为我国沿海航运中心，这里不仅有大量沿江来的帆船，而且已开辟与沿海各港口城市往来的航班，同时还有开往世界主要国家的一些重要港口的远洋航班。黄浦江、吴淞江和吴淞口外停泊着各式各样的船只。在沿海的一些主要港口城市的码头上，同样一片繁忙景象。

随着时代的发展，人们生活节奏越来越快，常言道：时间就是金钱，效率就是生命。人们都在争时间，抢速度，讲效率，除了信息高速公路的电子网络在日新月异大发展外，在实际生活中人们最为迫切需要的就是现代化的城市交通环境与手段的不断改善。政府有关部门为了促进社会经济的不断发展，正在抓紧一切机会加强基础设施建设，特别是修路造桥，为国民经济发展创造有利条件。北京四周陆续建起各个方向的高速公路，上海黄浦江上架起了数座大桥，架设长江大桥已成家常便饭，至于城市地铁更如雨后春笋一般，遍地开花……。当今的城市交通文化早已非数千年乃至近百年来城市中传统的交通文化可相比的了，但它毕竟是从历史中走来的，传统的城市交通文化尚可作为一面镜子来借鉴。

第三章

城市饮食文化

随着改革开放的不断深入，人们生活节奏日益加快，所以快餐业日渐红火。特别是洋快餐，如美国的肯德基家乡鸡、麦当劳、德国的汉堡包、加拿大邦尼炸鸡、美国加州牛肉面、匈牙利烤鸡、意大利比萨饼……各式洋快餐纷至沓来，冲击着我国传统的饮食文化，使国人大开眼界。大家都去尝尝鲜，享受享受现代化的饮食环境和国外的各种风味。

其实这并不新鲜，早在魏晋南北朝时期，由于边地少数民族纷纷入居中原地区，他们带来"胡饼"，大大丰富并改善了汉民族的饮食结构。特别是唐代的开放政策，招致中亚、印度、西域各国商人前来中原进行经济文化交流，西部地区的饮食也随之带入中原，当年长安市中胡姬酒肆风行一时，直接影响、改善了我国饮食结构。至近代，随着西方传教士和殖民主义者的到来，他们将西餐以款待和进贡的方式敬献上层宴会，鸦片战争后，西餐便在沿海沿江的通商口岸堂而皇之地流行起来。可以说，这股洋快餐的冲击波是历史发展的必然。

饮食文化在物质方面，包括菜肴、面点、酒、茶、餐厅、酒楼、茶座、餐具、饮具等等；在精神方面，包括饮食习惯、饮食风俗、饮食礼仪、饮食思想、饮食环境、食道、茶道、烹饪营养、烹饪艺术等等。人类的饮食活动、饮食现象、饮食行为乃至饮食思想等，广泛地渗透于文学、艺术、科学、教育、民俗、交谊、礼仪、经济、政治、宗教、历史之中。

至于快餐，我国也有着优良的传统，各种小吃点心本身就是便民的快餐，如各色糕点、烧饼、包子、馄饨、面条、饺子、春卷、盖浇饭、蛋炒饭等。只是这些"快餐"都属小吃，一般都在小吃铺经营，饮食环境较为简陋，服务对象基本是面对城市平民百姓，解决温饱而已。有点难登大雅之堂，不为人们所重视。

早在宋代东京、临安城内不但有许多著名酒楼饭店，出售各种有特色的食品，如曹婆肉饼、王楼梅花包子、张家油饼、薛家羊饭等等。也有平民百姓光顾的小吃铺，如《梦粱录·面食店》中所记："更有专卖血脏面、齑肉菜面、笋淘面、素骨头面、麸笋素羹饭，又有卖菜羹，饭店兼卖煎豆腐、煎鱼、煎鲞、烧菜、煎茄子，此等店肆乃下等人求食粗饱，往而市之矣"。还有专卖各色点心的小铺、摊点，方便市民。甚至有一种快餐部，门口挂着草葫芦、银马杓、银大碗、银裹直卖牌等，谓之"打碗头"，顾客入内，"只三二碗便行"。同时还有各种冷饮店，门口挂着"饮子"、"暑饮子"、"香饮子"等招牌，主要出售甘豆汤、豆儿水、柳子酒、鹿梨浆、姜蜜水、木瓜片、沈香水、雪泡缩皮软、紫苏饮等各种凉饮料，以便人们消暑。

中国饮食文化可以堪称世界第一，但也存在不少缺陷，诸如：习惯性聚餐制就不够卫生；吃饭节奏太慢，烹调时间过长；重技能轻理论；西方讲究营养，中国讲究色香味。中国饮食必须转变观念，改变食物结构，发展快餐。要讲科学，讲理论，讲卫生，讲营养，讲质量，讲特色，讲公共化，讲速度，讲求新，讲潮流。今天人们光顾肯德基等快餐店，除了吃鸡品味外，对很多人来说主要还是去吃"快"、吃"派"、吃"名"、吃"文化"、吃"氛围"。我们的酒楼、饭店、小吃铺也应向这方面改进发展，更新我们的饮食观念，以适应当前现代饮食文化的需要。

一　传统饮食文化演变

我们今天饮食习惯，基本上是一日三餐制；南方人喜米饭，北方人爱面食；无论主食还是副食，花色品种多得数不胜数；凡有筵席都是大家围着一张大圆桌相聚而坐，你来我往地相互夹菜；而食用工具基本都用筷子。这些饮食习惯是在长期的历史发展过程中逐步形成的。当然，在这一形成过程中不一定都发生在城市之中，但在城市中反映最为集中、最为突出。城市中的君主帝王、王公贵族以及大批士大夫等，他们生活条件优越，在饮食方面的需求，不断推向更新更高的水平，所以城市中的饮食文化演变就具一定的典型性。以下我们就我国传统饮食文化演变过程中，较为突出的一些方面，作一些简要的介绍。

第一，我国古代的食物原料的变化：

在主食方面，从大批的出土考古文物来看，早在八千年至五千年前，在黄河流域和辽河流域，已逐渐普及了粟的栽培；在七千年至四千年前，在长江中下游和珠江流域,已开始有稻米的栽培。到周代已被列入"五谷"之一。在《诗经》中每每提到它。所以大约在四、五千年前,我国基本已形成南北方餐食的格局,北方以食粟为主食,粟是黍、稷、秫的总称;南方以大米为主食。

在甲骨文中出现最多的粮食作物是"黍",夏商时代,麦还不太普及,只是逢年过节才能吃上一顿。周代以后,种麦逐渐推广,在秦以前北方种麦还未普及。直到汉代,黄河中下游地区才普遍改种麦,因麦的产量高于稷,所以每遇有灾,便下诏推广种麦,以后麦便逐渐成为北方的主食了。

古代平民百姓常用的普通食物主要是豆类,古代称"菽",也是"五谷"之一。大豆本产我国,但品种单一,汉代自西域引进胡豆后,大大增加了我国豆类食品的品种,以后有了豌豆、蚕豆、绿豆等。至于玉米、番薯、马铃薯等,都是旱地作物,能抗旱高产。自明代引进以后,对我国多自然灾害国家来说,普遍受到欢迎。这些作物,陆续从境外引进,丰富改善了我国主食结构。

古代还有一种作物叫"菰",也写作"苽",又称雕胡或胡安。《周礼》中将其列为"六谷"之一,是先秦两汉时期贵族的常用食物。其米粒细长,呈深褐色,成饭后甘甜滑软。西汉枚乘的《七发》记:"楚苗之食,安胡之饭。抟之不解,一啜而散。"唐代杜甫诗中还赞美:"滑忆雕胡饭,香闻锦带羹。"这种作物系野生,收获期不一,所以南宋以后渐为人忘。

自汉代张骞通西域后,从西域乃至中亚地区传入诸多植物,如胡桃、胡麻、胡荽、胡蒜、胡葱、胡豆、胡瓜、胡椒、胡萝卜等。从而大大丰富了我国传统的食品原料。其中一些油料作物与大豆、油菜籽等,可以榨取植物油,从而使我国从汉代以后,烹饪中逐渐由这些植物油取代了以往的动物脂肪油。

在蔬菜水果方面,如引进了胡荽(香菜)、胡萝卜、菠菜、甘蓝(洋白菜)、茄子、番茄、菜花、洋葱以及石榴、核桃等,举不胜举。以往屡见不鲜的韭菜、萝卜、苋菜、大葱等蔬菜已成为人们平时的主要蔬菜,加上宋代以后,又有笋、菌类、各种菜豆等品种为人们所用,从而大大丰富了我们的菜篮子。

先秦时期,人们基本以蔬菜为主,肉食并不怎么普及。如在《论语·述而》中曰："饭疏食、饮水、曲肱而枕之，乐在其中矣。不义而富且贵，于我如浮云。"《礼记·王制》中亦说：当时只有祭祀时，天子才能宰牛，诸侯才能杀羊；平时"诸侯无故不杀牛，大夫无故不杀羊，士无故不杀犬、豕，庶人无故不食珍"。可见古代平时一般都不吃肉食，以素食为主。

秦汉时，人们肉食以牛、羊、狗、猪为主，最重视食牛肉，其次是羊肉。自东周至西汉前期，狗肉比猪肉看重，至西汉后期猪肉价才超过狗肉价，所以古代便有以价廉的狗肉充假为羊肉来卖，即"挂羊头卖狗肉"。

第二，食品制作技术的不断改进：

主食方面，古代通称面食食品为饼，因加工方法不同而称呼各异：如蒸成的馒头、包子等叫蒸饼，水煮的面条、面块等称汤饼，烧成的大饼叫烧饼或炉饼，油炸的为油饼，加上芝麻的则叫麻饼。古代面食尚未掌握发酵技术，未经发酵的面食吃了不易消化，所以他们食用蒸饼时往往将蒸饼掰碎后再煮了吃，类似今天陕西人的"泡馍"。大约从东汉开始出现发面技术，直到南北朝时才基本掌握了发酵技术。北魏的贾思勰在《齐民要术》的《食经》部分中记有当时"作饼酵法"：

> 酸浆一斗，煎取七升。用粳米一升著浆，迟下火，如作粥。六月时，溲一石面，著二升；冬时，著四升作。

将发酵技术用于面食，使面食品种大为增多。至宋元时期人们又发现可用碱来中和酵面酸性，从而使发面技术更加完善，可以运用自如了。随着发面技术的广泛运用，使蒸食范围大为扩展，尤其是包子、馒头的形成，以后逐渐成为人们日常的主食。

说及馒头，其实最早出现时，有似今天的包子，宋朝高承的《事物纪原》卷九中引《稗官小说》记：

> 诸葛亮南征将渡泸水，土俗杀人首祭神，亮令杂用牛、羊、豕肉包之，以面象人头代之……馒头名始此。

又有一说诸葛亮当时做馒头时，是做成人头样子，假冒人头祭河神，因瞒了河神，故称为"瞒头"，后"瞒"谐音成"馒"了。实际上，70

年代初,在甘肃嘉峪关出土一组汉代画砖庖厨图,有仕女揉面和手持托盘进奉馒头或包子的图像。由此可见汉代已有馒头食品,并非如以往所传说的馒头是由诸葛亮发明的。后来人们常食用,逐渐简化不再入馅,成为现在形式的馒头。再包入馅时,改称为包子了。据说宋时才有包子之称。元代的馒头里仍有馅,与包子的区别在于皮的厚薄和形状不同,包子皮比馒头要薄一些。

在副食方面,汉代以前,烹饪技艺无外蒸、煮、炸、烤,制作过程中基本上不调味,只有羹调味,适宜佐餐下饭。这种羹在周汉饮食中有重要地位,《礼记·王制》:"羹食自诸侯以下至于庶人,无等。"古代的羹比现代的还要浓稠。高级的羹是用鱼、肉制作,穷人无肉,就用各种菜类,聊以下饭。所作各种羹多加米粉制成。有一种民间流行的莼菜羹,产于吴中,甘滑鲜美。《世说新语·识鉴》说吴人张翰在洛阳做官,"见秋风起,因思吴中菰菜、熄蓴羹、鲈鱼脍",于是命驾而归。又同书《言语》中记,吴人陆机与北方人王武对话,王夸羊酪之美,而陆机则说:"有千里莼羹,未下盐豉耳。"所以莼菜羹成为江东名菜佳肴。

今天我们日常生活中,炒菜技术极为平常,但在古代很长时期还没有这种烹饪技术。这从"炒"字在《说文》中尚未有载;《广韵》中才有"煼"字,即古炒字,可见一斑。这最初只是指加工粮食的方法,是一种焙之使干的方法。这在《齐民要术》中就记有:"炒麦黄,莫令焦"。炒菜技艺约出现在南北朝时期,如《齐民要术》中记"鸭煎法":"用新成鸭子极肥者,其大如雉,去头烂,治却腥翠五脏,又洗净,细到如笼肉。细切葱白,下盐豉汁,炒令极熟,下椒姜末,食之。"这里用了炒法,但实为"煎"。到唐宋时,已多用炒法,却称为"熬",如宋代的《事林广记》记载"东坡脯"做法:"鱼取肉,切作横条,盐醋腌片时,粗纸渗干。先以香料豆粉拌匀,却将鱼用粉为衣,轻手揌开,麻油揩过,熬熟。"这里的"熬熟",实即"炒熟",实际即今溜鱼条的做法。在《东京梦华录·饮食果子》一节中就记有:炒兔、炒蛤蜊、生炒肺、炒蟹、炒鸡兔等炒菜。《梦粱录·分茶酒店》一节中所记菜名中也有:腰子假炒肺、炒鸡罩、炒鳝、银鱼炒鳝、假炒羊肺熬等炒菜。可见当时炒菜已很普及。

炒菜技术完善了烹饪技艺,大大丰富了菜肴的品味。不仅荤菜可炒,普通蔬菜同样可炒,荤素搭配更好。炒菜是在翻炒过程中加入调料,使味入菜可口。并在此基础上又发展有烩、焖、炖、熘等烹饪技艺，以炒本身来说，又有爆炒、大炒、小炒、干炒、煸炒、清炒、抓炒、生炒、熟炒、软炒、溜炒等不同炒法，可以炒出不同风味。从而使许多名馔佳肴可以步入平民日常佐餐之中。炒菜技法的关键是掌握火候，清人袁枚在《随园食单》的"火候须知"中就明确指出："熟物之法，最重火候。有须武火者，煎炒是也；火弱则疲矣"。

第三，饮食品种的日渐繁多：

由于饮食原料的不断增多，发面技术的运用和炒菜技艺的推广，人们饮食品种，无论是主食还是副食，乃至日常小吃点心，都随之日渐增多起来。主食方面，面食除了上述的馒头、包子、面条外，又有馄饨、饺子、春卷、胡饼等数十个品种。以下介绍它们的起源与发展。

馄饨是秦汉时汤饼的一种，不包馅，约似今天的面片汤。扬雄的《方言》云：

> 饼谓之饨，或谓之馄，或谓之𩜎。

《齐民要术》中《水引·馎饨》中指出其做法：

> 挼如大指许，二寸一断，著水盆中浸，宜以手向盆旁挼使极薄，急火逐沸熟煮。非直光白可爱，亦自滑美殊常。

唐以后才包馅，并又称"不托"。在唐长安城内的辅兴坊就有卖馄饨的，段成式的《酉阳杂俎》中还记载：

> 萧家馄饨，漉去肠肥，可以瀹茗。

有趣的是，元代制作的馄饨很特别，元陆友仁《砚北杂志》卷上记：

> 一日作馄饨八枚，知府早食之。其法每枚用肉四两，名为"满碟红"，知府不能半其一。

当时这种馄饨为朝廷官吏或名人才士所用的食品。其制法还不怎么普及。

饺子，亦名饺儿、水饺，古名饺饵。其最早出现，据考古发掘，在新疆阿斯塔那地区唐代墓葬中曾发现面制饺子。元明时称之扁食、粉角、不落英者，应即饺子。《正字通饺》记：

> 今俗饺饵，屑米面和饴为之，干泾大小不一。水饺饵即段成式食品汤中牢丸，或谓之粉角。北人谈角如矫，因呼饺饵，伪为饺儿。

北方农家谓之煮饽饽。饺形似元宝，取其吉利，且味美，颇受达官显贵以至平常百姓的欢迎，每每以此为美食。

春卷约起源于宋代，据说当时人们为了祈祷养蚕业丰收，便以面为皮，包上馅，作成蚕茧形状煎食，名为"面玺"或"探春玺"。后略去"探"字，便名为"春玺"。以后"玺"、"卷"两字音转，便易称为"春卷"了。

下面我们特别说说汉代从西域传来的胡饼，实际就是今天的烧饼。对汉唐时期的城市饮食有很大影响。

《太平御览》卷860引《续汉书》云：

> 灵帝好胡饼，京师皆食胡饼。

又引《魏志》云：

> 汉末赵岐避难，逃至河间，又转诣北海，常于市中贩胡饼。

可见汉末不仅达官显贵喜食胡饼，而且连普通百姓逃到边境地区，还常去市上贩胡饼。

又引王隐《晋书》曰：

> 王长文，州辟别驾，阳狂不诣。举州追求，乃于成都市见，蹲地吃胡饼。

可见晋时成都市上也有胡饼所售。有趣的是，接着又曰：

王羲之幼有风操，郗虞卿（即郗鉴）闻王氏诸子皆后，令使选婿，诸子皆饰容以待客，羲之独坦腹东床吃胡饼，神色自若，使具以告。虞卿曰："此真吾子婿也。"

　　于是便将其女儿嫁给了王羲之。以后人们便以"东床"为女婿代称，出典于此。

　　可见东汉以后，胡饼已广为流传。至唐代，胡饼已遍及全国各地，胡饼又叫麻饼、炉饼，饼中夹馅。当时升平坊的坊门旁就有卖胡饼的铺子，是用炭烧热了炉子烤饼的。

　　白居易的《寄胡饼与杨万州诗》中对胡饼特点有生动描写：

　　　　胡麻饼样学京都，面脆油香新出炉；
　　　　寄与饥馋杨大使，尝看得似辅无兴。

　　《资治通鉴·玄宗纪》："日向中，上犹未食，杨国忠自市胡饼以献"。胡三省注："胡饼今之蒸饼。"高似孔说："胡饼言以胡麻著之也。"

　　日本僧人圆仁《入唐求法巡礼行记》中记：

　　　　开成六年（840年）正月六日立春，命赐胡饼寺粥。时行胡饼，俗家皆然。

　　唐代除了胡饼更为普及外，胡人食品还有餢飳（是一种油煎饼）、饆饠（是一种抓饭）等。

　　在稻米制作方面，中唐以后，也出现了许多新品种。如：用猪羊肉、鸡子羹、煎虾、鱼炙、蒸肠菜、姜桂、盐豉等合制而成的"团油饭"；用香米杂以鱼肉等用荷叶蒸成的"荷包饭"；有一种皇家制作的盖浇饭美其名为"王母饭"；当时一般平民食粥风气很盛，而贵族则很讲究，他们用茶汤熬的粥称作"茗粥"；在粥里加上杏酪、麦芽糖等叫"饧粥"。

　　至于菜肴品种的增多，逐步形成各地名菜，在下面的"地方特色名菜"中再述。

　　另外，在糕团的制作方面又有很大发展，这些点心的制作，也将在下面的"地方风味小吃"中详述。

第四，调味品的丰富，大大改善了食品风味：

《商书·说命》记载："若作和羹，称维盐梅。"可见大约在五千年前，我们的祖先已开始用盐、梅作咸、酸的调料。《礼记·内则》记："枣、栗、饴、蜜以甘之。"这是我们祖先早期用这四种物品作为甜味的调料。汉代已有胡椒、胡葱、胡蒜等辛辣调味品传入。东汉杨孚的《异物志》记载："（甘蔗种植）远近皆有……迮取汁如饴，名之曰糖，益复珍也。又煎而曝之，既凝而冰，破而砖，其食之入口消释，时人谓之石蜜也。"可见至东汉时已能制作冰糖。特别是制糖技术的提高和晚近辣椒的引进，对我国烹饪技术的完善起了很大作用。汉代以后，随着我国饮食原料和调味品的日益丰富，从而大大改变了我国饮食结构，使我国饮食文化不断向纵深方向发展。

第五，食制方面从两餐制向三餐制进化：

我们现在一日三餐习以为常，甚至还用夜宵，这种习惯食制又是怎样形成的呢？实际上古代城市中，即使贵族生活也不过日用两餐。自商代以来，一般日进两餐，上午为"大食"，又称"朝食"或"饔餐"，因用餐已近中午，故又称作"隅中"；下午为"小食"，又称为"铺食"或"飧食"、"餮餐"。《孟子·滕文公上》记："贤者与民并耕而食，饔飧而活。"即讲日餐两顿而活。约到战国末开始在中上层社会逐渐实行三餐制，增加了夜晚的"夜食"。《庄子·逍遥游》中已记："适莽苍者三餐而反，腹犹果然。"这恐怕是最早的一日三餐记载了。到秦汉时，皇帝日进四餐，即平旦食、昼食、晡食、暮食；《白虎通义》记载："平旦食，少阳之始也；昼食，太阳之始也；晡食，少阴之始也；莫（即暮）食，太阴之始也。"贵族一般三餐；而一般平民百姓则仍为两餐。汉代以后，一日两餐逐渐变为三餐。

第六，饮食方式从分餐制演变成聚餐制：

古代人们饮食都是分餐制，别说贫民的箪食瓢饮，就是宾朋云集的宴会也是各人面前各有一份，各吃各的。《礼记·司几筵》郑玄注说："铺陈曰筵，籍之曰席。"那时宴会是设在铺在地上的筵上，筵大席小，席铺在筵上，为各人的座位。食品菜肴则放在席前的筵上，所以后来将宴会称作筵席，即出于此。

到战国以后，开始用食案，仍为分餐，即一人一张小长条桌，供一人赴席用餐。直至汉代仍然实行分餐制，可能在魏晋南北朝以后，随着高脚的桌椅被采用，人们逐渐团聚绕坐桌边，菜肴等置放桌子中央，从而发展成聚餐制。约到明代才出现八仙桌，有上下座之别。约到康熙、乾隆时开始出现圆桌，以此象征团圆。我国自古就有豪宴风气，如：

> 桀纣食必"南海之姜，北海之盐，西海之菁，东海之鲸"。(《尸子》)

从汉画像《庖厨图》中可以看到，那座大厨房正在烹饪的佳肴之丰盛。魏晋南北朝时权贵何曾"日食万钱"，其子何邵"日食二万钱"。(见《拴遗记》)

《馔史》中记载，宋代权相蔡京每杀鹌动辄千余只。

《武林旧事》中宋高宗幸张俊第，张俊为高帝御筵，共佳肴二百零二品。

司马光在《训俭示康》中感叹：

> 近日士大夫家酒非内法，果非远方珍异，食非多品，器皿非满案，不敢会亲友。

中国人很早以来，就已经将请吃变成一种手段，办宴尚奢者的最高宗旨就是要通过餐桌争个"脸面"。中国人有好客的传统，尤其是对远道而来的客人，尤须显示我们的富庶与殷勤，夸耀我们饮食文化的优势与美味。在社交活动中，中国人必须借着饮食文化与他人沟通，与社会上的人形成生命共同体之感受。他们把吃喝看作是接纳某人成为一个群体成员的进入仪式。

第七，饮食工具的演变：

今天我们中国人吃饭离不开筷子，西方的餐具主要是用刀叉。实际上我国古代也用过餐叉，只是文献中记载不详，近年在考古发现中已有六七十件餐叉出土，大部分为骨质，也有铜、铁质的。

最早在甘肃武威皇娘娘台齐家文化遗址出土的，属早期铜器时代，距今约四千年，出土一枚骨质餐叉，扁平形三齿。后在郑州二里冈商代遗址中也出土过一枚三齿骨质餐叉，全长8.7厘米，与齐家文化的那个有很大不同。

战国时期的餐叉出土很多，仅河南洛阳中州路的一座战国墓中就出土骨质餐叉51件，出土前捆为一束，全为双齿细柄，一般长12厘米，包裹在织物中，放置在铜器上。

战国以后出土的餐叉极少，在甘肃酒泉曾发现过两枚东汉时的铜质餐叉，长有26.3厘米。另在广东始兴东晋墓中出土过四枚小铁叉，长15厘米左右。

从这些考古发现的古代餐叉，可见多为双齿，一般长为12—20厘米间，上述发现地点主要集中在黄河中游地区，黄河下游仅有少量发现。在古代文献中不见有对餐叉的记载，只记有祭祀时所用的大叉，称之为"毕"。《仪礼·特牲馈食礼》中记："宗人执毕先入。"郑玄注曰："毕状如叉，盖为其似毕星取名焉。""毕星"为二十八星宿中的毕宿，形如叉状，宗人所执的毕，即叉。《礼记·杂记上》说到枇长为三尺或五尺，是用于祭祀活动中叉肉用的，这种大毕在战国墓中常有发现，有三齿、四齿、五齿。但对于上面考古中所发现的小形餐叉，则不见正式记载，只能从记载的大毕作推论而已。

实际上西方人用刀叉进食的历史并不久，据历史学家雷亚·坦纳希尔说，叉子早先在欧洲及近东使用过多年，只是作厨房里的一般厨具，而作为餐具只是从10世纪拜占庭帝国时才广泛使用，迄今不超过一千年的历史。在一百多年前，西方人还主要用手抓食，尚不习惯使用刀叉。

而我国历史上早在四千年前已有餐叉使用，只是以后不为重视，长期用匙为主，以箸为辅，以后终于以筷子为主，用匙为辅。

筷子古代称"箸"或"筋"；陈、楚、宋、魏国则称为"筲"或"簼"；《史记·绛侯世家》记为"櫡"，《礼记》中记为"梜"。我国用筷子就餐的历史悠久，在《韩非子·喻者》中记有："昔者，纣为象箸，而箕子怖。"可见，商代已有用箸的记载。只是当时筷子在用餐过程中的作用与今不同，这在《礼记·曲礼》中记为：

羹之有菜者用，其无菜者不用梜。

所以当时人们用餐时主要用匙，以箸辅之，只用于在羹中夹菜。

《史记》中记载："纣始为象箸。"在云南祥云大波那出土春秋中晚期的铜筷子，说明我国使用筷子历史十分悠久。

秦汉以后称为"箸"，又写作"助"。先秦时，箸是用来夹肉和菜的，而不能夹饭。吃饭时是用"匕"（即后来的饭勺）盛饭，先盛放手中，然后直接送入嘴里。如果饭太热，只能在手里放凉再吃，不能挥动手臂去扬热气。据说到明代才用筷吃饭菜，匙变成食用汤菜的专用餐具了。

至于后来为何称作筷子，这在明代的《推篷寤语》中记载：

> 世有语恶字而呼为美字者，如立箸讳滞，呼为快子，今因流传之久，至有士大夫间，亦呼箸为快子，忘其始也。

原来的"箸"字有"滞"、"止"之讳，故改称"快子"，又因筷子多用竹制，故加"竹"字头。

又有人说，明代陆容，在其《菽园杂记》中记载，江浙一带的船民忌讳别人说"住"及与"住"谐音的字、话。因其有船只停滞不动之意，"箸"与"住"同音，于是反其意改之为"快"，后加上竹字头，而成为"筷"。

从上述我国传统饮食文化的演变过程来看，我国古代饮食文化与今大不相同，总的来说，越变越丰富、越变越科学、越变越有人情味。

二　地方特色名菜

说起我国饮食文化不能不说说我国各地的地方特色名菜，这是我国饮食文化中巨大而又宝贵的财富。由于我国地域辽阔，各地地理环境、自然条件与人们生活习俗的不同，物产的不同，逐步形成各地人们口味的不同。

早在晋时张华在《博物志》中就已指出：

> 东南之人食水产，西北之人食陆畜。食水产者，龟蛤螺蚌，以为珍味，不觉其腥臊也；食陆畜者，狸兔鼠雀，以为珍味，不觉其膻也。

即使是食用同一种食物，不同地区的人有各自不同的口味，清人钱泳在《履园丛话》也早已指出：

> 同一菜也，而口味各有不同。如北方人嗜浓厚，南方人嗜清淡……清奇浓淡，各有妙处。

可见，不同地区形成不同的传统菜系，主要是由于各地饮食原料的不同，加上各地人们特殊口味和各具特色的烹调程序，逐步发展形成具有各地特色的名菜，这在古代早已有之。

在《周礼·内则》中就记有周代的"八珍"佳肴，此为周天子的专用品，体现了当时中原地区的饮食文化特色。

在《楚辞·招魂》中记："和酸若苦，陈吴羹些。"这就是当时楚国从吴国聘来厨师，做出了酸辣羹。以后酸辣羹便成为楚国名肴。另在《吴越春秋·王僚使公子光传》记：公子光（即越王阖闾）欲谋吴王的王位，伍子胥献计请专诸合谋，

> 专诸曰："凡欲杀人君，必求其所好。吴王何好？"光曰："好味。"专诸曰："何味所甘？"光曰："好嗜鱼之炙也。"专诸乃去，从太湖学炙鱼。三月得其味，安坐待公子命之。

可见，吴王嗜叉烧鱼，专诸为了刺杀吴王，特在太湖专学做叉烧鱼的手艺，以达目的。可见，叉烧鱼便是吴国的名肴。这里的酸辣羹和叉烧鱼则是代表南方长江中下游地区的风味。

汉代有道名菜为"五侯鲭"。五侯是指汉成帝的母舅王谭、王根、王立、王商、王逢五人，因他们同时封侯，故号称五侯。文献记载，他们五人互有矛盾，各不相让，于是各家的宾客也不便往来，只有楼护善于言辞，常去各家调解，后得到五侯欢心，各家都争着要置办珍馐佳肴来宴请楼护，楼护便集五家所长，创制出一道名肴——"五侯鲭"。其做法很简单，杨慎《异鱼图赞》卷三介绍："江有青鱼，其色正青，汩以为酢，曰'五侯鲭'。""汩"即古"醋"，意即做时用醋去腥。另外，贾思勰的《齐民要术》中介绍："用食板零揲杂蚱、肉，合水煮，如作羹法"。实际就是以鱼肉炖汤而已。后世人们多称美味佳肴为"五侯鲭"。

另外，在枚乘《七发》和桓宽《盐铁论·散不足》中都记载当时的

一些地方名菜,皆为吴楚百越美食。如:

> 枸豚韭卵,即用枸杞炖小猪肉和韭菜炒鸡蛋。
> 羊淹鸡寒,用腌羊肉与凉酱鸡合拼而成。
> 蹇脯胃脯,用驴肉干与酱肚子,调以五味调料,味道十分鲜美。

到魏晋南北朝时,一些少数民族的佳肴也逐渐融入了汉民族的饮食文化之中。如《晋书·五行志》记:"泰始之后,中国相尚用胡床貊盘,及为煮羌貊炙。"这里的"煮羌"即源于西北诸羌的涮羊肉,"貊炙"则是源于东胡的烤全羊。以后在此基础上发展成为烤乳猪、烤鹅、烤鸭等名菜。

北朝贾思勰的《齐民要术》中基本总结了汉魏以来的食料生产和饮食文化,其中列有近百款菜肴的名称和做法。同时期杨衒之的《洛阳伽蓝记》中也记载有当时南北口味的不同,如卷二所记:"民间号为吴人坊,南来投化者多居其内。近伊洛二水,任其习御。里三千余家,自立巷市,所卖口味,多是水族,时人谓为鱼鳖市也。"并记述当时吴人饮食习俗:"菰稗为饭,茗饮作浆,呷啜莼羹,唼嗍(即吮啜)蟹黄,手把豆蔻,口嚼槟榔……网鱼漉鳖,在河之洲,咀嚼菱藕,捃拾鸡头,蛙羹蚌臛,以为膳羞。"由此足见当时南北风味的饮食习俗之异。

隋唐时期由于烹饪技术的进步,食物制作更精,品种日益繁多,出现大批名菜佳肴。在隋谢讽《食经》和唐韦巨源《烧尾宴食单》中都记有数十种各地名菜。当时的菜肴已有高、中、低档,高档菜多为宫廷宴席所用,中档菜多为官吏文人所用,低档菜则为普通大众菜肴。这些菜肴不凡许多精品,诸如:

过厅羊:唐时西北名馔,是在宴席上,现宰一只活羊,宾客自选羊的部位,系上彩锦作标记,等羊蒸熟后,抬上宴由客人各自认取,再蘸味品下酒。

太白鸭子:相传李白在四川为唐玄宗调制的一道名菜。用百年陈酝花雕、枸杞、三七和肥鸭烹成。不仅味美,并有滋补作用。

浑羊殁忽:将鹅洗净,用调好五味的肉、糯米饭装入鹅腔,然后宰羊,剥皮去脏,再将子鹅填入羊腹中,上火烤制,熟后取鹅食用。

白沙龙:用冯翊产的羊中嫩肉爆炒而成。

串脯类似于今天的羊肉串。

千金圆是医药学家孙思邈首创,是用黄豆芽制成丸子,可供孕妇食用,以利分娩。

白岁羹即荠菜汤,有益寿功效,颇受人们喜爱。

隋唐时已能制作花色冷盘,诸如:"五生盘"、"八仙盘"等。"五生盘"是以牛、羊、猪、鹿、熊五种动物肉切成细丝,生腌成胝,拼制成的花色冷盘。"七仙盘"是将烤鹅分切成八种形状,拼装而成。五代时开始出现大型风景冷盘。宋代陶谷《清异录》记载,当时有尼姑梵正,善烹饪,用腌鱼、炖肉、肉丝、肉脯、肉茸、酱瓜、菜蔬等制作"辋川小样"拼盘,如席上有二十位客,其冷盘每人一份,合起来即为王维的辋川别墅图景模型,这是我国最早的大型风景拼盘。

宋代由于商品经济的发达,城市酒楼林立,饮食文化空前繁荣,仅以都城汴京和南宋的临安来说,在《东京梦华录》和《梦粱录》中,所记各大饭店中的菜名都有上百种。特别是当时的饮食店中已有专门的"川饭店"、"南食店"与北方的"瓠羹店"之分。在此基础上,到明清时则逐渐形成具有各地特色风味的各种"菜帮",以后便发展成各种"菜系"。

所谓"菜系"必须是一个地区具有独特的风味肴馔能组成一个系列,在原料选择、调料运用、烹调技艺等方面都有自己的特色,能专为某一地区的食客服务的极为丰富多彩的著名菜肴佳馔。一般来说这需要在商业经济十分发达的城市中才能有条件形成,这里有丰富的食品原料,能有技艺高超的传世厨师,并有一定饮食品赏的消费者支持。

我国最早形成的四大菜系是:鲁菜、川菜、粤菜、苏菜。以后又逐渐增加了闽菜、徽菜、浙菜、京菜等,发展成八大菜系,其他尚有沪菜、鄂菜、湘菜、豫菜、东北菜等地方特色菜。它们的形成大都有很悠久的历史,经过长期不断的吸收、改进和融合了其他地区菜系中的长处,才逐步形成今天各自千姿百态丰盛无比的特色。以下我们就主要菜系的形成、发展及其特点作一些简要介绍。

鲁菜:被列八大菜系之首。鲁菜的形成与发展历史悠久。早在孔子时即已"食不厌精,脍不厌细",他有一系列的"不食":

> 鱼馁而肉败不食,色恶不食,臭恶不食,失饪不食,不时不食,割不正不食,不得其酱不食……

当时已很讲究卫生、刀工和调味等。北魏贾思勰的《齐民要术》所总结的烹饪经验就取之于齐鲁一带。到元、明时期才渐形成鲁菜,并大量进入宫廷,成为御膳珍品的重要组成部分,同时风行华北、京津、东北地区。

鲁菜系形成胶东和济南两个派系,并有堪称"阳春白雪"的孔府菜。

胶东派起源烟台福山,故最初又称福山菜,以烟台、青岛为代表。以烹制海鲜见长,擅长爆、炸、扒、熘、蒸;口味以鲜夺人,偏于清淡。选料多为明虾、海螺、鲍鱼、蛎黄、海带等海鲜。其名菜有:扒原壳鲍鱼、蟹黄鱼翅、芙蓉干贝、绣球海参、烤大虾、炸蛎黄和清蒸吉鱼等。山东位于北方,冬季较长,以大白菜为主,为了追求菜肴的鲜味,多利用清汤、奶汤;同时北方旱地较多,盛产大葱、大蒜,人们长期与风寒搏斗,故形成悍勇、粗犷、刚直的性格。在辣味的追求上,多吃生辣的大葱、大蒜。常以大葱佐餐,葱烧海参、葱烧蹄筋等也为名菜。

济南派精于制汤,往往以汤调味,以代味精,辅以爆、炒、烧、炸;以清、鲜、嫩见长。其名菜有清汤什锦、清汤燕菜、奶汤蒲菜、黄河鲤鱼、奶汤八宝鸡、锅塌豆腐等。

孔府菜中以"八仙过海闹罗汉"为喜庆寿宴的头道菜。它选用鱼翅、海参、鲍鱼、鱼骨(明骨)、鱼肚、虾、芦笋、火腿这八仙;并用鸡脯肉制成鸡泥,在碗底作成罗汉钱状,即为"罗汉",加上鸡汤,味美形精。

鲁菜行家认为,鲁菜特色是制作精细,善烹海味,注重火候,讲究口味,以鲜为主,选料精,刀工细,善用汤,素以清鲜、焦盐、脆、嫩、纯著称。鲁菜最富有宫廷余韵,庄重大方高级大菜颇多,用料考究,善用燕窝、鱼翅、鲍鱼、海参、鹿肉、蘑菇、银耳、哈什蟆等高档食料。以急火爆炒最见长,讲究汤鲜味正,营养偏重高热量、高蛋白,如九转肥肠、脆皮烤鸭、脱骨烧鸡等。在张起钧的《烹调原理》中则高度评价鲁菜:

> 大方高贵而不小家气,堂堂正正而不走偏锋,它是普遍的水准高,而不是以一两样或偏颇之味来号召,这可以说是中国菜的典型。

川菜:形成约在秦至三国间。《华阳国志·蜀志》中记有"汉家食货,以为称首","其辰值未,故尚滋味",说明四川风味见长。"文君当垆，相如涤器"，即为美谈。西晋文学家左思的《蜀都赋》中记载："若其旧俗，终冬始春，吉日良辰，置酒高堂，以御嘉宾。金罍中坐，肴隔四陈，觞以清漂，鲜以紫鳞。"并在宴饮时"巴姬弹弦，汉女击节"；"纡长袖而屡舞，翩跹跹以裔裔"。三国魏文帝的《诏群臣》中就云及："新城孟太守道：'蜀猪豚鸡鹜，味皆淡，故蜀人作食，喜着饴蜜，以助味也。'"可见，古时川味尚甜。直到两百多年前，四川名士李调元为其父李化楠刊刻《醒园录》中所收录的当时四川肴馔130多种中，也未收有麻辣菜肴，调味仍十分温和。实际现今一些高档川菜，如一品熊掌、蒜泥白肉、鞭蓉鱼翅、鸡蒙葵草等佳肴仍保持着传统的川味。

川菜行家认为，川菜特色是选料认真，刀工精细；分色配菜，主次分明；注重汤菜，色调自然；综合用味，收汁浓味；突出主味，特重清鲜；麻辣味厚，别具风格；制作多样，讲究火候。只是今天我们一说川菜，必想到"鱼香"、"麻辣"、"怪味"等，似乎离不开辣味。这主要与当地气候雾多、阴天多，湿气重有关。四川人主要与山湿斗，故喜辣，嗜熟辣（烹调或加工过的辣椒之辣）。古代的辛就是辣，但在明末辣椒未引进以前，主要是用姜或胡椒。

现在调味品以三椒（花椒、胡椒、辣椒）、三香（葱、姜、蒜）和醋、郫县豆瓣酱最具特色。川菜有"七味八滋"之称，"七味"即酸、甜、咸、麻、辣、苦、香；"八滋"是指鱼香、酸辣、椒麻、麻辣、怪味、红油、姜汁、家常。名菜有麻婆豆腐、灯影牛肉、夫妻肺片、毛肚火锅、清蒸江团、宫保鸡丁、东坡墨鱼等。川味的特点是菜式繁多，味多、味美、味浓、味厚，多用复合味，很少用单纯味。同样一块肉，可做出数种不同风味的菜来，可谓一菜一格，百菜百味，麻辣醇香，以调味为主。川菜辣味变幻无穷，分香辣、麻辣、酰酸、胡辣、微辣、咸辣等，做到辣而不死，辣而不燥，辣得适口，辣得有层次、有韵味。善于小炒小煎、干烧干煸。

粤菜：历史也很悠久，迄今仍保留不少古越人和秦汉时的食俗。如粤菜中名肴"蛇餐"，早有两千多年历史，《淮南子·精神》中就已记：

越人得蚺蛇，以为上肴。

到南宋周去非的《岭外代答》中也说：

深广及溪峒人，不问鸟兽蛇虫，无不食之。

以至《清稗类钞》中仍记：

粤东食品，颇有异于各省者，如犬、田鼠、蛇、蜈蚣、蛤蟀、蝗、龙虱、禾虫是也。

粤菜特别注重海味，也多用复合味料。粤菜主要有三支：广州这支为粤菜正宗；此外潮州菜因地近福建，所以风味接近闽菜；另一支为东江菜，以惠州菜为代表，口味偏咸，用酱比较简单。总的来说，粤菜也讲究清淡，其特色是清中求鲜，淡中取味，嫩而不生，滑而不俗，油而不腻。配合四时更替，注重随季节时令而变换口味，夏秋炎热而清淡，冬春寒冷而浓郁。在烹调中还考究"加汤"，用熬的方法获取原法原汤。粤菜行家认为，粤菜特色是用料广博奇杂，重色、香、鲜，并有五滋（即香、松、软、肥、浓）六味（即酸、甜、苦、辣、咸、鲜）之别，讲究烹调技巧，刀章操作吻合，品种变化繁多。

粤菜中名菜有脆皮烤乳猪、龙虎斗、太爷鸡、护国菜、潮州烧鹰鹅、猴脑汤等百种。有的菜肴经不断改进发展而成，如著名的"龙虎斗"，早在19世纪初，本是"烹黄鳝田鸡"，本与蛇无关，以后才发展改用"三蛇"与"狸猫"烩制成现今的"龙虎斗"。有的名菜需用特制的烤炙方法，如"烤乳猪"，在清代吴震万的《岭南杂记》中说广东乳猪"出自南雄，一二十斤，小耳，腌熏以竹绷之，皮薄肉嫩，与常猪不同。"古代烹制方法是"小开腹，去五脏又洗净，以茅茹腹令满，柞木穿，缓火遥炙"。袁枚认为这方法"凡烧猪须耐性，先炙里面肉，使油膏走入皮内，则皮松脆而味不走，若先炙皮，则肉上之油，尽落火上，皮则焦硬，味亦不佳，烧小亦然。"

历史上早有"食在广州"的美誉。今天广东人讲究吃新鲜。鱼要活蹦乱跳的，鸡要未下过蛋不肥不瘦的，米要丝苗米、香米、黑米、鸭血糯米、多维营养米等，鲜嫩的蔬菜比精肉还贵。柑橙、香蕉、荔枝、菠萝是珠江三角洲的四大名果，而笔村糯米糍、罗岗桂味、增城挂绿为"荔枝三杰"。如今鲍、参、翅、肚、石板鱼、鲈鱼、对虾、麻虾、鲜蚝、鲜鱿、鲜墨鱼等名贵海鲜、河鲜，一直畅销。

广东人喜欢煲汤，凡汤必有药，什么淮山、杞子、茨实、玉竹、薏米；吃菜也有药，什么菊花鱼、荷叶鸡、陈皮鸡；点心也有药，茯苓膏、当归蛋；喝水也有药，王老吉、夏桑菊……五花八门，名目繁多。他们吃药简直成了一种享受，能知道什么病吃什么药，什么天吃什么药，什么菜配什么药，令人惊奇而又佩服。

因广州自古是我国对外开放的门户，粤菜在烹饪技艺上还吸取一些西餐烹制法，其中最有特色的是"盐焗"、"酒焗"、"锅烤"等方法。从而做出各种风味独特的菜肴。用料也受西方风味影响，如菜点用牛奶、奶油、黄油、吉士等原料，做出奶油白菜、炒鲜奶、黄油虾球、吉士条等。在烹调方法上采用铁扒、铁板烧、烤等。在面点方面，诸如葱油西多士、凤凰拿酥夹、威化牛肉球、波蛋西排饭、拿破仑酥夹、焗皇后布丁、拿酥马玲盏等。

苏菜：指江苏淮扬地区菜系，因扬州自唐代已成全国繁华都会，明清又为淮盐大户商家驻地，大盐商往往都有各自的名厨，他们在办宴时，又多互借厨师，各自制作精湛的拿手绝技，同时使各厨师得以交流，从而逐步形成苏菜特色。淮扬菜注重原汁原汤原味，要求鸡有鸡味、鱼有鱼味，强调本味，一般少用或不用味精；并讲究菜的色泽鲜艳，浓淡相宜，清爽悦目，所做的菜肴色味配合，如爆炒鳝丝乌黄发亮，清炖鸡则汤清见底。

淮扬菜行家认为，淮扬菜特色是口味趋甜，清爽适口，主料突出，刀工精细，配色和谐，醇厚入味，时令菜应时迭出，烹制江湖蟹尤为特长，瓜果雕刻栩栩如生。淮扬菜制作特点与鲁菜不同，鲁菜以急火快炒见长，而淮扬菜则善用文火炖、焖、焐、蒸、烩见功。淮扬菜口味比较清淡，一般偏甜，但不过当，只是为了提鲜。淮扬地区地近江淮湖海间，盛产鱼虾海味，擅长做鱼虾蟹肉等菜肴。其名菜有栗子黄焖鸡、荷叶蒸肉、蟹黄狮子头、蟹黄燕窝、虾羹鱼翅、八宝鸭等。

以上四大菜系分布我国东南西北四方，具有一定的地区代表性。粤菜重清，鲁菜尚浓，川菜好麻，淮扬菜喜甜。以后随着各地经济的发展，许多地方又各自形成具有自己特色的菜系。以下我们不妨再简要介绍几种。

浙菜：以杭州、宁波、绍兴三种地方风味为代表，各地风味不一。杭州菜以爆、炒、烩、炸为主，清鲜爽脆；宁波菜则以蒸、红烧、炖制海鲜见长，讲究鲜嫩软滑，注重大汤大水，要求原汁原味；绍兴菜擅长烹饪河鲜、家禽，注重香酥绵糯。浙菜是受南宋时大批北方人南迁影响，以"南料北烹"为特色，过去南方人口味并不偏甜，受北方影响也偏甜味，如原汴京的"糖醋黄河鱼"，到临安后，改用鲜鱼，制作成"西湖醋鱼"。南宋时临安就有"百菜羹"、"五味焙鸡"、"米脯风鳗"、"酒蒸鲥鱼"等上百种名菜。浙菜除了善烹调河鲜鱼虾蟹贝佳肴外，还善于配以蔬菜制作，如今浙菜中主要名菜有西湖醋鱼、东坡肉、赛蟹羹、龙井虾仁、杭州煨鸡、虎跑素火腿、西湖莼菜羹、干菜焖肉、蛤蜊黄鱼羹、鸡油菜心、糟烩鞭笋、虾油菠菜、西湖糖醋藕等。浙江沿海宁波、台州等地制作鱼鲞闻名。如袁枚的《随园食单》上记有：

> 台鲞好丑不一。出台州松门者为佳，肉软而鲜肥。生时拆之，便可当作小菜，不必煮食也。用鲜肉同煨，须肉烂时放鲞，否则鲞消化不见矣。冻之则为鲞冻。绍兴人法也。

闽菜：起源于福建闽侯县，由福州、泉州、厦门等地的地方菜发展而成。闽菜有四大特点：一是讲究刀工，如用刀不精，其味难出，外味难入；二是汤菜居多，并非菜汤，而是富于汤汁，以此体现原汁原味；三是调味奇异，其口味一般偏淡、偏甜、偏酸，并善用红糟作配料，淡能出鲜，甜能提鲜，酸能清除海产品中的腥味，红糟既能调味，又能着色。四是烹调细腻，雅致大方。其名菜众多，如：鸡茸金丝笋、鸡汤氽海蚌、荔枝肉、酸甜竹节肉、葱烧酥鲫、炒西施舌、佛跳墙、清蒸加力鱼等。闽菜又可分成福州、闽南、闽西三支：福州菜偏重清鲜、淡爽和甜酸，名菜有淡糟炒香螺片、醉糟鸡、糟汁氽海蚌等。闽南菜偏重甜辣，善用辣椒酱、沙茶酱、芥茉酱、洁汁等作调料，以甜酸著称，名菜有沙茶焖鸭块、芥辣鸡丝、东壁龙珠。闽西菜则偏咸辣，如油焖石鳞、爆炒地猴等。闽菜以烹制山珍海味而著称。尤以香、味见长。具清鲜、和醇、荤香、不腻为特色。

徽菜：以皖南徽州菜为代表，起源黄山麓下的歙县（古徽州地）。后因新安江畔的屯溪小镇发展成为"祁红"、"屯绿"名茶和徽墨、歙砚等土特产的集散中心，于是徽菜重点也随之移到屯溪。徽菜擅长烧、炖、蒸、爆、炒较少，重油、重色、重火工。其名菜有：火腿炖甲鱼、无为熏鸡、黄山炖鸽、符离集烧鸡、腌鲜鳜鱼、红烧果子狸等。其中的火腿炖甲鱼，又名"清炖马蹄鳖"，是徽菜中最古老的传统名菜。这是用当地最著名的特产"沙地马蹄鳖"炖成的，早在南宋时即已有名。符离集烧鸡，原名红鸡，只是在鸡烧煮后，搽上一层红米曲，后山东德州有位烧鸡师傅来到符离集，他以德州扒鸡制作技术改进了红鸡的选料，使鸡色金黄，鸡肉酥烂脱骨，味道鲜美，于是扬名天下。

京菜：北京自辽代以后，已有七百多年作首都的历史，其中辽、金、元、清都是北方游牧民族居统治地位，他们的饮食习俗必然影响到北京的饮食文化。元代忽思慧的《饮馔正要》就写于北京，所记当时元朝的饮食，菜肴中以肉食为主，肉又是以羊肉为主，直到近世京地仍有善食羊肉的习俗，诸如全羊席、烧羊肉、烤羊肉串、涮羊肉等。北京作为首都云集了各地的士大夫，各地技艺高超的名厨也会集于此，促进了全国各地不同风味的佳肴带进京城，从而大大丰富了北京肴馔的风味。其中对京菜影响较大的主要是鲁菜、苏菜和浙菜。清代北京的饮食业几乎为山东厨师所垄断，如著名的同和居、广和居、同丰堂、福寿堂、惠丰堂等都是山东人所办。鲁菜中"爆"、"熘"技艺和善于用葱烹调就直接影响京味，如今北京平民百姓日常炒菜常用葱花炝锅就是受此影响而来。再说著名的北京烤鸭本是鲁菜，移置于京，改用填鸭后，成为北京名肴。这里又吸收了淮扬菜的注重色泽味道技艺，而在调味品中用甜面酱和配以大葱、荷叶饼，则是吸收的山东风味。

湘菜：《楚辞·招魂》："大苦咸酸，辛甘行些。肥牛之腱，臑若芳些……"意为：酸、甜、苦、辣，样样都可口，肥牛筋的清炖喷喷香……说明早在战国时期楚菜的烹调技艺已相当成熟，已形成以酸、咸、甜、苦、辣为主，具有浓、香、鲜的风味特色，并具典型南方风味风格。无疑《楚辞》记载着湘菜的根。

湘菜的特色是，品种多、选料精、味道浓、气味佳。有人说，湘菜色正味浓，如陈年佳酿；馥郁芬芳，似极品香茗。还有人说，湘菜刀工精细，形味兼美；烹调多样，尤重煨；长于调味，口味注重酸辣。辣劲足：俗话说，"湘菜不辣不成菜"；湘菜香味特殊，吃后常用"齿颊留香"来形容。可见湘菜之香非同一般。有时候其香可超过味。如冬笋腊肉，冬笋的清香与腊肉的"烟香"融为一体，加上大蒜辣椒的辛香，真是闻香启齿。湘菜有别于东甜、西麻、南清淡、北咸鲜。讲究"热得烫，辣劲足，香味特，五味和"。总之，五味和：味味不同，味味分明，味味突出。或原汁原味，或鲜味独特，或卤味别致，或复合味多样。

《全国口味歌》唱道：

> 安徽甜，湖北咸，福建咸又甜，宁夏河南陕甘宁，又辣又甜外加咸。山西醋，山东盐，东北三省咸带酸，黔赣两湘辣子蒜，又辣又麻数四川。广东鲜，江苏淡，少数民族不一般。

四川是麻辣，贵州是香辣，云南是鲜辣，陕西是咸辣，湖南是和而不同，辣而不烈，酸而不酷。民间流传："四川人不怕辣，江西人辣不怕，湖南人就怕不辣。"

说到汤，粤菜的汤重在"煲"，闽菜的汤重在"氽"，鲁菜的汤重在"吊"，而湘菜的汤重在"熬"或"炖"。炖能出鲜，湘菜行话有"一滚当三鲜"。各地所形成的地方特色名菜佳肴，服务对象也有所不同，有人把川菜比作"民菜"，充满"民气"；粤菜比作"商菜"，富有"商气"；鲁菜一身"官气"；淮扬菜比作"官菜"，有十足的"文气"。有人把湘菜比作"军菜"，所谓"无辣不成湘，无湘不成军"。京菜主要为达官贵人服务，而苏菜是由淮扬盐商富贾们所垄断，浙菜则是文人学士们所欣赏的，鲁菜多为宫廷御膳所吸收，而粤菜更多地为中外商客们所青睐，其他菜系一般多为人民大众所欢迎。

三　地方风味小吃

我国最早的有关点心的记载是《礼记·内则》记载的："糗饵粉餈。"这是用粳米或糯米蒸熟后，捣成餈，再把炒米或炒麦捣成"糗饵"，再和豆粉一起拌在餈里。另外在《楚辞·招魂》中记有：

> 粔籹蜜饵，瑶浆蜜勺，实羽觞些。

就是用蜜糖制作的糍粑。当时用米粉或面粉加枣栗等甜味品蒸熟后即称为饵。扬雄的《方言》称："饵谓之糕。"也就是通常的糕类。

《盐铁论·散不足》记：

> 古者不鬻饪，不市食。及其后则屠沽，沽酒市脯鱼盐而已。今，熟食遍列，肴旅成市。

当时市上有卖熟食和"豆饧"，即豆浆。《太平御览》卷860引《东观汉记》记载：

> 光武帝问第五伦曰："闻卿为市掾人，有遗卿母一筐饼。"

可见，当时市肆上已有卖饼之业。又引《魏志》曰：

> 汉末，赵歧避难逃之河间，不知姓字，又转诣北海，着絮巾袴，常于市中贩胡饼。

说明汉末市上确已有贩胡饼者。又引《晋书》曰：

> 蒸饼上不坼作十字不食。

并引《赵录》云：

> 石虎好食蒸饼，常以干枣、胡桃瓤为心蒸之，使坼裂方食。

说明当时所做蒸饼有似今天的开花馒头。

可见，古代的糕饼等食品，只是称饵，还未有"点心"之称。直到南朝梁时也还称"小食"。清人袁枚的《随园食单》中"点心单"记：

> 梁昭明太子以点心为小食，郑傪嫂劝叔且点心，由来旧矣。作点心单。

宋人吴曾在《能改斋漫录》中也称：

> 世俗例以早晨小食为点心，自唐时已有此语。按郑傪为江淮留后，家人备夫人晨馔。夫人顾其弟曰："治妆未毕，我未及餐，尔且

可点心。"

可见,"点心"一词,起自南朝梁时,始用于唐代,是指稍许吃点东西之意。

唐代随着市场经济的发展,城市中沿街卖食的挑担摆摊小贩很普遍,其中多为日常小吃。唐段成式的《酉阳杂俎》中就记长安城内,"萧家馄饨,漉去汤肥,可以瀹茗。庾家粽子,白莹如玉。韩约能作樱桃毕罗,其色不变"。当时城内长兴坊卖饆饠,辅兴坊卖胡饼,颁政坊卖馄饨,胜业坊卖蒸糕,长乐坊卖黄桂稠酒等。城内还有庾家粽子,以"白莹如玉"而闻名。萧家馄饨以清汤可以煎茶而著名。洛阳李飸以专制乳饴食品而名闻天下。长安宫门外的张手美烧店是以时令专供特殊食品,元日供元阳脔,上元节为油画明珠,人日为六一菜,二月十五为涅槃兜,上巳为手里行厨,寒食为冬凌粥,四月初八为指天馂馅,端午为如意图,伏日为绿荷包子,秋社为辣鸡馂,七夕为罗喉罗饭,中元为盂兰饼馅,中秋为玩月羹,重阳为米锦,冬至为宜盘,腊八为法王料斗,腊日为萱草面。唐时各种面食点心种类繁多,水煮的为"汤饼",有面条、馄饨、面片、饺子等;火烧的为"烧饼",有麻饼、胡饼、千层饼、彦饼、馅头等;笼蒸的为"蒸饼",有春饼、包子、炊饼、面起饼等。在米食中,已能制作各色花糕,最初是在武则天时,令宫女采集百花捣入米粉制作花糕,后传入市肆,为人们所爱。当时不仅一般平民百姓爱吃街卖小吃,就是达官贵人也爱买路边小吃,如武则天时中书舍人张衡在退朝后,便在路边买了蒸饼吃。唐太宗时宰相刘晏,

  入朝时寒,中路见卖蒸饼之处,热气腾辉,使人买之,以袍袖包裙底啖之,且谓同列曰:"美不可言,美不可言。"①

甚至连杨国忠也常"入市,衣袖中盛胡饼"。在胜业坊有个邹骆驼每天推小车卖蒸饼,当时大家争着抢购他的蒸饼成为一种时尚。

北宋东京开封府州桥附近就有不少地方特色的小吃,煎炒、熬炖、蒸煮、凉拌等食物无所不有。如鸡皮、腰肾、鸡碎、旋煎羊、白肠、鲊脯、

---

① 《刘宾客嘉话录》。

烧冻鱼头、獐儿、野狐、肚肺鳝鱼、辣脚子姜、辣萝卜、砂糖冰雪冷丸子、水晶皂儿、生腌水木瓜、梅子姜、辣瓜儿、香糖果子、杏片、荔枝膏、甘草冰雪凉水、越梅、金丝党梅、香橙元等等。冬天还有盘兔、旋炙猪皮肉、野鸭等。《枫窗小牍》中就记有北宋东京城内不少名牌食品。如：王楼的梅花包子、曹婆婆的肉饼、薛家的羊肉饭、梅家的鹅鸭菜品、曹家的从食点心、徐家的瓠羹、郑家的油饼、王家的乳酪、段家的爊炖食物、石逢巴子的南方风味等等。《东京梦华录》中还记有：孙好手的馒头、鹿家的包子、李和家的板栗、海州张家和皇建院前郑家的胡饼（即上述"郑家的油饼"）。特别是皇城西右掖门外西车子曲的"史家瓠羹、万家的馒头，在京第一"。

著名的餐馆有白厨和州桥之西安家巷的张秀家、保康门李庆家、东鸡儿巷的郭厨、郑皇后宅后的宋厨、曹门砖筒的李家，以及相国寺东边的骰子李家和黄胖家。宋代的开封、临安除了酒店、茶坊外，还有大量饮食店，颇具特色。如：

瓠羹店，门前札有山棚，往往挂着二三十块猪羊肉的大饭店。

南食店，专营江浙酸甜、广南鲜嫩风味。

川饭店，具有四川麻辣风味。

分茶店，规模不大，仅有几种下酒菜，有的仅供应面食而已。

荤素从食店，从食是指包子、馒头、春卷、糕饼、油炸、汤圆、粽子等点心。荤食点心如鱼肉馒头、鹅鸭包子、肉油饼等；素食点心如枣箍荷叶饼、镜面糕、菠菜果子馒头等。

还有专门的馄饨店、糖饼店、胡饼店、油饼店、粉食店等。

南宋临安西湖苏堤上有几家颇具特色的餐馆，如宋五嫂的鱼羹、李七儿的羊肉、宋小巴子的血肚羹等。宋五嫂的鱼羹其汤特别鲜美，声闻遐迩，连宋高宗赵构都慕名而来试试口味。

元代将蒙古族点心特色与汉族的点心相融合，增加了羊肉、乳、酪等原料，大大丰富了点心的花样。在元忽思慧的《饮膳正要》第一卷"聚珍异馔"中所列的94种食品的1/3是各种馒头、饼之类的点心食品。在《居家必用事类全集》卷十二庚集的"饮食类"中就记有湿面食品14种，干面食品12种，从食品（即点心类）12种，其他煎酥乳酪品5种。

到明清时期，又有不断发展，基本已与近世各种点心相近了。几乎各地都已有各自名牌特色的小吃和食品。如苏州的糕团、嘉兴的粽子、扬州的煮干丝等。

扬州城内名点有"松毛包子"、"糟窖馒头"、"淮饺"、"吴一山炒豆腐"、"双虹楼烧饼"、合欣园的"酥儿烧饼"、二梅轩的"灌肠包子(汤包)"、雨莲的"春饼"、文杏园的"稍麦"(即烧卖)、小方壶的"菜饺"等。面条有"大连、中碗、重二之分。冬用满汤,谓之'大连';夏用半汤,谓之'过桥'"。①

山东人注重面食,独创的面食点心有硬面馒头、高桩馒头、煎饼、酥饼等。

四川人善吃的小吃有麻辣牛肉、怪味鸡、漳菜鸭子、赖汤圆、担担面、八宝糯米饭等。

广东人因在岭南地区天气炎热,汗水消耗大,需及时补充水分,所以普遍爱吃粥,这里的粥店用老母鸡、排骨、干贝、腐竹、松花蛋等熬好一大锅底粥,称为味粥;然后随时把粥舀进小锅里,再用鱼、虾、蟹、田鸡、肉丸、虾丸、猪杂、牛肉、鸡、鸭等预先备好的粥料,再配以葱、姜、胡椒粉等调味作料,在小火上生滚成各种粥品,以飨食客。广州人善仿善创,受国内外中外游客影响,能做出数百款各色精致点心,特别是广州人的早茶点心,更是令人目不暇接。

淮扬小吃也很精致,如扬州菜食中的煮干丝、汤饺、烧卖、灌汤肉包、蟹黄汤包、笋肉菜包、黄桥烧饼、千层油糕、没骨鱼面、脆鳝面、浇头面、镇江水晶包等。

江浙菜系中的点心以糕团著称,各时令节气都有极负盛名的品种。如春节的年糕、金团、银团,正月十五的元宵,清明的青白汤团,立夏的乌饭糕,中元节的石花菜凉糕,重阳节的重阳花糕,真是应时应景,各有特色。即使平时街面上点心花式也频频不断,诸如凉糕、松子糕、茯苓糕、黄松糕、水晶糕、梳糕等,以及汤团、饭团等糕点也是十分诱人。

清代北京的小吃较为著名的有:杏仁茶、奶酪、小窝头、艾窝窝、萨其马、炒肝、北京饽饽、酸梅汤等。

近代上海商贸发展很快,其地方小吃称之为"点心",也得到很大发展。上海点心最初只有小圆子、小馄饨、米松糕等,花色并不太多。随着大量外地人不断涌入上海,各种不同风味的点心也随之在上海得到很大发

---

① 李斗:《扬州画舫录》。

展。最早进入上海的点心是苏州的糕团,最早经营者是南京东路的五芳斋糕团店,首先经营汤团、黄松糕、赤豆糕等四季糕团,自此"四季糕团"便成为上海人最喜欢的点心了,并为四时八节,每逢寿庆婚典必备之品。

其他颇具特色的点心尚有:南翔馒头、罗春阁的生煎馒头、小常州的排骨年糕、小绍兴的鸡粥、扬州的翡翠烧卖、汭阳汤包、黄桥烧饼、广东云吞、大笼糕、芋芳糕、伦教糕、宁波猪油汤团、嘉兴粽子、湖州粽子、天津狗不理包子、北方水饺等纷至沓来,另有面筋百叶、春卷、八宝饭和各色汤面:大卤面、小肉面、刀鱼面、炒面、烩面等等,五花八门,上海云集有上千种各色点心。

地方风味小吃的形成,在表现地域性特色方面,比地方特色的菜系更为强烈。这是因为小吃制作简便,造价低廉,用料又多为当地土特产,无须通过流通进行交流,而这些小食品更易被当地广大群众所接受喜爱。这些独具地方特色口味的地方小吃,即使传入他地,有的也难以为其他口味人们所接受,如北京的豆汁、绍兴的油炸臭豆腐、广东的蜜唧(即糖渍白鼠)等,别处人们难以接受其特殊风味。正是由于小吃具有很强的地域性,所以往往极易引起侨居他乡的游子思乡之情。一些外地人在外乡工作多年,只要一见到家乡的小吃,一闻到其诱人的风味,思乡之情油然而生。一个侨居国外的北京人,一旦闻到豆汁味,马上便勾起思乡之情。这就是风味小吃的特殊魅力。

四 城市酒楼文化

我国自古就是农业大国,在谷物生产有了富裕之后,便已产生酿酒。所以我国饮酒习俗有着悠久的历史。并渗透到人们生活中的各个方面,无酒不成礼,无酒不成席,无酒不成欢,无酒不成敬意。酒的功能不仅可以饮用,而且可作料用、工用、军用等,更能排除人们的忧郁,抒发豪情。雅人讲究吟诗行令,俗人则吆五喝六地划拳。酒在人们的日常生活中,已成为一种重要的交际手段,构成饮食文化中一个很重要的组成部分。

有人说酒是水的容貌和火的性格的组合体,酒能使人精神亢奋,血压升高,模糊现实压力,扩大心理效应,体验瞬间的成功,忘却暂时的失意,加深往事的追慕,憧憬虚无的前景。这对于大开大阖的市民生活,大起大落的市井命运,正是"一醉解千愁,三杯泯恩仇"的功用。这里我们不去细说酿酒技术的产生与发展,也不说酒的品种和质量,更不说饮酒器具和它的功能等,我们只是说说饮酒场所和环境。很早在市场上就有卖酒的了,在《鹖冠子·世兵》已记:"伊尹酒保,太公屠牛。"《广雅》解释:

> 保,使也,言为人佣力,保任而使之。

意即伊尹曾在酒店做过佣人,可见夏末商初,已有酒店卖酒了。以后人们常把酒店里的佣人称作"酒保",正是出自于此。

到商代时,已以酒代表礼,礼通过酒来表现,这是商代社会的一个十分明显的时代标志。在《诗经·小雅·伐木》中记载:"有酒湑我,无酒酤我。"可见,市上卖酒业已很普遍。到东周时,孔子在《论语·乡党》中甚至说:"沽酒市脯不食。"可见市上不仅有酒卖,而且有下酒的菜同时出售了。

春秋战国时,市上不仅卖酒,而且已有饮酒店铺。《史记·外储说右上》记:

> 宋人有酤酒者,斗概甚平,遇客甚谨,为酒甚美,悬帜甚高。

可见当时酤酒者,已有悬旗之习。《史记·刺客列传》记:

> 荆轲嗜酒,日与狗屠及高渐离饮于燕市。酒酣以往,高渐离击筑,荆轲和而歌于市中,相乐也。

两汉时,长安、洛阳市场内均有"酒市",如《汉书·游侠传》就记有:

> 酒市赵君都、贾子光,皆长安名豪。

当时一般小城镇也有酒肆,如司马相如与卓文君私奔,俱之临邛,尽卖车骑,买酒舍,乃文君当垆。相如身着犊鼻裤,与庸保杂作,涤器于市中。颜师古注曰:

卖酒之处累土为卢以居酒瓮，四边隆起，其一面高，形如锻卢，故名卢耳。

可见当时酒肆很普遍。

魏晋南北朝时期，城市中酒肆仍有很大发展，如北魏洛阳大市之西"有退酤、治觞二里，里内之人多酝酒为业"。① 当时的酒肆还有酒家、酒馆、酒垆等名称。《太平御览》卷845引《博物志》记："刘玄石曾于中山酒家酤酒，酒家与千日酒。"《世说新语》卷下《伤逝》中记：王浚冲曾乘车"经黄公酒垆下过"，说他曾与阮籍、嵇康"共酣饮于此垆"。

隋唐时期城市商业繁荣，城市人口大增，城市饮食业也日渐繁盛。在长安、洛阳、扬州、杭州、益州、汴州等大城市中，酒楼、餐馆、茶肆等星罗棋布。唐诗中留下诸多关于酒肆、酒楼的描写，如杜牧的著名诗句：

　　借问酒家何处有，牧童遥指杏花村。

韦应物的《酒肆行》记载：

　　豪家沽酒长安陌，一旦起楼高百尺。碧疏玲珑含春风，银题彩帜邀上客。

只是唐代以前，由于城市实行坊市制，城市饮食业基本只能在规定的市中进行。中唐以后，坊市制逐渐被打破，开始在民居的坊中有商业交易，于是坊中也开始有酒肆出现。如唐顺宗永贞元年（805年）：

　　客候见叔文、伾者，至宿其坊中饼肆、酒垆下，一人得千钱，乃容之。②
　　昔有中贵人，买酒于广化旗亭。③

---

① 《洛阳伽蓝记》卷四，《城西·法云寺》。
② 《资治通鉴》卷二三六，唐顺宗永贞元年。
③ 《太平广记》卷237，《同昌公主》引《杜阳编》。

广化旗亭即广化坊中酒肆,广化坊即朱雀街东第四街由北往南第三坊的兴安坊。城市周围乃至沿途的酒肆、熟肉店也很普遍。如:

> 唐汴州西有板桥店,店娃三娘子者,不知何从来,寡居,年三十余,无男女,亦无亲属,有舍数间,以鬻餐为业。①
> 长安自昭应县至都门,官道左右村店之民,当大路市酒,量钱多少饮之。②
> 东至宋汴,西至岐州,夹路列店肆,待客酒馔丰溢,以供商旅。③

以前酒肆佣人多为男子,称作酒保。魏晋时已有美女当垆,如《世说新语》卷下《伤逝》中记:

> (阮籍)邻家妇有美色,当垆酤酒。阮与王安丰常从妇饮酒,阮醉便眠其妇侧。

到唐代酒肆里雇用妙龄少女当垆卖酒更为普遍,唐诗中常记:"锦里多佳人,当垆自沽酒";"垆边人似月,皓腕凝雪霜",以此来招徕酒客。同时又出现雇用胡姬陪侍,如杨巨源的《胡姬词》描述:

> 妍艳照江头,春风好留客。当垆知妾惯,送酒为郎羞。

贺朝的《赠酒店胡姬》也云:

> 胡姬春酒店,弦管夜锵锵。

当时酒肆中由胡姬伴胡乐、胡舞,别有一番异域情调,吸引大批酒客。唐代文人墨客喜欢光顾"胡店",店里有美丽热情的"胡姬"款待。

---

① 《太平广记》卷286引《河东记》。
② (五代)王仁裕:《开元天宝遗事》卷下。
③ 《通典·食货典七》。

李白诗称：

> 落花踏尽游何处，笑入胡姬酒肆中。

白居易的《胡旋女》诗中描述更为生动：

> 胡旋女，胡旋女，心应弦，手应鼓；
> 弦鼓一声双袖举，回雪飘飘转蓬舞。
> 左旋右转不知疲，千匝万周无已时；
> 人间物类无可比，奔车轮缓旋风迟。

唐代城市酒肆中佐酒妓女之多，往往在酒徒醉后，由多名妓女将其围在中间，以体温来抵御酒徒发冷呕吐。这在陈师道的《谢赵使君送乌薪》诗中记有："使君传教赐薪炭，妓围那解思寒谷。"即此意。当时酒肆中的妓女，为了侍奉酒徒，往往学得一些技艺，或拍案击节，或吹拉弹唱，或借酒歌舞，或袒胸露臂，猜拳行令，或拔剑弄刀，走骑打球。其中也不凡有文采的诗妓，与文人对诗，使酒肆生意更加红火。

到宋代，城市结构发生根本性变化，沿街可以设市，所以街市上酒楼林立。仅就《东京梦华录》中所记：

> 过桥即投西大街，谓之曲院街。街南遇仙正店，前有楼子后有台，都人谓之台上，此一店是酒店上户。
>
> 凡京师酒店门首，皆缚彩楼欢门。唯任店入其门，一直主廊约百余步，南北天井两廊皆小阁子，向晚灯烛荧煌，上下相照。浓桩妓女数百，聚于主廊檐面上，以待酒客呼唤，望之若神仙。
>
> 白樊楼，后改为丰乐楼，宣和间更修三层相高，五楼相向，各用飞桥栏槛，明暗相通，珠帘绣额，灯烛晃耀。

以上仅举遇仙正店、任店和樊楼三家，其他尚有宋门外仁和店、太庙街高阳正店、龙津桥西清风楼、州桥北八仙楼、州桥西宜城楼、班楼，潘楼街的潘楼及姜店、张四店、刘楼、蛮王家……

> 在京正店七十二户，此外不能遍数。

所谓"正店"是指大酒店，这是因为当时实行酒的专卖，酒曲制作权由官府垄断，官府将酒曲定量卖给一些大的酒店，他们获得了酿酒权，故称正店。而其他没有酿酒权的酒店就叫作脚店，他们卖的酒是由正店供应的。

上述的任店楼上楼下都有小阁子，《投辖录》记：

> 都城楼上酒客坐所，各有小室，谓之小阁子。

一到傍晚，主廊檐下聚集数以百计的妓女，等候酒客召唤。一般酒客就在楼下厅院饮酒，这里称作"门床马道"。有钱的上楼，美其名为"登山"，可登一山、二山、三山。凡上山者大多不喝闷酒，往往召唤陪酒女助兴。服务人员先把女郎名牌送上，任酒客点名，名之曰"点花牌"。有的酒店将女郎们排列在周围，任酒客挑选。大酒店中的陪酒女郎，一般只陪酒，有的高档酒楼的陪酒女有弹唱技艺，使酒客的酒兴更浓。酒后如余兴仍浓，则可跟随妓女去永巷幽曲作欢。

南宋都城临安酒楼更多，《梦粱录》卷十六《酒肆》部分中记载：

> 中瓦子前武林园，向是三元楼康、沈家在此开沽，店门首彩画欢门，设绛绿杈子，绯绿帘幕，贴金红纱栀子灯，装饰厅院廊庑，花木森茂，酒座潇洒。

除此以外，著名酒楼还有：南瓦子的熙春楼、新街巷口花月楼、融和坊嘉庆楼、聚景楼，金波桥风月楼、灵淑巷口赏新楼、坝头西市坊双凤楼等。

> 如酒肆门首，排设杈子及红栀子灯等，盖因五代时郭高祖游幸汴京，茶楼酒肆俱如此装饰，故至今店家仿效成俗也。

当时经营这些大酒楼门面食品销售，即接待顾客的餐厅，当时叫"厅院"，包括雅座小阁子和"门床马道"。在餐厅卖佐酒食品的厨子叫

"行菜"、"过卖",或加称"博士"美号,如"茶饭量酒博士"。小伙计通称"大伯"。他们必须熟悉经营的食品名称和价格。店内常有一些外来服务者,如有腰系青花布手巾,头绾高髻的街坊妇人,为酒客换汤斟酒,俗名为"焌糟";有普通百姓入酒肆见阔少饮酒,近前小心侍候,为酒客购买物品、召唤妓女、取送钱物之类闲事,名为"闲汉";此外还有专为酒客斟酒唱歌,或献果子香药之类,客走时给点小费的,谓之"厮波";另有下等妓女不呼自来,主动为酒客筵前献歌,临时赠些小钱物打发即走者,称为"礼客",亦谓之"打酒座";再有就是一些小贩,进店卖些香药、果品、萝卜之类,不问酒客买与不买,将所卖之物散于坐客,然后得钱的,称作"撒暂"。店内嘈杂热闹非凡,处处如此;但也有一些酒家,不放这些闲杂人员入店,也不卖下酒食品,只卖一色好酒,供以淹藏菜蔬。大多酒店除卖酒外,多有茶饭供应,有各色精美菜肴,或有外来托卖炙鸡、酒蟹等熟制品;有时还有着白虔布衫、系青花手巾的小伙计,挟白磁缸子,专卖辣菜;又有托小盘子卖炒栗子、炒银杏等干果和各色时令鲜果品的,真是五花八门,应有尽有,服务周到。后面是食品加工部,即厨房、灶房,当时叫"局内"。大师傅称为"铛头"、"着案",他们清洗、砍切、配料制作、煎炒蒸熬,制作出各种美味佳肴。

《东京梦华录》中还记载,每有客人入座,当时服务极为周到:

> 人人索唤不同,行菜得之,近局次立,从头唱念,报与局内。当局者谓之铛头,又曰着案讫。须臾,行菜者左手杈三碗,右臂自手至肩,驮叠约二十碗,散下尽合各人呼索,不容差错。一有差错,坐客白之主人,必加叱骂,或罚工钱,甚者逐之。

明代酒楼更为繁荣,著名酒楼一般不再悬挂酒幌子,而改挂名人题字匾额。门口设有专人迎送,楼内不仅有歌妓舞女,而且还提供诗牌、笔、墨等,供茶客即兴赋诗作画。也有一些小酒肆仍悬挂酒旗为标志,招徕一般顾客。这些酒楼同时还是人们社交的重要场所,在此接洽生意、商谈要事、说媒作亲等等。

清代酒楼又有新的发展,仅以《儒林外史》第24回中所描述乾隆年间南京酒楼景象为例:

大街小巷合共起来，大小酒楼有六七百座，茶社有一千余处……到晚来，两边酒楼上明角灯，每条街上足有千盏，照耀如同白日。

又记杭州：

那些卖酒的青帘高扬，卖茶的红炭满炉，仕女游人，络绎不绝，真不数"三十六家花酒店，七十二座管弦楼"……湖沿上接连着几个酒店，挂着透肥的羊肉，柜台上盘子里盛着滚热的蹄子、海参、糟鸭、鲜鱼，锅里煮着馄饨，蒸笼上蒸着极大的馒头。

到近代，各地餐馆林立，几乎每个城市都有许多著名餐馆。如：上海的功德林、鸿运楼、新雅粤菜馆、燕云楼等；北京的全聚德烤鸭店、东来顺饭庄、仿膳饭庄、丰泽园饭庄、同和居饭庄等；广州的广州酒家、蛇餐馆、泮溪酒家等。

同时又有西式餐馆出现，北京在光绪、宣统之际，即有醉琼林、裕珍园、得利面包房等三十余家西式食品店，天津、上海、广州、汉口等城也有类似情况。辛亥革命后，在一些大中城市，吃西餐成为一种时髦，这种风气由城市转向农村，由沿海转向内地，甚至连一些边远县城也开始流行西餐。如北京：

向日请客，大都同丰堂、会贤堂，皆中式菜馆。今则必六国饭店、德昌饭店、长安饭店，皆西式大餐矣。①

在上海：

遇有佳客，尤非大菜花酒，不足以示诚敬。②

上海自开埠以后，随西方洋人来沪，西菜馆日益增多。民国时，据《上海市场大观》所记：

---

① 胡朴安：《中华全国风俗志》下编。
② 《申报》1912年8月9日。

西菜馆从前称西番菜馆，一名大菜馆，清末民初就有一江春、一枝春、一家春、一品春、大观楼等十余家，现在陆续开设的又有数十家，所卖的均是英美式的西菜，也有几家俄式的西菜等。

到40年代已发展有上千家西菜馆遍布全市，仅南京路一带就有汇中饭店、吉美饭店、德大西菜社（德式）、马尔斯、沙利文、冠生园、东亚又一楼、国际饭店、喜来临等数十家。在淮海中路外商聚居区，较著名的西菜馆有复兴西菜社、红房子西菜社（法式）、天鹅西菜社（意式）等。他们都各具特色。

五 城市茶馆文化

我国是茶叶的故乡，从野生到人工种植，历史悠久。顾炎武指出：

> 自秦人取蜀而后，始有茗饮之事。[1]

从汉魏以后，饮茶习俗逐渐普及民间。并开始出现在市场上有售茶的摊商，如西晋时傅咸的《司隶教》中已讲当年洛阳南市有卖"茶粥"的小贩了。[2] 以后在东晋，

> 晋元帝时，有老姥每旦擎一器茗，往市鬻之，市人竞买。自旦至夕，其器不减。[3]

这种茶摊可能就是我国饮茶商业化的雏形。

人们饮茶大概经历药用、蔬食、渴饮三个阶段，而后再分化出品茶等艺术。秦汉时期茶主要还在药用阶段。三国以后，渐为蔬食了。如三国张揖所著《广雅》称饮茶为"煮茗"；西晋时，傅咸在《司隶教》中称为

---

[1] 顾炎武：《日知录》卷七《茶》。
[2] 《北堂书钞》卷144引。
[3] 《太平御览》卷867引《广陵耆老传》。

"茶粥",当时人们将茶作蔬菜煮吃,煮时加米、油、盐等,有的还加入姜、葱、椒、桂、红枣、橘皮、茱萸、薄荷等作料调味。三国魏晋时,像王濛以茶敬客,王肃渴饮茗汁,都已以茶解渴的渴饮了。

魏晋南北朝时期南方饮茶,北方饮酪浆。南朝时,南方开始出现供客人喝茶、住宿的"茶寮",这可能是我国茶馆的最初形式。黄河流域直到隋统一后,隋文帝杨坚嗜茶,于是才渐为人们接受。到唐代方"王公朝士,无不饮者";"穷日尽夜,殆成风俗"。真正的茶馆见于正式文献的记载,应是唐代封演的《封氏闻见记》卷六《饮茶》中所记:

> 自邹、齐、沧、棣,渐至京邑城市,多开店铺,煎茶卖之,不问道俗,投钱取饮。其茶自江淮而来,舟车相继,所在山积,色额甚多。

当时有个叫韦浦的人,"俄而憩于茶肆"。[①] 在文宗太和九年(835年),宦官仇士良发动兵变,宰相王涯等人从宫中"苍惶步出,至永昌里茶肆,为禁兵所擒"。[②] 可见唐代,各地城市中茶坊已很普遍,最早称作"茗铺",以后茶坊又称茶肆、茶屋、茶铺、茶摊、茶馆等,开元以后,不但京城有茶肆,而且在北方许多城市都有卖茶的茶铺了,只要投钱即可自取随饮。从此,饮茶之习遍布黄河流域,大凡在交通沿线,几乎随处可见茶摊、茶铺。

到宋代随着商品经济的进一步发展,城市中的茶馆也得到了空前的繁荣。仅就《东京梦华录》中记载,北宋东京开封府城内闹市区,茶坊鳞次栉比。如市中心的皇宫的朱雀门外街巷的东西两侧:"余皆居民,或茶坊,街心市井,至夜尤盛"。在潘楼东街巷,"又东十字大街,曰从行裹角茶坊",每天五更即行鬼市,热闹非凡;"又投东则旧曹门街,北山子茶坊,内有仙洞仙桥,仕女往往夜游吃茶于彼"。此外在马行街北,新封丘门大街两旁:"至门约十里余,其余坊巷院落……各有茶坊酒店,勾肆饮食,市井经纪之家";"至三更,方有提瓶卖茶者,盖都人公私荣干,夜深方归也"。从而形成城内市民的一种风俗:"更有提茶瓶之人,每日

[①] 《太平广记》卷341引《河东记》。
[②] 《旧唐书·王涯传》。

邻里，互相支茶，相问动静。"

南宋都城临安城内已有一些高雅茶坊，如黄尖嘴蹴球茶坊、王妈妈茶肆、大街车儿茶肆、蒋捡阅茶肆等，都是富家子弟、士大夫等期朋约友会聚之处；他们不仅喝茶，还在此学习乐器、教唱歌曲，叫作"挂牌儿"。据《梦粱录·茶肆》所记：这些茶坊中：

> 插四时花，挂名人画，装点门面。四时卖奇茶异汤，冬月添卖七宝擂茶、馓子、葱茶，或卖盐豉汤，暑天添卖雪泡梅花酒，或缩脾饮暑药之属。向绍兴年间，卖梅花酒之肆，以鼓乐吹《梅花引》曲破卖之。

而一些低档茶坊成为下层贫民、商贩工匠、卖伎人会聚之地。

> 又有茶肆专是五奴打聚处，亦有诸行借工卖伎人会聚行老，谓之"市头"。大街有三五家茶肆，楼上专安著妓女，名曰"花茶坊"。如市西坊南潘节干、俞七娘茶坊，保佑坊北朱骷髅茶坊，太平坊郭四郎茶坊，太平坊北首张七相干茶坊，盖此五处多有吵闹，非君子驻足之地也。

另外，每到夜晚：

> 夜市于大街有车担设浮铺，点茶汤以便游观之人。

有趣的是，夜市上："在五间楼前大街坐铺中瓦前，有带三朵花点茶婆婆，敲响盏，掇头儿拍板，大街游人看了，无不哂笑。""至三更后，方有提瓶卖茶。"城内"巷陌街坊，自有提茶瓶沿门点茶，或朔望日，如遇吉凶二事，点送邻里茶水，倩其往来传语。又有一等街司衙兵百司人，以茶水点送门面铺席，乞觅钱物，谓之'龊茶'"。京城茶肆"甚潇洒清洁"。[①]

---

① 《宋人小说类编》卷四之九《茶肆高风》。

所以，上自官府，下至闾里，"莫之或废"。[①] 成为人们消闲、娱乐、聚会、交换信息的场所。

明代饮茶讲究安谧幽静的环境，文震亨在《长物志》卷一记：

> 构一斗室，相傍山斋，内设茶具，教一童专主茶役，以供长日清谈、寒宵兀坐，幽人首务，不可少废者。

不仅如此，明代还出现焚香伴茶和美人伴茶之习，一般将茶肆称作茶馆。在张岱的《陶庵梦忆》中记：

> 崇祯癸酉，有好事者开茶馆。泉实玉带，茶实兰雪；汤以旋煮，无老汤；器以时涤，无秽器。其火候、汤候亦时有天合之者。余喜之，名其馆曰"露兄"。

到清代茶馆、茶楼之兴，遍布全国各地大小城镇，而且各地形成一套颇具地方特色的茶馆，这在徐珂《清稗类钞·饮食类·茶肆品茶》中有全面介绍：

> 京师茶馆，列长案，茶叶与水之资，须分计之。有提壶以往者，可自备茶叶，出钱买水而已。汉人少涉足，八旗人士虽官至三四品，亦厕身其间，并提鸟笼，曳长裾，就广坐，作茗憩，与圉人走卒杂坐谈话，不以为忤也。然亦绝无权要中人之踪迹。

北京茶馆享有盛誉，高档茶馆厅堂华丽，陈设讲究，并备有糖果、饭点。著名的就有前门外的天全轩、裕顺轩、高明远、东鸿泰，前门内东交民巷的东海升，崇文门内的长义轩、五合轩、广泰轩、广汇轩、天宝轩，崇文门外的永顺轩，东安门大街的汇丰轩，北新桥的天寿轩，安定门里的广和轩，地安门外的天汇轩，宣武门外的三义轩，宣武门里的龙海轩、海丰轩、兴隆轩，阜成门内的天福轩、天德轩，西直门内的新泰轩等等。茶楼多有剧场性质，内设戏台，周围环廊为观众席，著名的有前门外宾宴楼

[①] 《南窗纪谈》。

的缘香园，青云阁的玉壶春，第一楼的碧岩轩、畅怀春，集云楼的雅园，劝业场的蓬莱春、玉楼春，东安市场的东安楼，地安门外的集贤楼等。到民国中后期，大茶馆和茶楼渐趋衰落，代之而起的是各种小型茶馆，其中包括清茶馆、书茶馆、棋茶馆和季节性的茶棚。

清茶馆：专卖茶水，简单朴素，清洁卫生。平时在茶馆门口高搭大棚，冬天多在室内。每天清晨天明开业，顾客多是悠闲老人及城市贫民等，也有文人墨客，书手画家等，主要来此休闲消遣。到下午又有走街串巷的小商小贩等来此休息，互通信息，甚至有的来此找关系、物色对象搞经营活动。

书茶馆：这里设有书场，茶馆里多请艺人说书演唱，什么京韵大鼓、梅花大鼓、唐山大鼓、北板大鼓及各种戏剧梆子等名目繁多，并有小贩送上各种点心另食，茶客边喝茶、边吃另食、边听书或欣赏曲艺等。这类茶馆一般设备较为讲究，往往成为书场、剧院的代名词。如吉祥茶园、广和茶楼、查和茶楼、天乐茶园等，以后有的直接改称"戏园"、"戏馆"了，这充分体现了北京茶馆的文化功能。

棋茶馆：这种比较简单，来此饮茶，免费提供棋具，一般劳苦大众和无业者到此弈棋消遣。有的发展成赌场，成为赌茶馆了。

季节性茶棚：或称野茶馆，一般多在庙会上或郊外城镇所设，京城最著名的是什刹海茶棚，自立夏至秋分，在沿湖北岸搭上一排茶棚长廊，茶水往往是凉的，游客到此随坐随息，只为止渴，并无消遣之意。

说到茶馆，全国应以四川最为发达，这里饮茶有着悠久历史，大小城镇都有茶馆，尤其在重庆、成都等大城市中，几乎每条街巷都有茶馆。当地谚语道：

　　四川茶馆甲天下，成都茶馆甲四川。
　　头上晴天少，眼前茶馆多。

而且其社会功能齐全，有"小社会"之称，这里海阔天空，古今中外无所不谈，当地人称为"摆龙门阵"，可以从中获取大量新闻和信息。这里商人在此谈生意，简直成了"经济交易所"；遇到民事纠纷，往往到茶馆来讲理评议，甚至公断，于是有人称之为"民间法院"；这里还是旧社会"袍哥"谈公事场所，发挥"民间会社联谊站"的作用；更多的是文化交流场所，常有川剧座唱和扬琴弹唱，艺人不化妆，只是以清唱形式表演，颇受茶客欢迎；尽管茶馆里热闹非凡，但吸引很多文人来此寻求灵感，作家在此创作，学生在此复习功课，教师能备课，有的文人甚至在此赋诗作画，无所不有。四川的茶馆几乎集经济、政治、文化、社会各种功能为一体，成为综合社会的缩影。

下面我们再看看经济发达的江浙地区茶馆：

上海茶馆约始于咸丰、同治年间，最早以南京路上的一洞天和洋泾浜边的丽水楼最著名，开始有的茶客可在内吸鸦片。以后在福州路上有青莲阁；光绪二年（1876年）广东人在广东路的棋盘街北开设同芳茶居，兼卖茶食糖果，早晨有鱼生粥，晌午有蒸熟粉面、各色点心，夜则有莲子羹、杏仁酪。每日下午以后，妓女联袂而至。后又有三盛楼的东洋茶社，当炉煮茗者为妙龄女郎，取资银币一二角。不久，在公共租界、法租界，也都兴起。至清末民初，又发展一批茶楼，如福州路上的一层楼、万华楼、升平楼、莆华楼、乐心楼等；南京路上有五云日升楼，老城区城隍庙的豫园附近有湖心亭、松风阁、推鹤亭、船舫厅、春风得意楼等。而今仅有湖心亭尚留存，它屹立于豫园门前的池中，九曲长桥横贯其间，风光旖旎，情趣盎然。上海的茶馆最大特色是其商业性，往往是商家出没之处，他们在此谈交易，也有人在此推销各类商品。同时，这里还是警方刺探情报的特殊场所。当然对普通平民来说，它主要有游艺娱乐作用，往往有艺人在此说书或唱评弹。有的成为贫民少女卖笑处，如位于妓院云集的福州路上的青莲阁：

青莲阁茶肆，每值日晡，则茶客麕集，座为之满，路为之塞。非品茗也，品雉也。雉为流妓之称，俗呼曰野鸡。四方过客，争至此，以得观野鸡为快。①

苏州的一般妇女也都喜好坐茶馆：

苏州妇女好入茶肆饮茶。同、光间，谭叙初中丞为苏藩司时，禁

---

① 徐珂：《清稗类钞·饮食类·茶肆品茶》。

民家婢及女仆饮茶肆。然相沿已久,不能禁。①

至于南京、镇江、扬州等茶馆中饮茶都馔以小吃。如:南京茶馆多集中在秦淮河两岸,各据一河之胜,日色亭午,座客常满。或凭栏而观水,或促膝以品泉。间或佐以酱干、瓜子、小果碟、酥烧饼、春卷、水晶糕、花猪肉、烧卖、饺儿、糖馒头等。镇江人啜茶也喜欢馔以盐渍猪豚;而扬州人喜品茶,啜茶时,例有干丝以佐饮,亦可充饥。干丝是将豆腐干切成细丝,加虾米煮之,调以酱油、麻油。有的还用一些著名小吃,如蟹黄汤包、荠菜包、野菜包、翡翠烧卖等。边饮边吃,自得其乐。

江南地区闲散的茶客,往往有泡茶馆之习俗,他们戏称:"上午皮包水,下午水包皮",其意是上午在茶馆喝了一肚子水,下午转到浴池里泡着,全身为水所包。

杭州茶馆的文化氛围相对要强一些,这里产有龙井名茶,讲究名茶配名水,虎跑是天下名泉,所以游西湖,逛灵隐的游客,都还要上茶室品尝虎跑的泉水泡龙井名茶,使之不失真味。其次是杭州西湖山水环境优美,茶室周围每每都伴以竹林松风,使茶客品茶过程中,将名水名茶与优雅的山水、竹石、云雾、花木等融为一体。再有就是杭州茶室室内布置也十分典雅而古朴,书画诗文,无所不有,甚至香烟袅袅,泉水淙淙,塔铃叮当,古刹钟声,颇有进入佛道净室之感。全城茶室虽不及成都之多,但著名茶馆也满城皆是,在清末民初,西湖东岸有三雅园、藕香园两大茶园,城内有四海楼、连升阁等茶楼,城站有迎宾楼、南星桥有碧霞轩、拱宸桥有醒狮台、湖墅有补经楼、井亭桥畔有七星天等各色茶楼。甚至一些街巷中有专业茶馆,如万安桥下的水果行茶店,堂子巷和城头巷有木匠茶店等。

南方广州的茶馆文化更有一番情趣和特色。当你去广州朋友家做客,他们往往要请你去"吃早茶"。原来广州人称茶馆为茶楼,而广州的茶楼是茶中有饭,饭中有茶。他们请你吃早茶,实际是请你去吃饭。早先广州的茶馆也很简陋,只是设在路边,用广东石湾制造的绿釉茶壶泡茶,同时供应一些大众化的芽菜粉、松糕、大包等食品,茶价只收二厘钱,所以广州人称之为"二厘馆"。一般劳苦大众,早上出工前都到"二厘馆"泡壶茶,吃点简单早点,从而逐步形成了广州人吃早茶的习俗。

---

① 徐珂:《清稗类钞·饮食类·茶肆品茶》。

到清代中叶，在今十三行街出现第一座现代化茶楼——三元楼，因是三层建筑，于是人们便将去高档茶楼称作"上高楼"。此后陆续建起怡香楼、福如楼、陶陶居、天然居、陆羽居、惠如楼、三如楼、多如楼等，因有的茶楼称居，故广州人又称茶楼为"茶居"。广州人吃早茶主要是一种身心调节，因为他们工作艰辛，生活节奏较快，每天上班前到茶楼清静的环境中泡上一壶好茶，用上两份点心，即常说的"一盅两件"，花钱不多，与朋友畅所欲言，心情放松，乐在其中。正如昔日的妙奇香茶楼的一副对联所云，道出了茶客的真实心理：

为名忙，为利忙，忙里偷闲，饮杯茶去；
劳心苦，劳力苦，苦中寻乐，拿壶酒来。

广州的早茶越吃越兴旺，现在除了早茶，又有午茶、晚茶。而茶点也越做越精，花样不断翻新，五花八门，应有尽有。广州人为了自在和潇洒，宁可多花点钱上"高楼馆叹茶"，也不愿在家忙得团团转。现在每天早上有几十万人吃早茶，有一半的家庭到茶楼买早点食用。

当然，广州茶民注意文化效应，过去也有在茶楼边饮茶边听曲艺的习惯，如南音说唱和广东音乐等，旋律委婉优雅，有浓郁的南国风味。近年发展成音乐茶座，有的成为"美食卡拉OK"，配以现代化音响设备或镭射唱碟等，使昔日的茶馆文化逐步现代化，颇受现代年轻人的喜爱，这也是传统茶馆文化在新形势下的新形式和新发展。

至于茶馆的文化和社会功能，早已超越饮茶生津止渴的本义，大致可归纳有以下几点：

第一，是利于怡神赋闲。清茶一杯，品位自高。坐坐茶馆便成为现世情趣的一种体验方式，闲人们也就有了消闲的去处。即使工匠、脚夫、服务人员之类的苦力者，在工作之余也会去泡一会儿茶馆，使他们的性情得到调节，苦难多磨的人生可以在这里获得稍时的廉价喘息；商号老板、赋闲宿老、帮会头目、破落弟子，也都可以到茶馆打发时间。茶馆便有了许多常客，有了经营的稳定基础。

第二，茶馆是抒发言辞的地方。茶客都是五花八门的闲客，他们接触广泛，知晓甚多，市井中人又无固定的关系，没有人可聊时，他们就觉得"无聊"。"找个人聊聊"常常是人在"无聊"时的通常想法，这就可以上茶坊坐坐。这种聊聊其实没有任何对象要求，他们只要求"有人听"或"听人说"，以解无聊。他们在饮茶的同时，相互高谈阔论，说今道古，发布大道新闻或传播小道消息，或添油加醋，或长吁短叹，发泄性情，表现能耐，诸此直抒胸襟又不负责任，吐出胸中浊气，顿觉"没有白活"，他们所言无关痛痒、无损利益。

第三，茶馆除了饮茶外，往往还有多种娱乐，有戏曲、曲艺等流浪的江湖艺人到茶馆卖艺，有的茶馆还请一些稍有名气的票友来助兴。正如《武林旧事》中所记，在各茶坊中，"各有差等，莫不靓妆迎门，争妍卖笑，朝歌暮弦，摇荡心目"。有的茶馆上午卖茶，下午及晚上则请艺员挂牌，说唱评弹、鼓词。茶客以听为主，兼喝茶水，茶馆在增加茶水收入外还可有场租拆账。同时茶馆还备有小点心供茶客自选。

第四，茶馆又是市场信息交流场所。有的地方各业客商均有相应的茶馆作为交流和交易之所。如在成都，皮革业在魏家祠茶社，中药业在椒子街天合茶园，干菜杂货业在北门大安茶社，茶叶业在东大街华华茶厅。在南通，因正当水陆要冲，茶客多船主、货主、商贩，各行业往往以茶馆为交易之所。在一些茶馆中，也有一些一时找不到生意待雇的匠人，也会带上工具，到茶馆来边听戏曲，边候雇主，专门揽活的经纪人也会到茶馆来"看货论价"。

第五，茶馆又是各种玩物的传播处。喜欢珍宝古玩的茶客，会将玉器小件、内画烟壶、残本册页、半方绢帕、一叶扇面，带至茶馆，会几个半懂不懂之徒，围一圈好事生非之人，或评真伪，或争品色，或论得失，真真假假，是是非非当中，有心者有得，无意者解闷。喜雀爱鸟的茶客，会提着鸟笼来喝茶，雀鸣莺啭，群鸟争鸣，别有一番情趣。喜鸽的茶客，会在茶馆老板的怂恿下来办鸽会，调换品种、交流技艺、低进高出、各得其所，此又一番情趣。旧时茶馆又常是小赌场，三五成群，七八一簇，斗雀、玩蟋蟀、博彩、赌天九，或屏息静观，或大惊小怪，杂以捧角喝彩，争风吃醋，好不热闹。

第六，茶馆有时还作为承担纠纷调定的场所。旧时四川有"吃讲茶"的习俗，即在茶馆里调解人事。纠纷双方共请几位有威望的长者，一人一碗茶入座，先由纠葛双方平心静气地各述原委理由，再由长者调解评判，最后由输的一方付茶钱。这在旧上海也常有，甚至调解黑道纠纷，还有做黑道生意的，充当抄卖金银、兑换美钞、贩卖人口等。

我国各地的茶文化极为丰富，层说不穷，各有特色，美不胜收，令人陶醉，供人享受。只是近年来随着人们生活节奏的加快，城市中上班族无暇光顾茶馆、茶社，年轻人多喜喝各种饮料，对传统的茶馆文化没有兴趣；而对于一般有空闲时间的老年人或下岗同志来说，由于经济上捉襟见肘，难以启步入门，只能在家自饮自乐，毫无丝毫茶馆气氛。所以近年虽然在不少城市中有意识地恢复了一些茶馆，诸如北京前门的"老舍茶馆"等，但已非一般工薪阶层所能常年享用之地。从而，我国传统的城市茶馆文化正在日渐萧条，难以与新中国成立前城市中的茶馆相提并论。旧社会的茶馆气氛是在特殊环境下形成的，在新社会新世纪中我们期盼在传统的茶馆文化基础上会发展出新型的茶馆气氛，人们可以到此品尝茶茗的同时，进行必要的娱乐活动或得到需要的信息。但这恐怕已为现代的"咖啡网吧"捷足先登所代替了。

第四章

城市服饰文化

服饰文化是一种综合的多功能的文化现象，它既有实用性，又有审美性；它既是生存手段，又是美的生活表现；既是社会标志，又具有道德功能。也就是说，它作为一种文化，既具有物质性，又具有精神性，故在所有文化现象中颇有它的特殊性。

服饰是人类文明的窗口，是时代和历史的印证，是物化了的观念。服饰常被用来区分等级、职业、民族、年龄和性别。服装作为大众流行文化，最能显示一个时代一个特定的政治环境、经济秩序和文化取向，显示一个时期一个民族的国运兴衰与社会风尚。它有强烈的时代感，它是时代的橱窗。每到一地只要先看看当地人们的穿着打扮，就可以大致了解此地的风俗民情及社会状况等。从这一点讲，服装是时代风貌的一个展览橱窗。

服饰流行多起始于城市，尤其是帝王贵族的影响最大，上行下效几乎能改变一代风尚。如春秋初，由于齐桓公好服紫，则一国尽服紫；以至五素不得一紫，紫甚贵。后齐桓公带头恶紫，很快百姓不再服紫。[①] 又如汉代谚语：

> 城中好高髻，四方高一尺；城中好广眉，四方且半额；城中好大袖，四方全匹帛。[②]

可见世风受城市影响之大。在今天也同样如此，新中国成立后提倡中山装和列宁装，很快脱去旧社会的袍衫；"文化大革命"中风行军装，一时以此为时髦；而大多数人都穿蓝、黑、灰等色彩单调的中山装、建设

---

① 《韩非子·外储说左上》。
② 《后汉书·马援传》。

服，一条红围巾，一双红拖鞋甚至都会遭到非议。改革开放以来，蓝、灰色中山装已被认作"古董"了。时下大小干部在正经场合，西装革履已很普遍，平民百姓日常流行的则是夹克衫、T恤衫、牛仔服等，妇女们更是色彩斑斓，款式新颖，不断翻新。这充分显示出城市服饰文化的巨大影响力。

历来领导时装潮流的多为青楼女子，她们为了歌舞伎艺，招摇过市的需要，其服饰必然要加以修饰和新奇华丽。一般最为领先和最趋于翻新时髦的式样，新式服饰大多来自她们。今天则受国外影响，多由时装模特儿的表演而传播，其变化得如此迅速，又如此地没有逻辑，变幻莫测，以至于最精明的预言家都难以预测明日的大众流行款式。

但就其本质而言，万变不离其宗，服装体系从诞生至今，实际上并没有太大的差异。在所有文化现象中，又很少有像服装体系这样呈现出始终如一的千年一体的状况。相比之下，中国的传统服装比欧洲民族更加具备继承多于变异的特点。从服装的形制来看，自周代以来，大体已奠定基础，如上衣下裳的设制，以后发展起来的上下连体的深衣、袍衫，作为官服之用的冕服及裘袍、靴袜等，在当时均已形成。古代常见的交领右衽形式（即"大襟衣服"），直到明清时代仍有大部分人穿这种衣服。这是因为我国长期在儒家文化影响下，以朴素端庄为美，保持俭朴作风，中华民族养成以素淡雅致为美的审美观念，服饰上偏于含蓄和严谨，有着保守性的典雅和封闭式的庄重。

一　唐代以前城市服饰的定型

我国服装一般通称为"衣裳"，其来历在三千多年前的商周时代，就已基本定型：上身为衣，下体为裳，故后世合称为"衣裳"。

商代服饰从安阳殷墟遗址出土的人形实物中可以看出，当时已头戴巾帽，上衣交领右衽，下着裳，腰围带，下系韡。这种交领右衽服饰，一直沿传至近代。

周代开始建立一套完整严格的礼仪制度，上自天子、卿士、大夫，下至庶民百姓的服饰各有等别，不得僭越。周代的主要服饰为玄衣缥裳，玄为黑色，缥为绛色。可见商周时服饰基本是上衣下裳，当时的裳类似后来的围裙，其内需穿无裆裤。为了遮挡下身隐私部分，所以采用"曲裾"形式，将衣襟接长，绕至身后，用带系结。

周代始创深衣，一直流行到东汉，至魏晋以后才逐渐不再流行。《礼记·玉藻》载："朝玄端，夕深衣。"其意是朝之礼齐备，夕之礼简便，故早朝用玄端，夕朝用深衣。冕服和玄端服都是上下衣裳分别不相连属，深衣是衣与裳相连在一起的。周代及其以前的衣服，以玄端与深衣两种服饰用途最广，自天子至于士，皆可服用。玄端，是取其端正之意，因衣袂、衣长皆用正幅不削，都是二尺二寸，又因其色用玄色，故名玄端。深衣为上衣下裳缝合连属，通体一式。制作深衣多为麻布，上下分裁，然后在腰部缝合成为一个整体，亦为右衽，衣袖长可运肘，衣长不及地。由于裁剪方便，式样新颖，以衽包拥，遮蔽全身，穿着舒服，给人以含蓄、宽大、深邃而又节制的感觉，故名深衣。到春秋战国时逐渐流行开来。

深衣用途最广，周代妇女服装也多以深衣或曲裾绕梁的深衣为时尚。这种服装通身紧窄，长可曳地，下摆一般呈喇叭状，正所谓行不露足，衣袖宽窄都有，袖口小而镶边，两手相交时衣袖自然下垂，与宽大的下摆形成倒"T"形，成为汉代以前社会上最为盛行的一种服式。深衣即衣裳相连衣式，对后代服饰影响最深，后世的袍服、长衫、禅衣等通体服装，均沿于深衣形制。元代的质孙服，明代的裨褶，甚至现代连衣裙、旗袍乃至藏族的藏袍，新疆的"布拉吉"等也为古代深衣制沿革。

春秋战国时期，社会处于分裂动荡时期，人们思想十分活跃，服饰日新月异。《淮南子·览冥训》云："七国异族，诸侯制法，各殊习俗。"可见各国的服饰都有自己的特点：中原地处黄河中游，服饰虽有繁简不同，但以质朴的曲裾交领式深衣居于主流。齐鲁地处黄河中下游，从出土的刻纹铜鉴看，狩猎者为上衣短裤，挑担者为齐膝长袍，乐舞者、御者等均长衣曳地，反映当时服饰已有务实性和世态性；因齐桓公好紫色，举国皆服紫。北方地区喜着宽大袖口的交领右衽"深衣"，魏国男子爱好在黑衣外，再套白色罩衣；而赵武灵王则"胡服骑射"，效仿胡服始穿长裤。西北秦地尚武，服饰厚实而便用，其衣式均为紧袖右衽束腰长袍，衣长或齐膝，或垂至足面。吴越地处东南，位于长江下游，服饰拙而有式，长期保持因地制宜的服饰风格，其衣长至膝部。楚国地处江汉，跨长江中下游南方部分地区，素有轻丽之誉，服饰款样纷繁华艳，男子崇尚戴高冠。巴蜀滇地处西南，服式上衣短裙，束腰带，也有不穿裙着短裤的。

秦汉时期，深衣的连体长衣已成为妇女的主要装束。由于上体襦衫短衣和下体的长裙衣式逐渐完善，我国古代妇女装束中典型的裙衣配用形制基本确立。汉代裙服基本已形成上窄下阔、下长曳地的基本定式。西汉以后，由于内衣的裤子有了裆，深衣便可采用直裾。裾为衣的大襟，直通下齐的称为"直裾"，这种直裾的衣服又称作"襜褕"。在西汉后期，逐渐为人们喜爱，在官场取代为朝服。并在此基础上发展成袍。到东汉时，逐渐由袍服取代了深衣。

袍服在先秦时已出现，只是一种纳有絮棉的内衣，汉时由内衣变成外衣，并做成单、夹的，用途更为广泛。当时的袍服式样由深衣演变而来，衣身比较宽松，衣袖肥大，袖口收紧。衣领、衣袖等部位一般缀有花边，花边的色彩及纹样较衣服为素，常见有菱纹、方格纹等。多以袒领为主，多裁成鸡心式，穿时露出内衣，也有裁成大襟斜领的。凡衣有表有里曰"袍"，无里者曰"禅衣"，又称为"单衣"，即后来的"衫"。随着衫的用途日益广泛，至魏晋时大兴。以后又出现了缀有衬里的"夹衫"。唐末五代以后，妇女普遍多穿衫。

襦即有衬里的上衣或短袍，长过腰而至膝上，穿襦者下需穿裙。《急就篇》颜师古注云："长衣曰袍，下至足跗；短衣为襦，自膝以上。"汉代一般庶民及士人多以襦、单衣、袴为普通常服。东汉以后主要用于妇女，除部分人仍用大襟外，更多采用对襟式。直到清代中期，因袄的流行才渐绝。

汉代以后，还有一种上衣叫褶，这是一种有衬里的夹衣，是比袍短的短大衣。《急就篇》颜师古注云："褶，谓重衣之最，在上者也，其形为袍，短身而广袖。一曰左衽之袍也。"它与袴往往连称为"袴褶"。

袴应理解为裳，即裤子。最初的裤子仅是套在小腿上的两只裤管，称为"胫衣"。战国时，由于赵武灵王采用"胡服骑射"，才逐渐演变成裤子。开始的裤子有开裆、合裆之分。开裆的叫袴，又称作穷裤；合裆的叫"裈"。裈本是贴身穿的内裤。当时人们下着裤，但外面必以裙笼之。若外不加裙，是不礼貌的。明人方以智《通雅·衣服》云："古裤上连衣，故戎衣谓之袴褶。"满裆裤本是北方少数民族为便于骑马，又避寒遮羞而创制的，原是武士的戎装，初称"合袴"。后传至民间，渐为官府仆从和平民百姓广泛使用为常服和便服。一般平民百姓多用粗布制成，而富贵人家则用细绢制作，称作"纨裤"。于是后人对富贵人家，不学无术的子女便称作"纨绔子弟"。

汉代服饰大袖及地，两袖清风，飘逸而不失典雅，绮丽而又不失庄重，美艳而又不失端庄，较好地体现了中华民族中庸、平和的性格特点。魏晋南北朝时期是服饰变异丰富阶段。《抱朴子·讥惑篇》记："冠履衣服，袖袂财制，日月改易，无复一定，乍长乍短，一广一狭，忽高忽卑，或粗或细，所饰无常，以同为快。"《晋书·五行志》："晋末皆冠小而衣裳博大，风流相仿，舆台成俗。"当时上至王公名士，下及庶民百姓，均以宽衫大袖、褒衣博带为服饰时尚。其中以傲俗自放的文人名士最为突出，以至发展到宽衣袒裸，以寻求抒泄。

南北朝时，北朝少数民族素以游牧为生，加上战争的需要，其胡装以窄短为主，一般上穿窄袖短衣，下着长裤，足登鞻靴，腰间束蹀躞带。蹀躞带上佩带弓箭、算囊、刀砺、火石袋等物为饰，并便于日常生活所用。这种束蹀躞带的胡装到唐时已成时尚。

实际在东汉末，北方少数民族的服饰对中原地区已有一定影响。《后汉书·五行志》载：

> 灵帝好胡服、胡帐、胡床、胡坐、胡饭、胡箜篌、胡笛、胡舞，京都贵戚皆竞之。

宋代沈括在《梦溪笔谈》卷一，故事一中记：

> 中国衣冠，自北齐以来，乃全用胡服。窄袖绯绿，短衣长鞻靴，有蹀躞带，皆胡服也。窄袖利于驰射；短衣长鞻，皆便于涉草；带衣所垂蹀躞，盖欲以佩弓箭、帉帨、算囊、刀砺之类。自后虽去蹀躞，而犹存其环。

魏晋时期贵族女子还流行一种叫作羊肠裙的裙子，这原是流行于我国西北少数民族地区的一种百褶裙，汉末三国时流传内地。其造型较为窄瘦，行走起来时而鼓胀，时而挛缩，因裙褶卷曲如羊肠之状而得名。至隋唐时仍有庶士女子穿着。

南朝时文人有披鹤氅者，鹤氅本是以鹤羽织成，属羽衣类。此衣宽大且系羽毛所制，既可作裘，又可避雨，更有飘洒之风。后道家在衣上绣以白鹤，便失其原意了。

在鞋履方面，当时盛行穿木屐。木屐出现较早，东汉以后逐渐为人们穿用。《急就篇》颜师古注曰："屐者，以木为之，而施两齿，可以践泥。"南朝上至天子，下至文人、士庶都盛行着木屐。《宋书·武帝纪》："性尤简易，常著连齿木屐，好出神武门。"《宋书·谢灵运传》云："登蹑常着木屐，上山则去前齿，下山则去后齿。"妇女也着，《晋书·五行志》载："初作屐者，妇人头圆，男人头方，至太康初，妇人屐乃头方，与男无别。"这种木屐直至近代海绵拖未流行前，仍为南方地区夏季常用，明代谢肇淛《五杂俎》记载：

  今世吾闽兴化、漳、泉三郡，以屐当靸，洗足竟，即跐而着之。不论贵贱，男女皆然，盖其地妇人多不缠足也。女屐加以彩画，时作龙头，终日行屋中阁阁然。想似西子响屧廊时也，可发一笑。

草鞋也为古代一般士人或贫者所常穿用。原称"屩"，因多用芒草制作，故又称为"芒屩"。《梁书·范缜传》记：

  在瓛门下积年，去年归家，恒芒屩布衣，徒行于路。

当时已有人专以编织这种鞋为生的，如《晋书·刘惔传》记：

  惔少清远，有标奇，与母任氏寓居京口，家贫，织芒屩以为养。

靴本是北方少数民族所创造。他们为了便于骑射，在马上作战，穿靴可以护踝，夏天防蚊，冬天御寒，雨天防水。以后随胡服流入中原，其靴也为汉人常穿。南朝人也有着靴，此为北朝人所着，故南朝人着靴上殿，则为无肃恭之礼。《南史·恩幸·周石珍传》："亶学北人着靴上殿，无肃恭之礼。"直至隋唐时，上至帝王，下及庶民，才普遍都穿用靴了。

在头饰方面，我国很早已出现假发，先秦时期称"髢"，用假发制成的发髻称作"副贰"。在长沙马王堆汉墓中出土过"副贰"的实物，是由黑丝线制成的假发代用品。到魏晋时，假髻逐渐流行起来，南北朝时发髻逐渐向高大发展，所以假髻便更加盛行。

《北齐书·幼主纪》载：

妇人皆剪剔以着假髻，而危邪之状如飞鸟，至于南面，则髻心正西，始自宫内，被之四运。

南朝王筠在《游望》中则说："高髻学城中。"当时有一种妇女专用假髻叫"巾帼"，故后世便以此引申为妇女代称。

古代男子所戴的帽子有冕、冠、弁等种类。

在古装戏中我们经常看到官员们头上戴着前后垂有串珠的东西，这就是冕。《说文》曰："冕，大夫以上冠，邃延垂旒纮纩。"其形制是上覆冕板，以木为骨架，外面糊布，旒、纮、纩都是冕的部件。冕板前后两端有冕旒，即挂着的一串串小圆玉珠。冕旒的数目、长度以及用玉的多少、色彩等则依据佩戴者的身份和穿戴的场合而定。纮是垂在延的两侧用以悬纩的彩绦。纩是系在冠圈上悬在耳孔外的玉石。戴冕时一般需用笄固定在发髻上。可见冕最初并非帝王专用，是天子、诸侯及卿大夫在穿祭服时所戴的一种帽子。只是以后发展为帝王专用冠饰，成为帝王的代称。

冠是指不用笄固定，而是用缨系住的一种帽子。冠原是加在头顶的发罩，主要用来约束发髻，所以并不需要将头顶全部罩住，只是在冠圈上有一根较窄的冠梁，从前到后经过头顶。与现代帽子大不相同。在功能上也不同，冠不在于实用而着重于礼仪。《礼记·冠义》云："冠者礼之始也。"《淮南子·人间训》说：冠"寒不能暖，风不能鄣，暴不能蔽。"《礼记·曲礼上》："男子二十，冠而字。"《释名·释首饰》曰："二十成人，士冠，庶人巾。"即贵族男子长到二十岁要行冠礼，而一般平民只是戴巾。所以古代冠便成为达官贵人与平民百姓区别的标志。

弁也是贵族戴的比较尊贵的头衣。《释名》曰：

弁如两手合并时也。以爵韦为之，谓之爵弁；以鹿皮为之，谓之皮弁；以韎韦为之，谓之韦弁。[①]

---

① 《太平御览》卷686《服章部三》引。

其形制是上小下大，呈合手状，佩戴时以笄贯穿髻中。爵弁是士或士以上的官员在穿爵弁服时戴用的；皮弁、韦弁只是一种皮制军帽。一般与弁服配套，供天子、诸侯以至士在不同场合穿用。

上述冕、冠、弁，统称为冠，均为王公贵族男子所戴帽式，一般平民百姓日常生活中只是用一块布帛裹头，称为巾。女子也是以巾布裹头束发，用各种饰物装饰头发。

巾就是包头布，春秋战国时，兵士多用青布裹头，故称士卒为"苍头"。后又转称百姓为"苍头"。秦始皇自谓为水德，衣服旄旌节旗皆尚黑色，上有所行，下必效之。一般秦人也都尚黑色。庶民往往以三尺黑布巾包头，所以百姓又称"黔首"。傅玄《傅子》记：

> 汉末王公，多委王服，以幅巾为雅，是以袁绍、崔豹之徒，虽为将帅，皆着缣巾。

可见，汉末名士多服丝绦或葛制成头巾，手持羽扇，习以成风。

帻原本也是包发的头巾，是用来裹束头发的，最早商代已有，开始只是卑贱者所用，汉文帝时，帻上加顶，又在后面加上双耳，其形已和帽子相类似了。大约到东汉时期，巾帻开始流行，"上下群臣贵贱皆服之"，王公、将帅、士人皆以戴幅巾为风雅。

幞头是由巾帻演变而来，起于北周武帝时，是用三尺皂纱绢布将头发包起，戴有四条带（四脚），两脚系于颔下，两脚系于脑后下，或将脑后两脚反系头顶，故称"折上巾"。这种巾，上自帝王文武官员，下至庶民百姓，都可戴。

六朝时男子上自天子，下及庶民多戴一种纱帽。据说，南朝梁时，曾自立为帝的侯景就纱帽不离首；南齐的萧道成也是戴着纱帽登基的。当时的纱帽有黑白两种颜色，白色多用于帝王贵族，而黑色则为百姓士庶所用，直到唐代仍如此。以至明代的乌纱帽也即源于此。

还有一种头衣称"绡头"，又称陌头、缲头、络头、帕头。帕头是男子束发头巾，与今陕北农民用羊肚手巾包头方法十分相似，即由后向前在额上打个结。流行于东汉以后，多为平民百姓所用。后在此基础上加以简化，将头巾裁剪或折叠成狭长的布条，围勒额间，成为"抹额"。不仅男子多用，而且女性也用，至宋代以后，为广大妇女所崇尚。

二 唐宋时期城市服饰的开放与禁锢

唐代男子一般服装以袍衫为主，其款式特点是圆领、窄袖，领、袖、裾等部位皆不设缘边装饰，袍长至膝或及足，腰束革带。甚至连帝王常服及百官的品色服也均以袍式。至唐末五代，大袖袍服渐成定式，并一直延续到宋、明，主要在上层社会及富商巨贾中间流行，而一般平民百姓仍以窄袖短衣为日常服式。

唐代服饰宽衣博带，线条优美流畅，风格典雅秀丽，同样堪称中国古典服装艺术的一个巅峰。它既不像汉代服饰那样过于偏重凝重、端庄，又不像六朝服饰那样浓艳或简淡，也不像宋代服饰那样刻板、严谨，而是既活泼又典雅，既潇洒又柔美，既雍容又清秀，既绮丽又自然，既宽缓又有节奏，极富于诗意的美与韵律的美。不同时期流行不同风格：隋至初唐，窄袖衫襦、长裙；初唐至盛唐，盛行胡服，女着男装；开元以后，爱穿胡服风气淡薄，此后晚唐至五代，宽袖衫襦、长裙又重盛行。

这时期，一般庶民或卑贱仆役等低级阶层人多穿一种"缺胯"袍衫，所谓缺胯，是指袍衫两胯下开衩儿，以利行动。妇女服装大体上身着襦、袄、衫，有的在肩上披帛，衫外加"半臂"等，下身束裙子，后期裙子也开衩。

隋唐时期最流行的长裙，裙裾长，有的长可曳地；裙腰高，高及胸乳；裙形瘦窄，裙多刺绣，色彩斑斓。有一种"裥裙"，是用两种不同颜色的面料交错缝制而成，颜色多为朱绿、朱黄、黄白相间。还有一种"百鸟裙"，《新唐书·五行志》记：

> 中宗女安乐公主令尚书织成毛裙，合百鸟毛，正看为一色，旁看为一色，日中为一色，影中为一色，百鸟之状并见裙中……自安乐公主作毛裙，百官之家多效之，江岭奇禽，异兽毛羽，采之殆尽。

唐代中期盛行女着男装风俗，这也是受北朝时期胡服影响，因当时胡服男女皆宜，主要便于骑马，唐初女子也多骑马，为了骑马方便，故也着男装。敦煌供养人图像中常有女扮男装的形象，她们头裹幞头，穿圆领，带高筒靴，腰系革带，模样颇为潇洒。这种女着男装风气首先在宫里宫女中流行，以后流传到社会民间，成为普通妇女服饰。这一传统直遗留到宋代，宋代宫女中的嫔妃、侍女及世宦之家的奴婢都是上衫下裤、足蹬靴履的装扮。

唐代随着经济繁荣，政治开明，生活开放，服饰出现了袒裸的趋势，带有博大、清丽、华贵、丰满的风格。唐代妇女袒露装，大致是由上身穿袒胸窄袖衫或袒胸大袖衫以及高束腰的裙子组成。如著名的永泰公主墓壁画中所绘的侍女、韦顼墓所绘的贵妇人、懿德太子墓石刻的宫廷女官等大都是衫裙宽松富丽，袒胸露乳。唐代后期妇女服装流行一种袒胸大袖衫襦，这种服装不仅袒露胸部，而且裙高至乳部之上，并在腿膝等处以大带系结，大胆地夸张和显示女性胸、乳、腿等部位的美。

唐代妇女较少保守思想约束，经常仅以轻纱蔽体，造成一种"绮罗纤缕见肌肤"的效果。周昉《簪花仕女图》中妇人不着内衣，仕女身穿一件仅至胸前的长裙，而双肩、双臂和大片胸脯均裸露在外，外面仅以一件轻薄透明纱衣蔽体，雪白的肌肤清晰可见，其袒露面积之大，实属罕见；着装之开放，与现代时髦服装几无区别。唐诗中对此常有描绘："粉胸半掩疑暗雪"，"长留白雪占胸前"，"胸前如雪脸如云"，"慢束罗裙半露胸"，"半胸酥嫩白云饶"等等。

隋唐服饰文化最突出的特点便是"胡服"盛行。《旧唐书·车服志》：

> 开元初，从驾宫人骑马者，皆著胡帽，靓妆露面，无复障蔽。士庶之家，又相仿效，帷帽之制，绝不行用。俄又露髻驰骋，或有着丈夫衣服靴衫，而尊卑内外，斯一贯矣。

《新唐书·五行志》亦云：

> 天宝末，贵族及士民们好为胡服胡帽，妇人还簪步摇钗，衿袖窄小。

可见，开元、天宝年间盛行一种女子着胡服风气，所谓胡服实际是包括西域地区的少数民族服饰和印度、波斯等外国服饰。胡服盛行可从胡服、胡帽、回鹘装、羃䍦帷帽的流行及女着男装的习俗看出。

胡服特征是尖锥形浑脱花帽，交领小袖长袍或圆领衫子，主要是窄袖和圆领。所戴胡帽有席帽、浑脱帽、帷帽三种。

帷帽是高顶的大檐帽，因其檐下垂一丝网似"帷"，故名。帷帽在隋唐五代时期甚为流行，无论男女、宫廷内外、官宦士庶皆宜。宋人高承的《事物原始》称：

> 帷帽创始于隋代，永徽中始用之，拖裙（帽裙，即网纱）及领。今世士人往往用皂纱若青，全幅缀于油帽或毡笠之前，以障风尘，为远行之服，盖本于此。

幂䍠是一种衣帽相连属斗篷一类的服装，是"发自戎夷"的一种胡服。原是吐谷浑男子所戴，至北朝后期及隋初，渐为妇女所戴。一般用轻薄透明的纱罗制成。戴时披体而下，障蔽全身。由于北方风沙很大，所以戴幂䍠可用来遮面防风沙。

胡帽是继帷帽之后为盛唐妇女骑马时所戴的一种帽子，它比起"全身障蔽"的幂䍠和将面部"浅露"于外的帷帽更加解放，已经是"靓妆露面，无复障蔽"。从障蔽全身的幂䍠到浅露的帷帽，再到胡帽，是唐代妇女服饰史的进步，反映唐代社会风尚的日趋开放。

回鹘装特点是略似男子的长袍，翻领，袖子窄小而衣身宽大，下长曳地，颜色以暖色为主，一般喜红色，材料大多用质地厚实的织锦，领、袖均镶的宽阔的织金锦花边。穿这种服装时，通常都将头发挽成锥状的髻式，时称"回鹘髻"。髻上戴缀宝石和簪钗的金饰冠，冠尖如角，似桃形。不仅流行于民间，而且也在宫廷中流行，皇帝出驾时，随驾宫女也多穿回鹘服。

宋代封建统治加强，理学浓重，道学泛滥，统治者对人们思想禁锢日益加重，服饰也趋于保守、守旧及维护礼教特点，衣服装裹严实，风格趋于含蓄、严谨，甚至刻板、呆滞、缺少活力和灵气。宋代虽仍保留上衣下裳制，但仅用于官服中的礼服，一般人很少穿着，士大夫中有的仍以此式作为日常便服。主要以袍、衫为主，一般圆领大袖，长度过膝，也有在膝下加襕的襕袍、襕衫，为官吏常服。唐五代以前，一般把裤子穿在裙袍内，至宋时，已可将裤穿在外面。但也有仍穿裙不穿裤的。

宋代劳动阶层有"百工百衣"之说，以其短衣缚裤装束与官吏、士大夫的宽博袍衫形成鲜明对照。服色以皂、白或暗色调为主。在《东京梦华录》中记载汴梁一般平民百姓装束打扮：或"着白虔衫，青花手巾"；或"戴帽、穿褙子"；或"穿衫，束角带"等。"士、农、工、商，诸行百户衣装，各有本色，不敢越外"。

宋时在保守思想支配下，妇女服装又重新被禁锢起来，特别是又重新时兴已被抛弃多时的"面衣"。宋人高承的《事物纪原》中记载：

> 今世……有面衣，前后全用紫罗为幅下垂，杂他色为四带，垂于背，为女子远行乘马之用。

当时较为简单的办法是在妇女外出时，多戴方幅罗巾做成盖头，以遮面蔽风尘，其形式类似披风，仅露面颊。这种盖头实际即源自唐时羃䍦、帷帽。以后民间婚嫁时用一方红色帛巾盖在出嫁时新娘头上，这种盖头即始源于此，并沿用至今。

宋代女装中最具特色的褙子，不仅为贵族妇女的常服，也为士庶女子普通服饰。褙子是由古代的中单和半臂融合演变发展而来，其式样为直领对襟，衣襟敞开，任其露出里衣，两腋下开长衩，两边离异不缝合，长袖，身长及膝。穿褙子予人以修长秀美之感觉。也有男式褙子，只是有斜领、圆领、直领之分，而女式褙子多为直领。宋代穿着褙子极为普遍，男子多为常服或衬在礼服内，而女子则为常服，也可作为礼服穿在襦袄之外。

宋徽宗崇宁、大观年间（1102—1107年），"衣服相尚短窄"，形成一股风；至宣和、靖康之际（1119—1126年），"内及闺阁，外及乡僻"，都着此种式样。这种短窄装，"上衣逼窄称其体，襞开四缝而扣之，曰密四门。小衣逼管开缝而扣之，曰便裆，亦曰任人便"。配合这种衣式的发型为"髻大而扁，曰盘福龙，亦曰便眼觉"。[1] 这种衣式发型到南宋绍兴后（1131年）风气稍为敛减。

宋代男子帽式仍以幞头为主，已完全脱离巾帕形式，成为一种帽子。多以漆纱制成，开始还用藤草等制成巾子作内胎，后来因漆纱已够牢固，便逐渐废弃内胎。一般以直脚为多，初期两脚左右平直展开得还不十分长，到中期后，两脚伸展加长。两脚以铁丝、弓弦等为骨，向左右两侧平

---

[1] 徐大焯：《烬余录》乙编。

伸。除直脚外，尚有各种形式花样，特别是南渡后又有簪戴幞头，即在幞头上簪以金银、罗绢之花。在举行祭祀或喜庆典礼时，作为皇恩赏赐给臣僚随从们。

由于幞头在宋元时已成为官服，士庶无人问津，于是，文人雅士复又崇尚头巾，直至明代人们演化出数十种款式，不同阶层不同职业的人各有自己的巾式。所以，《梦粱录》中称："街市买卖人，各有服色头巾。各可辨认是何名目人。"

另外，百姓中常戴一种笠帽，古已有之。唐宋时期，一些少数民族有的没有冠制，便将笠帽用作礼服。到宋、明时，曾三令五申禁止这种笠帽进城。明洪武二十四年（1389年）严申："令农夫戴斗笠、蒲笠，出入市并不禁，不亲农者不许。"① 公差出城办理公务允许戴笠，但进入城门便不许再戴。

缠足恶习始于五代，至宋已形成风气，南宋后更为盛行。缠足后女鞋呈弓形，鞋头尖而上翘。此恶习直沿袭到辛亥革命后才废除。

三　元明清时城市服饰的演化

元代蒙古统治者歧视汉人，跋扈专横，把汉人列为四等之末，禁止平民用金、彩和龙凤纹样，许多明快的颜色不许汉人使用。这些颜色只有蒙古贵族可用，所以他们的服装在整体上追求色彩醒目，与汉人长期崇尚清丽自然、高雅庄重的服饰传统有所不同。元代流行窄袖服装。长袍是元代蒙古人最常穿的衣服。元代普通妇女一般都系腰裙，亦称裙腰儿，是一种半边裙子。这是元代劳动妇女的常服。

元代的一种礼服叫质孙服，原是蒙古族服饰之一，汉语译为"单色衣"，定为大宴之服，天子、百官乃至卫士均可穿用。其形制是上衣下裳相连，上衣紧窄，下裳较短，长至膝间。腰间，折有无数细褶，形似现今的百褶裙。全身上下用一种颜色，所戴冠帽与之相配。

元代的质孙服到明代称谓裾褶。《坚瓠集》记载："元亲王及功臣待宴者赐冠衣，谓之只孙，明高皇定鼎，命值驾校尉服之，仪从所服团花只孙。"裾褶为大襟斜领，前襟分为上下两截，下截有许多马牙褶，两侧腋

---

① 《明史·舆服志》。

下各缀有一条本色面料的宽带，称作"摆"。这是明代最常见的一种官服，有红青二色，后期士大夫在交际宴会上也常穿用。

汗衫，元代很多地方男女都穿用汗衫，亦称汗替、汗褟。清人钱大昕《恒言录》卷五："汗褟，衬衫也。"汗衫是元代各阶层人士的内衣。

兜肚，亦称裹肚、抹胸。《清稗类钞·服饰类》："抹胸，胸间小衣也，一名袜腹，又名袜肚，以尺方之布为之，紧束前胸，以防风之内侵者，俗谓之兜肚。"元代妇女所系裹肚分里外两种，里裹肚一般用布料做成；外裹肚则用绸、绫、布料做成。

明代日趋保守，在审美追求上也由大方转为堆砌，由清新转为繁缛，由开放转为保守。明代衣服特点是宽袍、大袖。明人官服是头戴乌纱帽，身着圆领服，腰系宝带；读书人的形象是头顶巾，身衣襕衫；平民戴圆帽，穿圆领宽衣。

明代以前已有穿袄的了，明代的袄其长过膝，故称"长袄"，其袖实行紧紧的窄袖。同时妇女已裹脚，追求"行不露足"，所以明代妇女的裙子特别长，能够盖住脚面。

明代内官、都御史、军人、骑士、侍郎、巡抚、士庶男子、轿夫等还时兴罩甲。这是一种背心式外套，一般春秋季穿在其他衣服外面，有或宽或窄的短袖，便于行动。

明代还有一种妇女时尚服饰，即比甲。其特点是对襟而无领袖，衣着两侧开衩，衣长至膝下，一般穿罩在衫袄之外。另外明代妇女裤装已不多见，以裙装为主了。

明代的服饰变化很大，尤其是前后期的变化尤为突出。如平民百姓的服饰，时而上长下短，时而下长上短。顾炎武《日知录》卷二八引《太康县志》云：

> 国初时，衣衫褶前七后八，弘治间上长下短，褶多；正德初，上短下长三分之一，士大夫多中停。冠则平顶高尺余，士大夫不减八九寸；嘉靖初，服上长下短似弘治时。市井少年帽尖长，俗云边鼓帽。

并记妇女裙衫变化：

> 弘治间，妇女衣衫仅掩裙腰。富者用罗缎纱绢，织金彩通袖，裙

用金彩膝襕，髻高寸余。正德间，衣衫渐大，裙褶渐多，衫唯用金彩补子，髻渐高。嘉靖初，衣衫大至膝，裙短褶少。

至明末，叶梦珠《阅世编》卷八记：

> 公私之服，予幼见前辈长垂及履，袖小不过尺许。其后，衣渐短而袖渐大，短才过膝，裙拖袍外，袖至三尺，拱手而袖底及靴。

服饰的市俗化是明代服饰文化一大特点。如明代服饰中以龙纹最为高贵，素为人君至尊的象征，任何人不得僭越；文官礼服上各按品级配以各种禽鸟花样图案，任何人不得混冒；可是到明末，团龙、立龙及禽鸟等图案成为寻常百姓常用服装的花纹。又如原先只有官宦贵妇人才用的金银珠宝翠玉头饰，到明末娼妇也能满头珠翠招摇过市。

明代妇女服饰有一种专用佩饰，叫霞帔，实际就是两条彩练，往肩上一披，一半遮胸，一半遮背，上面绣有龙、凤、云等传统饰物，颜色贵重，构图复杂，除了做工更繁复、更精细外，没有什么新意。除霞帔外还有肩帔、云肩等肩饰，上面也绣得云霞缭绕，层峦叠嶂，一片乌烟瘴气。

明代在头饰方面先后出现有乌纱帽、方巾、网巾、瓜皮帽等。

乌纱帽在南朝时已很盛行，只是明代的乌纱帽是由唐代幞头发展而成。帽形为前低后高，围顶圆状，用铁丝或藤丝编织帽架，以乌纱为表，帽后两侧各插一翅，横于脑后。此帽式为明代最具代表性的官制帽式，文武百官皆可戴用。以后"乌纱帽"便成为为官的代名词了。

元末，浙江山阴县有位诗人叫杨维桢，自号铁崖，朱元璋几次请他出来做官，都被谢绝。一次召见时，见他头戴自己设计，式样特殊的方顶头巾，详细询问，得知其名"四方平定巾"，于是，下诏天下无论士庶男子皆戴此巾，从而得到推广。明代推行的"四角方巾"多为官员和读书人所戴，它以黑纱罗制成，四角都是方的。在一般市民百姓中，大都戴一种用六片罗帛拼成的小帽，形似瓜，故俗称"瓜皮帽"；又传取意天下六方一统的祥兆，故又称"六合一统帽"。这种帽式至民国年间仍有人戴。

网巾是一种系束发髻的网罩，以黑色细绳、马尾、棕丝编织而成。迄今妇女仍沿用发网。据《七修类稿》记载：明初，朱元璋一次微服出访，路过一座名叫"神东观"的道观，见烛光下一道士正在编织网巾，便问他这是什么东西？道士说："是用来裹头的网巾，用它罩发可以达到'万发俱齐'的效果。"于是，朱元璋命此道士为道官，并取十三顶网巾作为御定式样推行天下，让所有的人，不分贵贱都戴用这种网巾。据明末《天工开物》中插图可见，当时的网巾是将整个前额都覆盖起来的。

清代由于是由满人统治，将满族服饰带入中原，一改以往明代服饰。清政府采纳了明遗臣金之俊的"十不从"建议："男从女不从，生从死不从，阳从阴不从，官从隶不从，老从少不从，儒从而释道不从，娼从而优伶不从，仕宦从而婚姻不从，国号从而官号不从，役税从而语言文字不从。"从而形成满汉服饰混合型，即一般女子、儿童、结婚、死殓及役隶、演戏的优伶、道士等可以仍穿明代汉服，不受满服限制。男子则必须穿满服，一律剃发留辫，穿长袍马褂，头戴西瓜皮帽。而汉族妇女仍为束裙汉装，满族妇女穿满装旗袍。

清代服饰最重视民族特色和封建等级。统治者以暴力手段强制推行满族的袍褂为主服装式样和剃发结辫的发饰；同时严禁满人汉化，嘉庆时发现镶黄旗中有秀女衣袖宽大，并有缠足者，便严加禁止，违例治罪。所以清代两百多年中，虽有很多方面深受汉族文化与风俗的影响，但在服饰、发式方面，始终保持满洲旧制。并以性别、身份、等级、文武、场合之别严格规定服饰各种等级。每种服饰配套的冠、顶戴、袍、褂、腰带、佩饰、靴鞋以及颜色、纹样、用料等方面对不同等级都有非常具体而严格的规定，不容僭越。

清朝官员品级补服标志官员的品级高低：文官胸前的"补服图案"，又称图子：一品仙鹤、二品锦鸡、三品孔雀、四品云雁、五品白鹇、六品鹭鸶、七品鸂𪄠、八品鹌鹑、九品练雀。武将胸前的"补服图案"：一品麒麟、二品狮子、三品豹、四品虎、五品熊罴、六品用彪、七品、八品用犀牛、九品为海马。

清初沿袭辽金元遗制，但也吸收汉服的一些传统，特别是在一些图案上承袭汉俗较多，像如意花、龙凤图案及周制十二章等，总的来说也还是以满族风格为主。其服饰带有高贵庄重，雍容端方和华美绮丽的特点。男子长袍马褂和妇女的旗袍，而妇女的旗袍，加以修改，后发展成传统的民族特色"时装"。

清代服饰最有影响的是马蹄袖，马蹄袖即袖端为弧形，上部覆手，平时挽卷，行礼时复位放下，因形似马蹄，故俗称马蹄袖。

马褂即短褂，又称行褂，为男子专服。长与坐齐，袖长及肘，以颜色分等级。领袖边缘多有镶绲，绲边有宽窄不同。初期尚宽，后又尚窄，至晚清时索性取消镶绲。多以绸缎皮毛制作，颜色以天青、元青为主，也有深红、浅绿、紫酱、深蓝、深灰等色。以黄色最为贵重，非待赐不得穿用。原是出行时穿的服饰，后因穿着方便，逐渐流行开来，成为日常便服。不分男女老幼官庶，也不分居家出行，都可穿用。

马褂本是清初的军服，只限士兵穿用，以求作战便捷。康熙以后首先在满人贵族中流行起来，后被民间广泛用作便服。内穿长袍，外着马褂，通常称作的"长袍马褂"，是满族典型装束。以后逐渐在社会上普遍流行。

马甲即背心，又叫坎肩，今天马甲多无领，穿在外面，露出里面衣服的领子。而清时袍衫无领，马甲穿在外面有领。一般短而紧身，只及腰下，如马褂一样，也有对襟、大襟、琵琶襟之分。

另外清时还有一种领衣，如同现在的假领子。因清时礼服多无领，所以穿用时需加领衣，其领做成硬领，以元宝式为多，分前后两片，前片正中开襟，缀以纽扣，外形像牛舌，故又名"牛舌头"。

行服是清代特有服种，只限男性。它是皇帝、王公百官外出巡行、狩猎征战时穿用。其特点是便于骑射，与常服基本相似，只是比常服短一点，只至膝上，前面左襟下方裁下一块，用纽扣绾上，乘骑时可解开，平时则联上与常服同，故又称"缺襟袍"。

清代衣服宽窄长短多有变化：男子的袍子，顺治初年崇尚于长，末年短到膝盖，到康熙中叶又过膝盖了，甚至长至踝上。同治间袍衫比较宽大，袖宽达一尺多，后逐渐向紧袖窄身发展，至清末几乎裹在身上，以至下蹲时都有困难。袍衫多为浅色，如月白、湖色、枣红、雪青、蓝、灰等。袍衫外多罩马褂或马甲。

外套最先尚短，有的只及肚脐，到康熙二十年（1681年）以后逐渐变长，及至比袍子短不了半尺，而褂子呈现尚短趋势。

　　道咸间之衣虽长，而紧窄若裹；
　　光绪之初，宽而长，二十年前后，其宽至于缩手，衣裹可以抚全身……光绪庚子以后则又窄且短，民国初元，亦窄而若裹。①

民国《奉天通志》卷260亦载："当清光绪中叶，衣尚宽博，喜秃领，往往大褂之袖宽可及尺，女衣尤肥硕。光、宣之际，政尚维新，衣喜瘦狭，束身贴肤，曲臂维艰，领高可及耳际。"

清代满人男子头饰为前半脑袋剃成光头，后半脑袋蓄发编辫。这是满人崇拜马的一种遗俗，其辫即似"马尾巴"。朝廷中所戴花翎也是对马崇拜的痕迹，顶戴比拟"马鞍子"，花翎比拟"马鞭子"，枯子比拟"骑士"。清初强令汉人效满俗剃发留辫，一改汉人以往束发旧制，直至辛亥革命后才剪去辫子。

清代男子除长袍马褂外，不分老幼，四季都戴帽子。其种类有礼帽、风帽、皮帽、笠帽、帕子等。其中最常用的是礼帽和便帽。礼帽一般在新年庆吊、宴客会晤时，表示某种礼节时戴的，有暖帽、凉帽之分，暖帽质料或缎子，或呢绒，或毡子，或皮毛，以御寒过冬；凉帽质料或玉革，或竹丝，或藤丝，以乘凉度暑戴用。

清朝不要求妇女改着满装和满洲发式，所以女子仍着汉式装束。顺治年间改变明末大袖口的习惯，最宽不过一尺左右。最初只在袖口与襟条处刺绣，后发展至全身。先后流行绣团花，洒墨淡花，颜色为浅色。

旗袍本是满族妇女传统日常服装。它原是一种不分上衣下裳的长袍，呈直筒状，由一整块衣料剪裁而成，任何部位都不重叠，式样为圆领大襟，两面开禊，袖口平直，腰身宽大，长可掩足。制作省工省料，经济实惠，美观大方，能展现女性体态曲线美。因满人又称"旗人"，故称旗袍。这种服饰颇受妇女喜爱，清代灭亡后，满族服装大部分被淘汰，唯其旗袍最具生命力，仍为人们长期穿用，并能体现东方女性特征，甚至成为中国妇女的"国服"，迄今不衰。

四　近代城市服饰的变异

民国初年，随着清政府被推翻和西方服饰的影响，一时各种服饰纷出，出现混乱现象：1912年3月20日《申报》刊载：当时"男子装饰像

---

① 民国《徐沟县志·民俗志》（稿本）。

女，女子装饰像男"；"中国人外国装，外国人中国装"；"妓女效女学生，女学生效妓女"，甚至民着官服，官着民服。但经改革后，总的趋势是男子服装由长袍马褂向中山装和西装过渡，女子服装趋向旗袍普及化。

清末开始换上洋装，其后孙中山设计了代表时代文化发展方向的典型服装——中山装。这种新式服装糅合了中国传统服装的民族特色与西服的特点，既保留了中国古典服装含蓄、端庄、严谨的风格，又吸取了西服洋装的实用、简洁而又美观大方的优点，形象地体现了中西结合，西为中用的主导思想，一直沿用至今。

中山装是由孙中山创制，他基于日本的学生装加以改革，最初改为：单立领，前襟九个扣，左右上下四个明袋，袋上有"胖裥"（即袋褶向外露），后身有背带缝，中腰处有一腰带。[①] 后据《易经》和民国时期有关制度而寓以含义，如据国之四维（即礼、义、廉、耻）而确定前襟四个明袋；依据国民党区别于西方三权分立的五权分立（即行政、立法、司法、考试、监察）而确定前襟为五个扣子；又据三民主义（即民族、民权、民生）而确定袖口必须钉三粒小扣。以后西装受此影响也在袖口钉三粒小扣。[②] 中山装充分体现中国人的含蓄、端庄、文雅、谦和等服饰风格。

女子服装，从20年代初开始，旗袍逐渐普及，开初与清式基本相同，至20年代末，受欧美服装影响，逐渐改短，改紧腰身。到30年代，在领、袖、长度方面不断变化，时长时短，时高时低，直入40年代，进一步缩短长度和减低领高，并在夏天取消了袖子，其形愈加美观适体，更加容易衬托出妇女的身姿，充分体现妇女身材的线条美。所以颇受人们欢迎，直至今日，仍为东方女性的最佳服饰。

在头饰方面，最突出的是剪发，除个别遗老遗少仍还留辫外，大多数人都行剪发。剪发后各种男帽时兴，一时有草帽、卫生帽、毛绳便帽、西式毡帽、呢帽、礼帽等，剪发者戴帽是增加头上装饰，未剪者是为了将辫藏入帽中。女子也提倡剪发，但应者不多，一般流行将辫盘作发髻于脑后。同时推行放足，但直至新中国成立后才根绝小脚恶习。

历来许多时兴服饰往往从下层妓女开始，传向社会，为上等士大夫人

[①] 傅国华：《中山装的来历》，《江西日报》1981年1月25日第4版。
[②] 华梅：《中国服装史》，天津人民美术出版社1989年版，第89页。

家所模仿。五代马缟在《中华古今注》即云：

> 魏文帝宫人绝所爱者，有莫琼树、薛夜来、陈尚衣、段巧笑，皆日夜在帝侧。琼树始制为蝉髻（鬟），望之缥缈如蝉翼，故曰"蝉髻（鬟）"。巧笑始以锦衣丝履作紫粉拂面。尚衣能歌舞，夜来善为衣裳，皆为一时之冠绝。

上述的莫、薛、陈、段，均为艺妓，她们善于变换发型和服饰，成为"一时之冠绝"。宋代司马光也说：

> 妇人不服宽袴与襜，制旋裙必前后开胜，以便乘驴，其风始于都下妓女，而士大夫家反慕之。①

徐珂《清稗类钞·服饰类·沪妓之服饰》又记：

> 同、光之交，上海青楼中人之衣饰，岁易新式，靓妆倩服，悉随时尚。而妓家花样翻新，或有半效粤妆者。出局时，怀中皆有极小银镜，观剧侑酒，随置座隅，修容饰貌，虽至醉，亦不云鬟斜觯宝髻半偏也。至光、宣间，则更奇诡万状，衣之长及腰而已。身若束薪，袖短露肘，盖欲发标新领异，取悦于狎客耳。而风尚所趋，良家妇女无不尤而效之，未几，且及于内地矣。

青楼中女子及歌舞艺伎等，她们的服饰必然要加以修饰和新奇华丽。以上海而言，大部分新式服饰，都来自青楼中女子，并且是最为领先和最趋于翻新时髦的。到30年代始，又有丝织和服装商人，为了推销其商品，举办时装展览，邀请当时各种明星等穿着新奇的服饰，这都是服饰翻新的起点。

服饰的变化首先是受政治环境的影响。每当社会动荡不安，人们思想活跃时，服饰变化也就频繁，如春秋战国和魏晋南北朝时期。一旦社会相对稳定，政策封闭，思想保守，表现在服饰上则必然禁锢守旧，如宋代以

---

① 江休复：《醴泉笔录》卷上。

后历朝。直到新中国成立初,一般妇女都喜欢穿列宁装,剪革命老大姐的齐肩短发,这正是当时人们对苏维埃政权的向往,对苏联老大哥的尊重,以及对女革命家的崇敬与热爱。有的青年妇女爱穿工装裤,这也是人们对翻身做主人的工人阶级的尊重与热爱。"文化大革命"中在"全国都要学解放军"的号召下,红卫兵便以军装为时髦。从新中国成立初到70年代末的三十年里,我国服饰色彩单调,可见人们在服装方面的物质享受和审美观的贫乏,这正反映了社会的封闭保守性。

80年代初随着改革开放,在西方文明的冲击和启发下,服装设计与穿着方面的思路大大打开了。一些所谓奇装异服,由禁止到默许,又由默许到认可;又由看不惯到接受,并由接受到习以为常。

服饰的袒裸一直是个敏感的题目,我国仅在唐朝昙花一现,女性穿上袒胸露臂的轻薄服装,风行了约一百年。当人们在看《杨贵妃》电视剧时,见到里面裸露服饰时竟产生怀疑,误认为是受新潮影响强加的。实际上,这在西方也同样受到深刻压制。18世纪到20世纪初,欧洲女性典型服饰是宽大的长裙,以长而及地的拖裙和宽大如伞的撑裙为主要代表。这些裙子特点是露颈、露肩、半胸、束腰、曳地,上半部较为开放,但双腿的封闭是十分严谨的。到20世纪初,女性开始向双腿发出挑战,最初人们开始穿较短的裙子,到20年代后,无论年龄大小都敢穿较短裙装;到三四十年代,腰、腹及肚脐的露出也开始司空见惯了。于是,"比基尼"问世于40年代的法国,一位法国服装设计师仅用几块棉布和布带,制成这种"三点式"泳装,最大限度地展现了人体的健美,震惊了世界。很快风靡世界,推动了人们服饰观念的巨大变化。

"比基尼"的名称来自太平洋马绍尔群岛中的一个珊瑚岛的名字。40年代美国人在这个不起眼的小岛上成功地试验了原子弹,但小岛的名字仍鲜为人知。三点式泳装的问世,使人联想到那威力无穷的原子弹,故取名"比基尼",从此这名字蜚声世界,无人不晓了。这样服装对人体的开放到了极限,只是还不能平时随便穿着。

"三点式"、"迷你裙"是70年代具有叛逆意味的服装。他们打破传统的古典的和谐、协调的规律,进行大胆创新,人们开始追求纯粹体现实用目的的舒适、保暖、凉爽、轻快等风格,服装设计与穿着更加自由和随便,更加不拘一格。

60年代起,西方女性的裙子开始上升到膝盖以上,一种称之为"迷你"的衣裙开始流行。"迷你"是英文"mini"的音译，其含义是"小型"、"微型"、"袖珍"的意思。"迷你式"以其短小、轻快、时代感强的特征，迅速抓住女性的心灵，成为她们喜爱的服饰。最早出现在英国，迅速推向世界。一向保守的英国这次领先后，美国、法国争相仿效。最初其长度刚好过膝盖，60年代末70年代初，又推出了更新式的迷你裙，即超短裙，裙摆达到大腿上端，这样整个大腿都裸露出来了。到80年代至90年代，以短、超短、超迷你等为主题的时装不断涌现，这样"迷你"风格征服了世界，将女性的美淋漓尽致地表现出来了。裸露美已成为当代女性不可缺少的重要特征。

同时女性服装男性化，也历来颇遭非议。唐代开放中，也曾充分显露过。而到近代，这与19世纪末开始的女权运动有直接关系，表明妇女要求解放，要求获得与男子同等权利的心理，也显示她们自强不息，在男子面前不甘示弱。而今男子多留长发，女子反剪短发为时髦；女着男装，也穿高领衬衫，系着领带，男子反穿花衬衫为时兴。这正充分反映社会的开放，给人们在服饰上有较大的自由选择机会。

我国近年服饰发展趋势基本受西化影响较大，从喇叭裤、大背头、花衬衫、连衣裙、茄克衫到西装、牛仔服直至羽绒服、旅游鞋等，中国人在几年中走过了西方几十年服装现代化的过程。

据说西服上装最早是欧洲渔民穿着的服装，他们终日生活在风浪之中，从事繁重的体力劳动，为了方便这种生活形式，他们不得不穿一种敞开领扣的服装，以适应工作需要，而这种衣服后来演变成今天西服的最早雏形。

领带最早没有固定样式，早期的日耳曼人为了不使披挂在自己身上的兽皮滑落，常利用树叶、草叶编成绳索将它们捆在脖子上，这大概是最早的"领带"了。

到法国君主路易十四时代，这时巴黎社会盛行追求穿戴上的时髦，当时一些克罗地亚骑兵的装束引起人们的注意。这些骑兵不仅穿着笔挺的制服，而且在脖子上还系着一根装饰性的布带，极为醒目，极有风范。有一天有位宫廷的大臣也以此为样子，上朝时在脖领间系上一条白色的绸带，并打成漂亮的扣结，结果受到路易十四的大加赞赏，宣称这种装束是一种高尚的标志。此后，佩戴领带开始成为一种时髦，逐渐流行起来。当然，当时的巴黎男人也并没有意识到这小小领带的内在含义，敞开领扣的服装，以适应工作需要，而这种衣服后来演变成今天西服的最早雏形。

牛仔裤诞生于美国旧金山，当年淘金热潮中，人们在艰苦的体力劳动中，渴望穿上一种厚实、耐用、便于行动的服装，于是用粗厚的布料制成最初的牛仔裤，结实、耐磨，很实用，又紧身潇洒，行动灵活，很快风靡全球。后加以改造，加上铜钉、铁扣和金属标牌进行装饰。

连衣裙，实际源自我国，早的不说，明代就有这种式样，不过那时是男子们穿的。在清代的朝服中也有这种形式。但现在所穿大都是仿西式作翻领式。这种服式，大抵流行于30年代初期，一般多为年轻姑娘夏季穿用。

女性的高跟鞋，起源于欧洲地中海沿岸国家，那里阴雨连绵，雨水充沛，无论是亚平宁半岛上的著名威尼斯，还是法国巴黎，常常看到人们在泥泞的道路上行走，稍不留意，就会弄得污浊不堪，于是在威尼斯一些女性出门时穿上鞋跟颇高的鞋，久而久之，成为女性喜欢的宠物了。因为女士们发现这种高跟鞋不仅实用，而且会给女性装饰带来奇效。当女士们提着长裙子踮着脚跟在泥泞道路上款款行走时，不禁为自己的优雅举止而陶醉，而且穿着高跟鞋行走，能使女性形体和气质上的美感表现得淋漓尽致。

当前，服饰趋向是礼仪、道德功能的逐步衰退，审美倾向的不断改变。今天人们服装多以宽松、自然、实用为美，如近几十年来兴起的牛仔服装、运动服装、旅游服装及棉麻为原料的服装等，都具有随便、舒适，风格自由潇洒的特点，既实用又美观大方，实用性在审美构成中占了相当大的比重。当代女性服饰以紧、透、露等为特点，正是性感服装基本特点的再现。

最近一二十年中，世界服装流行趋势有了很大改变，每种式样的流行，不仅影响范围日趋缩小，而且流行时间也越来越短。同时从华美、浓重的风格向轻淡、轻便型风格发展；古典服装一般比较典雅、庄重，装饰华美，用色浓重，给人以厚实感。今天人们除特殊场合外，一般喜好浅淡、明朗色调，一切为着轻便、舒适、自然和赏心悦目，无所谓庄重或轻佻，也不讲究"有伤风化"，将沿着舒适、轻松、合体的方向发展。

现代人类文化各个方面都在向"轻淡"方面发展：吃要吃得"清淡"；穿要穿得"轻便"；戴要戴"精致小巧"的手表，提的是"轻软"的旅行包，用的是"精巧"的家具，盖的是"轻松柔软"的鸭绒被，唱的是"轻快"的流行歌,听的是优雅的"轻"音乐,住的房子也要"轻巧雅致",室内装饰颜色讲究"淡雅"……

五 城市服饰流行色

前几年,每到年底在许多服装商店或大商场的广告栏中可以看到,明年世界流行色是什么,提醒顾客去采购。这实际是一种导购促销的手段。于是人们便信以为真,追索跟踪流行的色彩去采购所需的服装。其实,流行色古已有之,或是统治者明文规定,或是人们约定成俗,一个时代有一个时代的流行色。

《礼记·玉藻》云:"衣正色,裳间色,非列采不入公门"。孔疏:"正谓青、赤、黄、白、黑五方正色也;不正谓五方间色也,绿、红、碧、紫、卯黄是也。"正色即红、黄、蓝、白、黑五种原色,间色是以两原色调和的颜色;古人以正色为贵,间色为卑;上衣必须正色,下裳可以是间色。可是《诗·邶风·绿衣》中又记载:"绿兮衣兮,绿衣黄裳。"这里上衣用绿,下裳用黄,似乎又反了。实际周代服色主要为"玄衣纁裳",玄为黑色,纁为绛色。可见,春秋战国时以玄黑和赤两种正色为吉色,通用为贵重的礼服或朝服之色,尤其是红色为当时贵族专用,而间色为人们所贱。当时黑色不可服丧,白色与间色一样遭到人们反感。

春秋初,在齐国,由于"齐桓公好服紫,一国尽服紫。当是时也,五素不得一紫。桓公患之,谓管仲曰:'寡人好服紫,紫贵甚,一国百姓好服紫不已,寡人奈何?'管仲曰:'君欲止之,何不试勿衣紫也。'"于是齐桓公对人说,他恶紫臭,改服他色。很快百姓也都不再服紫。[①] 说明春秋初,紫色在齐国很流行,但到春秋末,哀公十七年(前487年),卫国浑良夫因着紫衣狐裘,被指为罪。杜预注曰:"紫衣,君服。"可见春秋末,紫色已为国君专用。[②] 以后虽非帝王专用,但在官服中,品位最高。

东周时,士兵多以青布裹头,所以称为"苍头"。春秋时,对出卖自己妻子为食者,往往罚以绿色巾裹头。秦朝自以为得水德,故"衣服、

---

① 《韩非子·外储说左上》。
② 《春秋左传》哀公十七年。

旄旌、节旗皆尚黑"。① 上有所行，下必效之。一般秦人也都尚黑色，均以黑巾裹头，所以称作"黔首"。《太平御览》卷690引挚虞《决疑》云："秦除六冕之制，唯为玄衣绛裳，一具而已。"汉承秦制，亦尚玄色，所以上朝时连皇帝都穿黑色衣服，在服色上难辨大小尊卑。主要以文官进贤冠的梁数和绶的稀密及采色来区别官品大小。而一般平民，法律规定只能穿本色麻布衣，不许穿彩色或杂色衣。秦时袍服已较为普及，秦制规定三品以上官职可服绿袍，一般庶民只能为白袍。《汉书·成帝纪》载，永始四年（前14年）诏曰："青绿，民所常服，且勿止"。可见西汉后期才允许平民穿用青绿色。

东汉因"火德"得天下，故建武二年（26年）制度服饰、旗帜尚赤色，并制定百官"五时服色"，随季节而变化，即春青，夏朱，季夏黄，秋白，冬黑。也就是立春服青色（即蓝色），立夏服赤色，到夏至前十八日换上黄色，至立秋服白色，立冬时改服黑色。《汉书·礼仪志》记："立夏衣赤……立秋衣白，立冬衣玄，立春衣绛。"古乐府《陌上桑》上有"湘绮为下裙，紫绮为上襦"之句。湘为浅黄色，说明当时上衣襦用紫，下裙用黄，色彩对比强烈。

魏晋南北朝时期，崇尚素雅，流行白色。古时以白色为凶色，可是此时，人们连举行婚礼时都可穿白色衣衫。如《幽明录》中记，一妇人身着"白练衫，丹绣袖裲裆"。《冥祥记》载："一妪年可三十许，上着青袄，下服白布裳。"

直到北周时，周宣帝始制"品色衣"，其袍色用五色及红、紫、绿等，领、裾、袖以杂色缘边。他虽在位仅一年，但为以后唐代品色官服的正式使用开了先河。

古代官吏在衙署内处理公务时所穿用的服装，人们称作"公服"，又称为"官服"。大约开始出现于魏晋南北朝时期。最早记载于《世说新语》中《伤逝》篇："王浚仲为尚书令，著公服，乘轺车。"在《资治通鉴》齐武帝永明四年："辛酉朔，魏始制五等公服。"胡三省注曰："公服，朝廷之服。五等：朱、紫、绯、绿、青。"意即当时以服色区分等第。

《隋书·礼仪志》记：下诏"朝会衣裳，宜尽用赤"。而"今之戎服，

---

① 《史记·秦始皇本纪》。

皆可尚黄，在外常所著者，通用杂色"。并载："（大业）六年（610年）后，诏从驾涉远者，文武官等皆戎衣。贵贱异等，杂用五色。五品已上，通着紫袍，六品已下，兼用绯绿。胥吏以青，庶人以白，屠商以皂，士卒以黄。"祭祀时，依内容不同穿不同颜色的礼服。隋朝以前，帝王冠服按季节区别服色，即春青，夏朱，季夏黄，秋白，冬黑。至隋文帝时，改为按用途区别服色，天子以赭黄绫袍为听朝之服，从此，黄色始为帝王所尚。然而隋时服黄尚无严格约束，所以在唐代以前黄色上下通用，连士卒都以黄，可见并无特别尊贵意义。

黄色是天地人统一的颜色，是权威和尊严的颜色。《说文解字》注："黄，地之色也，从田。"中国人讲福求福，讲多子多孙，讲人丁兴旺，与喜爱黄色相通。在董仲舒的建议下，汉太初元年（前104年）朝廷作出"衣尚黄"的决定。到隋时，黄色才为帝王专用色。

唐代一般服饰为白色，初不禁服黄，平民百姓也常服黄色，甚至帝王、百官出入宫廷也兴穿黄色袍衫，与百姓无所区别。特别是洛阳尉柳延服黄衣夜行，为部人所殴。于是多次申令禁止服黄。从此黄色渐成皇帝专用服色。当时未入仕途都着白袍，唐时不经考试而由岁贡进入官场的人，常称之为白布公卿，又曰一品白衫。可见唐代一般士庶多穿白色袍服，一直到宋代一般人服色仍以白色为主。官宦则以品级尊卑分紫色、绯色、绿色等。

《旧唐书·舆服志》记：

> 武德初，因隋旧制，天子谦服，亦名常服，唯以黄袍及衫，后渐用赤黄，遂禁士庶不得以赤黄为衣服杂饰。又敕：三品已上，其色紫；五品已上，其色朱；六品已上，其色黄；乃至流外用庶人，其色通用黄。

《隋唐嘉话》曰：

> 旧官人所服，唯黄、紫二色而已。贞观中，始令三品以上服紫。

马端临《文献通考》则记：

用紫、青、绿为命服，昉于隋炀帝而其制定于唐。

唐贞观四年（630年），太宗制定了百官"品色服"。规定：三品以上袍衫紫色，四、五品为绯色，六、七品为绿色，八、九品为青色。流外官及庶人用黄色。龙朔二年（662年）又改八、九品为碧色，入朝参见时也可着黄色。而妇女则通用黄色，从此改变了汉魏以来一直以皂色为尊的惯例，确立了以紫色为上品服色，直到明代才为红色所替代。可见，唐初仅定赤黄色为皇帝专用之色，而一般黄色仍普遍被使用。

直到总章元年（668年），"始一切不许着黄"，此制一直沿传至明清时代。上元元年（674年）高宗下诏，将官员服色按品级分为深、浅两色。唐代的品色服，经数朝后逐渐成为定制。

隋至唐初，妇女服饰以窄袖襦衫加长裙为主，其襦衫流行颜色以红色、紫色为主，黄色、白色次之。唐代妇女长裙多为红、紫、绿、青、白颜色，以红色最为流行。有一种"裥裙"，是用两种不同颜色的面料交错缝制而成，颜色多为朱绿、朱黄、黄白相间。

宋承唐制，赭黄、浅黄为帝王专色，诸官按品级职别定色。宋初定三品以上服紫色，五品以上服朱色，七品以上服绿色，九品以上服青色。北宋元丰年间取消青色，定四品以上服紫色，六品以上服绯色，九品以上服绿色。并以革带质地区别职别高低，三品以上束玉带，四品以上束金带，其他各品按相应质料束之。元代仍沿袭，至明时不用紫色，复用青色，更为四品以上用绯，七品以上用青，九品以上用绿。

宋代的服饰有严格的限制，太平兴国七年（982年）昉奏："旧制，庶人服白，今请流外官及贡举人、庶人通许服皂。"端拱二年（989年）诏曰："县镇场务诸色公人并庶人、商贾、伎术、不系官伶人，只许服皂、白衣，铁、角带，不得服紫。"[①] 因此当时的官服定为紫色，故一般庶民只能穿黑、白两色。

宋代女子服装主要流行窄袖衣、裙等，其色依丈夫地位而定，一般比较浅淡素雅，不像唐代那么鲜艳富丽，不得用大紫、大红、大绿，多采用间色浅色，如淡绿、粉紫、粉红、银灰、葱白等色。

一般平民为了增加服色的美感，他们便在有限的色调中变换花样，后

---

① 《宋史·舆服志五》。

也明令禁止，士庶平民只能穿单色服装。宋仁宗天圣三年（1025年）曾下诏："在京士庶不得衣黑褐地白花衣服并蓝、黄、紫地撮晕花样，妇女不得将白色、褐色毛段并淡褐色匹帛制造衣服，令开封府限十日断绝。"①实际上一般仍以白色为主，也有浅绛、浅青等色可用。

南宋士大夫为了备战需要，也都流行穿着紫衫，其因是它比公服、朝服方便舒服，所以颇受人们欢迎。然而，绍兴二十六年（1146年）由于"再申严禁，毋得以戎服临民，自是紫衫遂废"。于是人们为了适应临安夏天炎热，士大夫以凉衫色白凉爽为便服。"其制如紫衫，亦曰白衫。"但这种衣服，"有似凶服"，当时规定凶服（即丧服）为白色，有碍大观。"于是禁服白衫，除乘马道途许服外，余不得服。若便服，许用紫衫。自后，凉衫只用为凶服矣。"②从此开始，汉族地区则以白色为凶色，沿袭至今。

辽代袍服颜色较深，有灰绿、灰蓝、赭黄、墨绿等。内穿衫袄颜色较浅，有白、黄、粉绿、米黄等。金代服饰颜色多用环境色，如冬天多用白色，春秋季则绣有"杂花卉"、"熊鹿山林"等图案，以便混迹山林，迷惑狩猎对象。女子裙装则以黑紫为尚。

元代元贞元年（1295年）规定：明柳芳绿、红白闪紫、迎霜合、鸡冠紫、橘子红、胭脂红六色民间不许使用，不许织造。元代普遍流行的颜色是褐色，人们为了丰富花样，便有各色的褐，如砖褐、荆褐、艾褐、雁背褐、银褐、珠子褐、藕丝褐、露褐、茶褐、秋茶褐、麝香褐、檀褐、山谷褐、枯竹褐、湖水褐、葱白褐、鼠毛褐、蒲萄褐、丁香褐等。陶宗仪在《南村辍耕录》中就记载有二十多种褐彩配色法。明代与元代同，平民服装仍只许穿暗褐色，于是染工变尽花样，能染出各种褐色，达二十多种，如枣褐、椒褐、明茶褐、暗茶褐、艾褐、荆褐、砖褐等。

元代蒙古族女子的袍服多以红、黄、绿、茶、胭脂红、鸡冠紫、泥金等色为尚。汉族女子以华彩为尚。

明初洪武二十四年（1391年）改崇尚白色为玉色。到洪熙年间，仁宗见监生袍衫为蓝色，便提倡青色。自唐开始出现在衫下缀上一道横襕，故名襕衫。多为士人所服。至明代时，因衫色多为蓝色，故又称为蓝衫。

---

① 《宋史·舆服志五》。

② 同上。

张自烈《正字通·衣部》记：

> 明制，生员襕衫用蓝绢，裙袖缘以青……因色蓝，改为"蓝衫"。

清顾张思在《土风录》卷三中也指出：

> 秀才、举人公服曰襕衫……或云当为蓝衫，取李固"柳叶染袍"之意，故今公服多用蓝色。

明初规定士庶不准用黄色，平时只能穿杂色盘领衣，即使市井富商，虽也穿绫罗绸缎，但也只能用青、黑两色，并在领子上用白绫或白绢护之，以示区别皂隶。民妇只能用紫、绿、桃红和各种浅淡色，不许用大红色；可是到明末，大户婢女"非大红衣不华"，有的"非绣衣大红不服"。明末又以黑色不镶边的袍衫为时尚。明代妇女有大红绿绣裙，到崇祯初年又流行起素白裙，在裙边地两寸处绣上花。

徐珂在《清稗类钞·服饰类·服饰沿革》中，对清代各时期所流行的颜色作了较全面的概述：

> 清初，袍褂有用红绿组绣者。其后吉服用绀，素服用青，无他色矣……色料初尚天蓝，乾隆中，尚玫瑰紫，末年，福文襄王好著深绛色，人争效之，谓之福色。嘉庆时，尚泥金色，又尚浅灰色。夏日纱服皆尚棕色，贵贱皆服之。衬服初尚白色，嘉庆时，尚玉色，又有油绿色，国初皆衣之，殆沿前代绿袍之义。高宗恶其黯然近青色，禁之。嘉庆时，优伶皆用青色倭缎、漳绒等缘衣边，以为美饰，如古深衣。奴隶辈皆以红白鹿革为背子。

清人杨静亭在《都门杂咏》中也曾咏及：

> 蛋青衫子昔曾经，近日争夸叠雪形。
> 最爱衬来单马褂，羽毛颜色是红青。

诗下自注："近尚青白，不兴蛋青颜色。"正反映了当时社会流行色彩的变换。

由上可见，古代崇尚黑色，重视正色，至东汉才始尚赤色，至唐方改为以紫为贵，直到明代才以红色代替。

黄色从隋代才为帝王所尚，但并未被专用；唐初只是以赤黄为皇帝专用，但很快被禁用，使之成为皇帝的专用色，直至明清。

至于白色，在传统的汉族看来代表死丧、冰冷的色彩。古代原为凶色，但自魏晋南北朝起开始成为流行色；以后唐宋仍然尚白，宋代庶民基本流行黑白两色，至南宋后期才以白色凉衫为凶服，从此我国才重以白色为凶色。

白色在我国有些少数民族中是比较受人喜爱的，他们往往以白色为洁白无瑕、美丽雅致的代名词，并象征着吉祥如意、纯洁无瑕。如满族对白色特别珍爱，见到洁白物品或白色动物，特别喜悦；蒙古族崇尚白色，把正月称作白月，正月里人们都穿白色服装，相互赠送白色礼物，骑白马，用白色马奶酒祭祖先。藏族和蒙古族也特别喜爱白色，他们的内衣多是白的，"哈达"也是白的。回民都戴白帽子，也崇尚白色。

由于白色洁净，发展成为医务人员和饮食部门工作人员工作服的专用颜色了。由于受西方人的影响，人们把白色看作最高尚、神圣、纯洁，所以婚纱都用白色的。从而使白色变得富有人情味儿了，人们为了显示高雅、清淡、清静，往往在日常生活中，以至服饰上又开始逐渐崇尚白色了。

六 城市职业服装

今天在城市中，不同身份从事不同职业的人，在服饰方面各有不同。执行公务的公安、保安、税务、海关等机关工作人员都有各自服装；铁路、民航、航运、邮电、银行等特殊行业中工作的也有各自行业的服装；在一些大的商场中的服务员也有他们商场特色的工作服；此外，学生有校服、工人有各自的工作服、寺庙道观中的僧侣道士也有他们特制的服饰。这些都是城市职业服装，在我国城市发展中，这种职业服装起源早，内容和形式都极为丰富。由于记载不太全面，所以我们只能见其局部，略知大概而已。

先秦时期还不十分明显,到秦汉时期从事不同职业的人,基本已有不同装饰:秦代通信使者的服装一般都是黑色。汉代的驿使或邮差有一定服饰,他们头戴红头巾,臂着红色套袖,身着赤白囊,在驿路上奔驰十分醒目,有利于对专职邮使的识别。

宋代,在《宣和遗事》中就记载了汴梁各阶层人士的衣着打扮,如:富贵人家的纨绔子弟为"丫顶背,戴头巾,窣地第背子,宽口袴,侧面丝鞋,吴绫袜,销金裹肚"。寺僧行童为"墨色布衣"。巡兵装束为"腿系着粗布行缠,身穿着鸦青衲袄。轻弓短箭,手执著闷棍,腰挂着钎刀"。

在《水浒传》中生动地描绘了各种身份不同人的各种打扮,如:名门贵族出身的柴进:"头戴一顶皂纱转角簇花巾,身穿一领紫绣团云肩袍,腰系一条玲珑嵌宝玉绦环,足穿一双金线抹绿皂朝靴"。作为八十万禁军教头的武官林冲:"头戴一顶青纱抓角儿头巾,脑后两个白玉圈连珠鬓环。身穿一领单绿罗团花战袍,腰系一条双搭尾龟背银带。穿一双磕瓜头朝样皂靴,手中执一把折叠纸西川扇子"。李逵则是一副道童打扮:"戕几根蓬松黄发,绾两枚浑骨丫髻,黑虎躯穿一领粗布短褐袍,飞熊腰勒一条杂色短须绦,穿一双蹬山透土靴"。

可见当时不同行业不同阶层的人,穿着打扮都不一样。以下我们简要介绍几种城市中的职业服饰。

1. 士人

西周时已有士人专门的服装,《诗·郑风·子衿》记载:"青青子衿,悠悠我心。"汉毛亨传:"青衿,青领也,学子之所服。"可见当时士人服装大都是装有青色的领子,以区别一般庶民。后代一直沿用,如《周书·斛斯徵传》记:"宣帝时为鲁公,与诸皇子等咸服青衿,行束脩之礼,受业于徵为夫子。"《隋书·礼仪志四》记:北朝礼俗,以安车迎三老五更于国学,"国子生皆黑介帻、青衿、单衣,乘马从以至"。可见,直至南北朝时,士人仍有穿青衿的礼俗。

唐初开始出现一种"襕衫",以本色细麻布制作,除在领、袖等处加缘边缀上一道横襕,故名襕衫。多为士人所服,至宋被规定为秀举人的服饰。《东京梦华录·元旦朝会》记:"诸路举人解首亦士服立班,其服二量冠,白袍青缘。"北宋士人以白袍为时尚。《梦粱录·士人赴殿试唱名》记,凡中三魁后,"更换所赐绿襕靴简"。南宋中第可着绿襕。至明代,襕衫则用于士人公服,使用时与软巾、皂绦相配。

2. 商贾

汉高祖八年（前199年），规定："贾人毋得衣锦、绣、绮、縠、絺、纻、罽。"① 即禁止商人穿丝织品服装，只允许穿素而无纹的粗布衣服。

何孟春《余冬序录摘抄·内外篇》卷一中也记："农，拙业也，不如商贾。今制农民之家许着绸、纱、绢、布，商贾之家止许着绢、布；如农民之家但有一人为商贾者，亦不许着绸、纱……国家于此亦寓'重本抑末'之意。"可见，连商贾家属也受此限制。

在款式方面也有特殊，《后汉书·孝灵帝纪》记载：灵帝性情怪癖，常游戏于西园，令后宫女子为客舍主人，他自己"着商估服"，行于舍间。另外，《三国志·吴志·吕蒙传》记：吕蒙在一次军事行动中，"尽伏其精兵艩艫中，使白衣摇橹，作商贾衣服，昼夜兼行"。可见，当时商贾已有专门的服式，但具体形式不清。

在服色方面，隋时就规定商人服黑色，五代后唐商旅服色用白色。《东京梦华录·民俗》中记载各行各业人员的服饰：

> 其卖药、卖卦，皆具冠带。至于乞丐者，亦有规格，稍似懈怠，众所不容。其士农工商，诸行百户，衣装各有本色，不敢越外。谓如香铺裹香人，即顶帽披背；质库掌事，即着皂衫角带，不顶帽之类；街市行人，便认得是何色目。加之人情高谊，若见外方之人，为都人凌欺，众必救护之，或见军铺收领到斗争公事，横身劝救。

《梦粱录·风俗》中亦记：

> 士农工商诸行百户衣巾装着，皆有等差。香铺人顶帽披背子。质库掌事，裹巾著皂衫角带。街市买卖人，各有服色头巾，各可辨认是何名目人……但杭城人皆笃高谊，若见外方人为人所欺，从必为这救解。

可见不同职业的人着不同的衣服，凭衣服式样颜色可辨其身份，出了事可以相互相救。

---

① 《汉书·高祖纪》。

《西湖老人繁胜录》也记有杭城中商贾的服饰：

> 御街扑摩侯罗，多着红背心，系青纱裙儿；亦有着背儿，戴帽儿者。

故宫博物院所藏宋无款《杂剧人物图》中绘有一男子头戴高巾，身穿宽袍，脚蹬丝履。在他的巾帽、衣服及布囊上画满了大大小小的圆圈，每个圆圈内画一眼睛，显然，这是个专卖眼药的江湖郎中。

在《水浒传》中生动地描绘了张青作为小店主，挑担时的打扮："头带青纱凹面巾，身穿白布衫，下面腿胼护膝，八搭麻鞋，腰系着缠带"。绰号"浪里白条"的张顺，卖鱼时的打扮："头上裹顶青纱万字巾，掩映着穿心红一点髯儿；上穿一领白布衫，腰系一条绢胳膊；下面青白裹脚多耳麻鞋；手里提条行秤"。

商人在封建社会中地位极低，所以他们的服饰尤为特殊，以示与庶民相别，便于管理。

3. 倡优

古代著名艺妓服饰之盛，史书中有很多记载：

《晋书·石崇传》记西晋富豪石崇家，蓄妓百数，"皆曳纨绣，珥金翠，丝竹尽当时之选，庖膳穷水陆之珍"。

南朝宋明帝宠臣阮佃夫"权亚于人主，宅舍园地，诸王邸第莫及。妓女数十，金玉锦绣之饰，宫掖不及也。每制一衣，造一物，京邑莫不法效"。[①]

温庭筠长期放荡青楼，在其《酒泉子》词中就记有歌妓服饰：

> 楚女不归，楼枕小河春水。月孤明，风又起，杏花稀。
> 玉钗斜篸云鬟重，裙上金镂凤。八行书，千里梦，雁南飞。

《宋史·舆服志》："倡优下贱，得为厚饰"，"尚多僭侈，未合古制"。

《金史·舆服志》："倡优遇迎接，公筵承应，许暂服绘画之服。其私

[①] 《宋书·恩幸传》、《宋书·阮佃夫传》。

服与庶人同。"

《元史·舆服志》:"娼家出入,止服皂褙子,不得乘坐车马。"

元代对娼妓及"娼妓之家"的服饰有严格规定。元至元八年(1271年)正月,中书省察得,"娼妓之家多与官员士庶同着衣服,不分贵贱。拟将娼妓各分等第,穿皂衫子,戴角冠儿,娼妓之家长亲属裹青头巾,妇女紫抹子,俱要各各常川穿戴。仍不得戴笠子,穿金衣服"。①

4. 游民

游民系指士农工商四民之外,在城市中没有正当行业,没有稳定经济收入的人,他们往往不同身份有不同的服装。正如明人徐渭在《青藤书屋文集》卷十四中所述:"四民中所籍,彼不得籍,彼所籍,民亦绝不入;四民中所常服,彼亦不得服……特用以别且辱之者也。"

城市游民多从事卑贱的服务性工作,男性一般从事抬轿、吹鼓、挑担、扦脚、擦背等,女性则多为媒婆、接生、缠脚、开脸、篦头等,以至社会上游手好闲的乞丐、流氓等。这里择要几种,看看他们的特殊服装。

乞丐的服装往往贬称为"褴缕"、"须捷"、"褛裂"、"鹑衣"等。《左传·宣公十一年》记:"筚路蓝缕,以启山林。"晋杜预注曰:"蓝缕,敝衣。"汉扬雄《方言》卷三称:"南楚凡人贫衣被丑弊,谓之须捷,或谓之褛裂,或谓之褴褛。"《荀子·大略》:"子夏贫,衣若县(悬)鹑。"鹑即鹌鹑,羽色灰暗而杂乱,其尾短秃,意即破烂不堪状。在《东京梦华录·民俗》中就记载有乞丐的服饰:"至于乞丐者,亦有规格,稍似懈怠,众所不容。"

在《东京梦华录·娶妇》中还记有媒婆衣着:"其媒人有数等,上等戴盖头,着紫背子,说官亲宫院恩泽。中等戴冠子,黄包髻,背子,或只系裙,手把青凉伞儿,皆两人同行。"明清时的媒婆则穿青布上衣,衣袖多不翻卷,下着蓝布长裙,发髻梳在脑后,面虽抹粉,但唇不涂脂。

在《水浒传》中生动地描绘了算命先生身份打扮的吴用:"戴一顶绉纱抹眉头巾,穿一领皂沿边白绢道服,系一条杂色采吕公绦,着一双方巾青布履,手里拿一副赛黄金熟铜铃杵"。

明清时的挑夫短衣长裤,足蹬草鞋;轿夫则头戴尖顶笠帽,身穿蓝灰色布袍,脚穿黑色薄底布鞋;吹鼓手则外套红布背心。

---

① 黄时鉴点校:《通制条格》卷九,浙江古籍出版社1986年版,第137页。

至于流氓无赖，清时多穿密门马夹，即马夹的对襟纽扣密集，少者近十，多者十几个。裤管宽松，裤脚扎以布带紧束。清秦炳如的《上海县竹枝词》描绘：

紧身窄袖半洋装，非勇非兵躯干强。马夹密门绸纽扣，成群结队荡街坊。

自注曰：

按近年无赖之徒无有不穿紧身窄袖之衣，披密门绸纽扣之马夹者。

特殊服饰，走在街上，使人一目了然。

第五章

城市市场文化

今天当我们走在大街上，可以看到满街的广告招牌，电视、广播、报纸中，处处都充斥着广告，商店的玻璃橱窗里摆放着各色商品。这些广告有音响的、实物的、标语的、图形的、文字的等等，真可谓五花八门、五颜六色，各尽其能，各显神通地来吸引顾客购买各商家推销的商品。这就是城市中的市场文化。

说到市场，它比城市起源要早得多，开始它俩并无直接关系。据说开始人们的物物交易，多在野外或井边，故称为"市井"。最早的市可能起源于原始社会的氏族、部落之间。

在城出现以后，由于它吸引、汇聚了四乡的物质财富，城市中居民的寄生生活，需要货物交流，于是"市"便出现在城市之中。虽然在迄今的考古发掘的夏商时期城市遗址中，尚未见有市场遗迹，但从西晋皇甫谧编撰的《帝王世纪》中所记，夏桀荒淫暴虐，为了取乐，曾"放虎入市"来看，夏末，城中已有市的存在。

"城市"一词，在我国史籍中最早出现于战国时期。《韩非子·爱臣》中记："大臣之禄虽大，不得藉威城市。"《战国策·赵策一》载韩国上党太守冯亭使人对赵王说：

> 今有城市之邑十七，愿拜内之于王，唯王才之。

由此说明，到战国时，"市"与"城"已紧密结合在一起，并成为城市中重要的组成部分。它渐发展成城市中各阶层居民的公共交换场所。

我国早期的"市"在城市中是固定在一定区域中，《考工记》则规划为"前朝后市"，即在宫殿区的后面。直到曹魏时规划邺城时，因将宫殿区布置在全城最北的中部，"市"便移至宫殿区前面了。隋唐时仍继承了这种布局，仍实行着坊市制。到唐末时，随着商品经济的发展，城市中的

"市"逐渐冲破了原来的坊市布局的束缚,向坊巷制转换。所以到宋代以后,城市中的商店在全城的街巷中普遍设立,从而促使城市中的市场商品经济大发展。

在城市商品经济发展的同时,介于城市与乡村间的市镇也获得了很大发展。市镇的繁盛一方面是城市市场经济发展的有力补充,另一方面也对城市市场经济的发展产生一定的促进作用。它们间相辅相成的互促互进的关系,推动了我国封建社会后期市场经济的繁荣。

在城市的市场文化中最具特色的形式则是其丰富多彩的广告文化,这在我国的城市市场文化中独领风骚,无论是其形式多样,还是其内容之丰富,都令西方古代商业文化稍有逊色。我国古代的广告文化所造成的名牌效应也是捷足先登,颇为出色的。

城市中的市场文化不仅表现在集中于"市"中商场中,而且更为突出地表现在街头肩挑小贩身上。他们除了营销的各种商品各具特色外,仅就他们在各地各城市中的各种叫卖声,就形成了各地城市市场文化中一道亮丽的风景线。

此外,在城市市场文化中,我国很早即已出现商业买卖的中间环节的牙人、牙行与经纪人等,促使商品经济的繁盛。同时,商人中的行业组织行会、行帮乃至以后发展成商行、会馆、公所等也很发达。

当然,由于我国封建社会的统治者,长期执行"重本抑末"政策,城市商品经济的发展每每受到种种压制。所以,使得我国城市市场经济的发展与西方城市市场经济不能同步发展,产生一定的差距。以至到近代以后,这种差距越拉越大,这在我国的城市市场文化中也得到充分表现。

一　由坊市到坊巷

今天的"市"已成为一种行政单位,对于城市来说,"城"已不再显得那么重要,甚至可以不必存在;但"市"却早已成为城市最主要的标志。城市的大小及级别的高低等,往往需取决于"市"的规模和繁盛水平。当今的城市中到处都有市场,商店遍布大街小巷,人们几乎须臾离不开市场供应。实际上,"市"的起源远远早于城市出现之前,开始它俩并无直接关系。

早期的市往往多在野外或井边,故在春秋时的《国语·齐语》中开始有"市井"之称："处工就官府，处商就市井。"《史记·平准书》中，张守节《正义》曰："古人未有市，（及井）若朝聚井汲水，便将货物于井边货卖，言市井也。"又在《聂政传》记："政乃市井之人。"其下《正义》曰："古者相聚汲水，有物便卖，因成市，故云'市井'。"可见，最早的"市"与城本无关系。"市井"只是指商业贸易地方，"外商必就市井"。① 也有人认为市与井田有关："因井田以为市，故俗语曰市井"。②

我国的城市约产生于原始社会后期，最早城市只是政治城堡性质，与"市"并没有什么直接联系。只是社会发展到一定的阶段，随着城市机构设施逐渐完善以后，由于城市人口的集中，城市居民生活的需要，城内便有"市"的设立。从而，"城"的存在，为"市"的发展提供了有利的条件；而"市"的发展，又促进了"城市"的发达。正如马克思所说：

> 真正的城市只是在特别适宜于对外贸易的地方才形成起来。③

我国城市中自出现"市"以后，长期受到坊市制的严重束缚，被固定在一定的范围之内，安排在不太重要的位置。这在《考工记》的营国制度中明确规定为"前朝后市"。在封建社会前期，城市职能主要表现为政治中心，在都城中尤为突出的是宫殿区，所以"市"则安排在宫殿区的后面，并限制在很小的范围内。这种坊市制一直延续到唐代。

现存最早系统介绍古代市制的文献是《周礼》，根据《周礼·地官·司市》记载，周时市场已分有三种：

> 大市，日昃而市，百族为主；朝市，朝时而市，商贾为主；夕市，夕时而市，贩夫贩妇为主。

---

① 《管子·小匡》。
② 《公羊传》宣公十五年，何休解诂。
③ 马克思：《政治经济学批判》（1858年10月），《马克思恩格斯全集》第46卷（上），人民出版社1963年版，第474页。

整个市场中，"大市居中，朝市在东，夕市在西"。市内同类商品聚集成行，称作"肆"，储存货物的地方为"廛"。"市"内并设有质人、工正、贾正等官来进行管理。据有关专家研究，这种市制很可能为春秋晚年的市制。①

战国时，一些都城中市的位置分布，在齐都临淄与赵都邯郸，大致位于大城东北部。楚郢都的市在大城东部。新郑郑韩故城，市在郭城中段偏西处。燕下都的市，在东西并列两城的东城南部。② 当时有的大都会，可能已出现一城多市制，如《左传·昭公三年》（前539年）载，齐国晏子说："国之诸市，屦贱踊贵。"当时的齐印文中就有"大市"、"中市"、"右市"等。文献谓燕国印文中也有"左市"、"中市"等。③

从文献记载中还可看到战国时城市繁盛情况：如齐都"临淄之途，车毂击，人摩肩，连衽成帷，举袂成幕，挥汗如雨，家敦而富，志高而扬"。④ 楚国郢都也"车挂毂，民摩肩，市路相交，号为朝衣新而暮衣弊"。⑤ 从中可见，当时城市中人来人往，川流不息之繁荣。

秦汉时期的市往往比先秦时规模要大，以长安为例：

> 长安市有九，各方二百六十六步。六市在道西，三市在道东，凡四里为一市。致九州之人在突门。夹横桥大道，市楼皆重屋。
> 又曰旗亭楼，在杜门大道南。
> 当市楼有令署，以察商贾货财买卖贸易之事，三辅都尉掌之。⑥

可见，西汉长安城内两个主要市场区都在城北横桥大道两侧：西侧有六个市，东侧有三个市。城外还有柳市、直市、槐市等。一个市约占地两百六十六步，相当四个"里"之大。当时居民居住区以"里"为单位，以后才改称为"坊"。当时市的四周都筑有围墙，四面设门，其围墙称

---

① 贺业矩：《唐宋市坊规划制度演变探讨》，《中国古代城市规划史论丛》，中国建筑工业出版社1986年版，第201页。
② 宋镇豪：《中国古代"集中市制"及有关方面的考察》，《文物》1990年第1期。
③ 裘锡圭：《战国文字中的"市"》，《考古学报》1980年第3期。
④ 《战国策·齐策》。
⑤ 《太平御览》卷776，引《新论》。
⑥ 《三辅黄图》卷二"长安九市"条引《庙记》。

圜，每面开一门，称作圜；两圜之间有通道相连，称作隧。隧的两侧为列肆（即摊位），商品分组分类于列肆出售。市中设有旗亭楼，高五层，上置旗帜和大鼓，用以报时报警。有当市楼，为政府委派的市场管理人员市长、市丞、市令等办公地点。他们还派人巡视市场、管理物价，管理治安、负责征税、启闭市门等。

当时的市集已相当热闹："市，朝则满，夕则虚。非朝爱市而夕憎之也，求存故往，亡故去。"①《史记·孟尝君列传》则记当时人们清晨赶市集之盛况，

> 君不见趋市者乎？明旦，侧肩争门而入，日暮之后，过市朝者掉臂而不顾。

东汉洛阳商业繁华，汉人王符《潜夫论》记当时洛阳：

> 举俗舍本农趋商贾，牛马车舆，填塞道路，游手为巧，充盈都邑。仲长统也说："船车贾贩，周于四方，废居积贮，满于都城"。②

以下我们从四川新繁和成都西郊土桥各出土的一块同模制作的东汉市井画像砖中，可以形象地反映秦汉时一般郡县城市中的市井风貌。

市井平面呈方形，周围有墙环绕，三面设门，每面三门，每门有三道。左门和北门分别隶书题记"东市门"、"北市口（门）"，右边未见题名。市内有四条大道（即隧），呈十字交叉，四条大道上各有数组人在活动。在十字交叉口的正中有五脊五檐市楼一座，楼上悬有一鼓，楼下正中开门。市道两旁是列肆，共有四个贸易区，每区各列三至四列，每列均为长廊式建筑。在西北、西南及东南三角有纵横交错的市宅，其中间另列店房。在北面靠市垣的两区店房内，可以看到堆积的货物与商人、顾客在活动。学者们普遍认为这两块画像砖所反映的就是当时成都市井的状况。可见，当时一般中小城市中也多设有市，如酒泉就有东市、西市；建康有东市、北市、大市。东汉都城雒阳城中亦有三市：

---

① 《战国策·齐策》。
② 《后汉书·仲长统传》。

大市名也金市，在城中，南市在城之南，马市在大城之东。①

　　曹魏定都邺城，将宫殿与中央官署集中于全城北部中央，从而市便移至宫殿区前面。与此同时期的东吴建业城中的市，也安排在宫城南面的秦淮河的水陆交通便利的地方。这种布局为北魏洛阳所效法。

　　北魏都城洛阳的市场都在宫城以南地区：从《洛阳伽蓝记》中不难看出，当时全城仍有三市：城东"归正里东即是洛阳小市"；城南"别立市于洛水南，号曰四通市，民间谓永桥市。伊洛之鱼，多于此卖"；城西"出西阳门外四里，御道南有洛阳大市，周回八里"。各市的规模与功能各不相同：城西"大市"，规模最大，有各种手工业作坊和特种服务行业；城东"小市"，规模较小，仅有一些自产自销的手工业者和商贩；城南的"四通市"，为当时都城的国际贸易场所。这种将"市"改置于宫城以南的格局，对隋、唐城市规划布局有深刻影响。

　　当时都城内设有"京邑市令"，②负责管理市场。开市、罢市都定时，以击钟鼓为号。在洛阳城内建春门外"阳渠北有建阳里，里有土台，高三丈"，这里原是旗亭所在地，"上有二层楼，悬鼓击之以罢市"。据《魏书·食货志》记载："税入市者人一钱，其店舍又为五等，收税有差。"可见当时人们入市进行买卖，都要先交市门税；而市内的店舍分五等缴纳税款。

　　这里我们有必要向大家简单介绍一下古代在城市中长期实行的"坊市制"。在先秦文献中并无"坊"名，当时城市居民聚居组织的基本单位为"里"。这原是农村的一种聚居基本组织单位，《汉书·食货志》中称："在野曰庐，在邑曰里。"颜师古注曰："庐各在其田中，而里聚居也。"当时为了防止盗窃的攻击，采取这种四面围筑院墙的封闭聚居形式较为安全。从先秦开始，这种称"里"的组织形式在城市中长期存在，有时称作"闾里"或"闾"，秦汉仍因之。从晋代开始，城市居民居住区正称仍为"里"，但有时又称作为"坊"。这在《元河南志》卷二"晋城阙宫殿古迹"所引《晋宫阙名》中，有"诸里"和"诸坊"的名称。到北魏洛

---

①　（清）徐松辑：《河南志》，《后汉城阙古迹·三市》注引华延：《洛阳记》。
②　《魏书·官氏志》。

阳时，全城有三百二十里，也称三百二十坊。这"坊"字，即源于"防"字的别体。从隋初开始，改里称为"坊"。

所谓"坊市制"，即城中之"市"集中在一个限定的范围之内，它与"坊里"一样，也是方形，四面筑有围墙，并开有市门。如西汉长安的九市，"各方二百六十六步"，"凡四里为一市"。又如北魏洛阳的大市，周围八里，也相当于四个里的面积。

唐长安城在皇城前的东西两侧分列东、西两市。在徐松的《唐两京城坊考》中记载：

> 东市，南北居二坊之地。当中东市局，次东平准局，铁行。
> 西市，南北尽两坊之地，市内有西市局、市署、平准局、衣肆、鞦辔行、秤行、窦家店、张家楼。

可见唐代的东西市各占两坊之地，平面近正方形，每面各开二门，有道路相通，形成"井"字形相交。唐代依然实行坊市制，市场交易限定在官府设在城中特定的市内进行；并限定贸易时间。正如《新唐书·百官志三》所记：

> 凡市，日中击鼓三百以会众，日入前七刻，击钲三百而散。

这种作为居民区的"里"或"坊"与作为市场交易商业区的"市"相结合的居住制度即古代的"坊市制"。其特点是：

当时一般居民出入坊里，必须经由里门，不许直接临街开门。坊里中有一套严格管理制度。秦以前，里就设有专职监里门的人员。汉代因袭此制，里有"监门吏"管理。并规定只有"甲第"，才能"当道直启"。[①]所谓"甲第"即统治阶级中显要人员的宅第。唐代则明确规定："非三品以上及坊内三绝，不合辄向街开门。"[②] 当时临街坊墙不许开门，《隋书·令狐熙传》记令狐熙任汴州刺史时，"下车禁游食，抑工商，民有向街开门者杜之"。

---

① 《两京赋》。
② 《唐会要》卷86《街巷》。

当时街上设有"街鼓",天明和日落时,坊门随街鼓声而开闭。实际全城实行宵禁制度。

《唐律疏议》卷八称:"坊市者,谓京城及诸州县等坊市。"可见唐代坊市,除京城外,各地州县皆有。当时在市民居住的坊中,一般是不允许开设商业店铺和手工业作坊的。实际上在"市"周围的坊里,往往由于有商人和手工业者居住,所以有所例外。如北魏洛阳城西的"大市"周围十里就有一些专业工商者居住并开业:

> 市东有通商、达货二里,里内之人,尽皆工巧,屠贩为生,资财巨万……市南有调音、乐律二里,里内之人,丝竹讴歌,天下妙伎出焉……市西有退酤、治觞二里,里内之人,多酝酒为业……市北慈孝、奉终二里,里内之人,以卖棺椁为业,赁輀车为事……别有准财、金肆二里,富人在焉。凡此十里,多诸工商货殖之民,千金比屋,层楼(对出),重门启扇,阁道交接,迭相临望。

在城东"小市"旁有归正里,民间号为吴人坊,里内"所卖口味,多是水族,时人谓为鱼鳖市也"。另外,在城东北有上商里,"惟有造瓦者止其内,京师瓦器出焉"。①

同样,在唐代长安的东西两市周围的坊里也有经营工商业的。如东市南面的宣平坊中有卖油者,升平坊北门旁有胡人鬻饼之舍,东市西面的平康坊中有小铺席卖姜果的,宣阳坊有采缬铺,长兴坊有饆饠店,东市西北的崇仁坊中有专修乐器的。在西市东面的延寿坊中有鬻金银珠玉者,西市西南的丰邑坊中多租赁送丧之具。

这种现象在唐代洛阳城中也有,据杜宝《大业杂记》记载:洛阳有北市、南市、西市三市,以北市最为繁盛:

> 天下之舟船所集,常万余艘,填满河路,商贩贸易,车马填塞。②

---

① 《洛阳伽蓝记》卷四、卷二、卷五。
② 《元河南志》卷一。

在北市东南的时邕坊、东北的殖业坊、西面的清化坊内都有旅店客舍，殖业坊西门并有酒家。在南市西南的修善坊里车坊、酒肆林立。诸此种种经营工商业者都还在"市"的周围坊中进行，尚未能打破坊墙临街设店。

由此可见，我国古代在唐代中期以前，由于商业市场都集中在划定的市场范围内，商店不许临街开设，居民只能到集中的市场去购物，一直实行着"坊市制"。自唐代中叶以后，随着城市商业经济繁荣发展的需要，古典的坊市制逐渐被冲破，在一些坊内开始出现商贸活动，有的甚至破坏坊墙而临街设店。在肃宗至德年间（756—758年）人们纷纷穿破坊墙而临街设铺。这样旧有的古典坊市制开始瓦解，新的"坊巷制"逐渐形成。

约在北宋仁宗末年，"坊巷制"完全取代了过去的"坊市制"。即民居只是以坊为名，以街巷为聚居组织的基本单位。从此以后，城市民居不再受坊墙、坊门限制，可以随意临街开门了。这在南宋《平江图》中可以明显得到形象的反映，由于当时苏州城内河道纵横，民居往往处于前街后河的状态中。图中在街巷口立有跨街的"坊表"，上面写着坊名，以代替过去挂在坊门楼上的坊榜，以此标明此街巷的名称。从而"坊"的本意已完全丧失，它仅作为名称被保留下来，而"街巷"才是实际聚居组织的基本单位。所以南宋的《咸淳临安志》与《吴郡志》中则坊、巷并称。正如《吴郡图经续记》中所讲："近者坊市之名，多失标榜，民不复称。"南宋以后，坊表渐渐消失，但坊名依然还沿用。直到近代城市中一些弄堂、胡同、小巷仍称某某坊。这是因人们依然习惯以"坊"作为雅称而保留下来，而一般市民则习惯以街巷相称。

到宋代以后，我国城市普遍出现行业街市。如在《东京梦华录》中就记北宋开封府城内有：牛行街、马行街、果子行、曲院街、潘楼街、杨楼街等。在《武林旧事》中记南宋临安城内有药市、花市、珠子市、米市、肉市、鱼行、布行等。在近人王謇所撰《宋平江城坊考》中，考订南宋《平江图》中的一些街巷名称中，仅城西南记有：纸廊巷、果子巷、米巷、药市街等。

迄今我们尚能从北京城内的一些旧地名中，略知明清时期北京城内一些地区的社会功能的分布状况。表示各行业市场的如：花市、菜市、灯市、米市、晓市、煤市、肉市、缸瓦市、羊市、草市、骡马市、果子市等。

表示手工业场所的如：铁匠胡同、弓匠胡同、鞍匠胡同、白纸坊、琉璃厂、羊毛胡同、裤子胡同（今为库资胡同）、劈材胡同、帽儿胡同、手帕胡同等。

表示文化功能的如：国子监、府学胡同、武学胡同、贡院东西街、勾栏胡同（今内务部街）、演乐胡同、戏楼胡同等。

表示仓储的如：东直门内的海运仓、禄米仓、北新仓、新太仓、南新仓、北门仓、白米仓等。

城市按功能分工不同，出现行业专业化集中交易，进行分区布局的成熟，正是城市中市场经济逐渐发达的一个重要标志。

二　摊贩与市镇

尽管今天现代化的城市中，大型商场、各种公司、各色购物中心等到处林立，商场中商品琳琅满目，让人看得眼花缭乱、目不暇接。但城市中的摊贩依然很多，在一些农贸市场、沿街路边、车站、娱乐场所门口等地，不时可以看到一些地摊。有的还挑着担子走街串巷进行叫卖。这些小商小贩，便于市民生活方便，而且价格低廉，颇受一般城市居民的欢迎。

市场中的商品交易最早就是从小商小贩开始的，所以商贩自古有之。他们或在市场中设摊经营，或走街穿巷推销其产品，有的甚至进行长途贩运。

如《墨子·贵义》云：

　　商人自四方，市贾倍徙，虽有关梁之难，盗贼之危，必为之。

《管子·禁藏》亦云：

　　商人通贾，倍道兼行，夜以继日，千里而不远者，利在前也。

这些小商贩之所以不远千里，夜以继日，不畏关梁之难和盗贼之危地奔忙，正是"利在前也"。可见最初的商贸活动主要是进行贩运交易。随着生产的发展，有很大一部分手工劳动者，将他们生产的多余手工业品拿到市场上进行交换。他们只需简单的生产工具，少量的生产资料，主要凭借自己的特殊技艺，生产出人们日常生活必需品，拿到市场上销售，以维持自己简单的生活。

在先秦文献中记载这类手工业者生产各类手工业产品的就很多。如：贩卖商品的有：鬻牛马者、屠羊之肆、屠狗者、卖鸡豕者、卖骏马者、卖兔者、卖鳖者、贩茅者、收购美玉者；手工业者有：修车肆、织卖履者、织卖缟冠者、鬻金者；还有专门献技的：卖卜者、占梦者、行巫者、倡优侏儒等。

在东汉以前，商、贾是不分的，自东汉以后，开始将坐商与行商有所区别。《白虎通义·商贾篇》记载：

> 商之为言商也，商其远近，度其有亡，通四方之物，故谓之商也。贾之为言固也，固其有用之物，以待民来，以求其利也。行曰商，止于贾。

可见，"商"似后世的批发商或趸卖商，"贾"似后世的零售商。即前者为流动商，后者为坐商。魏晋南北朝时期，由于分裂政权统治者忙于战乱，对官府手工业者管理稍有松弛，从而使一些民间手工业者在市场上有所发展。如在南朝的一些城市中，陆续出现一些小商品经营者。如：

> 戴法兴，会稽山阴人也。家贫，父硕子，贩纻为业……法兴少卖葛于山阴市。①
> 沈瑀（南梁振武将军，余姚县令）微时，尝自此鬻瓦器，为富人所辱……②

《梁书·吕僧珍传》还记载，吕僧珍回故乡任刺史，其叔伯兄弟"贩葱为业"，想攀附其势，讨一官半职，被他训斥后，要他们"妄求叨越，但当速返葱肆"。

这些贩葛、鬻瓦、卖菱者乃至葱肆等，无不都属小商小贩。他们应市场的需要，逐渐活跃起来。

---

① 《宋书·戴法兴传》。
② 《梁书·沈瑀传》。

到中唐以后，由于"坊市制"逐渐瓦解，城市商品市场日益繁荣，从而商业也随之由原先纯粹的贩运型向商品生产与商业贸易相结合的方向过渡。唐代市场中的"肆"已不是早期城市中只表示同一类型商品摊位的排列，而发展成为"陈货鬻之物也"，而"店者，所以置货鬻之物也"。① 这些"肆"和"店"已发展成类似今天用来零售或批发的商店了。

到北宋时，由于开始过渡到"坊巷制"，取消了以往固定的集中市制，人们可以沿街开设店铺，小商小贩也可穿街走巷进行叫卖。哪里人多，哪里热闹，哪里就开设商店较多，逐步形成新的商业街。市场显得十分活跃，街市也逐渐热闹繁华起来。如北宋东京开封府御街两侧，沿街民居店铺鳞次栉比，人烟稠密。朱雀门外主要是果市交易和纸画买卖，十分兴隆。这里还杂有道观、太学等，加上与此勾连横行街巷，故满街都有商贩叫卖声，加上僧道的吟唱、学子的诵读声，甚至杂着妓女的打情骂俏等，热闹非凡。

从《清明上河图》上可以看到：有卖绳索、卖刀剪、铁器的小摊，有卖甘蔗、卖小吃的摊贩，还有人头顶食物筐的商贩正在招揽顾客，甚至有一位老者用一根小竹竿把七八种小商品悬挂出来，串街走巷。

在《东京梦华录》和《梦粱录》中对北宋东京开封府和南宋的临安府的街头小商贩均有详尽的描述：他们或"挑担"、或"挑担抬盘架"、或"沿街叫卖"、或"沿街市吟叫扑卖"、或"于小街后巷叫卖"等等，他们所卖的东西虽列举有上百种之多，仍说"及买卖品物最多，不能尽述"。所卖的点心小吃，还有"早间"、"饭前"、"日午"不同时段卖不同食品之分。所卖的花，在不同季节卖不同品种。他们串街走巷，市民们可以随叫随到："时时有盘街者，便可唤之"。同时还提供各种服务，诸如"有每日扫街盘垃圾者"、"人家有泔浆，自有日掠者来讨去"。甚至"杭城户口繁多，街巷小民之家，多无坑厕，只用马桶，每日自有出粪人蹇去，谓之'倾脚头'，各有主顾，不敢侵夺；或有侵夺，粪主必与之争，甚者经府大讼，胜而后已"。

关于城市中的小商小贩：小商人主要是指经营店铺的小业主。他们有相对稳定的经营场所，有一定的资金和客户对象，是市井中"富而不绅"

---

① 《中华古今注》卷上。

的阶层。

市井中的小商人，从内心里羡慕宫廷（包括官僚）体系的体面和尊贵，因此他们常常交通官场，热络吏员，有一定的资本后还会捐一个"出身"，成为"红顶商人"。他们对政治的热情是始终的。

同时他们也企羡士林阶层的高雅和闲适，在他们看来，士林中的知识分子在未晋身时吟诗作画、讽喻时政、指点江山、激扬文字，尤其是在宋代以后，由于"科举不问出身"较为彻底，这些人又可以"朝为田舍郎，暮登天子堂"。

商人对这两个阶层的态度，最突出的是，在宋代以后，在市井里对相公、员外、太保、博士、侍诏等官称"民称化"。普遍运用于市井中。如博士，本是学官，但在市井中常用于酒店茶肆中端茶送酒的店员。如《东京梦华录》中说：

凡店内卖下酒厨子，谓之茶、饭、量酒博士。

市井小商人一旦破产后往往成为小贩。在城市里还有手艺人，他们往往获得较快增长，因他们有一技之长，往往活得比较自在，尤其是手艺出众的工匠，更是常受到顾主的青睐和尊重。他们有三个特点：

一是由于一技之长，使他们的职业和社会地位相对比较稳定。他们除了智慧和劳作外，很少有成本投入，所以风险较小，而创造的价值又独具实用性，这种实用性积累到一定时候就会成为品牌，当有一定资本支持下，就发展成"前店后场"的店铺；二是工匠的师承制一般以三年为限，满师后即可独立招徒，如此繁殖速度很快；三是有的工匠将自己一生最关键和得意的经验只是子承父业，有的形成为家庭"秘术"。

鲁迅在《作文秘诀》中说过："'秘'是中国非常普遍的东西"，"做医生的有秘方，做厨子的有秘法，开点心铺的有秘传，为了保全自家的衣食，听说这还是只传儿媳，不教女儿，以免流传到别家去"。如北京大栅栏外的六必居酱园，建于明朝中叶，起初只是个小酒馆，后来在酿造业中颇有诀窍：即"黍稻必齐，曲蘖必实、湛之必洁，陶瓷必良、火候必得，水泉必香"。同时六必居又寓意柴、米、油、盐、酱、醋"开门六件事"。据说严嵩慕名到过六必居，还亲手题写了"六必居"匾额。由于其独特的产品质量和经营风格，使这老字号长盛不衰。

小贩害怕资本蚀光而成为"下三流",那是以出卖苦力和尊严为特点的。"下三流"是市井中最无奈的行业。有的地方又称为"下九流",相对于"三教九流"中的"上九流"。据说这是指剃头、修脚、搓背、驮尸、抬棺、挑泔水、挑垃圾、倒马桶、捅阴沟等九个下贱行当。这些职业往往是破产农民涌入市井后的首选职业,这些职业又正是无奈而正派的人唯一的选择,虽然地位低下但毕竟还是正当行业。比起求乞、卖淫、流氓、无赖等强一些。这些人一旦有机会,或是有人保荐,或是学得一门技艺之长,或有其他机遇,他们就会设法改变自己的境遇。

由于市井的发展和它的就业的广泛适应性,使大批落魄的士林人士和没落的官宦小吏涌入市井。这就使市井的文化层次得以改善,与乡土文化相比,尽管都是俗文化,但这种文化气息显得更浓重一些。由于这里的空气太适宜于胸无大志、热衷于图谋蝇头小利者的生存,因此有些衙役小吏、官场帮闲在明清时期就已经广泛地掺杂到市民阶层,成为他们中的特殊成员。他们的特殊性就在于他们对于"下三流"来说,他们可以抖擞官场的威风,而对于富裕的铺商和小贩匠人,他们又常常成为专吃"白食"的地头蛇和流氓。

当然市井中也包括地痞、流氓、游民、乞丐、娼妓、骗子……这些人也在求化和求变。世事沉浮,挤轧激烈,"黑吃黑"的事情经常发生,他们之间在势力的抗衡中,往往胜者为王,败者为寇,或沦为附庸,或逐出市井。

总之,由于市井成员实际上不论从心理需求到物质生活的期望都有很大差异,因而他们的处世原则、为人目标、生存方式、利益实现的形式都没有其他文化系统的人群来得单纯。他们的平民性正表现在这样的境况里:他们人身的主动性与自由度处于官与奴之间,而在生产资料的占有上又排斥在绅与农之外,这种中间状态,使他们成为一伙经常变化着的热热闹闹的松散群体。松散易变是他们总的特点。易变的内在原因是他们不论处于哪个支系统,他们都对自己的境遇表现出强烈的不满意,他们中的大多数人都经常地想超越自己的这一支阶层;客观上的原因则是因为某个具体的市井资源与需求量的有限,内部的竞争与倾轧是免不了的,适者生存的原则在这里尤其表现得赤裸裸,由于他们没有太多的财产(尤其是不动产)的负担,而且大多数的人甚至是赤手空拳,他们可以毫无顾忌地说走就走,流向其他的市井。但是他们之所以又能成为一个整体,那是因为他们都离不开市井，只有市井才可能让他们有生存的余地。

到明清时，城市街头摆摊挑担的小商贩数量已相当可观了，仅以天津为例，至清末就约有一万多户，主要集中在一些繁华商业区内。据有关资料统计，如东北马路有摊贩121家，估衣街一带有摊贩200户，北门西一带有摊贩58家，北门外乐壶洞两边的狭小街面两侧亦有26家货摊。这些摊贩多在路边设摊，有的甚至搭设遮雨篷，或将招牌支在路边，或在门前任意乱堆乱放货物，从而侵占路面，使本来已很狭小的路面更加拥挤，甚至阻塞交通。

> 该处小摊，多系叫卖估衣以及零星各物，一经围绕即无余地，加以针市街、竹竿巷等处车马行人如织，每与电车相遇，躲避无从，尤为可虑。①

这些小商小贩所设小摊，主要出售日常人们所需的零星货物，他们往往是从大商场批发而来，却能起到大商场所不能起的作用，他们实际是大商场的支脉和补充。他们对繁荣市场，发展商品经济起了不可磨灭的作用。

何况这部分小商贩都是城市贫民和一些小手工业生产者，他们都是小本经营，只是从批趸中获取一点蝇头小利来养家糊口。若加取缔，一方面将断了大商号的批发销路，另一方面这些城市贫民失去生活出路，或铤而走险成盗贼，或沦为街头乞丐，对社会治安也很不利。

至于这些小商贩沿街摆摊影响交通，也确是长期难以解决的社会问题。以往历代政府也曾采取一些管理措施，或是划定专门场地，或是限制摊位所占的地面，或是限定时间，或是开辟专门市场加以集中等等。但都未能得到很好解决。这是市场管理问题，我们既要发展市场经济，繁荣市场，但又要保障城市交通畅通和安全。

这些小商小贩，不仅在城市中流动性很大，同时，为了推销其商品，他们有时也流动到周围的农村中，在他们流动过程中，在城乡间多形成一些镇市。如嘉靖《河间府志》记述，明代北直隶（今河北）河间府货贩

---

① 天津社会科学院历史研究所等编：《天津商会档案汇编》，天津人民出版社1989年版，第841页。

行商状况：

> 河间行货之商，皆贩缯、贩粟、贩盐、铁、木植之人。贩缯者，至南京、苏州、临清。贩粟者，至自卫辉、磁州并天津沿河一带，间以岁之丰歉，或籴之使来，粜之使去，皆辇致之。贩铁者，农器居多，至自临清、洵头，皆驾小车而来。贩盐者，至自沧州、天津。贩木植者，至自真定。其诸贩磁器、漆器之类，至自饶州、徽州。至于居货之贾，河北郡县，俱谓之铺户，货物既通，府州县间，亦有征之者……其为市者，以其所有，易其所无也。日中为市，人皆依期而集。在州县者，一月期日五六集；在乡镇者，一月期日二三集。府城日一集，南谓之上市，河北谓之赶集，名虽不同，义则一也。

关于市的起源与发展，我们在前节对城市内的"市"，已作了较详细的介绍。这里我们就城外"市"的发展作一简要介绍。

古代商品交流不发达，直至西汉依然"百里不贩樵，千里不贩粮"。自东汉起，由于人们商业活动的日益频繁，在城乡间的交通要道上开始不断形成新建的市。如《后汉书·张禹传》记：

> 邻郡贫者归之千余户，室庐相属，其下成市。

李贤注引《东观汉纪》：

> 后年邻国贫人来归之者，茅屋草庐千户，屠酤成市。

说明当时"草庐千户"的聚落，因商业需要，即能"屠酤成市"。所以到了魏晋南北朝时期，在江淮地区便渐次出现草市。

草市是东晋南北朝时出现的一种比较高级的农村市场。其义可能与潦草、草率、粗略有关；另有一说为，本是在城市城门外，所设专供农民出售草料（包括饲料、燃料）等农产品的市场。意即与官府设立于县以上城市中的市场相比，不是那么规范，相形见绌，故称作草市。

史籍中记载东晋时，草市已很多，已成为政府敛税之地。如在安徽寿春县,"肥水左渎,又西迳(寿春县城)石桥门北,亦曰草市门"。① 在上元县(今江苏南京市),"咸和六年……今建初寺门路东,是时有七部尉……南尉在草市北"。②

又在"淮水北有大市百余,小市十余所,大市备置官司,税敛既重,时甚苦之"。③ 只是这些早期的草市,受到官方抑制,难以充分发展。到唐代前期还明文规定:

诸非州县之所,不得置市。④

直到中唐以后,随着商品经济发展,才使草市在水陆交通要道上得到很大发展,使之成为农村商品交换的中心。如湖北荆州沙头市(即今沙市)因地处水陆交通要冲,很快发展成为"商贾辐辏,舟车骈集"的草市。⑤ 有的地方甚至因当地特产而发展成专业市镇,如四川盐亭县雍江因产盐而出现盐市;在蒙顶山崮产茶而发展成茶市。

唐宋间,草市发展日盛,史籍所载不绝。如晚唐诗人杜牧在述及"江贼虏掠草市"时指出:"凡江淮草市,尽近水际,富室大户多居其间。自(元和)十五年来,江南江北凡名草市,劫杀皆遍"。⑥ 北宋时,"宿州自唐以来,罗城狭小,居民多在城外。本朝承平百余年,人户安堵,不以城小为病。兼诸处似此城小人多散在城外,谓之草市者甚多,岂可展筑外城"。⑦ 南宋时,陆游《村居》诗中记:"草市寒沽酒,江城夜捣衣。"

至于说到镇,它原是边地的军事设防地,始于北魏,如在北方长城一线就设有六个军镇。到唐代又扩大到东北、西北、西南等地区。早期的市与镇是有严格区别的,所谓"有商贾贸易者谓之市,设官防者谓之镇"。⑧ 直到唐末五代,大多数的镇依然是军事驻防要地,只有很少一部分县以下

---

① 《水经注》卷三十二,《肥水》。
② 《太平寰宇记》卷九十,升州上元县。
③ 《隋书·食货志》。
④ 《唐会要》卷86,《市》。
⑤ 《舆地纪胜》卷64。
⑥ 《樊川文集》卷十一,《上李太尉论江贼书》。
⑦ 《苏东坡全集》卷六十二,《乞罢宿州修城状》。
⑧ 乾隆《吴江县志》卷4,《镇市村》。

的镇具有工商职能。

至宋代以后，随着商品市场经济的发展，镇的经济贸易功能增强，正式出现了市场贸易的集镇。于是在地方志中出现"市镇"条目。对市的称呼各地不一，有市、店、步、埠、墟、集、场、行等。集镇既非纯乡村，也不是纯城市，它是农村中共有的政治、经济、文化中心。南方称墟、场，北方称集、市，有些地方或称为会或街。它是介于城市与乡村间的行政组织，它是农村城市化的产物，是从农村向城市转化的过渡形式。所以，我们在讨论城市市场文化中，对这一城乡间的特殊市场文化不可忽略。

一般来说，镇的建制比市大些，市况也盛些：

贸易之所曰市，市之至大者曰镇。[①]
以商况较盛者为镇，次者为市。[②]
东南之俗，称乡之大者曰镇，其次曰市，小者曰村曰行。[③]

明代商业发达，在交通便利的地方涌现一大批新的市镇。如江南地区的震泽镇等，在地方志中多有记载，多在明嘉靖前后发展为市镇。

鸦片战争以后，外国资本主义在中国开设工厂、修筑铁路、开辟商埠，采取一系列侵略手段扩展其势力范围，这些在客观上对中国商品经济的发展起到了一定的推动作用，有些乡村便由此发展成为集镇或城市。近代随着商品经济的发展，集市也如雨后春笋般，发展极快。

集镇规模大小不一，相差悬殊。清末有著名的四大镇：汉口镇、朱仙镇、景德镇、佛山镇。集镇为物产会聚、商贾辐辏、货物交流场所，交通运输便利是集镇赖以生存和发展的重要条件。近代交通枢纽和货物聚散地的变化，对城镇兴衰有很大影响。

三　招幌与广告

广告对于生活在现代城市中的人们来说，并不陌生，在我们城市生活

[①] 康熙《嘉定县志》卷一，《市镇》。
[②] 民国《嘉定县续志》卷一，《市镇》。
[③] 民国《钱门塘乡志》。

中，几乎无处不见广告。"广告"一词源于拉丁文，本意是"吸引人们注意"。我国运用"广告"一词很晚，直到20世纪初，才开始出现这个词，很可能是从日本引进或移植过来的。不过作为社会现象在我国有着悠久的历史。其表现形式极为丰富，有市声的、招幌的、楹联的、招牌的和用游行等方式，直到用商品包装、印发宣传品做广告宣传，以至利用名人名牌等做广告，真是无孔不入，形形色色、五花八门、应有尽有，使尽各种招数来做广告，吸引人们前来购买其商品。

下面我们就我国古代城市中在商业广告方面的发展情况作一大概叙述。有的可能即是当今广告形式的雏形，有的并不亚于当今广告的水平。从中可见古代城市中市场广告文化的繁盛。

市声广告

"市声"是泛指街市和市肆上的喧叫嚣闹之声。这里面包括人们在市场上买卖双方讨价还价之类嘈杂声，排除这些杂声外，便是招徕消费的市声了。这些招徕市声主要有叫卖吆喝市声、说唱市声、器物音响市声等。

屈原《天问》就已记有："师望在肆……鼓刀扬声"现象，真实而又形象地表现了当时商人的叫卖。《韩非子·难一》：

> 楚人有鬻盾与矛者，誉之曰："吾盾之坚，物莫能陷也。"又誉其予曰："吾矛之利，于物无不陷也。"

此即"自相矛盾"的早期市声广告。

在北宋的《清明上河图》中，我们可以看到，在城厢外的一个十字路口的一家制车作坊附近的街心处，有一小贩左手拿着食盒，右手执着"行儿"，正张口在吟叫其所卖的食物。另外有个出售草药的摊贩旁，正围着一群人听中间卖货者叫卖。这些虽听不到他们吆喝什么，但从他们的动作表情中，可看出他们的吆喝状。

宋代以后，随着商品经济发达，市肆叫卖吆喝声亦日趋丰富，《东京梦华录》中就记载："趁朝卖药及饮食者，吟叫百端。"甚至"巡门叫卖"。南宋《梦粱录》中所记都城临安城内："吟叫百端，如汴京气象。" "……又沿街叫卖小儿诸般食件。" "更有叫：'时运来时，买庄田，取老婆'，卖卦者"。这种吟叫百端，受到世人注意，为士人所欣赏，便采入诗词，制为曲牌。某些吆喝叫声富有特色，十分动听，以后艺人们把它们加工成为一种专门的声乐艺术——"叫果子"。悦耳的歌唱式的叫果子宣传，可以使听者爽心，并刺激起消费者的购买兴趣。

又如宋人高承《事物纪原》卷九《吟叫》中记：

> 京师凡卖一物，必有声韵，其吟哦俱不同，故市人采其声调，间以词章，以为戏乐也。今盛行于世，又谓之吟叫也。

同时，还从单纯的叫喊，发展为使用乐器或工具伴奏。如《梦粱录·茶肆》中记载：绍兴年间（1131—1161 年），临安街上的一些茶坊，夏季经营解暑饮料，如缩脾饮暑药、雪泡梅花酒等。为了招引顾客，"卖梅花酒之肆，以鼓乐吹《梅花引》曲破卖之"，顾客一边听着舒心的音乐，一边喝几杯凉透的雪泡梅花酒，多么舒心。

有的用自制的响器代替叫卖，如摇鼓、竹板、摇铃、羊角、牛角、喇叭等。如《水浒全传》第 74 回中，描写燕青为了与"擎天柱"打相扑擂台，"扮着山东货郎，腰里插着一把串鼓儿，挑一条高肩杂货担子，诸人见了都笑"。"一手拈串鼓，一手打板，唱出货郎太平歌，与山东人不差分毫来去"。第 61 回写吴用扮算命先生，赚卢俊义上梁山，除了一身道服外，"手里拿一副赛黄金熟铜铃杵"，扮仆人的李逵，"担一条过头木拐棒，挑着个纸招儿，上写'讲命谈天，卦金一两'。"他们所带物器都是叫卖时所用道具。

宋代还开始出现游行宣传广告，这是音响、文字与表演等多种宣传手段的特殊组合。《梦粱录·诸库迎煮》中记载：临安城内有十三个官办的酒库子（官营酒厂），还有五个碧香库。官库子的产品除了供应官府需要外，也面向市场，参与市场竞争。每年清明、中秋前，各酒库两次煮酒。新酒煮出后，都要把样品先呈献点检所（临安酒库管理局）与临安府（市政府）检测，于是各酒库抓住这机会，组织精彩的游行，为自己产品大做广告宣传。

在送酒前几天，各酒库就预先打出各种广告，到呈进时，送酒队伍上街，走在最前面的是三五个壮汉扶着一块三丈多高的大白布牌，上面写着"某库选到有名高手酒匠，酿造一色上等浓辣无比高酒，呈中第一。"意即京城排名第一。在布牌后跟着的是一个以大鼓为核心的庞大乐队，纵声鼓吹。接着便是好几担呈献的样酒。有的甚至组织一些风流少年,沿街向观众分送样酒,让大家品尝,并赠送点心,这是一种无偿的试销。其后是与酒有关的八仙道人和来捧场的诸行社队,他们有的抬着活鱼儿、糖糕、面食、诸般市食等,装扮成渔夫猎户,有开赌局的等。连妓家伏役的婆嫂都乔装成绣体浪儿手擎花篮和精巧的笼杖前来捧场。

游行队伍中尤为显眼的是大批官私妓女,她们分为三等,走在最前面的是头戴冠子,身着花衫,下着裆裤的;其后是头戴珠翠朵玉冠,身着销金衫裙,手上或拿花斗鼓,或捧龙阮琴瑟的秀丽倩楼靓女;最后是十余名上等妓女,一色鲜红大衣,头梳皂时髻,称之为"行首"。她们都骑着高头大马,配着银色鞍子和装缀珠宝的勒带,周围请来倩宅院及诸司人家的虞候押番,并唤集闲仆浪子,引马随逐,有的捧着青绢白扇及骑马坐具等供持着。这些妓女中有的即使贫贱泼妓,也要借备衣装首饰,或托人雇赁,以供一时之用,不然还得受罚再办。

妓女之后是游行主角——专知大公(即酒库厂长),头戴新巾,身穿紫衫,乘马随之。在他马前有几个彪形大汉,或手捧,或肩扛着州府所赏的奖金、彩帛、银碗等奖品,以为荣耀。整个游行过程中,沿街诸酒肆都结彩欢门,人们沿途可品尝其酒,欢声笑语,热闹非凡,广告宣传也淋漓尽致,效果颇佳。

商人为了推销商品,往往有各种吆喝,有的还编成顺口溜或快板,如卖西瓜的就吆喝:"西瓜甜,西瓜甜,西瓜不甜不要钱"。如明时苏州阊门外吊桥河下有个卖耗子药的,为招徕生意,大呼:"赛狸猫,老鼠药。大的吃了跳三跳,小的闻闻儿就跌倒"。

以北京为例,正如《燕京杂记》云:"京师荷担卖物者,每曼声婉转,动人听闻。"如卖菜的,则大声叫卖:"青韭呀!芹菜,扁豆,小葱呀!嫩黄瓜……"一口气将所卖的菜名都报了出来。夏天卖冷食的则吆喝:"冰儿激的凌来呀,雪花又来落,又甜又凉呀!……"到冬天夜晚,街上又会响起:"噢——硬面馍馍"、"五香猪头肉"等。

清代后期,有些大商店雇了锣鼓班子和带着商品推销人员,吹吹打打地招摇过市,扩大市声广告范围。这些都是现代商店播放音乐吸引顾客的先声。这些不同行业小贩的吆喝声,构成城市街巷中市场文化的交响乐,极为丰富多彩。几乎所有城市中都有这种不同的吆喝声,他们形成各个城市中特有的一道风景线,无论是白天,还是夜幕降临以后,只要一听到这些特殊的吆喝声，你马上就能知道街上在卖什么，能立即引起你的购买欲。

招幌广告

所谓"招幌"是"招牌"与"幌子"的复合式通称，是工商及其他诸行各业向社会宣传经营内容、特点以及档次等信息以招徕生意的标志性广告方式，是一种特定的行业标志。

从古到今招幌的称谓各具形式，如帜、表、标、望、幌、帘、青帘、布帘、牌、旗、招、招子、招帜等。招幌有实物、模型、象征、特定标志、文字等类型。《韩非子·外储说右一》记：

> 宋人有酤酒者，升概甚平，遇客甚谨，为酒甚美，悬帜甚高，著然而不售，酒酸……此酒所以酸而不也。

《晏子春秋·内篇·问上》：

> 人有酤酒者，为器甚洁清，置表甚长，而酒酸不售。

这里的表和帜即酒旗、酒帘、酒望，颜色几乎都是单一青色，是一种招幌。也叫"望子"。这种酒旗在唐诗中所记更多：

如杜牧《江南春》：

> 千里莺啼绿映红，水村山郭酒旗风。

刘禹锡的：

> 城外春风吹酒旗。

张籍《江南诗》：

> 长干午时酤春酒，高高酒旗悬江口。

有的幌子做得很大，让过路行人老远就能望见，故又称作"望子"。如《水浒传》中景阳冈下那个小酒铺门前就竖着一个"望子"："三碗不过冈"。蒋门神在酒店前专门竖起一根旗杆，上面挂着一个酒望子，写着四个大字："河阳风月"。他在"快活林"霸占来的大酒店绿油栏杆上，插着两反销金旗，上书："醉时乾坤大"、"壶中日月长"。

宋代张择端《清明上河图》中绘有二十余处招幌，大酒店招幌有两种：门前高吊秀旗；门侧挂有油漆的木制店名招牌。一般酒店无木质店名招牌，只在店棚前用斜竿挑起一串横帘。酒旗已不再是清一色的青布帘，已有色彩明快的锦条绣饰，有的酒旗上还题写本店字号或"新酒"字样。北宋东京街上的酒帘一般是"川"字旗，三条蓝布夹两条白布。小饮食摊多在伞棚上插着"饮子"、"暑饮子"之类宣示商品的小牌子或小旗子。其他大商店则在门前挂落招牌，有的还在门楣上加店名横匾，两楹悬对联。

明代的《皇都积胜图》和《金陵繁盛图》中，都绘有写着茶、米、酒、药等字的数十种招幌，几乎各条街巷都琳琅满目。清代的《乾隆南巡图》中街市中也绘有各式招幌。这些招幌正体现城市市场经济的繁荣。

有的用实物作幌子，在《晏子春秋·内篇·杂下一》还记载了最早的实物广告："悬牛首于门，卖马肉于内"。"当时卖何兽肉即悬其首于门，以为标识也。"洪迈《容斋续笔》记载，宋代"都城与郡县酒务及凡鬻酒之肆，皆揭大帘于外，以青白布数幅为之"。而"村店或挂瓶、瓢、帚杆"。在《梦粱录》卷十六中记：南宋都城临安"又有挂草葫芦、银马杓、银大碗，亦有挂银裹直卖牌，多是竹栅布幕，谓之打碗头，只三二碗便行"。

一般鞋铺用一只铁鞋作幌子，以示其鞋坚固耐穿。绒线铺用各色绒线编织成绒线幌子，香烛铺门外立着高出屋檐的大蜡烛，馒头铺门外放上寿桃寿面作幌子，烟袋铺门外挂上巨大的烟袋子作幌子，中药铺门外挂上一串大膏药为幌子，等等。棉花店前悬一竹弓，下垂彩球一只，并垂有彩络，是为象征性实物幌子。药店门前挂两个幌子，一个菱形幌，一个三角幌，上俯荷叶，下吊双鱼，似有妙手回春之意，也有各实物象征幌子。

还有用约定成俗的象征物作幌子，如颜料店用彩色木棍作幌子，粮店以木制大倭瓜作幌子，理发店门外作旋转的红蓝白三色灯柱为标记，油盐铺用一个直径一尺左右的锡制大圆饼，中心部位镶一大铜钱，下缀红布条作幌子等等。宁波有家"江阿狗汤团店"颇有名气,其招幌独特,招牌上画着一只缸、一只鸭、一只狗,以此谐音"江阿狗"的形象,来招徕顾客。

招牌广告

一般来说,"招幌"是"招牌"与"幌子"的复合式称谓。它们都是为了招徕生意,但形式也有所不同。《清稗类钞·农商类·市招》中记:

> 商店悬牌于门以为标识广招徕者曰市招,俗呼招牌,大抵专用字,有参以满、蒙、回、藏文者,有用字兼绘形者;更有不用字,不绘形,直揭其物于门外,或以象形之物代之,以其人多不识字也。如卖酒者悬酒一壶,卖炭者悬炭一支,而面店则悬纸条,鱼店则悬木鱼,俗所谓幌子者是也。

此外,在林岩等编撰的《老北京店铺的招幌》前言中,对各式招牌记述更为明白:

> 招牌的形制可分为竖招、横招、坐招和墙招四类。竖招是将竖写的木牌、铁牌挂一墙、门、柱上。横招或是在门前牌坊上横题字号,或在屋檐下悬挂置巨匾,或将字横向嵌于建筑物上。坐招是设置在店铺门前或柜台上的招牌。明代以前坐地式招牌比较常见。墙招是在店墙上书写本店经营范围和类别,是宣传广告的常用形式,如清代澡堂常在墙上题写"金鸡未唱汤先热"的字句。

《清明上河图》中还有许多招牌广告,如:在水东门城门之内的十字街口,东边大酒店的川字酒帘上写明"孙羊店"三字,并竖有"正店"的牌子。十字街口周围还有许多全露或半露的招牌:"刘家上色沉檀拣香"的招牌,告诉顾客这是卖香的。"王家罗锦疋帛铺"的招牌是卖布的。

到了南宋招牌更亮了,临安修义坊有个"三不欺药店",所谓三不欺是货品真纯不掺假,斤两足实不少秤,价钱公道不欺人。

此外《南都繁会景物图卷》中描绘了明代后期南京市郊商业区的繁华景象,其中各种招牌广告写着:"天之美禄"、"东西两洋货物俱全"、"西北两口皮货发寄"、"兑换金珠"、"万源号通商银钱出入公平"、"京式靴鞋店"、"极品宫带"、"川广杂货"等等布帘。最长的达数丈,在人声鼎沸、货积如山的街市上空,迎风招展,吸引来往顾客。

有的招牌广告表明产地,以示其货正宗,如:"福广海味"、"川广杂货"、"徽墨湖笔"等。招牌有各种各样,有大小之别:有的竖在商店某侧前方,其大无比,颇为引人入目,被称作"冲天招牌";有的适中,竖在商店两侧,使人一目了然;更多的是挂在店堂门额,或墨书、或雕刻在木板上。明清时许多大商店招牌已广泛使用黑漆金字。以示店铺实力雄厚,不同凡响。

楹联广告

有的竖招中还写出经营范围,或贴出楹联,如:

布店"本号自办粗细布匹零整批发";

银楼"本号收买珠石玉器专卖锭金赤叶";

油漆铺"粉刷墙皮、塑画神像、油漆门窗、油漆彩画、包糊顶棚、油画寿板";

扇店门联:"影动半轮月,香生一掬风";

字画店门联:"片纸能缩天下意,一笔能画古今情";

铁匠铺门联:"不是几番锻炼,怎成一段锋芒";

竹器店门联:"虚心成大器,劲节见奇才";

豆腐店门联:"君子淡交,禅参玉版,僧家真味,品重相厨";

茶馆门联:"香分花上露,水吸石中泉";

酒楼门联:"酿成春夏秋冬酒,醉倒东西南北人"。

更巧妙的有北京豫丰烟铺,其楹联是:"豫建征祥烟景丽,丰收有象雨风调",其字号即对联的字头,并把经营品种写在联中,充分显示店主的文化涵养,耐人寻味。

包装广告和传单广告

这与我国雕版印刷和活字印刷的发达有关。商家把店名、商品及效用等印在纸上张贴或包装商品,扩大商品宣传。这种宣传广告古代叫仿单。

如张贴在大街小巷墙上,叫揭帖。

《都城纪胜·食店》记:

> 又有专卖小儿戏剧糖果,如打娇惜、虾须、糖宜娘、打秋千、稠饧之类。

在糖果包装上绘有风行市井的戏剧图画的包装纸,以吸引小孩购买。

传单式广告是宋代一种新颖的广告宣传形式。它不仅可以大范围地扩散商品信息,而且具有一定的指导作用,提醒消费者注意防避假冒伪劣产品,应购买货真价实的商品。同时这里已开始出现商标,这是指导消费者识别真伪产品的一种标记,也是商家对产品质量保证的一种特殊应承。

山东济南有家制作缝纫用针的作坊,老板姓刘。他采用了传单式商业广告进行促销。传单强调本店产品是用上等钢材制造的"山东济南刘家功夫细针",并以白兔作为商标,这是我国目前发现最早的商业传单和商标。

名人名牌效应广告

借用名人声望,抬高产品或商号的身价,从而收到名人效应。这和今天请名人拍广告,如同一辙。最典型的是谢安同乡从广州贩了大批葵扇到建康卖不出去,请谢安拿一把在街上摇了几下,便一抢而空。有的广告招牌多请书法名家书写,如元初赵子昂为酒店写过招幌;北京的"六必居"酱园,传说是出于严嵩手笔,也有人认为是著名书法家姜立纲所写。

杜牧写了"借问酒家何处有,牧童遥指杏花村",原诗写于池州(今安徽贵池),以后到处都有"杏花村"之名。

唐代诗仙李白以饮酒赋诗而闻名天下,"太白遗风"成为酒店惯用招幌;他称赞兰陵美酒:

> 兰陵美酒郁金香,玉碗盛来琥珀光。但使主人能醉客,不知何处是他乡。

"扬州八怪"之一郑板桥写过一首卖画的诗：

　　画竹多于买竹钱，纸高六尺价三千。
　　任渠话旧论交谊，只当秋风过耳边。

创名牌，用名牌，这是商品信誉问题，这在古代人们消费心理中，同样有效。在《都城纪胜》中就记载当时消费者崇尚名牌："大抵都下买物，多趋有名之家。"《东京梦华录》中所记名牌店铺就有：丑婆婆药铺、大鞋任家产科、山水李家口齿咽喉药、石鱼儿、班防御、银孩儿等药、柏郎中医小儿、无比客店、熙熙楼客店、唐家金铺等。《梦粱录·铺席》中也记有一百多家临安城内的名牌商号。

四　经纪人与牙行

在今天的商业大潮中，城市里各式各样的公司、交易所等商业中介机构，如雨后春笋般破土而出，八方林立，让人目不暇接。其中不乏许多是皮包公司，在商业大潮中昙花一现，很快成为泡影。当然，绝大多数都是有实力、有能力并善于经营，为繁荣市场作出了很大贡献。这种商业中介人和中介机构，古已有之，只是古代称之为"牙人"和"牙行"，现代称为经纪人。

牙人，俗称经纪。古代称"驵"，汉称"驵侩"。初见《史记·货殖列传》，唐人司马贞《索隐》释："驵者，度牛马市；云驵侩者，合市也。"并指出："《淮南子》云：'段干木，晋国之大驵'，注云：'干木，度市之魁也'。"由此看来，战国时，晋国的段干木就曾是有名的大驵。驵，原是马市的中间介绍人。最初只限于牲畜交易等少数行业。到唐代已广泛参与各行各业的中间交易。至于为何后来称作"牙人"了呢？这在《东京梦华录·雇觅人力》的邓之诚注中引吴曾《能改斋漫录四》所记：

　　刘贡父诗话谓今人谓驵侩为牙，谓之互郎主互市事也。唐人书互作乐，乐似牙字，因转为牙。予考《肃宗实录》，安禄山为互市牙郎盗羊事。然则以乐为牙唐已然矣。画短为乐，长为牙。

这里说得很明白：本是互市之意，唐时将"互"书作"乐"，由于笔画长短之别，将"乐"误为"牙"，这在唐代已然。所以，唐代以后，均称作牙人了。并指出当年安禄山便是互市牙郎出身。

牙人原本是作为评判货物、核定价格、直接介绍买卖双方，主持交易的中介行为。只是从中收取点"劳务费"佣金，主持公道，使买卖双方都不吃亏。这是在小农经济条件下，商品交换不发达，小手工业者及小农们生产规模狭小，各自分散经营，产品多种多样，同一种产品的质量、规格也有很大差异，商人收购贩卖时，确定价格及选择收购点都有很大困难。在商品流通不发达的情况下，生产者的产品如何能够转销到消费者手中，缺少正常的流通渠道。在这种情况下，牙人作为产销的中介环节，帮助识辨货物，评估价格，便应运而生。从而可以把零星的小生产者的产品集中起来，引给客商大户，又在销地把客商的大宗商品，引给零售商店或小贩，这对于沟通产与销双方，大宗贩运与零星销售，都有一定的积极作用。自唐代起，特别是宋代，由于商品经济的发展，牙人在商品交换中已逐渐变为代卖主，从中分利。官府也利用牙人这种作用，通过他们监督商人的偷税漏税行为，甚至由他们代政府收税。这样商品交易就必须经过牙人这一中间环节。甚至"市买"（征购）、摊派官需物品，都托付牙人代办。

唐德宗建中四年（783年）制定除陌法，在《旧唐书·食货志下》中规定：

> 市牙各给印纸，人有买卖，随自署记，翌日合算之。有自贸易不用市牙者，验其私簿，无私簿者，投状自集。其有隐钱百者，没入。二千，杖六十，告者赏十千，取其家资。法既行，而主人市牙得专其柄，率多隐盗。

可见，当时已大量使用牙人，并由政府发给他们"印纸"为凭，享有专权，并赋予监督职责。由于在实际中，主人与牙人多有行弊，于是，唐宪宗元和四年（809年）特诏颁法令：

> 自今已后官，有因交关用欠陌钱者，宜但令本行头及居停主人、牙人等检察送官。如有容隐，兼许卖物领钱人纠告，其行头、主人、

牙人，重加科罪。①

制止牙人的违法行为。

五代时，牙人的中介活动更为广泛，据载后唐时，

> 在京市肆，凡是丝绢、斛米、柴炭，一物以上，皆有牙人。②

这些牙人往往利欲熏心，做出种种违规行为，贱买贵卖，在秤上大做手脚。如后唐庄宗同光二年（924年），

> 乡村籴货斛斗及卖薪炭等物，多被牙人于城外接贱籴买，到房店增价邀求，遂使贫困之家，常买贵物；秤量之际，又罔平人。宜令府县及御史台于诸门严切条疏，不得更相违犯。③

宋代政府进一步密切与牙侩的关系，一方面利用牙人来控制市场，另一方面加强对牙人的管理。当时由政府发给牙人身牌，即在市场上的营业执照，并要求牙人受这种"付身牌约束"。

由于宋代商业繁盛，牙人不仅参与一般民间贸易，而且直接活跃在官营贸易之中，成为官牙。如：熙宁五年（1072年）三月二十六日诏：

> 宜令在京置市易务……召诸色牙人投状，充本务行人牙人……遇客人贩到货物，出卖不行，愿卖入官，官为勾行牙人与客人两平商量其价。④

甚至还依靠牙侩负责接待与外商的贸易，如元丰二年（1079年），就有"蕃贾与牙侩私市"，并"募牙侩引蕃货赴市易务中贾"。⑤足见当时政府对牙侩的重视。

---

① 《旧唐书·食货志上》。
② 《五代会要》卷26，《市》。
③ 《册府元龟》卷92，《赦宥》。
④ 《宋会要辑稿·食货》卷55之31。
⑤ 《宋史·食货志下八》。

宋代牙人已遍及小城镇了。如《水浒传》第38回中描述戴宗和李逵陪宋江在琵琶亭喝酒，用腌鱼做的醒酒汤，味道不好，酒保解说是："今日的活鱼还在船内，等鱼牙主人不来，未曾敢卖动，因此未有好鲜鱼。"直到鱼牙主人来了才开秤。可见，当时没有牙人中介环节，产品不能直接上市。

元明时，又出现了由牙人自建的牙行、牙店，即与官牙不同的私牙。牙行是一种专为买卖双方说合交易评定价格，从中抽取佣金的商行。明清以前，凡是大宗商品买卖，都必须通过牙行才能进行。牙行中的牙侩必须由官府特许并发给牙帖的人充任。牙侩原来只是贸易双方的居间人，本身是不参与贸易的。可是到明清以后，许多牙侩也演变成亦商亦牙人物，他们利用牙侩身份把持市场，操纵物价，为自己收购或推销商品。这样，他们从中只赚不亏，获取丰厚利润。

明代初年，鉴于官牙和私牙都是飞扬跋扈，为非作歹，洪武二年（1369年）曾发布禁令：

> 凡天下府、州、县、镇、店去处，不许设官牙私牙，一切客商应有货物，照例投契之后（指交税取证），听从发卖。
> 并许邻里坊厢拿获赴京，以凭迁徙化外。若系官牙，其该吏全家迁徙。①

以官牙身份干预交易，全家充军边地，私牙亦迁徙边地。但取缔牙人的同时，又规定商人交"免牙钱"，而收"免牙钱"的官员比牙人更凶横。永乐时又允许牙人存在，而"免牙钱"却不废除，加重对商人的勒索。

由于经纪人在商品交易的过程中是必不可少的，他们的作用是在商品交易中的卖者和买者之间商定一个合理的价格，以及联系买卖、互相沟通、代办运输等等，因而经纪人在商人交易网中处在一个很重要的位置上。特别是在古代交通不发达、信息不灵通的社会中，经纪人的角色更是至关重要。明初想取消牙人活动是不现实的。于是到嘉靖二年（1523年）不得不重加规定："凡城市乡村诸色牙行及船埠头，并选有抵业人户充，

---

① 《古今图书集成·食货典》卷222。

官给印信文簿",负责记录来往客商经贸情况,要求"每月送官查照"。①

可见,明政府为了要控制市场和商人交易活动,首先要控制经纪人。所以,严格规定充当经纪人的人选必须从各种牙行和船埠码头的经理人当中推举,条件是家产殷实、身家清白。推举出来后,要经过当地政府的审查许可,政府才允许其充当,并发给他们盖有官方印信的登记本,要求经纪人记录来往的商人和船主的姓名、固定住址、通行证号码以及货物名称、品种、数量,该登记本必须每月送交地方行政当局进行检查。凡遇有不符合官方要求的商人及行为,经纪人负责上报政府机关。

明代对跋扈牙人牙行发布惩处法令,《明律集解》卷十规定:"各处客商去处,若牙行及无籍之徒(未经官府认可的牙人)用强邀截客货者",问罪:"凡买卖诸物,两不合同而把持行市,专取其利及鸎贩之徒通同牙行,共为奸计,买物以贱为贵,实物以贵为贱,杖八十";那些虽经官方许可,但其行为有不符合政府要求的经纪人,如隐匿、掩饰等,也要受刑五十大板,并立即取消经纪人的资格。"若见人有所买卖,在旁故称高下而比拟价格,使买、卖偿能专主""笞四十"。

明代中后期,由于商人行帮逐渐强大,结成行会,逐渐有能力抵制牙人牙行,牙人才逐渐从大城市的主要行业中消退,仅在某些行业中,也还有一些活动,有些牙行转变为包买商或经营货栈。但在中小城市及集镇中,牙人一直没有停止活动。

清代各省的督抚也加强了对经纪人的控制,规定只有有执照的经纪人才可充任此职,这种执照称为"牙帖",只有省级政权才有权颁发,并有固定的名额,这种执照每五年检查一次,核定后重新颁发。延至20世纪40年代,则为营业执照所替代。

随着商品经济的发展,经纪人的作用也越来越大,他们除了担任中间人之外,许多经纪人本身也充当店家,招待来往商人的食宿与存放货物,进而还充当商人买卖的代理人,为他们接洽货款,安排交通运输。于是牙人职责不再受以往中介性质的严格约束,利用其职业的特点,捞取更多的好处。从而各种违规行为,屡见不鲜。

首先是牙行与邸店合而为一。邸店本是存储货物的货栈仓库以及专供客商寓居的旅馆,牙行在与商人接触中,为客商提供方便,便兼营起邸店

---

① 《明律集解附例》卷一。

业务，而一些邸店业主也兼营牙业，从而出现邸、店、牙合而为一的牙行了。在这过程中，他们利用牙行特点，开始代客买卖，进而低价吃进，再高价卖出，于是他们既赚佣金，又获利润。逐渐发展牙行自营大宗买卖，资本雄厚以后，又转化为批发商了。不仅如此，为了获取更大利益，他们甚至不择手段，从中渔利。诸如利用手中权力对客商进行强买强卖，经营中以多为少或以贵为贱，名为代销，实际中饱私囊。有的对货掺假作弊，勾结卖主来哄抬市价。有的则勾结买主，有意拖欠挪用货款。甚至勾结社会恶势力撑腰，为非作歹，无恶不作，成为商务交易中的恶霸。

到清代，沿海城市中因对外贸易需要，有的牙行发展成为新式洋行了。最为典型的是广州的十三行，"十三行"也称为公行、洋行或外洋行，是清政府特许的对外贸易商行。它起源于明代的牙行，但比牙行更进了一步。因清代规定，外国商人来华贸易，必须由行商代理，于是十三行便应运而生。十三行并不一定是固定的十三家，历年数目不一，有时达四、五十家，也有时不足十三家，称十三行是沿用明代民间的习惯称呼。十三行是清代对外贸易的垄断组织，行民是中国最早的买办。他们通过垄断对外贸易，从中获取巨额利润。至乾隆时期日益兴盛，它的职责是多方面的：首先是它享有对外贸易的特权，所有进出口商货都须经由十三行经营买卖。其次是对官府负有承保和交纳外洋商船上所有货物的税饷及其他所有费用。最后是负责监督外商在华期间的一切活动，为外商在华的全权代理人；除了经营外贸商务外，还负有办理外交的责任，即传达官府各项政令、代递外商公文、管理外洋商船人员等义务。他们实际上是官商性质，在鸦片战争前后，西方殖民主义者仗势欺人，利用十三行干了许多很不光彩的事，诸如在十三行经营肮脏的鸦片贸易等。特别是在1843年冬，英商在外购物不付钱，还持枪上街寻衅，群众忍无可忍，冲入十三行馆内，捣毁所有什物，并放火烧了行馆，从此结束了十三行的生涯。

近代又出现了跑单帮、跑街、卖办和通事职业，主要出现在沿海通商口岸。

跑单帮是一种非正规的长途贩运，其买卖规模大概只限于一个人能带运的货物，而他们的活动大多是只身行为。他们只是一种中间商，从甲地的批发或零售商手中，贩运到乙地零售商手中，从中赚取两地的差价或佣金。他们相当一部分的利润来自逃税行为。

跑街即现代的采购和推销。一般来说，他们常常是为人代劳，他们不是经销商或代销商，而是别人商业行为的一部分，因此他们名正言顺地不必缴纳税金，也不需要自己生意的成本。跑街需要伶牙俐齿，因而夸夸其谈正是这一行业的特色。他们混迹于闲汉队伍中，坐坐茶坊、下下馆子，他们一半角色是懒汉。

卖办的出现是在五口通商之后，他们是外国公司的雇员或代理商。这一职业在英语中称comprador，这一读音在吴语方言里与"讲白佗"谐音，而"白佗"在吴语方言中是"白拿"的意思，即无偿占有或享用的意思，正好表明世人对这一行业的某种态度，以为他们是"动动嘴皮子就可赚钱"的人。

通事即翻译。在开埠较早的口岸市井里，这些人因为粗通洋话，或能以华言洋语夹杂着怪话与洋人大概表达一些基本意思，他们作为华洋商人间的中介人，兼做翻译和经纪，因而实际上也是卖办，只是卖办的外语水平不及他们高明。实际上他们的只是粗加沟通，有的根本不识 ABCD。

如最早的通事兼卖办是宁波人穆炳元，他本是宁波镇海（时称定海）的闲民，鸦片战争时期被征集到英国兵舰上打杂，粗粗听得一些英语，战争后流落到上海滩，为英国商人当起了通事兼经纪人，不料忙得不亦乐乎。他就开办了一个速成英语培训班，其窍门就是将要旨口诀化，将一些常用的口语编成朗朗上口的顺口溜，因其培训班设在当时的洋泾浜（今延安东路外滩），所以后来人们将这种半通不通的英语，戏称为"洋泾浜英语"。

五　会馆、公所

唐代以前，我国城市商业活动主要集中在划定的"市"中进行，商店是按经营的类别分别列肆设店，经营同类商品的商店集中在一起，那时尚未有商业组织。随着商品经济的不断发展，城市工商业者为了维护自身利益，便逐步形成自己的行业组织，于是便有了"行"的出现。

关于"行"的记载，最早见于隋代杜宝撰的《大业杂记》，说东都洛阳丰都市：

其内一百二十行，三十（千？）余肆……市四壁有四百余店……

招致商旅，珍奇山积。①

唐代长安东市：

> 市内货财二百二十行，四面立邸，四方珍奇皆所积累。②

在《吐鲁番文书》和《敦煌文书》及《北京房山云居寺石经》等资料中，都记有除京城外，在范阳、西州、沙州、苏州、扬州等地众多的行。这些"行"不仅指行业，而且也是早期的行会组织。因在这些行中，都设有行头或行首；在行内各自都有自己的行话，保护本行业利益和秘密；同时在行内有监督质量抵制行滥和率众举行行业宗教祭祀活动等职责。

行会组织到宋时更加发达，其组织和职能比唐代更为明确。吴自牧《梦粱录·团行》记：

> 市肆谓之"团行"者，盖因官府回买而立此名，不以物之大小，皆置为团行，虽医卜工役，亦有差使，则与当行同也。

耐得翁《都城纪胜·诸行》中也记：

> 市肆谓之行者，因官府科索而得此名。不以物之大小，但合充用者，皆置为行。

当时城市各行各业都必须入行，方可上市。如熙宁六年（1073年）规定：

> 不系行之人，不得在街市卖……闻京师如街市提瓶者必投充茶

---

① 《说郛》卷57引《大业杂记》，"十"作"千"；据《元河南志》卷1《京城门坊街隅古迹》校正。
② 《长安志》卷十。

行，负水担粥以至麻鞋、头髲（音币，指假发）之属，无敢不投行者。①

真是"诸般百物，皆有行名"。

又有异名"行"者，如买卖七宝者谓之骨董行、钻珠子者名曰散儿行、做靴鞋者名双线行、开浴堂者名曰香水行。②

宋代商行或团行是官府为了向商贾征税、"和买"、摊派实物和差役而硬加给商贾的。因为宋代的商业打破了坊市制度，商店分布在城市各个街区，同一行业的店铺也不集中在一处。有的城市中也有同行集中于一街现象，如北宋东京开封府，《东京梦华录》中就记有肉行、鱼行、诸医铺等；《吴郡志·坊市》中记南宋的平江府，有米行、鱼行、果子行等。行业组织的建立，对官府统一管理很重要。各行设有行头或行老，由行业中大商店主按月或旬轮流担任，负责本行业的课税督催，官府征购或摊派实物、差役分配。如不能应命，则由行头贴赔。这种强行编排的团行制度，商人们开始也极力抵制、反抗过，甚至以行会形式向政府抗议。如宋初曾为价格问题开展与官府反勒索而进行了全市性罢市，造成"廛市之阛，列肆昼闭"，③ 但收效不大。

宋代的铺户又称为行户。商行头领俗称"行老"，又称行头、行首。行老既负责向官府交涉本行种种事宜，又代表本行对外接洽生意，对内还要负责商行中的设施和管理，发派货物时确定商品价格等。行老权力很大，俨然是行中的家长。

宋代行会组织的建立，表面看来是为了应付官府的科索，为官府提供产品或力役服务；实际上也是为了工商诸行自我保护、自我约束的民间自治组织。宋代行会已初步具备三种主要功能：

一是行会规范功能。当时在各个行业中都有一套规范行为，如《东京梦华录·民俗》中记：

---

① 《文献通考》卷二十《市籴一》。
② 吴自牧：《梦粱录·团行》。
③ 《宋会要辑稿·食货》37 之 2。

> 凡百所卖饮食之人，装鲜净盘合器皿，车担动使，奇巧可爱，食味和羹，不敢草略。其卖药卖卦，皆具冠带，至于乞丐者，亦有规格。稍有懈怠，众所不容。其士农工商，诸行百户，衣装各有本色，不敢越外。

并统一本行货物价格，不能随意抬价或降价。如在茶行：

> 自来有十余户，若客人将茶到京，即先馈献设宴，乞为定价，比十余户所买茶更不取利，但得为定价，即于下户倍取利以偿其费。①

二是行会的独占功能。当时许多行会已有各自专营范围，各行只能在各自所辖范围内专营，相互不得侵夺。非本行者不得入市，各行还专划地区限制，如筹办吉凶筵会，借赁器皿，

> 亦各有地分，承揽排备，自有则例，亦不敢过越取钱。②

其他水行、收粪行等亦如此，这样有利于同业者之间的竞争。

三是行会的服务功能。如酒食作匠，需要雇觅人力的雇主引领可靠的雇工、脚夫、仆人等，皆由行老负责。③ 又如行头代表本行利益与官府进行交涉，宋熙宁年间东京肉行首先向官府提出以交免行役钱而不再向官府供肉，此举还得到其他许多行会的积极响应，由此开始以后历代由钱代役的做法。

由此可见，宋代出现的团行、行户等已初步具备行会基本特征，为以后行会发展打下了良好基础，使之在城市经济中发挥越来越重要的作用。明清以后，这种行会依然存在，只是日趋成熟，逐步形成一套制度、行规。其职责虽仍是对外主要保护本行会成员的利益不受侵犯；对内主要约束成员的经营行为。但进一步通过强制手段，从流通环节调剂商品买卖，不许同行之间滥市出售，限制相互自由竞争，同时具有浓厚的封建色彩，

---

① 《续资治通鉴长编》卷236，熙宁五年闰七月丙辰记事。
② 《东京梦华录·筵会假赁》。
③ 《东京梦华录·雇觅人力》。

阻碍了商业资本的发展。

19世纪60年代至90年代中叶,传统的手工业商业行会在城市中的数目日益增多,汉口、芜湖、苏州、上海、南京、扬州、杭州、宁波、广州、佛山、汕头、梧州、重庆等24个城市中有具体年代记载的行会活动,计有商业行会107个,手工业行会76个。1903—1908年全国各地行会就有265个。

说到行会,不得不再说说"行话"。关于"行话",是在长期的经营中各行业都形成一套不与社会共享的行业隐语,称为"行话"、"切口"。如果在江湖上则被称为"江湖黑话"。这类行话其实早在唐代就已产生,长安市井中曾流行"胡芦语"、"锁子语"、"练语"等名目繁多的市语。唐代诗人李义山在《杂纂》中就提到过"诸行市语"、"经纪人市语"、"牙郎说咒"、"市井秽语"等,只是都因"会不得"、"难理会"或"无凭语"而没有详细记载下来。到宋代以后就大为流行,并且成熟许多。明代田汝成在《西湖浏览志余》中就说:

> 如今三百六十行,各有市语,不相通用。即使聚精会神听着,也听不懂是什么意思。

如丝织业中,称丝为"为为"、细丝为"为上好儿"、买主为"为板问儿"、扎丝绳为"郎关"、招主顾为"打路关"、主人为"点王儿"、客人为"盖各儿"、伙计为"二点儿"、说话为"中山"、骂为"马途"、笑为"迷花"、哭为"着水笑"等等。甚至可以用这些隐语大段大段表达商业机密,外行人根本不知其所云。

在同一地区,不同行业间对同一名称的说法各自行业隐语也不一样。如1—10的说法:

明清时典当业称:"口、仁、比、才、回、寸、本、巾";
后来演变成:"由、中、人、二、大、王、夫、并、羊、非";
广州商家则说:"支、辰、斗、苏、马、零、候、庄、湾、响";
广州黑道湘湖派自成一套,称"流、月、汪、则、中、神、星、张、臣、足";
潮州说成:"抝、么、宗、超、新、漏、祭、厚、歉、重";
其他隐语如:锦(银)、黄(金)、升(角子)、皮锦(银元)、水

（无钱）、火（有钱）、古（倒霉）、拜万寿（不发市）、撇（撤退）等等。

又如上海人讲，"洋盘"（花冤枉钱）、"打回票"（达不到目的而返回）、"定关货"（力大艺高的人）、"搭浆"（次品）等。

关于行话的形成过程，一般来说，行话并不是专人设计，集体统一传授的结果，它们往往是在相当长的时期里逐步地积累起来的。它可能产生于某一句俏皮话、笑话、典故，或者对生活中的好玩事，一句严肃的警告被笑话后的变型、指代、转韵，或者某一个音节的读别、错读、以至于错句，甚至是借用语、含糊的外地方言、特别是偏僻地区奇特的方言读音的谐音模拟，其他市井语的引申或再引申等等，经过不断地音转、变型、丰富，慢慢汇合和固定起来。比如有一段时间，宁波的演艺业中把有人赴宴叫"扳"，扳本是船家摇橹时往里拉的动作，由"往里"引申为"进"，由进引申为"进账"，再引申为"外快"，再引申为"白吃"。这样从一个剧团逐步传播到其他剧团，逐渐成为一个地区同业中流行的"切口"。近年在广东地区将付账叫作"埋单"。

还有一些是从行业禁忌演变而成的：

如商家忌说"关门"，吴语方言就改说成"打烊"；猪舌的"舌"与"蚀（本）"谐音，而改说成"赚头"；航运业中忌说"沉"和与之相近的"盛"，于是"盛饭"就说成"装饭"、"添饭"；忌"翻（帆）"，而改说成"篷"；幡布改说为"抹布"等等。

这是因为市井中大多小本经营，竞争激烈，常常朝不保夕，处处提心吊胆，小心为妙，说话讲究吉利，说不好就会倒霉、有凶兆，所以才有这些禁忌语。

明代随着商品经济的不断发展，全国一些城镇中出现各种会馆，这种会馆一般有两类：一类是试馆，另一类是会馆。

早期的会馆多数是试馆，这是由一些同乡大商人与同乡官僚结合起来共建的同乡会馆。这些试馆主要接待前来应试的举子，在京师是接待各省来京参加会试的举子；在各省垣则接待各府前来参加乡试的举子。据载，最早的会馆建于永乐年间，为京师芜湖会馆，设在前门外长巷三条胡同。以后陆续为其他城市的外地人仿效，纷纷建起会馆。在这些试馆中除了为举子提供食宿和备考的方便外，有的也成为同乡举子会聚和交往的场所。有些会馆原为同籍仕宦聚会之地，逐渐改为试馆，但也附带为仕宦、商贾游集之用。

由于清代科举兴盛，各地试馆非常发达，分布也相当普遍。北京从明代中叶出现会馆记载，到清末共有392处，其中86%都是为解决士大夫入京应试的食宿而设，这些试馆分属18行省，为各省、府、州、县所设。范围大者一省，小者一县或数县合建，多数为一府或数府所建。因清政府规定汉人居外城和禁止内城喧嚣，故内城会馆逐渐废除，主要集中在南城正阳、崇文、宣武三门一带商业繁华地带。这些会馆曾为众多名人居住或活动过。诸如：

明代张居正曾居全楚会馆；清代的朱彝尊就是在顺德会馆完成著名的《日下旧闻》一书的编纂；梁启超刚入京时，就住在广东新会新馆；孙中山先生北上抵津，曾莅临广东会馆，到京后息于香山会馆；鲁迅先生在南半截胡同的绍兴会馆就住了十年之久，著名的《狂人日记》就写就于此。

又如浙江金华府所属八县，有七个县在府城设有试馆。这些会馆虽然主要不是用于商业活动，但因是由商人出资得到同乡官僚支持修建的，他们的资助必然会受到同乡官僚不同方式的支持，对他们在京商业活动肯定有所帮助。而到会馆食宿的士大夫，如能及第，日后必与商人有同乡之谊，给予各种方便和支持；即使未及第的，也会在日后寻机报答。

明代中叶的市井中，还出现了一种以"敦亲睦之谊，叙桑梓之乐"的同乡商人组织的"会馆"。它以乡土观念相互关怀，同时协调外部关系。在会馆内部往往设有"义庄"，照顾同乡中的生老病死者，这类会馆以徽州商人在全国各地设立的最多，尽管它带有狭隘的乡土色彩，但它对徽商积极向外埠拓展，起过扶持作用，同时为发展行帮、抵制官府和地方黑势力的盘剥，直到对付开埠地区外国势力的欺压，还具有重要的意义。

会馆以后逐渐发展为同籍商贾在各地的同乡商业组织，又称作行馆。一般来说，会馆是以地域性为主的同乡组织，并不为某一行业所设。据载清代北京商人中，浙东的主要从事银号、成衣、药材等业；广东商人主要经营香料、药材、珠宝；胶东商人几乎垄断估衣、饭庄和绸缎；山西商人则把持票号、钱庄、当铺、颜料、染坊、粮食、山果杂货等。所以，早期会馆多以地域命名，如北京的浙江鄞县会馆，苏州的岭南会馆，上海的泉漳会馆和潮州会馆等。但以后有些会馆也发展成同业组织，如：京师晋翼会馆，为山西翼城在京师布业商人的组织。临襄会馆是山西临汾、襄陵（今襄汾）两县经营油、盐、酱、醋、粮业的同业组织。又如清初至清末，苏州会馆共有93所，早期会馆也以同乡为主，但也有同乡中同行业商人所建，中后期绝大部分以行业为主了。苏州行业会馆的分工要比北京细密得多，如北京的木器业，苏州则分红木、小木、圆木等几个作坊行业会馆；棉布业又分布坊、踹坊、染坊等好几个行业会馆。这样有些会馆也以行业命名了，如北京的药业会馆，上海的商船会馆等。

会馆不仅设于北京、上海、苏州、武汉等大城市中，而且也设于商业繁盛的市镇中。如：康熙二十三年（1684年）在浙江嘉兴平湖乍浦镇设置海关，这里成为当时海外通商贸易的重要港口。随着港口商贸、手工业的日趋繁荣，逐渐出现了各种按行业组成的同业公会和按地域组成的同乡会。它们亦称会馆或公所，其中主要有：福建靖城、漳州经营食糖批发的同乡会馆叫糖会馆；专做染料生意的温州帮同乡会叫靛青会馆；经营带鱼、黄鱼批发的宁波同乡会叫带鱼会馆；专营炭屑内销批发的台州同乡会叫炭屑会馆；专营笋干、土纸的福建永安籍商人同乡会叫笋纸会馆；广东潮州籍糖商同乡会叫潮州会馆；福建泉州籍商人同乡会叫晋江会馆；经营松江、嘉兴一带的土布远销的同行公会叫布会馆；木材批发商的同业公会叫木会馆；专营牛骨头生意的同业会馆叫牛骨头会馆；经营木板生意的同业公会叫镇川公帮；中药商人的同业公会叫药材公所等等。这些会馆全盛于康熙至嘉庆年间，鸦片战争后，由于上海商埠迅速崛起，随着商业中心的转移，加上嘉兴这些会馆多毁于战火，这里的商人纷纷外迁，嘉兴会馆便日趋衰落。又如浙江湖州南浔镇，清嘉庆时建宁绍会馆，道光时建新安会馆，光绪时建有金陵会馆等。

清代中期，由于各地商品经济发展达到鼎盛时期，城市中商业市场空前繁荣，旧式作为同乡性质的地域组织会馆已难以满足各行业商人的需要，他们纷纷要求能按行业组织自己的团体，于是大批公所开始出现。

公所主要是以业缘为纽带的工商业组织。公所开始并非商业组织，最早是在清雍正元年（1723年）设立的八旗公所，是八旗都统衙门机构。到嘉庆、道光年间，渐为工商组织命名。其义是指：

> 夫所谓公所，为公共建设之所，非私人燕息之居。关西方言以致力一事谓之所，则凡登斯堂者，务守合群之旨，一秉至公。[①]

[①]《海上冰鲜业敦和公所沿革碑》，载上海博物馆图书馆资料室编：《上海碑刻资料选辑》，上海人民出版社1980年版，第417页。

当时这类行会和公所几乎遍及全国大小都市、商埠、码头。行会、公所对于市井秩序的最大贡献是，他们都制定和形成了各不相同的行规。与以往市井中约定俗成的规矩不同，行规是同业内部或同业之间经相互切磋协商后形成的契约，它有同业中的权威强制性。

行会的功能之一，是限制本行业内部的不合理竞争。如工价、物价方面有同行公价的确定，对经营规模、地点与手段的合理性的认同，对囤积居奇、欺行霸市、中途兜揽生意的制裁，直至招收学徒、使用帮工的数量。

行会的功能之二，是维护商人和作坊主经营的正常。

行会的功能之三，是以社会界别名义影响官府，以求对罢工、怠工的弹压。

行会的功能之四，是为同业办理善举。这是在会员缴纳的资金中列出救济金、置义田、义庄、义冢、义塾之类，用于提供同业不能归葬者、子嗣年幼无人教养者以及罹天灾人祸者的某些补偿。

据有关资料统计，至清末几乎全国各地都有公所建立，其中以苏州和上海最多，苏州约有144所，上海约有66所。它们多数是以行业命名，如称纸业公所、蜡烛业公所等，也有以地区命名的，实际仍是行业组织，如苏州的江镇公所是剃头业组织，七襄公所是丝绸业组织。这些公所比同乡会馆的排他性、狭隘性和封建性要小得多。大多数公所都是在19世纪中叶前后逐渐建立的。如苏州在鸦片战争前，共建有崇德、集德、置器、允金等38个公所，分属印书、木器、漆作、硝皮、刻字、冶炼、面业等30多个行业。

清代中期以后，不断兴起的公所，成为和会馆共存的组织，不过其建设原则、社会功能方面与会馆颇有不同。它与会馆的差异在于：

第一，公所是行业同人的组织，它是以职业划分的，会馆是各种行业、职业的同乡人组织。

第二，公所不仅是有资产的商人和作坊主的建立，还有工匠。在许多城市也出现有不少各类手工业工匠或工人的行会或公所。他们是为了保护劳动者自身利益。如枝巢子《旧京琐记·市肆》记："京师瓦木工人，多京东之深、蓟人，其规颇严。凡属徒工，皆有会馆。"

第三，公所成员的籍贯和会馆的纯系客籍人的情形不同，公所成员有本地人，也有外乡人，是以职业组合的。最大区别还在于其主要职能是以研究商务和开展商务活动为主。在管理上更加严格，制定的各项规章制度也更健全。

行会、公所对同业有很大制约性，同业内部的机构设置大多比较严谨，有董事制、选举制、任期制等制度，注重会长、董事的人品，并设有监事组织，公示会务费用，公开财务账目，一般来说，程序都比较民主。所以行会、公所有些相仿西欧的"基尔特"。

但与基尔特相比，中国的这种业缘组织在排他性与专业的垄断性上都显得较弱。中世纪欧洲的城市是各自独立的，人口流动性小，基尔特就很容易达到保护本地工商业者，排斥外来工商户的目的。但是中国城乡结合，人口流动性大，经商者以外乡人为多，无法区别土著与移民，所以中国工商者的业缘组织形式不一。有的是一行一业的行会、公所；有的是相关的不同行业联合组合。甚至有的大的行会、公所内部还会有帮派之分，特别是餐饮业行会在同一市井中会有七八帮之多。

到清末受西方洋商商会的影响，开始出现国中第一个商会，此后便逐步替代了以往的公所，成为新型的商业组织。"商会者，众商之会也"。[①] 顾名思义它已非昔日会馆、公所那种只是一地或一行业的商业组织。其核心宗旨是"专以商务为问题"。[②] 它是全国性的各行各业全体商人的共同组织。

早在1895年，郑观应、康有为等一批有识之士，就大力评介西方商会。1896年初总理衙门就明确表示赞同沿海各省会及重要商埠设立商务局。于是，自1898年后，许多省份的一些城市陆续成立商务局，这是管理工商事务的准官方机构。到1902年以后，上海、广州、汉口等工商业比较发达的城市，先后创设了商业会议公所或商务公所。到1904年年初，清政府则颁行了《商会简明章程》，谕令各省迅即设立商会：

    凡属商务繁富之区，不论系会垣、系城埠，宜设立商务总会，而

[①] 天津市档案馆、天津社会科学院历史研究所等编：《天津商会档案汇编》，天津人民出版社1989年版，第30页。
[②] 同上书，第93页。

于商务稍次之地，设立分会①。

于是，此前在上海、天津等地设立的商业会议公所便改组为商务总会。随后从沿海沿江的通商城市迅速向内地中小城市推广，各地开设的商务总会和分会，至1912年已近千家，遍布蒙藏以外的全国各省区。当然初期成立的商会，在人力和财力等方面，普遍得到原先地方会馆、公所的大力支持。

商会是现代性的资产阶级社会团体，它与传统的行会组织有着密切关系。旧式行会在鸦片战争后虽也逐渐趋向资本主义化，但仍是传统的工商团体。虽然这些行会基本上都是现代商会的主要成员和基层组织，但他们加入商会后，在商会的影响下，从组织形式到组会目的及活动内容等方面，都发生了程度不同的变化，从而使原先的旧式行会逐渐向现代性团体过渡转化。

新式商会比传统的会馆、公所组织要先进得多：它是一种跨行业的统一的联合组织，不受地域和行业的限制，从横向把全城的各行业都联合组织成一体；突破了以往束缚工商业发展的陈规陋习，以新型的"扩商权"、"联商情"、"开商智"的宗旨代替会馆、公所的"联乡情"、"笃友谊"的乡土气息；同时有一套充满资产阶级民主气息的健全而成熟的工商组织和制度。

简而言之，过去旧式行会组织只是通过同一地区或同一行业的宗教信仰来凝聚大家，即每一行业都有自己的行业信仰，都有自己行业的祖师和保护神崇拜。这在后面的城市宗教文化的"行业信仰"中将再详述。而现代商会则通过利益认同、大众媒介的信息传播、民主制度及法律威力等方面来实现整合作用。

由于受时代的局限性，当时我国处于半封建半殖民地社会，中国的资产阶级不可避免地存在着软弱性、妥协性、动摇性和不彻底性，所以具现代性的中国商会最终难以完成中国现代化的历史使命。

今天我们正在实现现代化，当然无须当年的旧商会组织机构来斡旋，我们主要靠发展社会主义市场经济，大力促进商品经济的发展，不断开拓国内外的市场，满足内需外供，促使城乡市场日益繁盛。从而研究城市中

---

① 《大清光绪新法令》第十六册。

市场文化已成为当前发展城市中经济和文化的热门话题，许多城市都在搞文化搭台，经济唱戏的活动，颇见成效。各种各样的庙会、文化节、展销会、博览会等，大量的文化活动吸引了大批海内外商家客户光临，从中可以引进大批外资，促销各种产品，扩大出口。以前谁能想得到北京郊区大兴县庞各庄的西瓜能做出什么大文章，可是，就是大兴县每年夏天的西瓜节就为北京创造了那么多的外汇。这就是市场文化的效应，也正是进一步深入研究城市市场文化的目的。

第六章

城市外来文化

今天我国正实行对外开放政策，与外界进行着广泛的国际交流，同时外资纷纷涌入我国，外资、合资企业如雨后春笋般兴起。这不仅对我国经济发展有很大促进作用，同时也推动了我国与世界各国的文化交流。一方面开扩了我们的眼界、使我们更多地了解世界，可以更多地接受外来文化；同时也使世界各国能更多地了解我们，从而可以相互学习、相互影响。

其实我国实行对外开放政策源远流长，历来为各朝各代政府所重视。早在秦汉时即已开辟了西部陆上丝绸之路，到隋唐时得到进一步推广，以至宋元时期成为国家发展经济的基本国策，乃至明初郑和七次下西洋，远涉非洲，影响扩大到欧洲，达到了历史上的鼎盛。只是到封建社会后期，才出现数度海禁，但都只是短时政策，最长也只是清初顺治至康熙二十三年（1684年），不过几十年而已。所以说，回顾两千多年，我国封建时代，对外开放和相互交流一直是主流，占历代封建统治的绝对优势。

再说我国长期实行的对外开放政策，历来都是古典文明贸易交流，都是在互助平等条件下进行的，从来没有任何的掠夺性。这点在西方学者中也历来都有公正的评说。

如公元50年罗马作家梅拉说：

赛里斯（指中国）人……其人诚实，世界无比。

公元380年希腊作家马赛里奴斯在其《史记》中也称赞说：

赛里斯人和平度日……性情安静、沉默，不扰邻国。

公元440年亚美尼亚国史学家摩西在其《史记》中更称颂道：

中国是世界上最东的国家，人民富裕，文化灿烂，民性温和。不但可称为和平之友，还可称为"生命之友"。

连著名的德国诗人歌德也感慨说：

中国人在思想、行为和感情方面几乎同我们一样，只是在他们那里一切都比我们这里更明朗、更纯洁，也更合乎道德。

唐代中叶以后，由于我国经济重心南移，自汉代开辟的陆上丝绸之路逐渐衰退，而海上丝绸之路日益兴盛。沿海主要港口集中在南方地区，直至明代，南方的广州、泉州、福州、潮州、温州、明州（今宁波）、杭州、上海、江阴、太仓、扬州等港口城市，相继开辟成对外通商口岸，它们接受外来文化自然比内地城市要多得多。到近代，由于资本主义列强的武装侵略，自1840年鸦片战争以后，中国门户洞开，先后开放了上海、广州、宁波、厦门、福州、天津、汉口、九江、镇江、苏州、杭州、汕头、烟台、青岛、大连、营口、芜湖、沙市、长沙、重庆等商埠。列强们强占土地，设置由他们直接管理的租界和租借地，作为他们倾销洋货和掠夺原料的基地。在这些城市中都受到外来文化的影响，其中以上海、广州、天津、大连、青岛等城市更为突出。

所有这些对外开放的城市，实际上都是中外经济文化交流的窗口。在这些城市中生活的外国居民往往都有集中住地，他们可以保持自己的生活习惯，有自己的学校和寺院、教堂。他们带来许多我国原先没有的物产和先进的生产技术，同时也将我国的一些特产、生产技术乃至思想文化等传播出去。同时他们的一些生活习惯与宗教信仰也影响到我们居民的日常生活。特别是在近代开放城市中所形成的租界，一方面是侵犯了我国主权，另一方面向我们全面展示了西方文明的先进性，从而大大促进了我国城市近代化。所以，我们有必要全面分析、研究历史上城市发展中的外来文化，结合当前的改革开放政策，可以使我国的城市能更健康、全面地发展。

一 中外经济文化交流的窗口

历来对外开放的城市都是中外经济文化交流的窗口。

早在秦代，徐福东渡的故事，他们带着五谷、百工和先进的农业生产工具、技术等，浮海东渡日本，促进了中日文化交流。

西汉时张骞通西域，在大夏国（今阿富汗北部）看到我国的蜀布和邛竹手杖，原来是通过身毒（今印度）贩运过去的。通往身毒的这条丝绸之路，即后来我国西南地区称为灵关道、五尺道和永昌道组合而成。然后由滇越（今腾冲）出缅甸到印度。当时的蜀布，即蜀地所产的丝织品和麻织品。是在公元前334年至公元前325年，希腊国王亚历山大侵入西亚、伊朗和印度时，从印度获取的。

这条形成于两千多年前的古道，至今仍与现代交通路线相吻合：1939年建成的川滇公路以及基本与之相平行的建成于1974年的成昆铁路，大部分循古老的灵关道。新建的内昆铁路基本沿古老的五尺道。而1939年通车的由昆明到缅甸腊戍的滇缅公路，大部分是沿永昌道修筑的。再说1945年建成的从腾冲到缅甸的密支那，再到雷多连接印度阿萨姆铁路的中印公路；建于1884年的从中缅印边境阿萨姆东北境萨地亚到印度加尔各答的东孟加拉铁路和全线完成于1903年的由仰光经密支那、曼代勒到腊戍的铁路等，大体上都沿袭两千多年前的古道行进的。

张骞通西域后，沟通了从我国长安与中亚、西亚的交往。当时西域地区来的使者、商人，一年之中，多至数千人。《汉书·西域传》记：

> 使者相望于道，诸使外国一辈大者数百，少者百余人，人所赍持大放博望侯时……汉率一岁中使多者十余，少者五、六辈。

以后历代与西域交往不绝，东汉有班超任西域都护，派甘英出使大秦（即罗马），于和帝永元九年（97年）抵达条支（今叙利亚及庞特拉一带）。曹魏时与当时日本的邪马台国互通使节达6次；从421年至502年，日本邪马台的五倭王仍多次向南朝宋、齐、梁朝遣使；西晋时（215—316年）大宛国两次遣使送来汗血马，西晋也派使臣杨颢出访大宛；西晋太康年间（280—290年）大秦国也曾遣使来访。东晋时有法显先从陆路去印度，然后乘商船由海道而归。北魏时也多次派使节访问中亚各国。

魏晋南北朝时期在对外交通方面，由于河西地区被阻隔，三国时，曹真率队从北部地区新开通了"新北线"，从内蒙古阴山南麓开始，西去河套，穿过居延泽绿地西行，进入今新疆北部，继续与中亚地区乃至里海之滨保持联系。南朝时，北方通道受北朝影响不能前往，不得不另辟新径，于是开通了"河南道"，自川西、甘南，经青海湖，穿过柴达木盆地，直达善鄯与西域接通，从而保持与西域商人的交往，西域商贾也由此路进入汉中，再到襄阳、荆州一带经商。所以这时期陆上丝路基本没有中断。

同时在海上丝路方面，南方六朝都很重视海上贸易，不仅促进东西方物资交流，而且可以增加政府财政收入。这时期海外贸易不仅扩展了交往范围，以至波斯、大秦帝国等除陆路与北魏交往外，同时由海路与南朝往来，而且也促进了东南沿海的一些港口城市得到发展。这时期的海外交通为以后唐宋元明时期的海上丝路发展奠定了基础。

隋唐时期是我国陆上丝绸之路最为繁盛时期，隋炀帝时，每年正月十五日，在京都洛阳端门外大街上设置规模巨大的百戏场，招待各国使节和商人。唐太宗曾说：

> 从远古以来，人们总是以中华为尊贵，以外国、外族为卑贱，我却一视同仁。

唐代与日本关系密切：从630年至834年的200年间，日本派出遣唐使达19次之多，唐朝也多次遣使回访。在西部，7世纪初，张掖已成为东西贸易的中心，有40多个国家的商人集中于此。贞观年间（627—649年）粟特的撒马尔罕地区（中亚索格狄亚那地区）就有25个使团和随行商人来唐。到8世纪，仅大食国就派来37次使者。当时唐朝政府专门设立了"互市监"来负责管理对外贸易。不仅允许中外通婚，而且外国人可以在唐做官。波斯人阿罗喊移居于唐，曾代表唐政府出使佛菻等国。另一个波斯人李元谅，少年时流落于唐，被宦官收养，改姓骆氏，屡立战功，唐德宗时赐他姓李，死后追赠"司空"官衔。新罗人崔致远来唐，18岁中进士，被授宣州溧水（今江苏镇江地区）县尉，后代表唐政府出使新罗。

据《唐六典》载，和唐往来国家曾有300多个，最少时也有70多个，在长安城内居住的就有回纥、龟兹、吐蕃、南诏、日本、新罗、波斯

（伊朗）、阿拉伯等，尚有越南、印度、东罗马等国的使节。

中国丝绸很久以前就已传播到亚洲广大地区，然后传到非洲和欧洲，最后又进入拉丁美洲。中国丝绸通过许多途径向世界各地传播，其中最重要的有两大动脉：一条是汉代张骞开凿的，经我国新疆地区进入中亚，然后到达西南亚的陆上丝绸之路；另一条是起自我国沿海港口城市，经过南中国海，进入印度洋，到达波斯湾和阿拉伯半岛的海上丝绸之路。此外由中国港口出发，横渡黄海或东海到达朝鲜和日本，可以称之为海上丝绸之路的支线。这两条大动脉在不同历史时期起过不同的主要作用，大体来说，在唐代中期以前，陆上丝绸之路为主要渠道，而在唐代中期以后，随着经济重心的南移，陆上丝绸之路急剧衰落下去，时断时续，不能再恢复昔日盛况，于是海上丝绸之路日趋兴盛，成为丝绸外销的主要途径。特别是陶瓷的大量外销，则是在海上丝绸之路兴盛后的事。所以有人又把海上丝绸之路称之为"陶瓷之路"，不无一定道理。

宋元时期都以对外开放政策为基本国策，所以海上丝路获得很大发展，航线延伸到西亚、北非以至欧洲。海上丝路通过海上航路与世界各国和地区，在政治、经济、文化、科技、外交、外贸等各方面的友好往来和相互影响。通过使节、留学生、商人、学问僧、传教士、旅行家及航海家等互相交往，促使我国沿海城市广泛汲取外来文化。从而大大促进了我国沿海港口城市的繁荣发展。元代沿海主管外贸事宜，设置市舶司的有广州、泉州、温州、庆元（今宁波）、杭州、澉浦（今海盐）、上海等口岸。这对促进我国沿海经济发展起了很大作用。

宋代海上丝路的贸易活动兴盛，仅高丽使节来宋的就达351次，北宋末年，徽宗崇宁年间（1102—1106年）每年外贸收入就达110万缗。南宋初年，仅泉州、广州两地的外贸每年收入就达200万缗。元代国势强盛，其影响远达欧洲、东罗马、西罗马，日耳曼的探险家、商贾、传教士纷至沓来，其中以威尼斯商人马可·波罗最为著名。

在陆上丝绸之路方面，元代又从开平北上，经纳邻道直达和林，再从和林至吉里吉斯、俄罗斯、马札尔，此为钦察道北线。从大都出居庸关去大同，通往河套地区，再西去新疆，取道天山北麓，通过察合台后王封地之仰吉八里、阿里麻里去钦察汗国，直达里海北岸之克里木半岛，此为钦察道南线。再有从新疆取道天山南麓西去，跨越葱岭，通往今阿富汗、伊朗、伊拉克地区，与伊利汗国联系的大道，名为波斯道。这些通道比起汉唐时期通西域的丝绸之路要宽广得多。

明代前期有著名的郑和七次下西洋；而在后期，以利玛窦为代表的西方传教士来华后，促进了中西方的文化交流。明代后期至清代前期，虽实行过多次闭关政策，但自康熙二十二年（1683年）正式解除海禁以后，依然实行对外开放政策。康熙二十四年（1685年）在广州、厦门、宁波、云台山设立海关。从乾隆十四年（1749年）至道光十八年（1838年），外船抵达广州港有5130艘。[①] 以汤若望、龙华民为首的传教士仍得到清政府的信任，康熙帝还向传教士学习西方先进的科学知识。直到雍正时期才开始实行闭关政策，以至到1840年鸦片战争后，西方殖民主义者才用武力强行打开中国的大门。

我国自秦汉以来，两千多年的历史中，历朝历代基本上一直实行对外开放政策，只是到雍正年间才实行真正的闭关政策。中国文化长期居于世界领先地位，中国的科学技术成就和特有的思想文化通过丝路传播到世界各国；同时海外诸国的先进生产技术和各种思想文化也不断传入中国。从而丰富了彼此的经济生活和文化生活。历代的陆上丝绸之路和海上丝绸之路，成为与各国人民进行科学文化交流的主要渠道，长期与许多亚非国家互遣使节，友好往来。

历代在对外开放过程中，我国的一些物种和技术不断向外输出；同时"殊方异物，四面而至"。我国传往西方的物产除丝绸外，尚有桃、杏、梨等果树。约在公元前一世纪，传到波斯，再由波斯人传往亚美尼亚，再传往希腊、罗马诸国。同时，传到印度，印度人称桃为"中国果"，称梨为"中国王子"。

中国的药材，如大黄、黄连、莪术、无患子、蜀葵、玫瑰、土茯苓、生姜、肉桂等也传往波斯和阿拉伯各国。此外我国的白铜被波斯人称作"中国铜"；我国的瓷土被波斯人称作"中国土"。

除了物种交流外，还带进来许多物产，如汗血马、狮子、大象、安息雀等动物，有明珠、象牙、珊瑚树、玛瑙珠、水晶等珍宝，还有丁香、乳香、龙诞香、降真香、紫檀香等香料药品，并且还引进了一些先进的生产技术。如棉花种植，原产印度，称吉贝草，约从唐代起开始移植我国西部地区，至宋代才逐渐扩大到江南地区。又如琉璃制作，原产罗马帝国，早

[①] 《粤海关志》卷24—34。

在汉代以前，作为豪华装饰品已经传入我国，但其制作方法，直至5世纪北魏时由大月氏人在洛阳传授，以后广泛应用成为我国重要建筑材料。再说制糖技术，是在唐太宗时从印度学习而来，用扬州的甘蔗制作的糖，其味比印度的蔗糖还好。

有的技术本来是从我国传出去的，以后别国有了创新，这些新的制作技术又反传影响我国。如织锦技术，约在6世纪时传入波斯，他们创制成风格独特的"波斯锦"，以后我国织工加以学习"波斯锦"的萨珊式图案和织锦工艺，仿制出波斯锦。60年代在今新疆吐鲁番出土的"联珠骑士纹锦"、"联珠猪头纹锦"和"联珠鸾鸟纹锦"等，都是当年织工织造的具有波斯风格的织锦。又如用铁和制造刀剑技术，日本原是从我国学去的，后他们制作的日本刀十分精良，宋代时就称其为"宝刀"，以后不断输入我国。再如漆器制作也如此，日本原本从我国学去，以后他们做了许多创新，如创造了泥金画漆法，所以明代专门派人去日本学习这种技术。

当然，我们祖先也通过"丝绸之路"，吸收学习了许多西域国家的先进科学技术。如古代印度的天文历算和医学。三国以后，印度的小数记法和"三等算法"即万以上的十进、万万进和倍进三种算法传入我国，对我国算学产生很大影响，隋代我国翻译的印度历算书籍就已有7种60卷之多。

在历法方面，唐初因年久失修，预测日食往往不准，于是经常请一些印度的天文学家到唐朝的天文台供职。如唐文宗时，印度著名天文学家瞿昙罗任唐朝天台太史达三十余年，参加了修历工作，并将其所著的《经纬历法》一书进献皇上。

再说印度的眼科医学一直很先进，汉代以后就有不少印度眼科医生在中国开业，唐代著名诗人刘禹锡就接受过印度医生治疗眼病；鉴真和尚就曾在韶州找"胡医"治眼病。

人类的科学技术就是在这样的相互交流中互相学习、互相提高的。同样我国有许多先进的科学技术通过丝绸之路传向西方各国。如我国古代种桑养蚕织丝技术，除了很早传往朝鲜、日本外，随着丝绸的外传而传往西方，7世纪传到阿拉伯和埃及，10世纪传到西班牙，11世纪传到意大利，至15世纪法国才开始养蚕，美洲的墨西哥到16世纪中叶才学会养蚕。

同时我国的瓷器和漆器也深受各国欢迎，制瓷技术到918年传到朝鲜，1223年日本的加藤四郎和左卫门景两人从福建传回制瓷技术，日本尊加藤为"陶祖"。11世纪,制瓷技术西传到波斯,后又传到阿拉伯、土耳其和埃及,1470年才传到威尼斯,但欧洲直到18世纪才造出真正的瓷器。至于漆器技术,直到16世纪才传到欧洲。

其他我国四大发明也在欧洲文艺复兴时期传去,对促进欧洲资本主义产生和精神发展创造起了"强大的杠杆"作用。

我国早在西汉时,已开始使用煤炭作燃料,到11世纪宋代时,采煤技术已有很大进步,然而直到13世纪,欧洲人还根本不知道煤炭是何物。直到《马可·波罗游记》中第一次向西方报告了中国人用煤的消息,使西方人开始认识煤炭作用。

在与西方使节、商人接触中,他们也带来不少新鲜的东西,影响到我国的生活和意识。如在城市建筑方面表现出博大开放、兼容并蓄的宏伟气魄,魏晋时期城市与建筑不重因循,而多托古改制,并引入西域外来素质,如皇宫居北而不居中;融合西域风格庙塔进一步向高层发展,点缀都城的天际线轮廓;殿堂建筑袭用西域的须弥座为基座,完成中国古典建筑最具代表性的"三段式"构图;并将西域琉璃工艺用于屋面装饰瓦件。[①]

我国的建筑艺术对各国的影响很明显:朝鲜新罗的古都庆州,日本古都平城京(今奈良)、平安京(今京都),以及越南古都河内,它们的布局结构,基本都仿照我国唐代长安城,沿南北中轴线左右分布建筑,采用棋盘式街道。各国宫殿也多具中国风格,如越南的顺化城,大部分建筑仿清北京城结构,其王宫犹如缩小的北京故宫。泰国著名的大城府挽巴茵御苑内的主体建筑,就是一座红墙绿瓦的中国式王宫,屋脊上镶嵌着丹凤朝阳和双龙戏珠衬托琉璃瓦的飞檐;宫门口有一块刻着凤翔龙舞的大影壁。又如缅甸曼德勒都城和宫廷建筑,都曾由中国工匠参加设计建筑,与北京故宫建筑颇有很多相似之处。宫廷花园称作"德由午阴",意为"中国式花园"。曼德勒皇城的设计督造者就是一位旅缅滇侨尹蓉。他还在缅甸京城建造了一座完全按中国建筑形式,仿和顺乡中天寺宫殿兴建的腾越会馆(后改称为云南会馆)。在缅甸民间住宅中还可看到中国工匠传去的"德由格"(意为中国式百叶窗)。再说中国园林对西欧的影响,17世纪末,欧洲人对中国建筑还很隔膜,到18世纪初,他们就开始接受中国的影响。如罗柯柯建筑中的佛塔、凉亭的点缀,就是模仿中国的。德国华首巴特河

---

① 常青:《西域文明与华夏建筑的变迁》,湖南教育出版社1992年版,第42页。

上的彼尔尼兹宫是欧洲模仿中国式大屋顶的例子。

18世纪中叶后，欧洲园艺家对中国园林有极大兴趣。其中最有名的是英国园艺师张伯尔为英王妃奥古斯塔改造的述园，这是欧洲第一个中国式花园，当时轰动了全欧洲，法国人称它为"中英式园林"。其中假山、瀑布、丛林、宝塔，湖光山色，曲径通幽，一派中国风光。此后，法、德、荷各国，竞相仿效。德国虽起步较晚，但后来居上，1781年卡塞尔伯爵在威廉高地湖南面的魏林斯泰因地方，修建了"中国村"，取名"木兰村"，实际是一处中国公园。17世纪末至18世纪末，欧洲掀起了长达百年之久的"中国风"、"中国热"，即从宫廷到庶民百姓，在衣着打扮、室内装饰、使用器具到建筑艺术形式……无不模仿中国。欧洲受中国传统文化影响曾酿成一场风靡欧洲的所谓"罗柯柯运动"。"罗柯柯"一词源自法文"rocaille"，意思是指一种假山石或贝壳的装饰品。它们的特征是轻盈淡雅，线条丰富，重浑然天成，不重人工雕琢，这正和中国艺术追求的超脱、纯朴、宽放想象风格相一致。罗柯柯运动发源于17世纪末收藏中国艺术品最多的法国，不久遍及德、英、意、西班牙等欧洲主要国家，它兴盛于18世纪20年代至80年代。这是在中国文化影响下出现的。其直接表现为对中国瓷器、漆器、丝绸、绘画和建筑等艺术品和艺术风格的追求和效仿。罗柯柯运动也可以说是当时的西方人的"崇洋"和"中国热"。

在西方罗柯柯运动中，中国的戏剧也盛行一时。如1692年12月，意大利剧团在布尔哥格旅馆上演五幕《中国人》，国王亲临观看；1713年，在泽曼街上演以《道士隐形术与中国宫廷》为题的闹剧；1723年在同市又上演了三幕中国喜剧《道士、毛狮、狗、塔、医生》；1729年在同一剧场还上演了《中国女王》。此后中国的戏剧为欧洲特别是法国一般社会所欢迎。其中，伏尔泰根据马若瑟传教士所译的元曲《赵氏孤儿》写成《中国孤儿》，1755年在巴黎上演，曾轰动一时。

有趣的是中国上漆的轿子在17世纪初被引进欧洲。当时欧洲贵族以坐轿子可以提高自己的身份而大加提倡，以致轿子颜色和坐轿子等级规定也完全以中国为标准。1727年维也纳出现一次按等级坐轿子出巡大典，德国皇帝乘特别华丽的轿子，走在最前面，接着是宫廷和枢密院的轿子，洋洋大观。当时规定："病人、奴婢仆役、犹太人不得乘轿"。甚至到1861年，轿子虽已过时，德国纽伦堡市政府还为庆祝轿子公布了一个

《轿子法则》。18世纪中，法国人首先在轿子下面装上轮子，由马牵引，成为后来的马车。

历史证明：诸凡任何一个文化科技发达的国家和民族，无不得益于经济文化的交流。如古罗马帝国则吸收了古希腊的文化遗产而称霸一时；我国汉唐盛世都因实行了兼收并蓄的对外开放政策，广泛吸收了外国优秀的文化，把我国的经济、文化等推向封建社会盛世时期；而近代列强的迅速发展，与文艺复兴后西方各国间在哲学、科学、文艺等各方面频繁接触与交流是分不开的。至于现代各国的经济腾飞和科技迅猛发展，更是与各国互通有无，频频交流密切有关。相反任何一个保守落后、故步自封的国家，则必然停滞不前，处于落后挨打的局面。纵观我国封建后期就是因为实行"闭关锁国"政策，致使与西方国家的差距越来越大，使我国原先长期在经济、文化方面处于的领先地位丧失殆尽，最后陷入丧权辱国的境地。

今天我们要实现现代化，如果不实行开放政策是不可思议的，因为在现代交通工具和通信设施如此发达的情况下，世界变得越来越小。任何一个国家或民族要强盛，缺少世界各国的相互支持、相互帮助是不可能的。所以，今天的国际经济文化交流比历史上任何时期都显得更为重要，为此我们回顾历史上，我国城市生活中接受外来文化的经验教训，从中可以得到各种启示和借鉴，这就显得尤为必要。

二　蕃坊与租界

在历代开放政策下，来中国通商的外国商人或使节，往往居住在当时城市中某一区域。这样，一方面便于他们生活，因他们初来中国，在语言、习俗、宗教信仰等方面均不太习惯，集中在一区域生活，更加有利于他们进行贸易、祈祷、交流甚至自卫。另一方面也便于中国政府对他们的管理和防范。所以，历来在不少城市中先后出现过外人集中居留区域。

在谈到城市外来文化时，我们有必要专门来研究中国城市中外国人集中居住的地方。他们依然保持着异国他乡的生活习惯、风俗信仰，同时对我国人民的生活、信仰也带来一定的影响。最早出现外国人集中居留的区域，当为西汉时长安城内的藁街蛮夷邸。西汉在长安的藁街，专门修建了接待西域客商、使节的邸舍。史籍记载有"蛮夷邸门"、"蛮夷邸间"，可见当时蛮夷邸建有大门，并有众多的屋宇。一般来说，它是来汉的使节、宾客、商人们的临时居住地，但也有一些长期居住在邸中的客人。据《汉书·元帝纪》记载，至少在汉元帝建昭三年（公元前36年）已有"蛮夷邸门"。汉宣帝时还在平乐观亲自接见他们，并将政府官员集中于上林苑学习西域语言，以便接待西域来客。当时所云的"蛮夷"，包括居住在中原地区以外的中国少数民族，也包括生活在今天中国境外的其他民族。如西汉末年，王莽曾将匈奴左骨都侯须卜当迎至关内，长期"置长安藁街"。① 当时，每当西域诸国的国王等被汉朝军队斩杀后，他们的首级常被传送诣京师，在蛮夷邸间悬挂示众，"以示万里，明犯强汉者，虽远必诛"。②

东汉基本承袭西汉旧制，也在京师洛阳建造蛮夷邸。公元94年，班超发西域诸国兵，斩焉耆、尉黎两国王后，东汉政府也将他们的首级"悬蛮夷邸"。③

北魏都城洛阳南郊分别建有专门接待四方"夷人"临时侨居的四个国宾馆，称作"四馆"，和供他们长期居住的四个居留区，称作"四里"。这"四馆"、"四里"位于城南永桥以南，圜丘以北，伊、洛两水之间。其中"四馆"又名"四夷馆"，位于御道以东；而"四里"则位于御道以西。据《洛阳伽蓝记》记载：当时"吴人"来投奔者，处金陵馆，三年的赐宅归正里；北夷来附者处燕然馆，三年以后，赐宅归德里；东夷来附者处扶桑馆，赐宅慕化里；西夷来附者处崦嵫馆，赐宅慕义里。当时的"吴人"为在华东地区的南朝汉族人士，并非外人，而"北夷"与"东夷"来的人数也很有限，在洛阳南郊居住的外人主要是来自中亚和西亚的"西夷"：

> 自葱岭已西，至于大秦，百国千城，莫不欢附，商胡贩客，日奔塞下，所谓尽天地之区已。乐中国土风，因而宅者，胜数。是以附化之民，万有余家。门巷修整，阊阖填列，青槐荫陌，绿树垂庭，天下难得之货，咸悉在焉。别立市于乐（洛）水南，号曰四通市，民间

---

① 《汉书·王莽传》。
② 《汉书·陈汤传》。
③ 《后汉书·西域传》。

谓永桥市。伊、洛之鱼，多于此卖，士庶须脍，皆诣取之。鱼味甚美，京师语曰："洛鲤伊鲂，贵于牛羊"。①

可见，当时在洛阳定居的西域人就有一万多家。

唐代对外开放空前发展和繁荣，长安、扬州、楚州和广州等城市都形成过外人聚居区。其中长安的西市、醴泉坊、义宁坊、崇化坊等处，都有大批西域各国的胡人长期定居。唐代长安有很多外国人居住，当时"胡化"风气盛行，人们普遍爱吃"胡食"，爱穿"胡衣"，爱戴"胡帽"，爱玩"波斯球"。

唐代的扬州为中外航海线上的中继港，盛况空前。为迎接来自日本、朝鲜、大食、波斯、南亚、西南亚等国的客商，唐代扬州设有专门接待外国人的宾馆，在唐人笔记多有记载扬州的"波斯邸"和"波斯庄"，并说及扬州的波斯"胡店"或"波斯店"。他们多以经营珠宝、香料与药材而闻名。

唐代政府对胡商的贸易活动给予各种方便，并加以特殊保护政策。如唐文宗太和八年（834年）曾上谕：

> 南海蕃舶，本以慕化而来，固在接以仁恩，使其感悦。深虑远人未安，率税犹重，思有矜恤，以示绥怀。其岭南、福建及扬州蕃客，宜委节度观察使加存问，除舶脚、收市、进奉外，任其来往通流，自为交易，不得重加率税。

所以胡商来扬州开设许多胡店，有的大食和波斯商人长期居留扬州，并以扬州为据点，甚至世代落户在扬州，他们将扬州看作是他们的第二故乡。所以，杜甫在《解闷十二首》中云："商胡离别下扬州，忆上西陵故驿楼；为问淮南米贵贱，老夫乘兴欲东游。"又如《太平广记》卷402，《李勉》条引《集异记》中所记，有一胡商在扬州已寓居二十年，为取宝而病逝他乡前仍思归扬州，后李勉仍在扬州寻得其子，告瘗处，其宝仍归其子。在《旧唐书·田神功传》中记载，唐末田神功至扬州，"商胡大食、波斯等商旅死者数千人"，足见当时扬州胡商之多。

---

① 《洛阳伽蓝记》卷三，城南，第161页。

再说楚州（今江苏淮安），地处当时朝鲜、日本来唐的航线之中，当时楚州城内有新罗坊，专供朝鲜商人居住，也住有日本商人。尽管当时许多城市中都有外国商人、侨民集中居留区域，但他们仍受中国政府直接管辖，与中国居民的街区无所区别。而自唐代以后，广州、泉州先后出现过外国人享有充分自治权的特殊区域——蕃坊。

唐代的广州是我国最为繁盛的对外贸易口岸，居留广州的外商有十多万。《唐大和上东征》载，当时广州河面：

> 有婆罗门、波斯、昆仑等舶，不知其数，并载、番药、珍宝，积载如山。其舶深六、七丈。师、子国、大石国、骨唐国、白蛮、赤蛮等往来居住，种类极多。

这些来唐的外商，开始也是与当地的华人杂居生活，直到开成年间（836年后），广州刺史、岭南节度使卢钧来广州见到：

> 先是土人与蛮獠杂居，婚娶相通，吏或挠之，相诱为乱。钧至立法，俾华蛮异处，婚娶不通，蛮人不得立田宅，由是徼外肃清，而不相犯。①

从此，蕃坊便应运而生。

当时留居广州的外侨在城南的珠江北岸，现今光塔街一带建有特定的区域，称作"蕃坊"。"蕃"者，古代对外国人的通称；"坊"是古代里邑的名称。"蕃坊"则指外国人集居地区。据记载，在蕃坊中，中国政府依然行使国家主权，同时允许坊内的外国侨民享有相当程度的自治权。蕃坊内状况为：

> 城中有地一段，回教徒所居也。其处有回教总寺及分寺，有养育院，有市场。有审判一人，及牧师一人。中国各城之内，皆有回教徒。有长者以代表教徒利益，审判者代教徒清理词讼，判断曲直。②

---

① 《旧唐书·卢钧传》。
② 张星烺：《中西交通史料汇编》第二册，中华书局1978年版，第79页。

蕃坊中最高长官为蕃长,即判官,是由蕃商推选后,由"中国皇帝因任命回教判官一人,依回教风俗,治理回民……判官为人正直,听讼公平"。① 蕃长职责为"管勾蕃坊公事,专切招邀蕃商人"。② 即按其民族习俗管理蕃坊日常事务,照伊斯兰教教规进行各种宗教活动,判决侨民间的纷争,同时负责招邀外商来华贸易。当时中国法律明确规定:"诸化外人,同类自相犯者,各依本俗法,异类相犯者,以法律论。"③ 即同一国籍侨民自相侵害,则以他们本国法律、习俗自行处置;如果侵害别国商民,包括中国公民,则按中国法律论处。

> 蕃人有罪,诣广州鞫实,送蕃坊行……徒以上罪,则广州决断。④

可见,当时在蕃坊中并不存在治外法权,只是尊重和照顾蕃商的宗教信仰自由和生活习惯而采取的一种特殊政策。这样他们带来"蕃邦"的生活方式、宗教信仰、货物器皿、艺术珍品等,也开始传入广州。很多蕃商在蕃坊中长期居住,有的还成为富豪。如北宋时出任蕃长的大食国人辛押陀罗居于广州数十年之久,"家资数百万缗",朝廷封他为"归德将军",外出时,"巾袍履笏如华人"。⑤

当时还允许蕃商与华人通婚,如宋代广州阿拉伯富商普亚里即娶当地官员曾纳(右武大夫)妹为妻。甚至有人能娶宗女,但三代中须一代有官。如《萍洲可谈》卷2记载:

> 元祐间(1086—1094年),广州蕃坊刘姓人娶宗女,官至左班殿直。

但不准随蕃商带回国去。

---

① 张星烺:《中西交通史料汇编》第二册,中华书局1978年版,第201页。
② 朱彧:《萍洲可谈》卷2。
③ 长孙无忌等撰:《唐律疏议》卷2,中华书局1983年版,第133页。
④ 朱彧:《萍洲可谈》卷2。
⑤ 同上。

宋元时期的泉州对外贸易的海上交通日盛，甚至超过了广州，成为东方第一大港。当时来泉州贸易的东南亚、阿拉伯、波斯及地中海沿岸的国家达 90 多个，在泉州的外国商民"数以万计"。来泉州的外商，开始也是"民夷杂处"，以后他们在城东南隅的晋江下游的北岸一带集中居住，这里正是当时各国商船来泉停泊之所。这在《泉州府志》卷 75 中也明确记载：

胡贾航海踵至，其富者资累巨万列居郡城南。

元吴鉴撰写的《重立泉州清净寺碑记》也说：

建兹寺于泉州之城南。

史籍中每每提及海外巨商居于泉南，外国学者也多有此论述，如桑原骘藏：《蒲寿庚考》第二章云：

有宋一代，阿拉伯人来华互市者多，侨居各港埠，或于城内与华人杂处，或居有宜所，谓之蕃坊，泉州蕃坊在州城之南，即泉南地临晋江，便于出海，故置蕃坊于此。

德人希尔德也说：

泉州市的南郊，为外国人居留地。此地与商舶下锭处相近。实则泉州港的外国船艘下锭处在城南隅。

这些均说明，宋元时期在泉州城南确有蕃客集中居住的蕃坊存在。这里建有伊斯兰教教堂——清净寺、蕃佛寺（婆罗门教寺）和回教寺等。这里聚居着外国客商，他们按自己国家的生活习惯、宗教信仰在此生活经商。近年在这地区发现大量阿拉伯文的墓碑和石刻。

广州的蕃坊，自公元 9 世纪中叶唐代后期，一直维持到公元 14 世纪中叶的元末，历时五个世纪，充分反映了当时我国人民与外来的客商和平共处的事实。这些外来的客商，自汉代以来，他们虽然被集中居住，便于管理，可以按照他们自己的生活习惯和宗教信仰进行生活，但他们也带来诸多外来文化和习俗，直接影响到我国人民的生活习俗和宗教信仰，某些方面也改变了我国人民的原先生活方式和习惯。同时，他们长期生活在我国的一些大城市中，也同时受到我国人民生活习俗的影响，有的回国后也随之带回他们国内，直接或间接地影响到他们的生活习惯，从而大大促进了东西方的文化交流。

直到明代初年，实行海禁政策，规定：

> 申禁人民，无得擅出海与外国互市。①

于是，广州、泉州和明州等城市的市舶司机构全都撤销，从而广州、泉州等地的蕃坊逐渐衰退，以致消亡。

事隔两个世纪后，16世纪初，葡萄牙殖民者来华先后在广东屯门、西草湾和浙江宁波的双屿、福建漳州的月港及泉州的浯屿等地企图非法建立殖民据点，但都遭到明军的重创。与此同时，明朝政府向东南亚商人开放了广东珠江口浪白、广海等洋澳作为对外贸易场所。在1553年，葡萄牙殖民者隐瞒了国籍，谎称"舟触风涛缝裂，水湿贡物，愿暂借地晾晒"。②并行贿海道副使汪柏，于是同意葡人上岸"建立篷舍，晒藏商货"。

> 初仅篷累数十间，后工商牟奸利者，始渐运砖瓦木石为屋，若聚落然，自是诸澳俱废，蠔镜为舶薮矣。③

到1557年，葡人便在澳门私自扩充居地，大兴土木，筑炮台，建西式洋房、教堂、学堂、医院等，并发展起制造火炮、钟表及造船等手工业。当时的广东御史庞尚鹏向朝廷所上的《区画蠔境保安海隅疏》中称葡人：

---

① 《明太祖实录》卷252。
② 万历《广东通志》卷96《澳门》。
③ 同上。

近数年来，始入蠔境澳筑室居住，不逾年多至数百区，今殆千区以上。日与华人相接，岁规厚利，所获不赀，故举国而来，负老携幼，更相接踵。今夷众殆万人矣。①

可见，当时不过几年工夫，在澳门蠔镜，已迅速发展成葡萄牙人的"居留地"，使澳门成为我国对外贸易大港。只是葡人初居澳门，并未划定界址，为了巩固其居留澳门地位，于16世纪60年代初，每年馈赠地方官员500两白银。并于1622年私自建造一道围墙，同澳门岛上的华人村庄隔离。葡萄牙人在此享有高度自治权，他们根据葡萄牙的城市自治制度，选举产生议事局，设立海关向本国及西班牙等国商船征收关税，甚至擅自把这地区隶属于葡萄牙印度总督，向那时派驻总督和王家法官等官员，还驻有葡萄牙军队。同时当地的葡萄牙人均服从中国官员的管辖，明朝政府依然派设驻澳地方官员，行使领土主权。

到1573年，他们将原每年贿赂广东地方官的500两白银作为"地租银"交中国政府，不久又增加火耗银15两。并再次承认蠔镜为中国的领土，他们接受中国政府制定的种种地方法令，约束他们的行动，制止他们的违法行径。明政府在澳门驻有提调、备倭、巡缉等官员，并仿唐宋时任命"蕃长"的制度，任命澳门议事局中民政长官为"督理蠔镜澳事务西洋理事官"。到清代又在澳门派驻海关官员，并在澳门半岛以北的前山寨添设广州海防同知，在望厦派驻香山县丞和驻防汛兵，甚至于1800年又令香山县丞入驻葡萄牙人居留区域。可见直到鸦片战争后的1849年之前，中国政府在澳门一直充分行使着国家主权，这里只是中国政府管辖的一个特殊的外国人"居留地"而已。

清代开放海禁后，来广州贸易的外国商人，为了不让外商与华人杂居，清政府命令负责与外商交易的中国行商建造商馆，并要求外商必须在商馆内租屋居住。于是，在广州城西南郊的珠江北岸形成一个布满西式建筑的外国人居留、贸易区。这区域长约1100英尺、宽约700英尺，共有商馆13所。每所商馆都有几排三层楼小洋房，连英、法等国的领事抵广州后，也驻在馆内，馆前的旗杆上还升起这些国家的国旗。从而，在广州出现了另一个外国人居留区域，被称作夷馆、蕃馆的广州商馆，俗称

---

① 印光任、张汝霖：《澳门纪略》上卷，第20页。

"十三行"。

这些商馆是十三行商专门为接待外商设置的,它们隶属于行,每家行商可同时接待经营几个"夷馆"。"夷馆"中除有外国总管、驻理、书记和其他工作人员外,还雇佣中国的买办、通事(即翻译)和银师(即鉴别银币的人)若干人。为了限制外商在广州的活动,清政府多次制定了防夷章程,如规定入居商馆的外商不得携带妻女,不得携任何武器,随行人员不得超过5人。中国行商须对馆内外商严加管束,前后馆门须由行丁把守,入夜须将行门锁锢,除行商、买办、通事及工役等人外,其他中国商民一般都不得出入商馆与外商接触。而外商及其随从也不得随意离开商馆,不得上街游览、散步,如需外出购物则必须有中国行商或通事亲自陪同,进行监视。这种严格限制外商一切活动的办法,实际上是在闭关政策下的一种落后的"居留"形式,它不同于以往唐宋时期的"蕃坊",对发展海外贸易和对外文化交往都起到了阻碍作用。

事实证明,唐宋时期的"蕃坊"制度是外商来华进行贸易独自居留的一种好形式,它既保证了我国行使主权,又照顾到外商的生活习惯、宗教信仰和行动方便,深受各国商民的欢迎,同时也促进了我国对外经济、文化交流和发展。至于葡萄牙人在澳门的"居留地",那是通过欺骗和行贿方式强行设立的,但它还不同于后来的"租界",中国政府在澳门一直行使着自己的主权。

至于到了近代,鸦片战争以后,西方殖民者用强权政治,自1843年至1902年近60年间,有英、法、美、德、俄、日、比、意、奥9国列强,先后在我国上海、厦门、广州、天津、镇江、汉口、九江、苏州、杭州、重庆等10个城市强行开辟了25个专管租界。此外,还有西班牙、丹麦、荷兰与瑞、挪等5国与英、法、美、德、日5国共同开辟了厦门鼓浪屿公共地界,实际上共有13国在我国10大城市中开辟有租界地。以后又不断进行拓界,其规模比初辟时大得多。

这些租界区不同于以往外商来华居留、贸易区,其最大特点是侵夺了当地的行政管理权及其他一些国家主权,而是由外国领事或由侨民组织的工部局之类的市政机构来行使这些权力。这些地方虽然还是中国的领土,但成为不受中国管辖的"国中之国"。这是我国沦入半殖民地的产物,是丧权辱国的标志。

但是,西方殖民者在租界中,客观上也给我们愚昧落后的社会,在许多方面，诸如科学技术、市政建设、管理方式等方面，给我们带来西方先进的东西，促进我国城市向近代化迈进。这些畸形的外来文化，也起了一定的积极作用。如首先被西方帝国主义打开大门的上海、天津、广州等城市，与西方外来文化接触比内地更为广泛、频繁和密切，它们对外来文化具有强大的接受力、容纳力和消化力。所以，城市发展也相对比其他地方快得多。

除此之外，这些列强还不断扩大他们在中国的势力范围，如出于军事目的租借大片战略要地，如1860年英国强行租借九龙半岛，半年后又迫使清政府割让给他们。还有德国租借的山东胶州湾，俄国租借的旅大，英国租借的威海卫，法国租借的广州湾等。他们为了享受，在深山或海滨胜地，如在庐山、鸡公山、莫干山、北戴河等地开辟专门的避暑地。后期清政府为了阻止列强增辟租界的需要，先后在宁波、福州、汕头、营口、烟台、温州、芜湖、苏州、杭州、长沙、秦皇岛等地，开设了"外国通商场"或居留区、商埠区等。在清末民初时，这些通商场也被称作自管租界、自开租界、通商租界、通商埠等，甚至有的地方也被人称作租界。实际上这些通商场与租界最大区别在于它们的行政管理权没有丧失，仍归中国政府掌握。

今天在改革开放热潮中，国外投资者纷纷前来我国各地城市中的开发区租地投资，这是发展和繁荣我国经济的重要手段，绝不能与以往的"租界"相混淆。我们一定会吸取半殖民地统治下所出现的租界历史教训，绝不可能再让悲惨历史重演，祖国的主权是神圣不可侵犯的。我们一定会总结历史的经验，创造良好的对外贸易的环境，使外商在我国能生活得方便舒适，让外来文化更多地为我国四个现代化服务，使我国各方面能尽快与世界接轨，尽早步入世界先进行列。

三 丝路花雨

自20世纪70年代实行改革开放政策以后，到80年代，我国舞坛上出现了一股"丝路热"。《丝路花雨》、《敦煌彩塑》、《飞天》、《龟兹乐舞》等一系列反映盛唐时期吸取外来文化的精彩节目不断涌现。特别是《丝路花雨》曾风靡全国，成为我国古代融汇东西方高超歌舞艺术的代名词。这里我们也不妨借此作为古代城市吸收外来文艺的标题，反映我国古代在文化艺术方面是如何相互交流的。与此同时，在中华大地的流行歌坛上又刮起一股强劲的"西北风"，甚至在海外华侨中也风靡了一阵。在这股"西北风"中，也不时包含着当年从西域传来的音乐风味。当然，这里所云的"外来文艺"，除了来自中亚、西亚地区各国的歌舞外，也包括了古代称之为西域，即在今天境内新疆和河西走廊的我国一些少数民族的歌舞。它们传至中原地区后，逐渐融合到汉民族及其他少数民族歌舞中，成为中华民族的共同财富。

自汉武帝时张骞通西域以后，异域风吹进中原大地，不但吸纳了外域题材和乐舞的形式，而且以一种追求的精神，表现出对异域的向往和探索。《汉书·五行志》：

> 灵帝好胡服、胡帐、胡床、胡坐、胡饭、胡箜篌、胡角、胡舞。京都贵戚皆争为之。

当时出现一股外域文化热。古代从西域传入的乐器中，有的以后发展成为今天的民族乐器了，如琵琶、笛子、胡琴等。胡琴发展就有京胡、二胡、四胡、板胡等，它们已经成为我国民族乐器中的主要组成部分。而有的乐器在以后逐渐失传了，如箜篌、筚篥、胡角、胡笳、羯鼓等。但这些乐器都给内地的传统音乐注入新的声律，大大改变了中原地区原先的音乐风格，使汉民族的音乐场面也为之一新。以下简单介绍几种从中亚经西域传入的乐器。

琵琶 据说原产于古代巴比伦，在波斯的古陶器上，就有类似的形象。汉代从波斯传入。是马上弹奏乐器。琵琶有很多种类：有长颈、短颈、曲项、五弦等，有的早已失传，如《文献通考》所记的，北齐李搔、李德忧造的八弦、唐开元中郑喜子造七弦、唐天宝中史盛造六弦琵琶等。而传之于今的尚有，阮咸（现已演变成月琴）、五弦琵琶、四弦曲项琵琶、大忽雷、小忽雷及山东的柳琴等品种。琵琶开始传入时，初称"批把"，如汉刘熙《释名》记：

> 批把本出于胡中，马上所鼓也。推手却曰批，引手却曰把，象其鼓时，因以为名也。

后在应劭《风俗通》作"枇杷",约在晋代以后才定名为"琵琶"。《宋书·乐志一》引晋傅玄《琵琶赋序》记:

> 欲从方俗语,故名曰琵琶,取其易传于外国也。

意思是外国的方俗语中,先有这种名称,取其谐音,名为琵琶。唐以前共有三式,即秦汉时的秦汉子,曲项与五弦皆盛行于北朝。

秦琵琶 杜佑《通典》卷一四四《乐志四》记载:

> 今清乐奏琵琶,俗谓之秦汉子。圆体修项而小,疑是弦鼗(tao,音桃)之遗制。傅元云:"体圆柄直,柱有十二。其他皆充上锐下。"

从上记载可见,疑是弦鼗之遗制。《初学记》中引释智匠《古今乐录》也记:"琵琶出于弦鼗。"弦鼗为我国最早自制的琵琶类型乐器。以后又称作稽琴或奚琴。明阎净《事物纪原》乐舞部第十一中"稽琴"条云:

> 按鼗为鼓而小,有柄,长尺余。然则系弦于鼓首,而属之于柄末,与琵琶极仿佛,其状则今稽琴也。是稽琴为弦鼗遗像明矣。

鼗为古代打击乐器,由此变成弹奏的弦乐器,便叫弦鼗,到汉代,从西域传入琵琶,于是便对此定名为秦琵琶,又叫秦汉子。

秦琵琶于唐初又称为阮咸。杜佑《通典》卷一四四《乐志四》记载:

> 阮咸亦秦琵琶也,而项长过于今制。列十有三柱。武太后时,蜀人蒯朗于古墓中得之,《晋竹林七贤图》,阮咸所弹与此类同,因谓之阮咸。其下注曰:蒯朗初得铜者,时莫有识之。太常少卿元行冲曰,此阮咸所造,乃令匠人改以木为之,声甚清雅。

《新唐书·元行冲传》亦记:

> 有人破古冢,得铜器,似琵琶,身正圆,人莫能辨。行冲曰:此

阮咸所作器也。命易以木弦之，其声亮雅，乐家遂谓之阮咸。

曲项琵琶： 杜佑《通典》卷一四四《乐志四》记载：

> 曲项形制稍大，本出胡中，俗传是汉制，兼似两制者，谓之秦汉，盖谓通用秦汉之法。梁史称侯景之害，简文也，使太乐令彭隽赍曲项琵琶就帝饮，则南朝似无曲项者。

可见，曲项琵琶至梁简文帝时才传入南方。《隋书·音乐志》也云，此物"非华夏旧器"。

五弦琵琶： 杜佑《通典》卷一四四《乐志四》记载：

> 五弦琵琶稍小，盖北国所出。

同书卷一四二《乐志二》北齐部分亦载：

> 然吹笙弹琵琶五弦及歌舞伎，自文襄以来，皆所爱好。至河清（562—564 年）以后，传习尤盛。

可见，北朝后，五弦琵琶盛行于北方。

各种琵琶在唐代乐曲中已成为主要的乐器，在唐诗中每每有对琵琶描述的佳章丽句。如白居易的《琵琶行》，就有"忽闻水上琵琶声，主人忘归客不发"的佳句。

又如，唐代诗人王翰《凉州词》：

> 葡萄美酒夜光杯，欲饮琵琶马上催。
> 醉卧沙场君莫笑，古来争战几人回。

四弦曲项琵琶来自西方，由龟兹传入，又称龟兹琵琶。而五弦琵琶则由印度传来，形体较小。这些在敦煌壁画和云冈石刻中都有见，不过，当时都是横抱于怀，用拨板弹奏，与后世诌弹竖抱不同。

横笛 也是从西域传入的，本是羌族乐器。马融《长笛赋》云：

>此器起于近世，出于羌中。

崔豹《古今注》说：

>横吹，胡乐也。张博望入西域，传其法于西京。

汉时横吹，即横笛。《晋书·乐志》（卷二十三）：

>胡角者本以应胡笳之声，后渐用之横吹，有双角，即胡乐也。

《隋书·音乐志》记：西凉乐器有横笛。横笛之名约起于周、隋之间。《文献通考·乐考五》则记：

>大横吹，小横吹，并以竹为之，笛之类也。

开始时称其为横吹，可能是为了与竖吹有别。清人徐养原《笛律》云：

>大抵汉魏六朝所谓笛，皆竖笛也……唐人所谓笛，乃横笛也。

唐诗中记有：

>"羌笛何须怨杨柳，春风不度玉门关。""更吹羌笛关山月。"

笛一般以竹为之，自唐以后不拘于此，曾有铁笛或玉笛。唐诗中每每赞有玉笛。

竖笛　也叫纵笛，可能源于西亚，古代埃及、犹太、希腊人常吹的一种乐器。也是出于波斯，于汉代传入我国。有两种形式：一种是吹口处插一芦舌，即类似筚篥的一种；另一种是于吹口处仅切一斜口，与现在的洞箫相类似。洞箫声音与横笛相反，笛声清脆嘹亮，洞箫却低沉。李白词：

箫声咽，秦娥梦断秦楼月。

苏轼在《前赤壁赋》中记载更为绘声绘色：

客有吹洞箫者，倚歌而和之，其声呜呜然，如怨如慕，如泣如诉。

箜篌 初名"坎侯"，司马相如的《凡将篇》记：

钟、磬、竽、笙、筑、坎侯。

古拨弦乐器。分卧式和竖式两种。早在春秋战国时，我国南方楚国就有和琴、瑟相像的卧箜篌。后传汉武帝时乐人侯调所造。隋唐时卧箜篌还用于高丽乐中，杜佑《通典》卷一四四《乐志四》记载：

箜篌旧说一依琴制，今按共形似瑟而小，七弦，用拨弹之，如琵琶也。

嗣后，箜篌在我国逐渐销迹，而在朝鲜仍得以传承，并加改进成为今日之玄琴。

东汉时从西域又传入伊朗乐器竖箜篌，又称为胡箜篌。一说可能源自印度，经缅甸、南越传入我国。在印度古代石刻中已见有这种乐器，缅甸迄今仍很流行弹奏箜篌。这种乐器的形式与我国古代文献和图画中所记载的相合，正是印度竖琴同类的乐器。在云冈石刻和敦煌壁画中屡见伎乐人抱箜篌演奏的图像。杜佑《通典》卷一四四《乐志四》记载：

竖箜篌胡乐也。汉灵帝好之。体曲而长，二十二弦，竖抱于怀中，用两手齐奏，俗谓之擘箜篌。凤首箜篌，箜颈有轸。

在《隋书·音乐志》中记载：

今曲项琵琶、竖头箜篌之徒，并出自西域，非华夏旧器。

自东汉传入后，颇为风行。《后汉书·南匈奴传》记，汉元帝时，以昭君与匈奴和亲，曾赐匈奴呼韩邪单于竽、瑟、箜篌等。到东晋、北魏时期，已发展成为我国的主要乐器了。古乐府诗《孔雀东南飞》记："十五弹箜篌。"唐代不少诗人都有描写箜篌的诗作，其中李贺的《李凭箜篌引》的描述最为突出。这种乐器在宋元时还继续流传，至明代已渐少使用，迄今已失传300多年。只是在东传日本后，在今日本奈良东大寺的正仓院中还保存两件唐代箜篌的残品。直至近年，我国的乐器匠师经多年努力，才重新研制出这种古老乐器，恢复其青春。

筚篥 杜佑《通典》卷一四四《乐志四》记载：

> 筚篥本名悲篥，出于胡中，声悲。其下注曰：或云儒者相传，胡人吹角以惊马。一名茄管，以芦为首，竹为管。

初为羌胡乐器名，属于角类，名为屠觱。后筚篥属竹制类，最早称作"必栗"。南北朝时，宋何承天《纂文》中记："必栗者，羌胡乐器名也。"《通典》中称作"悲篥"，至隋唐时期则改称为"筚篥"，唐中叶后又写作"觱篥"，是一种簧管乐器。

筚篥有银字管，较为细小，故又叫作管子，以软芦为舌。与笳管是同类乐器，因此往往混称。实际上笳管较筚篥传入更早，汉末蔡文姬的《胡笳十八拍》就是用胡笳所演。这种乐器音质声哑如悲咽，所以有悲笳和哑筚篥名称。而筚篥声音比较激越而高亢。在唐宫廷十部乐中，如西凉、龟兹、天竺、疏勒、安国、高丽诸国乐中，都以此为主要乐器。当初吹奏这种乐器的乐手多为西域人，除龟兹、安国人外，南疆于阗的尉迟氏，也擅长此技。唐代著名诗人对这种乐器演奏多有歌咏。

如李颀的《听安万善吹筚篥歌》：

> 南山截竹为筚篥，此乐本自龟兹出。
> 流传汉地曲转奇，凉州胡人为我吹。
> 傍邻闻者多叹息，远客思乡皆泪垂。
> 世人解听不解赏，长飙风中自来往。

白居易的《小童薛阳陶觱篥歌》中云：

剪削乾芦插寒竹，九孔漏声五音足。
……
有时腕软无筋骨，有时顿挫生梭节。
急声圆转促不断，轹轹辚辚似珠贯。
缓声展引长有条，有条直直如笔描。
下声乍坠石沉重，高声忽举去飘萧。

将其声描绘得有声有色，高音低音、急声缓声、顿挫抑扬、圆转不断。

胡笳 或作葭，又称吹鞭，原是匈奴牧马人的马鞭，以羊角为管，芦为头，故称胡笳。传说张骞通西域传入，有大胡笳和小胡笳之别。传入内地后，成为军乐中主要乐器。李陵《答苏武诗》中曾描述："胡笳互动，暮马悲鸣。"东汉末蔡邕女蔡文姬被匈奴掳去，闻笳而作十八拍，成为名作。

胡角 一称横吹。原是羌族牧马人用牛角制作的乐器。在西域原有惊退敌军的作用。张骞自西域传入长安，本用于胡笳的伴奏，后渐推广，多用于武乐。后在高昌乐中成了牛角形的铜角，宋代改用皮革、竹木制作，以后又发展成民间鼓吹乐中的大喇叭。

羯鼓 古代打击乐器，南北朝时经西域传入内地。《羯鼓录》记：

羯鼓出外夷，以戎羯之故，鼓曰羯鼓。

杜佑《通典》卷一四四《乐志四》记载：

羯鼓正如漆桶，两头俱击，以出羯中，故号羯鼓。亦谓之两杖鼓。

羯人即原居我国境内的月氏人，本居今甘肃西北部，后为匈奴所迫，迁徙到天山北麓的伊犁河流域。隋唐时期甚为流行，盛行于开元、天宝年间，唐玄宗特别擅长打羯鼓，并称它是各种乐器之"领袖"。《新唐书·

礼乐志十二》记载：

> 帝又好羯鼓……帝常称："羯鼓，八音之领袖，诸乐不可方也。"盖本戎羯之乐，其音太族一均，龟兹、高昌、疏勒、天竺部皆用之，其声焦杀，特异众乐。

北宋时尚有人会奏羯鼓曲，至元以后，渐废，由此失传。在新疆渐为其他打击乐器所替代。

唐宋以后，从海上丝路传来的西方乐器也不少，诸如管风琴、口琴、扬琴等。只是融入我国民族音乐中的不多，其中最为突出的是扬琴。

扬琴 是一种击弦乐器。音色清脆明亮，极富表现力。在中世纪以前，原在中东的亚述、波斯等古代阿拉伯国家流行一种萨泰里琴。它是一种击弦乐器，能敲出响亮和低沉不同的音响。至明代末期，萨泰里琴由波斯经海路传入我国，开始仅流行广东一带，称为扬琴（洋琴）。明末清初，随着我国说唱艺术的不断发展，扬琴逐渐为说唱艺术和地方戏曲伴奏，便扩展到江淮、闽浙和中原地区。到清末民初时，又发展成为广东音乐、江南丝竹和山东琴曲等乐种的主要乐器之一。所以有人甚至把它称作是"中国的钢琴"。

在传入各种乐器的同时，西域的乐曲也随之传入。汉代输入的西域乐曲，早期主要是《鼓吹》与《铙歌》，下迄"宋、齐，并用汉曲"。[①] 乐曲的名称，虽然随时代有所更改，但声音曲度的变化却很少。《宋书·乐志》："自汉以来，依此自造新诗而已。"从汉代开始，文人依新声而制曲，其中以李延年最为突出，词中仍杂有塞外之音，字句多不可解，曲调也多失传了。以后有缪袭、傅玄、韦昭等人所作新词。这些西域乐曲传入日久，常在宫廷或边疆军旅生活中演奏。从西汉至六朝（公元前140—580年）绵亘约七百年间，不断传来西域各民族新的乐舞。

可见我国各民族的音乐交流与融合，始自于汉代，如蔡文姬就借胡笳声调翻入古琴之中，创《胡笳十八拍》，但更大更多的交流则是魏晋南北朝时期，这时期各少数民族乃至国外的音乐大规模地传入与融合。如来自西域的龟兹、西凉、高昌、疏勒及中亚地区的康国、安国等西部地区和东

[①] 《隋书·音乐志上》。

北地区的高丽等国的音乐及南方的铜鼓、羌笛、滇歌等少数民族的音乐，纷至沓来。从而大大地丰富了汉族原有的音乐。以至《宋书·循吏列传》记载：

> 凡百户之乡，有市之邑，歌谣舞蹈，触处成群。

其中以"西凉乐"最为突出。约在东晋永和中（345—356年）张重华割据凉州，才得天竺伎。所谓西凉乐，实际是吕光和沮渠蒙逊据凉州，得龟兹乐。此时，中国旧乐即中原地区流行的汉族乐舞也传到凉州，是与当地的羌胡音乐及从西域传入的乐舞相结合而形成的。《隋书·音乐志下》载：

> 西凉者，起苻氏之末，吕光、沮渠蒙逊等，据有凉州，变龟兹声为之，号为秦汉伎。魏太武既平河西得之，谓之西凉乐。至魏、周之际，遂谓之国伎。

《旧唐书·音乐志二》记：

> 西凉乐者，后魏平沮渠氏所得也。晋宋末，中原丧乱，张轨据有河西，苻秦通凉州，旋复隔绝。其乐具有钟磬，盖凉人所传中国旧乐，而杂以羌胡之声也。

只是当时还未在东方流行。到北魏时，才将四邻各国，包括康国、突厥、悦般、扶南、高丽、百济、新罗、倭国等地的音乐融汇进来，丰富了中国音乐内容。故《旧唐书·音乐志二》又记：

> 自周、隋已来，管弦杂曲将数百曲，多用西凉乐，鼓舞曲多用龟兹乐，其曲度皆时俗所知也。

隋代开皇初，定置七部乐，隋炀帝大业中又定为九部乐，到唐太宗时发展成十部乐，包括燕乐、清商乐、西凉乐、高昌乐、龟兹乐、疏勒乐、康国乐、安国乐、天竺乐、高丽乐等十部，其中除燕乐和清商乐为南朝时汉族音乐外，其他都是外来的音乐。当时集高丽、百济、鲜卑、吐谷浑、部落稽、扶南、天竺、南诏、骠国、高昌、龟兹、疏勒、康国、安国14国之乐，聚于宫廷。以往的《鼓吹铙歌》只是留存于民间。而一些文人所作的新歌与原来的汉魏古曲，相去渐远，不过袭用旧名而已。

当时不仅从西域传入大量乐器、乐曲，同时还有许多艺人东来聚于长安。《新唐书·礼乐志十二》记：

> 唐之盛时，凡乐人、音声人、太常杂户子弟，隶太常及鼓吹署，皆番上，总号音声人，至数万人。

自开元以来，歌者杂用胡夷俚巷之曲。可见当时外国乐师会聚之多。并记述，玄宗时"又分乐为二部：堂下立奏，谓之立部伎；堂上坐奏，谓之坐部伎"。这两部乐各含八部和六部，融会了更多的外来乐舞。

实际上上述的无论是九部乐、十部乐还是立部伎、坐部伎等，它们既是音乐又是舞蹈。唐代长安盛行歌舞，舞蹈有健舞、软舞、字舞、花舞、马舞等很多种。就以健舞来说，来自西方就有阿连、拂林、柘枝、胡旋、胡腾等舞。阿连舞来自里海萨尔马提；拂林舞出自拜占庭；柘枝舞源自石国，胡腾舞也是石国的舞蹈；而胡旋舞是康国的舞蹈。

这些舞蹈多由肌肤如玉鼻如锥的胡人演出，音乐节奏鲜明，活泼轻松，舞姿优美，能连续多圈快节奏地旋转，民族风格浓厚。刘言史在《王中丞宅夜观舞胡腾诗》中就描述：

> 石国胡儿人见少，蹲舞樽前急如鸟……跳身转毂宝带鸣，弄腾缤纷锦靴软。四座无言皆瞠目，横笛琵琶遍头促。乱腾新毯雪朱毛，傍拂轻花下红烛。

至于胡旋舞在白居易的《胡旋女》诗中描绘得淋漓尽致：

> 弦鼓一声双袖举，四雪飘飘转逢舞。左旋右旋不知疲，千匝万周无已时。人间物类无可比，奔车轮缓旋风迟。曲终再拜谢天子，天子为之微启齿。

《旧唐书·音乐志二》也记：

> 康国乐……舞急转如风，俗谓之胡旋。以至"臣妾人人学圜转"。

可见当时人们普遍喜爱这种矫捷明快的舞蹈。

同时，在歌舞中还掺进了从西域传入的杂技动作，以至成为乐舞中重要组成部分。《旧唐书·音乐志二》记：

> 大抵散乐杂戏多幻术，幻术皆出西域，天竺尤甚。汉武帝通西域，始以善幻人至中国。安帝时，天竺献伎，能自断手足，刳剔肠胃，自是历代有之……睿宗时，婆罗门献乐，舞人倒行，而以足舞于极毴铦刀锋，倒置于地，低目就刃，以历脸中，又植于背下，吹筚篥者立其腹上，终曲而亦无伤。

值得一说的是，在广泛吸收外来文化的过程中，我国艺术家们并不仅仅是照搬硬学，而是加以去粗取精的提炼过程，将好的长处吸收融合到我们民族歌舞之中，并保持我们本民族的特色，有所创新，有所发展。最为典型的是在《丝路花雨》中，充分体现敦煌艺术特点的飞天艺术。飞天是敦煌艺术的标志，而飘带是敦煌飞天的灵魂。

早在汉代美术中可以看到羽人的形象，以后诞生的飞天可看作是羽人的改造，飞天除了羽人身上的毛羽而代之以飞扬的衣裾。北朝时飞天造型就是凭着长而多岔的衣裾，这些飘向身后的襟裾，显然是受该时代人物画中如顾恺之《女史箴图》、《洛神赋》中人物造型作风的影响。直至隋时，飞天形象开始衍变成飘带，给人们以更多的轻灵感，飘带显得更加流动，飞天身姿更为婀娜。飞天形象最为匀谐、最富有动势的是在盛唐。此时飞天，身后系着极长的飘带，有时长过身长的几倍。这些飘带能充分显示出迅疾的动势，甚至可以感到耳边响着呼呼的风声。

将敦煌的飞天与中亚、西亚和印度的飞天作一比较，更能显示出敦煌飞天具有鲜明的中原特色，靠飘带的飞动比靠双翼飞动，有着说不尽的美学优点。如印度阿旃陀石窟的飞天，头大身短，形似侏儒，那肉乎乎的身子，没有御风的凭依，何以能飞？伊朗塔科依布石室门浮雕中的飞天，是凭借两只大大的鹰翅，这种以双翼来示飞动，使得飞天成为非人非鸟的怪物。而我国新疆克孜尔的飞天，受西域文化传播影响，虽也有飘带，但大部分飘带贴着身子，看起来难以飞动；而吐木舒克的飞天靠凤尾飞行，其思路与伊朗塔科依布石室门浮雕中的飞天如出一辙。只有敦煌的飘带千变万化，形成的力感可以向任何方向去呈现，使飞天的力感扩展到周围的空间去。飞天的飞动依凭于飘带，能充分显示出蜿蜒婀娜的飞动之势，予人以想象和神往，充分显示我国艺术的超人创造天才，则是中原文化的独创。

直到今天我国的舞蹈、戏剧等艺术中，仍然继承发扬了敦煌飞天艺术特点，充分运用飘带的飞舞来表现流动的空间，予人以充分的想象，而且舞姿优美动人，真是妙不可言。

四 西方文化引进的桥头堡

在长期中外经济文化交流过程中，一般来说，城市最先接受到外来文化。自宋元以后，海上丝绸之路兴盛发达，所以沿海港口城市受外来文化的影响最早最大。到近代沿海港口城市便成为大量引进西方先进的科学技术设施的桥头堡。我国沿海城市最早出现的机器工厂、高楼大厦、汽车轮船、电灯电话、华丽服饰、美味西餐等现代化城市景观，几乎都是近代受外来文化影响的结果。

早在明末清初，随着西方传教士来到中国布道，他们在与中国当时的社会上层官员和文人交往中，介绍了西方先进的天文、算学、理化知识、机械制造、世界地图及自鸣钟、天象仪器、望远镜等器物。如利玛窦首先将西方一些先进的科学技术介绍给中国，通过徐光启、李之藻等中国近代科学先驱者，双方共同合作，沟通了中西学术传统，交流了研究心得，编译了一批科学著作，制造了西洋火器火炮，开阔了中国人的眼界。

在鸦片战争前两个多世纪中，虽然从器物到学术理论，从天文地理、数学理化、机械制造、生物医学到拉丁语文、绘画音乐、建筑园林等诸多方面的西方文化不断被引进，但影响面不是太大。因这时期的西方文化引进主要是通过传教士在传教同时传播过来的，主要通过社会上层官员和文化人士扩大其影响，所以对整个社会，特别是对城市面貌的改变及广大市民生活的影响不是很大。

自鸦片战争以后，由于西方列强用武力打开中国大门后，强行开埠并设租界，大批洋人入境居住在各地的通商口岸，他们带来的西方文化，包括器物、制度和精神等各方面，直接影响到城市生活的方方面面，与中国传统文化发生直接冲突，产生了极为强烈的社会效应，大大促进了我国城市近代化的进程。

如我们今天有病去医院看病已是很平常的事，实际医院的设立就是从西方传来的。最早在明代隆庆三年（1569年）由西方传教士在澳门开设医院，此为西医传入中国之始。此后西医、西药逐渐传入我国，至明末，徐光启受庞迪先生的传授，对西药的功效已有初步认识，他在家书中说：

> 庞先生教我西国用药法，俱不用渣滓，采取诸药鲜者，如作蔷薇露法收取露，服之神效。此法甚有理，所服者皆药之精英，能透入脏腑肌骨间也。

清初在宫廷中已普遍使用西医、西药，如康熙皇帝得了疟疾，患上心悸症，甚至上唇生瘤，都是请传教士用西医西药治愈的。内地第一个西医医院是于1835年在广州开办的新豆栏医局。鸦片战争后，西方殖民者为了他们自身在华利益，在各通商口岸普遍设立医院，其后各地陆续开设起医院，如上海有仁济医院、同济医院、广慈医院等，广州有惠爱医院、博济医局，宁波有浸美医院等。将西医知识传入中国，使西医占据了中国医学领域。

在其他各方面，上海城市设施的近代化堪称全国第一，其近代化起步最早、程度最高。宽阔的马路替代了旧式狭窄的巷街，西式洋楼拔地而起，江边林立的码头堆栈取代了昔日的泥滩纤道。1845年上海在仅有的半平方公里内开筑了东西干道7条，南北干道3条。到1865年上海租界内已有通衢大街13条。至1925年共修成上百条宽阔的马路，初步形成了上海市内的道路效能网。当时有人夸赞租界新铺设的马路：

> 取中华省会大镇之名，分识道里，街路甚宽广，可容三四马车并驰，地上用碎石铺平，虽久雨载泥淖之患。[①]

[①] 黄懋村：《沪游脞记》。

租界修路后，与咫尺之距的旧城区华界形成强烈反差：

> 顾行于洋场则履道坦坦，而一过吊桥便觉狭仄，兼多秽恶，实令人有天堂地狱之慨！①

于是华界也仿之筑路，上海等城市的中国绅商发起以修路、筑桥、改善市政基础设施为重要内容的自治运动。仅就上海而言，上海的地方自治机关始于 1905 年，1905—1909 年总工程局时期共整修了 60 多条道路；1910—1911 年城自治公所时期共修了 40 多条；1912—1914 年间市政厅时期修有 70 多条；至 1927 年，于南市、新闸新建马路也有百余条。

在加宽整治过程的同时，道路的路面质量也不断改善。开始从泥泞小路改造成以瓦砾碎石砌铺的路面；到 20 世纪开始出现柏油路面。1920 年后，上海租界内已广泛应用推广，以至一些中小城市也受此影响逐步修起柏油马路。同时在路面下铺设地下排水沟，解决道路积水和污水排放问题。此外，还从西方引入人行道制，人行道分列道路两旁，高出路面，保障了行人的安全；还在人行道上栽种了行道树："亘长十里，两旁所植，葱郁成林，洵堪入画。"②

在厦门鼓浪屿路旁栽了行道树后：

> 不仅使这里带有一种森林的风味，而且树木周围的阴影和微风有助于调节夏季的炎热。③

另外，对穿行于城市中的河道小浜，在城市发展中有的被填埋修成道路，但一些有利于航行交通或排泄污水的河道，仍被保留。经过疏浚整治后，在河面上修建了新的桥梁，以利交通。上海在苏州河上架桥，始于 1856 年建韦尔斯桥，1873 年工部局收买后新建木结构大桥，称作"花园桥"（又称外白渡桥），到 19 世纪 80 年代末，先后又筑了木结构的河南

---

① 1880 年 4 月 25 日《申报》。
② 袁祖志：《重修沪游杂记》卷一。
③ 厦门市志编纂委员会、厦门海关志编：《近代厦门社会经济概况》，第 317 页。

路、福建路、浙江路、江西路桥等。20世纪后大规模桥梁工程，改制钢桁架结构的外白渡桥。从而使南北城区连成一片，这对北部地区的开发起了很大作用。在广州，于20世纪20年代末开始在珠江上兴建桥梁，1933年建成海珠铁桥，使珠江南岸与北岸市区连成一片。在宁波，也于1935年在三江口西侧余姚江上，修建了钢筋水泥桥；此前还改建了奉化江上的一座老江桥，从而使城区相互联系更加密切。

在公用事业方面：

1865年我国第一家煤气厂在上海投产供气；不但向居民供气，而且用于夜间道路照明。天津于19世纪80年代中也创办了煤气厂，供租界居民照明。

1881年上海英商在租界开设自来水厂供水：

> 装设自来水管，导浦江之水而澄清之，乃激贮于高塔，以管分注于各处，居民便之。①

天津于1897年始建自来水厂；广州于1907年也建成自来水厂，1909年城内主要街区都安装了自来水管；厦门于1926年才由华侨投资建成自来水厂。重庆至1933年才建成自来水厂。

1882年我国最早的电厂在上海供电；三年后对上海街道电灯供电。天津在1888年开始发电照明，但至20世纪初仍未普及。1890年广州开始有电灯厂，进入20世纪后，其他城市也都陆续开办电厂，1900年厦门也有了电灯厂，到1901年宁波也有了第一家电灯厂，各地逐渐采用电力照明了。重庆至1903年才开始发电，至30年代才逐渐满足城市照明及部分生产用电需求。

1881年大北电报公司兼营电话，上海首创电话事业。

西方殖民主义者在各城市的租界中铺路、修桥、安装电灯和自来水、通电话电报等现代物质文明，从根本上改善了城市市民的生活方式和城市生活环境。普通市民原先靠点豆油或菜油灯照明，后改用火油灯，最后用上电灯，又干净又明亮。用水方面早先都是用江河之水或井水，很不卫生，改用自来水后，不仅方便，而且清洁卫生，颇受市民欢迎。至于开阔

---

① 《上海乡土记》。

新型马路后，道路交通大为改善，街上交通工具从马车发展到人力车、脚踏车以至于汽车、电车。

这些公用事业的发展不但促进了各地的经济发展，同时对各阶层居民都有吸引力。同时在一些城市中还引进了一些公共设施。就说城市中的公厕问题，我国对便秽问题很早就很重视，此为生活之必然现象，古代早有便泄设施之建：

《周礼·天官·宫人》："为其井匽，除其不蠲，去其恶臭。"郑司农注："匽，路厕也。"指宫中厕所。《墨子·号令》："城下五十步一厕。"指公共民厕。春秋战国时厕所主要有两式：一是与豕闲同溷，如《国语·晋语》所记："大任溲于豕牢"。二是深坎式厕，《仪礼·既夕礼》："隶人涅厕"，郑注："涅，塞也，为人复往裹之"，即指深坎式厕。《墨子·旗帜》："为民溷，垣高十二尺以上。"

可见当时厕所有高墙作屏障，故时人或称厕所为"屏匽"或"屏"。如云梦秦简《日书》甲种记厕所的适当位置：

屏居宇后，吉；屏居宅前，不吉。

以上可见，我国古代只是人们解决私宅中所用便厕，而一般平民百姓用厕就不易解决，主要是露天粪坑或粪缸，远远即可闻见臭气熏天。长期以来城市中厕所卫生一直是困扰居民生活的大问题，对于城市中的公厕则从未见妥善解决，大大影响城市公共卫生问题，约在1864年在上海英美租界里开始设立华人公厕，至1884年，租界内已有公厕14处，并有177处小便池，从而大大改观了城市公共卫生。其他城市也随之效仿。

我国园林工艺虽历来居世界前列，但一般多为官僚皇家的私园，城市居民难以享用。西方侨民为了休闲需要，他们将西方公共性的城市公园也引入中国城市。约于1868年，英美租界的工部局在上海苏州河与黄浦江交汇处的滩地上新辟一公园，园内按英式园景设计，只对他们外国侨民开放，门口挂上"华人与狗不得入内"的牌子，激起中国市民极大愤慨。于是1890年工部局在靠近外滩的苏州河边上另辟一"华人公园"。从而城市中有了供市民公共休闲的场所。其他城市也多有仿效，广州于1918年在拆城筑路过程中，也开辟了"第一公园"（即后来的"中央公园"）。厦门也在1926年辟建公园，于1931年建成，命名为"中山公园"。

西方殖民者在租界内迅速发展市政建设与公用事业的同时，还大量引进了西方城市新式管理方法。他们制定了许多管理制度，颁布了一系列市政条例，进行严格的市政管理等。包括选举制度、司法制度以及户籍管理、交通管理、卫生管理等制度。这些对市容环境、交通秩序、卫生治安等方面都大有改观。在为他们侨民服务的同时，中国居民也受益匪浅。如规定夜间燃点街灯、路边植树、设立排水沟渠、清理街路、不得侵占路面、不得堆积垃圾和禁止随地大小便等。

西方殖民者为了他们自身在华利益，在华设立医院，建立教堂，兴办学校，出版报刊，翻译书籍，通过多种形式将西方文化传入中国。对中国传统文化的演变产生了巨大影响。

首先是介绍西学的译书机构，翻译出版了大量西方各类书刊。

1843年上海刚开埠时，便创办了墨海书馆，这是第一家比较正规的出版西书的机构。

1845年传教士在宁波"华花圣经书房"，1860年迁沪改名为美华书馆。

这些出版机构虽然主要出版宗教读物，但也出版一些科学书籍，对传播西方科学知识起了一定的作用。

1868年创办了江南制造局翻译馆，其译书主要在19世纪下半叶，按陈洙编《江南制造局译提要》来看，主要为应用科学和工程技术类。

其后上海又陆续创办了格致汇编社、益智书会、广学会、译书公会等出版机构。据梁启超的《西学书目表》统计，1898年以前，上海共出版西书434种，其中自然科学与应用科学方面有299种，占绝大多数。此时期中全国出版西书共561种，由此足见上海出版西书所占重要地位。

其次是创办新型报刊，在西方现代报刊引进之前，我国只有"邸报"或宫门抄一类报纸，主要刊登一些皇帝的诏书、宫中的动态、官员的任免升黜等消息，服务对象也只是统治阶级中上层人物。鸦片战争后，传教士们将新型报刊引入中国。

早在1833年广州就出版了我国第一份中文报刊《东西洋考每月统记传》。其后广州又出了《各国消息》。五口通商口岸开放后，各地也纷纷出版报刊：开始主要出版一些外文报刊，其服务对象也只是一些外侨，对华人影响面不是太大。1857年上海开始出版中文报刊《六合丛谈》，次年宁波出版《中外新报》，接着各地陆续出版《上海新报》、《广州新报》、

《万国公报》、《宁波日报》等，1872年上海又创办了《申报》。从1857年至1911年间，仅上海就出版了460种中文报刊。这些报刊不但传播了大量西方信息，而且对传播西学知识也起了很大作用。

再有就是新式教育的兴起。

我国历来的私塾和学堂是私学与官学的两种形式。官学的学堂，从中央到各级地方分称太学、学、校、庠、序等；私学的私塾则有村塾、家塾、义塾之分，唐代以后私学向制度化和正规化发展成书院形式；而官学在中央设立了国子监。到南宋时因官学衰落和科举的腐败，而书院有许多名师鸿儒讲学，所以书院大盛。至明代官学除中央有国子监、太学等外，地方有府学、州学、县学、卫学等，启蒙教育仍然靠私塾。当时学习内容主要是儒学的四书、五经、写作八股文等，完全为应付科举考试。

西方殖民者来华后，外国传教士纷纷在广州、香港、澳门、宁波、上海、福州、厦门等通商口岸开办教会学校，以便"训练中国未来的教师和传教士……使他们成为中国未来的领袖和指挥者，给未来中国施加最强有力的影响"。[①]

他们从创办小学开始，发展到办中学、大学，将西方教学内容与方法引进中国。早在1844年传教士就在宁波创办了宁波女子学塾，1857年改为崇德女校；1845年又办了崇信义塾。这些都是小学，到1860年创办了浸会女校，开始有了中学部。上海也在1847年创办了怀恩小学，1948年和1850年传教士在福州、厦门也开办了男塾；同时广州也从澳门迁来男子日校。大体而言，在1877年前他们开办的学校以小学为主，此后出现一定数量的中学，并有一些大学。此时洋务派也大力兴办新式学校，一类是外语学校，如1862年办的京师同文馆，1863年上海办的广方言馆，1864年广州办的同文馆，1894年武汉办起的自强学堂等；另一类是技术专业学堂，如上海江南制造局于1865年办的机器学堂，1866年福建办了船政学堂等；再一类是军事学堂，如在天津办的水师学堂、武备学堂、广州的水师学堂和南京陆军学堂等。于是到1904年，清政府正式颁布"奏定学校章程"，被称为"癸卯学制"。从而结束了旧时代教育体制，正式确立近代化教育制度。此后新式学校得到迅猛发展，到1911年辛亥革命

[①] 《在华基督教传教士1890年大会记录》，1890年上海英文本，第496—497页。转引自冯天瑜等著《中华文化史》，上海人民出版社1990年版，第945页。

后，全国学堂统称为学校。

更重要的是这些新式学校，在教学内容和教学方法方面，都带来了西方新鲜的东西，使学校面貌焕然一新。如教学内容上，新增了许多自然科学数理化方面的内容；教学方法上不再死记硬背，而是由浅入深，循序渐进，重理解再背诵，学得活泼生动；同时还新添体育课，强调体质锻炼。

西方文化传入中国是全方位的，除了以上所述及的一些主要方面外，其他物质方面包括日常生活中衣食住行各方面，有的我们已在有关章节中涉及了，如欧式建筑，高楼大厦；西方食品，西餐点心；西服洋装，化妆用品；飞机汽车，火车轮船等。其他公共设施如图书馆、博物馆、影剧院、体育场馆等；文化生活方面如西方音乐、舞会舞厅、电影、戏剧、绘画、雕塑等。从而在生活方式、行为方式、生活环境、市容面貌等各方面都带来了西方色彩，促使城市迅速近代化。

当然城市在接受外来文化过程中并非一帆风顺，都经历过排斥、认同、吸纳、模仿的过程。一般来说，一件新鲜的东西刚引进时，不为人们所认识，不易被人们所接受，当然会被误解而遭到排斥。如煤气灯出现在上海街头时，人们对它不认识，却认为这是地火；又如当电灯出现时，人们又把它认作是雷电之电；在开始用自来水时，认为水中有毒质；当出现火车时，一些人又认为坏了风水，非强行拆除不可；而西医输入时，人们不敢相信，直到治愈一些疑难杂症后，才使人信服。但是当人们亲眼看到这些新引进的东西，充分显示其先进性后，渐渐为人们认同，逐渐被大多数人所吸纳，从而得到推广。只有当人们逐渐认识到西方传入的东西具有一定先进性后，这种排斥性才减弱，到 20 世纪初再输入一些先进东西，如汽车、电车等时，遭到反对的人就不多了。

由于在设置租界的城市中，租界中最先引入西方文化，它们是展示西方物质文化的窗口。同时西方的一些市政制度和城市管理方法也都在设置租界的城市最早被输入运用。所以一般来说，设置租界的城市在吸收外来文化方面比未建租界的城市要先走一步，发展得也快一些。而沿海城市在引进外来文化方面相对要比内地城市要先行一步，所以我们说，沿海城市是引进西方文化的桥头堡。近代的西方文化从设置租界的城市中的租界中先引进，通过他们的示范作用，逐步为这些城市先吸纳；然后直接影响到那些尚未设置租界的沿海城市，最后向内地城市辐射，至于边远城市受此影响就比较滞后了。

今天我们在改革开放大潮中，更加需要发扬我国历来对外开放的优良传统，吸取历史经验教训，只有对外开放才有出路。历史上汉唐盛世，不就是得益于开放政策吗？而明清衰退，被动挨打，不也正是受闭关自守之苦吗？实际上新中国成立后前30年发展缓慢，正是不敢正视现实，处处强调要划清与帝修反的界线，弄得大家温饱都难以维持；而今天改革开放以来，门户大开，创造一切致富的条件，让老百姓的钱包鼓起来，纷纷走上小康之路。可见国家要富强，人民要富裕，只有走改革开放的路。虽然在开放过程中难免鱼龙混杂，难免有一些负面效应，但历史车轮总是滚滚向前的，那些不健康的东西必将为人民所唾弃，我们绝不能因噎废食。城市开放对经济文化的交流和发展是主流，受益无穷，所以我们一定要坚持城市开放政策，发展城市外来文化。

第七章

城市宗教文化

今天我们在城市里，依然可以看到一些著名的寺庙、道观或教堂，甚至还有那古老而秀丽的宝塔，引人注目。如北京西郊的潭柘寺、戒台寺、卧佛寺，城里的白塔寺、雍和宫、白云观等；上海的静安寺、玉佛寺、龙华塔、天主教堂等；广州的光孝寺、怀圣寺、五仙观等；西安的慈恩寺和大雁塔、荐福寺和小雁塔、清真大寺等；洛阳的白马寺、少林寺等；开封的相国寺；南京的夫子庙、朝天宫；苏州的玄妙观、报恩寺塔；扬州的大明寺；杭州的灵隐寺、六和塔；泉州的开元寺、清净寺等。至于承德的外八庙、西藏拉萨的布达拉宫等更是名闻天下了。这些城市宗教文化颇具特色和一定的典型性，我们将对其形成发展作一些研究和考察。其目的不是宣传宗教迷信，扩大宗教的影响，恰恰相反，我们是把宗教作为科学文化来研究。

正如任继愈教授所讲：

> 千百年来，人们总是用迷信说明历史，我们则用历史说明迷信。[①]

宗教的产生是在广大人民群众渴望摆脱苦难而又找不到出路的时候，就常常会幻想有一种神灵的力量来拯救自己，于是便把希望寄托在一种宗教身上。一般来说，平民百姓生活需求往往在达不到或满足不了时，就会产生忧愁、痛苦情绪，进而转化为恐怖、依赖、崇拜、祈求等情绪，这样便产生了宗教情绪。另外，统治阶级在面临危机时，也极力企图利用宗教来麻痹人民，借以消弭随时可能发生的反抗斗争，同时还希望利用宗教来

---

① 李乔：《中国行业神崇拜》序一，中国华侨出版公司1990年版。

为他们的统治祈求长治久安和个人延年益寿。

马克思在《黑格尔法哲学批判》导言中曾指出：

>宗教是那些还没有获得自己或者再度丧失了自己的人的自我意识和自我感觉。①

宗教本来是从哲学中分离出来的，它与哲学的区别主要在于，哲学是有理性、思辨方式来探索分析世界与人生的根本问题；而宗教是以信仰和直观来探索解决世界与人生的根本问题。哲学是科学，实事求是的，凡说不清楚的问题绝不随意下结论；而宗教没有说不清的问题，似乎人间所遇到一切疑难症结它都能解决。因为它所信仰的东西绝不允许怀疑，用的是非理性方式，但也有用理性形式把人引入信仰主义的。儒教就是以理性形式为手段，把人引向信仰主义。

宗教是一种文化现象，不同的宗教反映了不同的文化背景，充分体现了不同文化传统；同时，宗教又广泛而深刻地影响着其他形态的文化，与哲学、道德、法律、科学、文学、艺术、民俗乃至建筑、生活习惯、交往礼仪等各个方面都有密切的关系，它们间相互影响、相互渗透。

我国宗教的形成是在汉末到魏晋南北时期，由于长期社会动乱，战争频繁，使长期处于苦难之中的人们纷纷转向宗教。同时两汉经学和谶纬内容荒诞，流于烦琐，失去维系人心的作用，从而佛教与道教便乘虚而入，逐渐兴盛。

宗教犹如一条贯穿古今的线，一张覆盖社会的网，与社会生活息息相关。虽然近代社会中科学不断发展，但宗教也随之变化，世界各国的教徒仍有增无减。即使在中国，基督教徒也由50年代初的270万增至330万人。

历史证明：科学技术的昌明，物质生活的提高，社会主义制度的确立，并没有消除人们对宗教的信仰，也没有阻止宗教的发展，更不可能宣判宗教的灭亡。《圣经》、《古兰经》、佛典，罗马教堂的沉重钟声，教皇的彩塑雕像，麦加城的克尔白……仍将是吸引着亿万人们信仰宗教的标志。

---

① 《马克思恩格斯选集》第1卷，人民出版社1972年版，第1页。

著名学者季羡林教授就认为：

> 国家、阶级先消灭，宗教后消灭。换句话说，即使人类进入共产主义社会，在一定的时期内，宗教或者类似宗教的想法，还会以某种形式存在着。①

这充分说明，宗教由于它具有客观存在的基础，必将有着顽强的生命力，绝不会被任何人为的因素所消灭。

所以，我们敬爱的周总理生前也曾精辟地指出：

> 只要人们还有一些不能从思想上解释和解决的问题，就难以避免会有宗教信仰现象。②

今天即使像香港这样的现代化城市，依然是一个多宗教信仰的城市，几乎世界上主要宗教都有，居民的宗教信仰也是多元化的。估计现时佛教信徒约有65万至70万人，基督教徒约有28万人以上，天主教徒约有25万人以上，伊斯兰教徒约有5万人，此外还有印度教、锡克教、犹太教及其他宗教。现在香港各种教堂和寺庙共有1200多处，平均不到一平方公里就有一处。玉皇大帝与上帝、观世音和圣玛丽亚和睦共处。这就是今天城市宗教文化的缩影。

一　城隍庙的兴衰

今天对大多数住在城市里的年轻人来说，"城隍庙"这词也许有点儿陌生，但对上一代住在城里的人来说，可谓是家喻户晓。不过在有的城市，它不仅依然为大多数城市居民所知晓，而且仍为外地游客向往之地。如在上海，城隍庙的知名度依然不减当年，只是现在不再是人们烧香拜佛之地，而成为城市的名胜和小商品集贸场所而闻名。

---

① 季羡林：《我和佛教研究》，《文史知识》1986年第10期。
② 周恩来：《关于我国民族政策的几个问题》，《周恩来选集》下卷，人民出版社1984年版，第267页。

"城隍"两字,"城"是指城墙。"隍"是指护城河。"水则隍也,庸则城也。"①

城隍庙实际是广大农村的土地庙在城市中的延伸,原来农村中的保护神升为城市保护神——城隍神。开始它只是一个城市的保护神,早期的城隍只有保护一城安全的单一职能。随着城隍从自然神向社会神转变,它的职能便发展成为一方冥界的地方长官,是阎王和东岳大帝手下的地方官吏,是阴间的知府、知州、知县,掌握着一方的生死大权,所以备受民众的青睐。

城隍开始也只是自然神,到汉代出现正直的人死后成为城隍神了。城隍庙可能始建于西汉,但在唐代以前并不多见,而祭祀城隍的场所也一直称祠而不称庙,说明当时人们的祭祀城隍活动并不普遍。现见于史籍记载最早的城隍庙,是在三国吴赤乌二年(239年)建于芜湖的城隍庙。实际上早在汉末秣陵(即南京)尉蒋子文逐贼至钟山脚下,不料为贼所害,以后蒋的亡灵经常在秣陵作祟。孙权建都秣陵时,蒋子文托梦孙权,叙其被害经过,于是,孙权追封他为中都侯,辖南京阴曹地府,并建蒋庙,改钟山为蒋山,后梁武帝时又追封他为"石头城主"。从而他成为我国最早的城隍主。

到唐代城隍神开始发展成为冥间的地方官了。唐时城隍庙仅在南方一些城市有所修建。城隍神的职权也随之扩大,诸凡地方遇有水旱疾疫,地方官就去神庙祭祷。凡做过地方官或当过幕僚文人学士的,在他们的文集中,往往有祭城隍文之类的文章,有的写得相当出色。如韩愈任袁州刺史时,遇旱祭城隍曰:

  韩愈任袁州刺史,谨告于城隍神之灵。刺史无治行,无以媚于神祇,天降之罚,以久不雨,苗且尽死。刺史虽得罪,百姓何辜?宜降疾咎于某躬身,无令鳏寡蒙兹滥罚。谨告。②

唐代皇帝还开始为城隍封王封爵,如唐昭宗光化元年(989年),华州城隍被封为济安侯。后唐废帝清泰元年(934年)又诏封杭州城隍神封

---

① 《续文献通考·群祀考三》引《春明梦余录》。
② 韩愈:《袁州祭神文》三首,《全唐文》卷五六八。

为顺义保宁王，湖州城隍封为阜俗安成王，越州城隍封为兴德保阐王。五代十国时为城隍封爵已屡见不鲜，说明封建统治者对城隍的重视，开始利用人们对城隍的信仰。

到宋代城隍庙大为兴盛，几乎遍布各地大小城市，州县都有城隍庙，而且州县同治县城，往往既有州城隍庙，又有县城隍庙，职责分明。城隍是守护一城之境的神祇，城隍功德于国于民更为直接，所以祀奉城隍已成为宋代城市生活中一项重要内容，其地位已在他神之上，甚至超过社稷。如陆游说：

> 唐以来，郡县皆祭城隍，今世尤谨。守令谒见，仪在他神祠上。社稷虽尊，犹以令贰从事。至祈禳报赛，独城隍神而已。①

城隍信仰本是一项典型的很具特色的民间信仰，但在中国古代城市中覆盖面极广，影响也较大。由于唐代以后高度重视发展了道教，城隍是道教神仙中的府、县级官员，是模拟阳间地方官的形象构想出来的，作为冥官的城隍神逐渐被纳入道教信仰体系。如道教中以城隍为"剪恶除凶，护国保邦"之神，称其能应人所请，旱时降雨，涝时放晴，以保谷丰民足。②

并以城隍为管领亡灵之神，凡道士建醮"超度亡魂"时，须发文书"知照"城隍，即《城隍牒》，方能"拘解"亡魂到坛。③

到元代城隍庙基本上大多数被归属于道观。并开始在首都建立都城隍，同时出现城隍夫人，还为她封号。

在《续文献通考·群祀考三》中记载：

> 元世祖至元五年正月，上都建城隍庙。七年大都始建庙，封神曰佑圣王。文宗天历二年八月，加王及夫人号曰护国宝宁。

城隍信仰的真正兴盛是在明代，明太祖朱元璋大封天下城隍和完善了

---

① 顾禄：《清嘉录》卷三，陆游：《镇江府城隍庙记》，上海文艺出版社影印本。
② 见《续道藏》第1063册，《太上老君说城隍感应消灾集福妙经》。
③ 见《道藏》第973—975册，《道门定制》卷二。

祭祀城隍制度。洪武二年（1369年）二月初七，太祖下诏："封京都及天下城隍神。"《明史·礼志三》中记载：

> 乃命加以封爵。京都为承天鉴国司民升福明灵王，开封、临濠、太平、和州、滁州皆封为王。其余府为鉴察司民城隍威灵公，秩正二品。州为鉴察司民城隍灵佑侯，秩三品。县为鉴察司民城隍显佑伯，秩四品。

从此诏封天下城隍神，在应天府者以帝，在开封、临濠、太平府、和、滁二州者以王，在凡府州县者以公、以侯、以伯。可见，自此各地城隍都按级有了统一封爵官秩，它与阳间地方官对应，共同治理一方安全。其职能也不断扩展，除了原先守御城池，保障社会治安的职能外，诸凡遇有水旱灾害、冥间事务、寻人寻物、鸡鸣狗盗、破案捕贼以至科名挂籍等事，人们都要去祈求城隍。

随着城市经济的发展，城隍祠庙大量修建，宋代以后开始将个别城隍神的祭祀纳入国家祀典。明代还规定了统一的祭祀时间、祭祀仪式、祭祀祝文，开始有了比较一致的祭祀内容和形式，并遍及全国各地，还被列入国家祀典。明清时期，由于统治者的大力提倡，几乎每个县城都有一座甚至两座建筑宏伟、富丽堂皇的城隍庙，城隍信仰达到了鼎盛。据不完全统计，明代就有城隍庙1472座。[①]

从明中叶以后，在州县以下的各地集镇也出现许多镇城隍庙，到清代更为普遍。这在各地的方志中都有详细记载。尤其是在南方城镇发达地区，镇城隍庙的设立更为普遍，有的镇城隍庙还不止一处，甚至达三、四处。所祭祀的神，大多是所属府县的城隍神。

城隍虽是全国各城市的称谓，但它并不固定在一人身上，只是一个笼统的名称，诸凡充当城隍神灵的，一般多为当地有关的有德政的历史人物。或为生前在该城作出过一些贡献的，或是有所作为的地方官，或曾为保卫该城而殉身的，或为保护过全城人民利益的。如上海城隍秦裕伯、苏州城隍春申君、杭州城隍周新、江西城隍灌婴、镇江城隍纪信等。《明史·礼志三》就讲道：

[①] （明）张鹬：《重修城隍庙》，载同治《恩施县志》卷十。

城隍信仰"宋以来其祠遍布天下,或赐庙额,或颁封爵,至或迁就附会,各指一人以为神之姓名"。

有的城隍在当地颇有名气,如南宋时,杭州吴山的城隍庙:

> 岁之丰凶水旱,民之疾病祸福,祈而必应,朝廷屡加美号。

最后被加封为"辅政康济明德广圣王"。吴山还有一座忠清庙,神主为伍员,

> 乃楚大夫奢之子,自唐立祠,至宋亦祀之,每岁海潮大溢,冲激州城,春秋醮祭,诏命学士院撰青祠以祈国泰民安,累锡美号曰忠武英烈显圣福安王。[①]

城隍信仰是城市居民的重要信仰活动,它与乡村土地神信仰不同之处:

一是其建筑宏伟,一般城隍庙起码有正堂、后堂、两庑等,少则四五间,多的甚至有几十间。

二是庙会规模大,每年城隍活动时,如城隍诞、三巡会时,有时几乎倾城出动,参加者数以万计。

三是商业气息浓厚,城隍庙会往往成为一个城市每年中最为活跃的商品交流场所。

四是在城隍庙会时,每每出现"百戏杂陈,摊棚林立"。[②] 有各种艺术表演队来争相献艺,各类剧种争奇斗胜,热闹非凡。

总的来说,唐宋时期的城隍庙规模都还比较狭小,而且多是土木结构,据地方志记载,这些小庙往往"岁久颓敝",甚至"木植蠹腐",均未能保存下来。只是在南宋范成大的《吴郡志》卷十二"祠庙"部分留下了当时苏州城隍庙重修的规模:

---

① 《梦粱录·山川神》。
② 常人春:《老北京的风俗》,北京燕山出版社1990年版,第91页。

春申君庙，在子城内西南隅，即城隍神庙也。

《新庙记》云：

……于是大葺堂庭，广修偶像。春申君正阳而坐……仪威肃肃，振威名也。巨木拥肿而皆古，小栽青葱而悉新。总之一门，是谓神府。

明清时城隍信仰渐趋鼎盛，城隍庙的规模也越来越大。以上海城隍庙为例。

始建于明朝永乐年间，其原址在长生桥西晴雪坊，即今城隍庙后瞿家弄，规制极为简狭，年久毁圮，屡经修葺。迄嘉靖三十四年后乃就今址重建庙宇，地形宽敞，殿貌崇宏，笾豆供奉，香火斯盛。[①]

各地城隍庙规模虽不同，但至明代中叶以后，其建筑基本仿照人间官署衙门的格局建制，形成一种基本模式。一般都有高大气派的大门，门顶悬挂"城隍庙"或"显佑伯庙"等名的大匾，门口两侧置有石狮或铜狮，威严肃庄。入门大院中建有戏楼，开始是为娱神的，实际后来成为人们重要的娱乐场所了。院中两侧分立钟楼和鼓楼。庙中主体建筑则是大殿，是祭祀城隍的主要场所。内置城隍塑像及两旁分列的判官、牛头马面、黑白无常的鬼卒等。其他还有城隍爷的寝宫及其他办公役房等。此外还设化褚炉，专供信徒们焚烧冥钱、纸锭等物。各地保留至今的一些城隍庙大多都是明代中叶以后重新修建的格局。

由于各地城隍庙在明清时期都是由官方下令修建的，一般地域较为宽广，香火比较旺盛。为了民众祭祀神灵的方便，于是其他神灵也都寄寓城隍庙中，这样城隍庙中往往成为多神杂居之地。从而在城隍庙中所供神像除了主祭城隍外，其他寓居的神灵就很多，特别是冥界官吏，上有玉皇大

[①] 沈瑞麒口述，朱梦华整理：《老城隍庙史话》，载《上海地方史资料》（一），上海社会科学院出版社 1982 年版，第 224 页。

帝、东岳大帝和阎罗王等，下有判官、牛头马面、黑白无常、皂隶等，再加上民间信奉的财神、福神、火神、痘神、瘟神、娘娘神等，有的甚至多达七八十位。

每年城隍祭祀活动很多，庙会时间较长，每月初一、十五要入庙进香；新官上任要向城隍报到；城隍与城隍夫人的生日要演戏祝寿；清明、七月半、十月初一要三次抬着城隍木像出巡；遇到旱涝灾害及鬼怪作祟等现象也要去祭供城隍。每次庙会少则三五日，有的长达十余天，全年祭祀活动时间相加可达一个多月。

其中特别是每年的"三巡会"活动最为热闹，每次出巡时，往往由地方最高长官亲自主持仪式，然后一般城隍神坐花轿，城隍木像放入轿内由人抬着巡行街市，并有装扮的全副执事在前鸣锣开道，旗鼓前驱。烧香、围观的群众填街塞巷，大多数地方还张灯结彩，搭台阁、舞狮子，甚至通宵演戏以娱神。出巡队伍中有城隍仪仗队、火球队、鬼队、"罪人"队及民间艺人组成的文艺队，他们表演各种技艺，精彩纷呈，名为娱神，实际娱乐沿街围观群众。所以每当出巡时，几乎万人空巷，人们如痴如醉，充分显示群众对城隍信仰的狂热。城隍出巡活动，民国时期已逐步消歇，新中国成立后已停止。

至于城隍庙会更是热闹非凡，庙会又称庙市。城隍庙会主要自明代中叶以后兴起，至明代后期已具相当规模，如明末刘侗的《帝京景物略》中就已记载当时北京城隍庙会的盛况：

> 城隍庙市，月朔望，念五日，东弼教坊，西逮庙墀庑，列肆三里。

到清代规模更大，甚至列居其他庙会之首。如上述北京城隍庙会，明代开始仅五月十一日一天，后来发展为每月初一、十五、二十五日开市；到清代则为五月初一至初十共十天。其规模也从列肆三里发展到绵亘十里。销售货物诸凡人生日用所需，粗精皆备，有来自全国各地的特产，甚至国外的奇珍异宝，无所不有。

随着庙会规模的不断扩大，城隍庙周围的商业网点也日益兴盛增多，远近商贩云集于此，摊贩林立，逐渐形成繁华的商业区。最为典型的可算上海的城隍庙商场了：

早先不过供有司朔望拈香，宣扬乡约和祈祷晴雨，兼作士民的游乐所在；现时除游乐外又成为一处盛大的商场。①

只是在民国时期由于大多城市相继开设了许多新式商场，商品繁多，从而直接影响到城隍庙会的生意。不过庙会上的土特产，价廉物美，诸多的小商品，颇具特色，予人们生活方便，适合一般平民百姓的日常生活所需。加上庙会上的诸多文艺演出，多为民间艺人的创作，具浓郁的乡土气息和当地风土人情味儿，深受平民百姓的欢迎。所以，庙会仍为广大人民群众向往之处，他们来逛庙会，既可烧香拜佛，又能购到日常所需小商品，还能顺便欣赏各种喜闻乐见的文艺节目，何乐而不为。所以，庙会仍有强大的生命力，长盛不衰；尤其是在一些购物不太便利的内陆城市中，仍是当地最大的娱乐购物场所。即使像上海这样商业发达的城市中，城隍庙已成为人们购买小商品场所的代名词，直到现在，"城隍庙"仍是上海名胜之地，凡外地人到上海旅游，不到城隍庙一游，确是一大遗憾。

二　城市道观

道教是中国本土的宗教，形成于东汉末年，方术、巫术是它的前身。战国以后，神仙方士宣传不死之药可以长生，投合上层贵族要求长期享乐的欲望，得到他们支持；广大群众缺医少药，方士用符水治病，驱鬼祭神，在下层群众中也得到推广。到东汉末年，天下大乱，民生困苦，于是道教便以长生不死，升天成仙的虚幻引诱民众。道教自东汉形成后，魏晋至南北朝时逐渐完善，隋唐至宋元则是理论发展鼎盛阶段，明清则是理论总结整理阶段。

道教源自古代民间巫术和神仙方术，又附会引申老庄学说，并吸收儒、佛、阴阳、谶纬各家成分，具有杂而多端的特征。道教始于民间，在下层拥有群众，东汉末成为农民起义的旗帜。南北朝时，北朝有寇谦之，南朝有葛洪、陆修静、陶弘景的整顿改造，与儒学结合，取得统治者的支持，才开始有较大发展。到唐代，唐高祖欲借重道教抬高自己，便认定老

---

①　上海通社编：《上海研究资料》，上海书店 1984 年影印本，第 504 页。

子为李氏宗祖，建老君庙，亲自前往拜谒，并宣布道教为三教之首。唐玄宗亲作《道德真经疏》，封老子为"大圣祖高上全阙玄元天皇大帝"，道教显赫一时。到北宋时，鼎盛一时，几乎成为国家正统宗教。北宋诸帝都崇奉道教，乞灵于"天书"、"灵符"。明中叶后，道教在上层社会失势，但其醮斋超度、祈禳福祸、符咒法术等活动，却深入民间，影响秘密结社。

佛教始入中国时，尚依附于道教，被称为佛道。由于佛教创教比道教早得多，其宗教理论、仪规、戒律等方面，都比道教完备，所以佛教传到中国后，在民间很快得到传播。两晋南北朝时，佛教迅速蔓延开来，道教也从中汲取养料。

东汉末在河北一带出现了张角的太平道。而张道陵、张衡、张鲁等在汉中创五斗米道，五斗米道即后来的天师道，经过北魏寇谦之的改革，变成为统治者尊奉的官方道教，北宋时在皇帝支持下，成了道教的"正统"。其实道教起源无所谓正统可言，因为道教的形成与外来的佛教、基督教、伊斯兰教不同，佛教、基督教、伊斯兰教是由一人创立，并有具体年月可考，而道教是由方术与民间鬼神信仰结合，再与一定的社会思潮相结合而逐步演变形成的。

到唐代，道教发展的一大特点是进一步确立老子在道教中的崇高地位。李渊起兵时，得到著名道士王远知和楼观道士岐晖的支持，前者称李渊受天命，后者称李渊为真主。道教在唐代受到统治者的支持，在宫观建筑方面有了极大的发展。唐宋两代君主，都曾到道教中去攀祖宗，唐代道士女冠甚至一度隶宗正寺，认作皇帝的本家。

宋代崇道最突出的是真宗和徽宗。真宗大规模崇道活动开始于公元1008年，据《宋史·礼志七》载，大中祥符五年（1012年）十月，真宗称有神人传玉皇之命，有赵氏祖先，赵玄朗授其天书。从而尊赵玄朗为先祖。宋徽宗自称教主，其崇道是在政和、宣和年间（1111—1125年），自称梦见老子，要他振兴道教，自号"道君皇帝"。在他的倡导下，天下各州大兴土木，道教宫观遍布各地。

> 宋朝崇信道教，当时宫观寺院，少有不赐名额，神鬼少有不封爵号者。[①]

[①] （明）陆容：《菽园杂记》卷第十一。

唐宋以来道教的全真教极受皇帝的赏识，一直延续到南宋末。元初，佛教势力大大超出道教，元世祖于至元十八年（1281年）竟下令焚毁了《道藏》，只有《道德经》因张留孙的请求才免焚。明代虽在正统年间辑成《道藏》，万历年间又有《续道藏》，但均不能与原《道藏》相比。唐宋两代的崇道，大大促进了道教理论的发展，道教内部的派别也有所更新。但明代所出现的一些道教著作，只是总结前人的成果，很少能有自己的创见。到清代，道教更不景气，不仅皇帝兴趣极淡，即使一般士大夫和民众心目中的威望也大大降低。

道教与其他宗教不同之处还在于，佛教的佛国是一个长乐清净的精神世界。基督教中有一个上帝创造世界的神话。唯道教是以贵生、乐生、成仙得道为其信仰目的。它不像佛教那样要求人们轻视人生，放弃今世，去追求死后的天堂。道教既重视今世，又重视来世。以炼气为本，有一套修炼方术，可以修道成仙，使一般人都能有希望跻身于神仙世界。而道教为了实现与自然同长久，过上神仙般的生活，努力探索大自然和生的奥秘，力图寻求到能够成仙的可靠方法。为此，他们积极研习天文、地理、矿物、生物以及人体本身，创立一套帮助人们"成仙得道"的修炼方法和"道术"，如引导、服食、吐纳、行气、内丹、外丹、房中、胎息、辟谷等。所以道教在民间有它特殊的魅力，它是信仰神仙的。这种神仙信仰与佛教的涅槃大不相同。佛教是跳出轮回，纯以精神上的极度沉静，在精神上消除一切差别为根本途径，它是以否定客观现实世界为其修道宗旨的。道教的神仙信仰则是以长生不老，白日升天甚至拔宅飞升为号召的。在两千多年的发展中，虽有各种表现形态，但对于封建社会中上至天子，下及役夫走卒都有程度不同的吸引力。

道教早期是不供奉神像的，他们认为：

道至尊，微而隐，无状貌形像也；但可从其诚，不可见知也。[1]

其义是，道教的神是至高无上的，又是变幻无穷的，人们无从见到他的真容，图画出来反而使其世俗化，所以不供奉神像。这样固然很玄妙，

---

[1] 《老子想尔注》敦煌本。

但是不利于民众祭拜崇奉，也就不利于道教的传播。所以后来便借鉴佛教的做法，在庙宇中供奉神灵图像或塑像，这大约始自南北朝时期。据考南朝刘宋时陆清修即供神像。但是南北朝时的道堂中供奉神像还不普遍，如陶弘景的道堂中即无神像。大约到了宋真宗以后，道教庙宇才普遍供奉神像。

道教奉行的是多神崇拜，其神之多，不可胜数，一部分神是自然界的各种神；另一部分是历史上的帝王、名贤、功臣及传说中的道德高尚之士。道教诸神本来就庞杂无系统，再加上佛教偶像影响，遂造成明清民间信仰的多神崇拜。除天地君亲师以外，诸如菩萨、玉皇、玄女、财神、灶神、海神、关帝、土地、城隍、钟馗、二郎神等，名目繁多。道教的神仙中，较为典型的有梓潼帝君、二郎神、天妃及关帝圣君等。这里简单介绍民间比较熟悉的天妃与关帝两位。

天妃又称天后，也是从民间女海神进入道教之神。天后原是五代时福建莆田人，本姓林，名默，是宋都巡检林愿的第六女。二十八岁时离家泛舟渡海至湄洲岛上飞升成仙，村民为纪念她，于湄洲岛建"马祖庙"，因其在海上救难而供奉。后宣和癸卯给事中路允迪使高丽，"中流遇风，他舟皆溺，神独集路舟，得免，还奏，特赐庙号曰顺济"。宣和五年被封为神，赐号为"顺济"。以后就称为顺济圣妃。闽南、台湾一带民间则称为妈祖，或马祖。据说马祖为闽南人对未出嫁姑娘的称呼。

《梦粱录》卷十四记载：

> 南宋都城临安，顺济圣祀庙，在艮山门外，又行祠在城南萧公桥及候潮门外瓶场河下市舶司侧。按庙记："妃姓林，莆田人氏，素著灵异，立祠莆之圣堆。宣和赐庙额，累加夫人美号，后封妃，加号曰灵惠协应嘉顺善庆圣妃。其妃之灵者，多于海洋之中，佑护船舶，其功甚大，民之疾苦，悉赖帡幪。"

宋代关于天妃传说，大都集中在保护渔船、漕船方面，凡有迷航、遇狂风激浪、海盗等危急时刻，祷天妃皆有应验。元代至元十八年（1281年）册为"护国天妃"，清康熙二十年（1681年）加封"天后圣母"，列祀典。咸丰、同治不断加封，至同治十一年（1872年）时封号已多至七十个字。

据福建长乐县三峰塔寺石刻《天妃灵应记》记载，永乐三年（1405

年),三保太监郑和首次下西洋,途经长乐海域,突然狂风大作,恶浪翻滚,舟楫有顷刻颠覆之险,这时郑和焚香叩首,求天妃保佑,顿时风平浪静,化险为夷。于是,郑和在长乐立庙祭祀天妃,此后郑和每次下西洋,船舱内必祀天妃,《通番记》记载:

> 值有险阴,一称神号,感应如响,即有神灯烛于帆樯。灵光一临,则变险为夷,舟师恬然,咸保无虞。

于是北起辽宁,南至澳门、台湾,沿海各城市,以至海外侨胞居住城市,无不建有妈祖庙或天妃宫。

关帝庙所祀关羽,在佛教僧徒中被立为伽蓝神。在道教中则有着特殊的地位和意义。对关帝的崇奉始于宋代,盛于明清。由于各种行会、帮会及会道门发展起来,他们以关羽作为尽忠尽义的榜样;到清代有一部分人远涉重洋,出海谋生,他们以集忠义于一身的关羽作为崇拜和向往的偶像,于是关帝便成为统治者和被统治者都能接受的神祇。

明万历二十二年(1594年),道士张通元请皇帝给关羽晋爵为帝,于是过了二十年,关羽被封为"三界伏魔大帝神威远震天尊关圣帝君"。于是万历四十二年(1614年)后,佛寺中的伽蓝地位让给了尉迟恭。最早给关羽封号的是道君皇帝宋徽宗。其后共有15个皇帝为关羽加封授匾。当阳关陵庙中关羽的神道碑中刻着:"忠义神武灵佑仁勇威显关圣大帝汉前将军汉寿亭侯。"关陵正门上有同治帝所题的"威震华夏"。赵翼在《陔余丛书》卷三十五中记:

> 今且南极岭表,北极寒垣,凡儿童妇女,未有不震其威灵者。香火之盛,将与天地同不朽。

道教特有的神,在民间得到普遍祠祀的尚有八仙、财神和福禄寿三星等,几乎是家家户户所尊崇的。道教信奉八仙,今指李铁拐、钟离权、张果老、何仙姑、蓝采和、吕洞宾、韩湘子、曹国舅。他们的传说故事在唐宋文人记载中有见。但作为群体神仙,是在元代形成的,但群体的人选还没有固定下来。马致远《吕洞宾三醉岳阳楼》中就无何仙姑,而有徐神翁;岳伯川《吕洞宾度铁拐李岳》中仍无何仙姑,却多了张果老。

清人刘献廷曾在《广阳杂记》卷四中说：

> 予尝谓佛菩萨中之观音、神仙中之纯阳、鬼神中之关壮缪，皆神圣中之最有时运者，莫如其所以然而然矣。举天下之人，下遂妇人孺子，莫不归心向往，而香火为之占尽。其故甚隐而难见，未可与不解者道也。

这里的纯阳是八仙中的吕岩，关壮缪是关帝，都是道教中的神。

民间一般百姓治丧时往往僧道同请，他们在育经时也不拘一家。《广阳杂记》中就记：

> 楚中佛事，铙鼓之外，加以铜锣。哀雅梵音之中，忽闻此声，令人惊悸。问其所育经卷，则《普门品》暨《三官经》也。呜呼！彼三官者，乃五斗米贼所设之教，顾有经焉，此地且与普门并驾而驰矣。

道教敬神祭仙及修身养性的场所一般称作宫观。一般而言，称宫者规模较大，称观者规模较小，有的地方也有称庙，称庵的。古代宫本是指宫殿；观是指城楼上供登高眺望的堞楼，它们都是宫廷类的高大建筑群。它们怎么与道教场所联系上的呢？原来古代人们利用这些高大建筑登高观象望气，道教活动中就有望气占候之术，如陕西周至县的楼台观就由此而来。早期道教斋戒、修行场所只是茅屋、草屋，故称靖室或静室。南北朝后由于信道教的信徒日益增多，其活动场所便改称为治、馆。唐代因尊奉道教，为道教修建了大规模的宫殿建筑和神仙塑像，于是，宫观便成为道教场所的正式名称。宋代以后，各地宫观建筑越来越豪华宏大，并逐渐定型。道教建筑取名为"观"，取细察、谛视之意，正如《老子》第十六章所云："致虚极，守静笃。万物并作，吾以观复……"其建筑形象是表现出清静之感。

道教的宫观神庙主要有：三元宫、万寿宫、财神殿、城隍庙、紫云宫、娘娘庙、天后宫、祝融宫、关帝庙、三圣殿、南岳行宫、雷祖殿等等。一般宫观神庙都有戏台，酬神活动结束后，往往成为民间娱乐场所。

道教信仰的群众，往往农村多于城市，因其组织较为松散，没有严密组织，散居农村的道士，有专职，也有兼职的，没有法事就务农。

新中国实行宗教信仰自由政策，在社会生活中对各宗教一律平等，道教徒的信仰受到各方面的尊重和保护。

1957年4月召开了第一届道教全国代表会议，正式成立了中国道教协会，会址设在北京白云观。

1961年11月又于北京召开了第二届道教全国代表会议。

1986年9月又召开了中国道教第四届全国代表会议。经过道教界的共同努力，全国陆续恢复了道宫道观400余处，经国务院批准，全国有21处宫观为全国重点宫观。其中最为著名的有：北京的白云观、苏州玄妙观、成都青羊宫、沈阳太清宫、西安八仙观、武汉长春观、泉州元妙观等。特别是在泉州城郊清源山峰山麓，这里原为宋代道教宫观集中地，可惜年久皆圮，现还留存全国唯一的一尊高达5.1米，宽7.3米，厚7.2米的露天道教教主老君造像，这是宋代石刻巨作。我国的城市道教虽远不及唐宋时期繁盛，但在改革开放大潮中，也日益振兴，香火兴旺。

台湾道教约在明代由闽粤移民带入。现在台湾信仰道教的人很多，据统计，至1990年底，台湾约有道观8000余座，信徒达300多万，约占台湾总人口的15%。但因民间信仰颇盛，几乎每户皆设神龛，故有学者认为，信徒有可能达台湾总人口一半以上。

香港道教由广东传入，现有道观、仙馆共100多处，信徒约有数十万。道观中以位于九龙龙翔道黄大仙村的黄大仙祠最闻名。它仅有70多年的历史，1915年有人从广东西樵山普庆祖坛奉接黄大仙来港，在湾仔开坛阐教，1921年在九龙狮子山下竹园村建现在的黄大仙祠，1971年扩建，现为香港最大宗教场所之一。

三　城市寺庙

佛教是外来宗教，传入之初当时社会上正流行着各种宗教迷信和神仙方术，人们自然把它看作是神仙道术的一种，以为佛有神通，变幻无穷。而佛教为了宣传的需要，也迎合神仙方术之上，兼采占验、治病、预卜吉凶等手法。实际上佛教是以生死轮回，来世观念麻醉民众。

平时我们民间一说佛教便简单地认为是烧香磕头和求神拜佛，其实今天我们所见寺庙中的佛教，已非当初印度传入时佛教的原型了，许多地方都已结合我国民族特色变成中国式的佛教了。

佛原本是人,不是神。佛教约于公元前6世纪至公元前5世纪发祥于印度,为释迦牟尼所创立。他生活在公元前6世纪,姓乔达摩,名为悉达多,因是释迦族人,故人们称他释迦牟尼,意为释迦族中的圣人。"佛"是"佛陀"的简称。在梵文中,佛陀是觉者、智者、知者、先觉者的意思。后来逐渐被人们神化了,按佛教教义说,佛不是造物主,他虽有超人的智慧和能力,但不能主宰人的吉凶祸福。佛教认为所有一切人都有觉悟的可能性,所以他们说:

> 一切众生,皆有佛性,有佛性者,皆得成佛。

佛教认为事物处于无始无终、无边无际的因果网络之中。他们以"诸法皆空"为教义,神也是空的,否认有至高无上的"神",所以西方学者中有人认为佛教是唯一"无神论"宗教。今天我们在佛教寺庙中看到许多佛菩萨的造像,一些人往往误认为佛教是"多神教",实际是误会。佛教最初的小乘并没有佛像,一般用佛的脚印图或菩提树做标记,这种小乘佛教主要盛行于斯里兰卡及东南亚地区。以后大乘佛教流行我国后,才开始雕刻塑造佛像,当初并非用作偶像崇拜,只是为了纪念和表示教义。这种大乘佛教以后由中国传向朝鲜、日本等东北亚地区。

《魏书·释老志》中记载,约在西汉哀帝元寿元年(前2年)由西域大月氏国使臣伊存,到长安向汉朝博士弟子口授《浮屠经》,开始传入我国内地。东汉明帝永平七年(64年),派蔡音到西域访示佛经,到大月氏取到佛经、佛像,于永平十年(67年)他们和被邀请的摩腾、竺法蓝一同回到洛阳。明帝让他们居住在当时接待宾客的官署鸿胪寺。第二年专门为他们建造了馆舍。因他们取回的佛经是用白马驮回来的,于是就命名为白马寺,这就是我国历史上第一座佛教寺庙。此后佛教便在我国流行。

可见,"寺"原是以接待宾客的官署鸿胪寺改建的,寺者,侍也。当时把佛和印度僧人当作外来宾客看待的。后来就把这种形式逐渐演变成中国寺院的格局。中国古代佛教寺院能与中国古代宫殿和住宅建筑形态类同,说明印度佛教传到中国之后的世俗化趋向。

我国现存的佛教寺庙建筑与早期的佛教寺庙建筑布局已大不相同,其间经历了一个以塔为主到以殿为主的发展过程。①

《魏书·释老志》记："塔亦胡言，犹宗庙也，故世称塔庙。"唐慧琳《大藏音义》卷二十七引《妙法莲花经序品第一》云："古书无塔字。葛洪《字苑》及《切韵》：'塔即佛堂，佛塔，庙也。'"可见，我国早期汉字中原本没有"塔"字，随佛教自东汉传入我国后，东汉起确已有"塔"字出现。"塔"字其义来自西域，最早是作宗庙之义。此前按音译为窣堵波、佛图、浮图等，意译为方坟、圆冢、灵、庙等。印度最初的窣堵波实际是埋葬尸骨的坟冢。

尸骨梵文音译为舍利、役利罗、室利罗。其形制是一个半圆覆钵形的大土冢，冢顶有竖杆及圆盘。

东汉明帝时修建的洛阳白马寺中心建筑是一座大方木塔，周围建有殿堂、廊门等，就是以塔为中心。这是我国第一座佛塔，采取我国传统的楼阁相结合的方式，把窣堵波的形象（圆盘式的相轮等）抬高到顶上，变成了"刹"。中平五年到初平四年（188—193年）在徐州建的浮图祠塔，也是"下为重楼阁道"，顶上"垂铜盘九重"。②

古印度的佛塔是覆钵式，而中国的佛塔多为楼阁式或密檐式；古印度佛塔旁没有其他建筑物，而中国的佛塔周围却建有殿堂、楼、阁、廊庑等中国传统建筑。中国古建筑中原有的高楼是统治阶级相互夸耀豪华之物，并传说是神仙的住所。秦始皇、汉武帝修建高楼台榭，以迎候仙人。可见，佛教传入中国一开始就与中国民族文化相结合了。

汉代西域来华的沙门，由于戒律所限，不蓄资财，他们生活靠托钵乞食，所以汉人称他们为"乞胡"。汉魏时期，政令上禁止汉人出家，当时佛教尚未得到士大夫阶层的重视。西晋时僧侣渐多，难以再行乞食制，于是由信徒集体布施财物给寺庙以事僧。东晋时，南方出家人数不多，大多集中在大城市中；此时，在北方的后赵，因受西域佛图澄的影响，统治者正式允许汉人可以出家为僧，于是北方群众为了逃避苛刻的徭役而竞相出家，寺院遍布州郡。到南北朝时，因战乱不已，受苦受难的广大群众，走投无路，佛教普度众生到所谓的"无烦恼、无痛苦、无罪恶"的彼岸去的说教，对他们很有吸引力。而统治阶级也需要借佛教去麻痹人民的反抗

---

① 罗哲文等：《中国著名佛教寺庙》中"概述"，中国城市出版社1995年版。
② 《三国志·吴书·刘繇传》。

意识，所以大力提倡。此外佛教经典中又包括了因明学（即逻辑学）等精妙的哲学思维，这对于已厌倦儒家单调乏味的说教的士大夫来说，也显得清新有味，他们对佛典也很有兴趣。从而佛教在魏晋南北朝时期得到很大发展，到隋唐时则达到鼎盛。

据中国佛教协会编：《中国佛教（一）》记载：西晋长安、洛阳就有寺院180所；东晋时，相传佛图澄在石赵所兴佛寺893所。南北朝时，南朝宋有寺院1913所，齐有2015所，梁有2846所，陈有1236所；北魏仅孝文帝太和元年在平城就有新旧寺庙一百余所；各地共有6478所；北魏末年，仅洛阳一地就有1367所，各地达三万余所。北齐时全境有四万余所。

据北魏杨衒之的《洛阳伽蓝记》记载，洛阳所造永宁寺：

熙平元年（516年）灵太后胡氏所立也……中有九层浮图一年，架木为之，举高九十丈。有刹，复高十丈，合去地一千尺。去京师百里，已遥见之……浮图北有佛殿一所，形如太极殿。

可见当时仍以塔为中心，佛殿在塔后。自隋唐以后才渐发生变化。唐初律宗创始人道宣提出对以往拜塔为主的礼佛内容改为拜佛像为主的礼佛内容。从而将以塔为中心的佛寺布局改变成以佛殿为中心的布局了。开始还殿塔并列，塔殿对称形式，后将塔建于寺旁或寺后，最后将塔排出寺外，另建塔院了。特别是到宋代，禅宗佛寺强调"伽蓝七堂"，即寺中建戒殿、法堂、僧房、神橱、山门、西净、浴室等各种功能的建筑，而把塔完全排斥在寺外了。

从而佛教寺院的布局大都采用院落式分进布局：前面一进是弥勒殿和韦陀殿的结合的佛殿；中间一进为四天王殿，最后一进为主建筑大雄宝殿。院子两边均设廊庑，有的还设文殊殿、观音阁、普贤阁等。这种环境无疑是将神人化，融于凡世。无论建筑造型还是尺度，都与一般世俗建筑相近。

弥勒佛是佛教的五大菩萨之一，为如来的接班人，位居五尊菩萨之首。历史上奉化布袋和尚被后人公认为是弥勒佛的化身。据记载，布袋和尚（？—917年），名契此，又号长汀子，明州奉化人。契此从小信仰佛教，后在岳林寺当了和尚，并常去雪窦寺云游，拜佛。契此体态肥胖，大腹袒露，笑口常开，后梁贞明三年（917年）三月三日，圆寂于岳林寺东廊磐石上，临终述谢世谒云："弥勒真弥勒，化身千百亿，时时示时人，时人自不识。"后人以此认为布袋和尚是弥勒佛的化身，以他的形象替代了弥勒佛的原型。布袋和尚圆寂后，葬身于奉化里封山寺后，其墓称为中塔。宋哲宗元符元年（1098年），皇帝赐号"定应大师"。日本布袋弥勒被奉为"七福佛"之一。

隋文帝时大力提倡发展佛教，多次下诏要求各地兴建佛寺和佛塔，以国家力量立寺度僧，组织翻译佛经。据载在他在位的二十四年中，"度僧尼二十三万人，立寺三千七百九十二所，写经四十六藏……造像十万六千五百六十躯"。① 隋炀帝仍充分利用佛教。

唐代一方面提倡道教，同时也利用佛教，在佛道之争中不断调整对它们的政策，总的来说，唐初诸帝都是提倡和发展佛教的，使佛教发展达到鼎盛。这时期佛教逐渐适应中国各方面需要，逐步形成了很多宗派。影响较大的有天台宗、华严宗、法相宗、禅宗和净土宗等。

隋、唐、五代帝王崇尚佛事，在宫中就设有内道场，随时可作佛事。据记载，唐时，"长生殿内道场，自古已来，安置佛像经教，抽两街诸寺解持念僧三七人，番次差入，每日持念，日夜不绝"。② 即请长安城内左右两街各寺或全国各地的名僧进宫念经讲法。另一特点是由皇帝亲自迎奉法门寺的佛指舍利。所谓舍利即佛骨，是指佛祖释迦牟尼火葬后留下的固体物。所谓迎奉舍利实际就是将埋在佛塔下的佛祖舍利拿出来让世人看看，从而成为非常隆重的佛事。史称陕西扶风法门寺内护国真身塔中藏有释迦牟尼的佛指舍利。于是唐代规定："相传三十年一开，开则岁丰人安"。③ 自唐太宗贞观五年（631年）起，历经高宗、武则天、肃宗、德宗、宪宗、懿宗和僖宗等先后七次迎奉法门寺的佛指舍利到长安和洛阳皇宫中供奉。每次都耗资巨大，兴师动众。其中在第六次后不久，唐武宗深感佛教势力过于强大，于是下诏废佛称：

  两京城阙，僧徒日广，佛寺日崇。劳人力于土木之功，夺人利于

---

① 《释迦方志》卷下。
② 《入唐求法巡礼行记》卷四。
③ 《资治通鉴》卷240，元和十三年十一月。

金宝之饰……今天下僧尼不可胜数，皆待农而食，待蚕而衣。寺宇招提，莫知纪极。皆云构藻饰，僭拟官居。①

于是在会昌五年（846年）下令灭佛，共毁寺院4600所，招提兰若等佛教建筑四万余所，僧尼还俗26万500人。这里的招提兰若是一些小的寺院。但不久又重恢复。经此打击后，佛教从此由极盛走向衰落。

当时的王公贵族和士大夫们也都崇尚佛教，纷纷舍宅立寺修塔，诵经念佛，持斋修行。有的与僧徒交友，相互切磋诗词、琴棋书画、茶道、雕塑等技艺。由于当时佛教简化修行方式，尤其是净土宗宣扬只要口念阿弥陀佛，即能往生西方极乐世界。禅宗提出"顿悟成佛"的简捷方便成佛的道路。这对一般平民百姓很有吸引力，他们便积极参与寺庙中的佛事，只是念佛而已。从而当时的各个宗派都跻身城市之中，长安城中就有上百所寺庙林立，从而各地城市中寺庙的香火也很旺盛。连城市中的下层市民也都普遍在家修行念佛，经常去各寺庙烧香拜佛。

宋代完成全国统一后，需要进一步统一意识形态，于是在统治者的关心和干预下，诞生了理学。理学在形式上以儒家思想为旗帜，实际内容上却是吸收融合了佛教和道教的一些思想。佛教面对现实，不得不也主张"三教合一"，而它们内部也逐渐向比较切合民众心理要求的净土信仰"殊途同归"。所以南宋时净土信仰达到鼎盛，"至今薄海内外宗古立社，念佛之声洋洋乎盈耳"。② 仅就杭州地区，"年少长贵贱，见师者皆称陀佛陀佛，念佛之声盈满道路"。③ 迄至明代继续推崇理学，佛教无太大发展余地，明清时期的佛教基本上仍然以内部调和融合为主，提倡归向净土。从而佛教由各宗派林立，趋向归一，正是其衰落标志，但仍有很大市场，仍有很多城市居民信奉不已，所以城市中寺庙的兴修仍久盛不衰。

解放后，对佛教进行了重大改革，1953年成立了中国佛教协会，以后多次召开了全国代表大会。近年各地还修复了许多著名的佛寺和塔座。现今全国各地城市中一些著名寺庙，绝大部分都是经明清时期整修保留下来的。诸如：洛阳的白马寺、开封的相国寺、北京市内的法源寺、广济

---

① 《旧唐书·武宗本纪》。
② 《乐邦文类》卷一。
③ 《佛祖统纪》卷二十六。

寺、扬州的大明寺、镇江的甘露寺、金山寺、苏州的报恩寺、南京的灵谷寺、杭州的灵隐寺、泉州的开元寺、广州的光孝寺、以及承德的外八庙、河北正定县的隆兴寺、甘肃张掖的大佛寺、西藏拉萨的布达拉宫和大昭寺、西安的慈恩寺、四川成都的文殊院等。

现台湾的佛教为台湾所有宗教中最大宗教，约有寺庙4000多座，信徒达500余万。台湾佛教受斋教影响较大，信徒可以在家兴教，多以蔬菜为主食；另一特点是尤敬观音，佛教中心主要在台北地区。

现今香港地区的佛教信仰依然很盛行，新界的灵渡寺始建于南北朝时期，至今已有1400多年历史，是香港历史最久的佛寺。全港大小寺院、莲社、精舍约有400多间。现有僧尼约2300多人，在家修行的居士约有3000多人。香港最为著名的是位于香港地区第一大岛的大屿山（内地地图上称之为"大濠岛"）上的一座"天坛大佛"，高26.4米，相当于九层楼房之高，重约250吨，是当今举世最高的露天铜佛。

四 城市基督教堂

基督教传入我国先后有四次：唐代景教传入为第一次；13世纪元代时基督教再次传入，马可·波罗就记载当时中国各地都有基督教堂；到明代利玛窦来时，已是第三次传入；最后在鸦片战争以后，基督教再次第四次传入中国。

第一次是在唐代传入时，称作景教。在17世纪以前，几乎无人知晓此事，仅在宋王溥的《唐会要》中记有大秦寺情况。直到明天启三年（1623年）于今西安西南的周至县出土一块唐德宗建中二年（781年）景教徒所立的"大秦景教流行中国碑颂"，记述了景教在中国传布的经过。它告诉我们：景教于唐代贞观九年（653年），由它的聂斯托利派波斯僧阿罗本到长安传布，在中国称景教。这块黑色石碑，现存陕西省博物馆，碑高2.36米，宽0.86米，厚0.25米，碑的上端刻有飞云和莲台烘托的十字架，围有一种名为"璃"的无角之龙，左右配有百合花。碑底和两侧有七十位景教教士的古叙利亚文题名。碑额作《大秦景教流行中国碑颂并序》，碑文以汉文书写，共32行，1780字，字迹清晰、完好无损。碑文内容分序文和颂词两部分。序文较长，首先简略地叙述基督教基本教义，然后记述景教自主教阿罗本来华后，在唐太宗、高宗、玄宗、肃宗、代宗和德宗诸帝优待下的发展经过。颂词较短，用韵文复述序文的梗概，多是对上述六位皇帝的赞颂。

事隔近三百年，在甘肃敦煌鸣沙山石室中又发现七种有关唐代景教的文献。这些文献都是用黄麻纸卷轴的手抄本。这些文献和景教碑证明，早在一千三百多年前，基督教曾经传入中国，并在唐朝活跃了两百五十年之久。

唐贞观九年（653年）大秦国大德主教阿罗本来到长安，受到唐太宗的礼遇，让他翻译圣经。三年后，即贞观十二年（638年）唐太宗通过翻译的《圣经》，亲自询问福音道理后，"深知正真，特令传授"。

> 诏曰：道无常名，圣无常体，随方设教，密济群生。波斯僧阿罗本，远将经教，来献上京。详其教旨，元妙无为，生成立要，济物利人，宜行天下所司。即于义宁坊建寺一所，度僧廿一人。①

唐代的祆教、摩尼教、景教几乎同时传入中国，都来自波斯，故统称为波斯胡教，传教者称作波斯僧。到高宗时，景教有了很大发展，除长安、洛阳外，成都、扬州等城市也有建寺线索。到玄宗时，传教士以造奇器和行医来取悦王公贵族。开元二年（732年）：

> 波斯僧及烈等广造奇器异巧以进。②
> 后于开元廿八年（740年）冬，宪寝疾，上令中使送医药及珍膳，相望于路；僧崇一疗宪稍瘳，上大悦，特赐绯袍鱼袋，以赏异崇一。③

这里的宪是玄宗之兄，治病的崇一是景教教士。所以于天宝四年（745年）九月，玄宗下诏曰：

> 波斯经教，出自大秦，传习而来，久行中国。爰初建寺。将欲示

---

① 《唐会要》卷四十九。
② 《册府元龟》卷五百四十六。
③ 《旧唐书》卷九十五。

人，必修其本。其两京波斯寺，宜改为大秦寺。天下诸府郡置者，亦准此。①

这里的"经教"即景教，波斯寺自此改称为"大秦寺"，说明景教不再依附佛教，也不再混迹于波斯胡教中。

景教至唐武宗会昌五年（845年）灭佛过程中同时被禁。虽然事过两年佛教再度复兴，但景教未能再振。后黄巢起义军攻占广州，众教徒均遭残杀，从此景教在内地绝迹。

基督教第二次传入我国是在13世纪中叶，随蒙古族入主中原，基督教也流传进来。元时入华基督教分为两支：一支为流行于中亚及蒙古诸地原称景教的；另一支传入后，蒙古人统称为"温里也可"，又称作"十字教"，教堂为"十字寺"。当时信奉温里也可教的多是蒙古贵族及色目人，他们享有仅次于蒙古人的待遇。

由于元代统治者的支持，景教在全国各地流行。如聂斯托利派教徒马薛里吉思由医而官，于至元十五年（1278年）为镇江府路总管府副达鲁花赤，他就任镇江后，在铁瓮门夹道巷"舍宅"建大兴国寺，其侧有甘泉寺，并于竖山建云山寺和聚明寺，寺下还有温里也可公墓。此外，杭州有大普兴寺、丹徒有渎安寺、黄山有高安寺等。据说当时在中国北部有15个城市中居住着景教徒。在马可·波罗以后，扬州建起三座景教教堂，南方温州、泉州、昆明等地也有景教徒。在西部地区马可·波罗说，在甘州（今张掖）就建有三座教堂，元世祖母别吉太后死后就停柩在甘州十字寺内。此外肃州（今酒泉）、沙州（今敦煌）、凉州（今武威）、申州（今西宁）等地都有景教徒，在宁夏的哈拉善（今榆林）也有三座景教教堂。据约翰·柯拉的《大可汗国记》（1330年）估计，景教徒"居契丹国境内者，总数有三万余人"。镇江于1331年在167户居民中就有一户是温里也可；在杭州甚至有一区专住温里也可。

元代的温里也可始终备受尊崇，至元二十六年（1289年）元世祖特设崇福司，专管基督教徒，延祐二年（1315年）升为"院"，至延祐七年（1320年）复为司。由于当时的基督教教徒只是蒙古人和色目人，它并没有在汉人中扎下根。所以它随蒙元帝国的兴盛而发展，也随蒙元帝国

---

① 《唐会要》卷四十九。

的覆灭而绝迹。

以后基督教的耶稣会士是如何叩开中国的大门，使中国人改变信仰的呢？这就是在16、17世纪的明末清初，基督教第三次进入中国。耶稣会士在16世纪末到1630年左右确实在中国掀起一场波澜壮阔的运动。第一批从1582年起入居我国，当时长期居住在中国的天主教耶稣会士，曾迫切希望同知识阶层和统治集团建立关系，努力使自己顺应一个完全不同于西方的社会和文化，甚至想深入宫廷。以后其他教团绝大部分只是单纯向平民宣教。

这次开始由葡萄牙和西班牙传教士在中国沿海传教时，他们要求领洗的中国教徒必须采用西方的姓名，接受西方的生活习惯，从而中国人民将入教视为归顺殖民者，加以抵制，使他们无法在内地立足。

基督教是一种要求移风易俗怀疑成规的宗教，有冒破坏现存秩序的危险。以往人们只看到佛教僧侣的嫉妒，只看到中国天文机构官僚的怨恨，只看到传教士与中国士大夫阶层间为争夺平民的抗衡。实际是基督教本身的特殊教义与我国传统习俗格格不入。

这次是由利玛窦首先打开中国的天主教大门。他极力调和基督教义与中国传统习俗的矛盾，他注意顺应中国的传统文化和社会习俗，极力将中国的孔孟之道和敬天祭祖思想糅合于其教义中。引证儒家经典中天和上帝的概念，作为基督教中天主存在的依据，并对祀天、祭孔、拜祖等传统礼仪和习俗持宽容态度，让人们能予以接受。并依靠上层人士，他第一次向中国介绍大量西方宗教和科学技术知识。在天文历算、舆地、水利和火器等方面也将西方先进的科学知识传送给中国。

第一批耶稣传教士曾乔装佛教僧侣模样和采用和尚名字，以期渗入中国和诱使中国人归化。后来发现僧侣在中国并不像他们在欧洲有那么高的声望和权威。于是利玛窦在来肇庆十二年后，第一次以士大夫面貌出现。从而把自己装扮成道德家、哲学家和学者，讲学的屋子也称作是书院。李贽在《续焚书》中记载：

> 承公问及利西泰（利玛窦），西泰大西域人也。到中国十万余里，初航海至南天竺始知有佛，已走四万余里矣。及抵广州南海，然后知我大明国土先有尧、舜，后有周、孔。住南海肇庆几二十载，凡我国书籍无不读，请先辈与订音释，请明于四书性理者解其大义，又

请明于六经疏义者通其解说，今尽能言我此间之言，作此间文字，行此间之礼仪，是一极标致人也……但不知到此何为，我已三度相会，毕竟不知到此何干也。意其欲以所学易吾周、孔之学，则又太愚，恐非是尔。

利玛窦也承认，直至1596年他们还没有解释有关他们神圣信仰的全部奥秘。也就是说，他们来华已十多年，尚未能正式公开传授他们的教义。以至中国的士大夫还弄不清他们来华是干什么的。

然后利玛窦还利用他的世界地图和数学、天文学的讲学为自己铺平道路。他积累的15年经验认为，要赢得中国人的同情和兴趣，最佳方法是使基督教义附会儒家思想，同时进行科学讲授。但这正确的策略，遭到教区大主教的反对。直到1610年，利玛窦去世，没有人敢怀疑中国典籍中的"敬天"等概念与基督教义中的"上帝"间建立等同关系的巨大智慧。

当时来华的耶稣会教士协助利玛窦在广东、江西、江苏、浙江、北京、山东、山西、陕西、上海等地传教。先后在各地建立教堂：肇庆在1583年建教堂；韶州在1589年建教堂，1605年有信徒800人；南昌在1595年建教堂，1609年有信徒400人；南京在1599年建教堂；北京在1605年建立圣堂，后称南堂，有信徒200人；上海在1608年建教堂，两年中有200人领洗；杭州在1611年开教。利玛窦自1582年来华，至1586年发展教徒仅有40人，1589年有80人，1596年超过百人，1603年约有500人，1605年时中国16个耶稣会士和四大居留点（南京、北京、南昌和韶州）受洗礼的皈依者也仅1800人，1608年增至2000人，至他去世时，已发展到2500人左右，1615年达5000人。可见当时在中国传教之艰难，传播速度之缓慢。利玛窦传教过程中，一方面尽可能地与中国传统的儒家思想妥协，另一方面在他的大作中尽情嘲笑人们对于轮回转世、因果报应的信念和关于不杀生灵的戒律；并错误地歪曲佛教教义关于万物皆定的命题，断言佛教的唯一原则就是虚无。从而激起佛教徒们反对基督的天主教义。

明清之际，利玛窦等人注意尊重中国风俗，允许教徒尊崇孔圣人和祖宗，所以能获得朝野上下的欢迎，推进了教务。康熙也肯定说："西洋人自利玛窦到中国，二百余年并无贪淫邪乱，无非修道，平安无事，未犯中国法度。"但是耶稣会士中一部分人对利玛窦的传教方法，不以为然，极力反对。1628年在上海嘉定开会，严禁再把中国典籍中的上帝与基督教中的上帝对应使用。可见，基督教在清代被禁止其责任主要在罗马教廷。因基督教具有很强的排他性，它反对偶像和偶像崇拜。结果罗马教皇第十一格勒门德于1704年，颁布了《七条禁约》，否定了利玛窦的传教方法。如不准以天或上帝称天主，禁止教徒祭孔拜祖，不许在教堂悬挂康熙亲题"敬天"的匾额，教徒不得在家留有写着灵位或神主的牌位等，从而引起清廷与罗马教廷决裂。清政府指责对方干涉内政，下令禁教，以致最终驱逐传教士。这并不说明中国传统文化有排外性，恰恰是基督教本身的排他性断送了他们在华传教的机会。最后于1773年7月教皇克雷芒十四正式下令取缔耶稣会，使耶稣会中国传教会解散。在中国传教约两百年的耶稣会正式退出中国历史舞台。

基督教第四次传入我国，是在19世纪初，一批新教传教士陆续来到中国，有的充当了殖民主义和帝国主义侵略的先锋和谋士，他们把新教的"世界主义"作为殖民统治和破坏民族独立运动的思想武器。他们的传教活动遭到中国人的冷眼，所以领洗者寥若晨星。直到鸦片战争后，清政府被迫签订了一系列丧权辱国的不平等条约。许多传教士不仅是侵华战争和讹诈的直接参与者，而且也是不平等条约的起草者和策划者。他们认为只有战争才能给开放中国以基督，趁武装侵略将传教活动作为特权列入条约。条约订立后，来华传教士急剧增加，各国传教士不仅来到各通商口岸，而且以条约为护符闯入内地大肆活动。

自1860年中法《北京条约》规定以前没收的教堂应转交该处奉教之人，并可在各省租买田地，建造自便。他们在各地妄指庙宇、会馆、官衙甚至民宅为旧置教堂，逼令归还；并霸占公产，强买民田，逼令捐献。至1900年全国已有代牧区37个，教徒74万，教士1356人，其中外国传教士886人。

由于传教士企图改变中国传统礼俗，反对敬祖、祭天、尊孔，诋毁佛教和道教，干涉民间迎神赛会等旧俗，经常引起民教冲突。地方官绅也发动和组织反洋教斗争。于是各地的教案不断发生。终于在1900年爆发了大规模的义和团运动。

作为基督教一派的东正教驻北京传教士团为适应沙俄侵略扩张的需要，自1860年后也利用不平等条约所取得的特权，开始大规模向内地传教。传教范围由北京向各地扩展，东北最早的教堂哈尔滨尼古拉圣堂建于

1898 年；到 1908 年，中东铁路沿线已建有 16 座教堂。陆续在通州、房山、涿县、永平、古北口、天津、北戴河、青岛、卫辉（河南）、上海、汉口、广州、石浦、沈阳、旅顺、大连、哈尔滨、长春、满洲里、库伦、西安、新疆等地，共建有教堂 32 座，分堂 5 座，神学院 1 所，男女学校 20 所。到 1916 年受洗礼的教徒有 5587 人；在蒙古及西北边疆地区注册登记的中国教徒有 37020 人。以后他们在华利用各种机会扩大影响，使信奉基督教的人数不断增加，遍布全国各地城市，以至乡村。

同样，在台湾的基督教信徒也不是太多，至 90 年代初，仅有约 45 万，教堂约 3000 间。只是台湾当局上层社会中，约有 20% 的政要人物是基督教徒，由此扩大了基督教的社会影响力。

香港自 1841 年以来，基督教有很大发展，现有宗派逾 50 个，会堂逾 950 间。香港天主教圣职人员计有司铎 332 名、修士 67 名和修女 605 名，全港共有 62 个教堂区，另有 34 个弥撒中心。70 年代后，香港政府各级机构中信教者居很重要的地位，天主教和基督教徒占全港人数近 10%，而在政府各级机构的非官守议员中，天主教和基督教徒占 22.5%，表明天主教和基督教在香港和台湾上层人物中享有很高的政治地位。

五　城市伊斯兰教

过去人们对伊斯兰教有一些误解，误称它为"回教"，甚至误认为就是回族人信仰的宗教。实际上在我国除了回族外，尚有维吾尔、哈萨克、柯尔克孜、塔吉克、乌兹别克、塔塔尔、撒拉、东乡、保安等民族信仰伊斯兰教。此外在蒙古族、藏族、傣族、白族中也有很少一部分伊斯兰教徒。

在这些信仰民族中，唯有回族是"大分散、小集中"的居住形式，除在宁夏回族自治区比较集中聚居外；其他散居全国各地的回族则几乎遍布全国各省、市、自治区，在所有的大中城市里都有回族居民。其他 9 个民族基本上分布在新疆、青海、甘肃等西北地区。我国伊斯兰教的覆盖地域极广，在西北地区的新疆、青海、甘肃、宁夏、陕西等省区比较集中；同时在云南、河北、河南、山东、安徽、北京等省市也都有一定数量的穆斯林聚居地。

由于清代曾将维吾称族称为"缠头回"或"缠回"；撒拉族为"撒拉

回",东乡族为"东乡回"。民国时期曾将信仰伊斯兰教的教徒统称为"回教民族"。所以长期以来,人们往往将伊斯兰教误称为"回教",直到解放初仍如此。其实这是一种误解。

至于把伊斯兰教误称为"回教",其历史原因是我国历史上长期没有予以恰当的译名。因唐宋时期曾称阿拉伯为"大食",元代将信奉伊斯兰教的民族泛称为"回回"或"回纥",到明代因伊斯兰教发源地在麦加,又称其为"天方",所以史籍中曾称伊斯兰教为"大食法"、"天方教"、"天方圣教"、"西域教"、"西域教门"、"回回教门"、"净教"、"真教"、"清净教"、"清真教"等。自元代以来,直至新中国成立初,人们长期简称为"回教"。因伊斯兰教是国际性宗教,这是它的国际通用名称,所以到1956年我国政府才正式定名称为伊斯兰教。

至于"伊斯兰"这名称,原本出自《古兰经》中:"真主所喜悦的宗教,确是伊斯兰教。"其原意是顺从与和平,是指要顺从安拉(即真主)。顺从者,即信仰伊斯兰教者,阿拉伯语叫作穆斯林。所以准确地说,应该定名为"伊斯兰教";其教徒为"穆斯林"。

伊斯兰教大约兴起于我国隋末唐初,主要通过穆斯林商人传入。早在唐代初年,由于实行对外开放政策,在都城长安的街头巷尾,到处可见来自大食国的商人,在西市、东市都有大食人和波斯人开设的"胡店"、"胡邸"。由于当时唐朝与大食国的交往,前期主要是通过西北地区的陆上丝绸之路进来,所以在通往西域的河西走廊沿途城市中都留下了他们的足迹;而后期,由于吐蕃的兴盛强大,陆上丝绸之路受阻,于是就改由海路进入我国,于是我国东南沿海的扬州、广州、交州、泉州、潮州、福州、明州、廉州、钦州、松江以及海南岛沿海城镇等对外贸易港埠,都有波斯人的足迹。由于这些商人的宗教需要,最早的清真寺便由他们建造起来。

唐高宗永徽年间(650—655年),伊斯兰教创始人穆罕默德弟子二贤来扬州传教,死后葬于此。1980年在扬州唐墓中出土一件青釉绿彩背水扁瓷壶,上有阿拉伯文"真主至大",可见当时扬州伊斯兰教之盛。

伊斯兰教一个很大特点就是基本上不向外传教,而是靠他们自身增殖等手段来扩大其信仰世界。唐代的伊斯兰教徒即穆斯林毕竟有限,主要集中在都城长安和沿海城市中,所以它的影响比起当时同时外来的佛教及景教、祆教、摩尼教等,似乎无足轻重。当时对伊斯兰教习俗等还不太了解，只是称作"大食法"。其来源于杜环的《经行记》。此书已佚，现仅存于《通典》附注中记：

> 其大食法者，以弟子亲戚而作判典，纵有微过，不至相累。不食猪狗驴马等肉。不拜国王父母之尊，不信鬼神，祀天而已。

宋代的伊斯兰教覆盖面比唐代更加广泛，随着南宋政治中心南移，江南各地的穆斯林急剧增加。"宋室徙跸，西域夷人安插中原者多从驾而南，杭州尤伙。"[①] 他们主要集中聚居于今杭州城里清泰门内荐桥南文锦坊一带。而在广州，

> 自唐设矫使于广州，自是商人立户，迄宋不绝，诡服殊音，多流寓海滨湾泊之地，筑石联城，以长子孙。[②]

当时泉州更是"蕃客密居之地"，"殊方别域"的"富商巨贾"，"号为天下最"。

宋代在各城市的穆斯林建造的清真寺也大为增多，如：

在辽统和十四年（996年），据说有四位穆斯林来北京传教，他们在牛街建造了礼拜寺。

目前保留基本完好的最早清真寺是泉州的清净寺，为北宋祥符二年（1009年）所建。该寺位于今泉州东南，南临通淮街。寺中围墙皆以岗石构成，上层有阿拉伯文刻石一行，内外皆然。大门向南，甚高，亦俱石，门顶上有弓月形穴两层，大门上有阿拉伯文石刻，我国兴建最早的清真寺之一，广州怀圣寺，据说是由唐代的广州蕃客集资修建而成，于元代至正十年（1350年）重修。寺内建有高十六丈五尺的"番塔"，形如蜡烛。顶上原有随风旋转的金鸡，可导风帆，明洪武年间被台风吹坠而失。《羊城古钞》记："每岁五六月，番人望海舶至，以鼓登顶呼号，以祈风信。"

扬州的仙鹤寺，寺形仙鹤，相传为穆罕默德十六世孙普哈丁于南宋咸淳年间来扬州建造。

[①] 《西湖游览志》卷十八。
[②] 《天下郡国利病书》卷104。

杭州的真教寺，清道光时改名凤凰寺，据说也是始建于唐，后由回回大师阿老丁于元延祐间重建。砖砌大殿，顶作穹窿，不用木架，内存阿拉伯文碑石十一块。

宋代对当时蕃客伊斯兰习俗有了进一步了解。在《萍洲可谈》中记："蕃人衣装与华异，饮食与华同。""但不食猪肉而已。""至今蕃人非手刃六畜则不食。"《桯史》记载：

> 獠性尚鬼而好洁。平居终日，相与膜拜祈福。有堂焉，以祀名，如中国之佛，而实无像设。称谓聱牙，亦莫能晓，竟不知何神也。堂中有碑，高袤数丈，上皆刻异书如篆籀是为像主，拜者皆向之。

元代征服了整个伊斯兰教国家，有一大批穆斯林随元军东征而落居中国，他们屯守在全国各地，于是伊斯兰教便直接传入我国。这些来自西域的穆斯林人不再是侨居性质了。这时的穆斯林，也不再像唐宋时那样只分布于京城和沿海城市了，不仅数量极多，而且社会也非常复杂，除了一部分来华贸易的商人外，更大量的则是回回军士、炮手、工匠、贫穷百姓以及归附蒙古贵族的回回达官贵族和学术之士。除了西北河西走廊和陕西大量聚居外，内地的河北、山西、四川、云南等地都有穆斯林居地。正如白寿彝教授所讲：

> 蒙古西征以前，回教人之在中国者，虽间有赴内地贸易之事，但其集中及长期居留之中心，仍限于京师及通商口岸。蒙古西征后，在宋势力所控制之范围内，回教人之足迹虽仍限制于京师及各港口，但蒙古地方则已有不少回教人之聚居。及元代宋代，则回教人在中国各地均可自由居住，不复受何种限制矣。①

所以出现了"元时回回遍天下"的局面，从而将伊斯兰教带到了全国各地。

伊斯兰教在元代受到统治者的高度重视和明令保护，曾两度设立"回回掌教哈的所"。"哈的"为阿拉伯语，意即掌管伊斯兰教法的人，也

---

① 白寿彝：《元代回教人与回教》，《中国伊斯兰史存稿》，宁夏人民出版社 1982 年版。

称作"答失蛮"或"回回大师"。而元代清真寺则相当普遍,我国不少著名的清真寺都是于此时创建或扩建、重修。除上述几座最早的清真寺外,还有:定州的礼拜寺是普公重建于至正三年至五年(1343—1345年)。[1]

云南昆明大南门的清真寺和东寺街的永宁寺,为元平章赛典赤瞻思丁(1211—1279年)所建。[2]

哈剌和林的两座清真寺为成吉思汗时所建。[3]

长安新兴坊的清洁寺,创建于元世祖中统四年(1263年)六月,扩建于元成宗大德元年(1297年)。[4]

由于元代的伊斯兰教得到空前的大发展,所以信奉伊斯兰教的不仅有阿拉伯、波斯人,同时也有蒙古人和汉人。

历史上中国对于伊斯兰教的礼拜寺有过各种称呼。如唐代杜环在其《经行记》中称为"礼堂":"大食有礼堂,容数万人。每七日,王出礼拜,登高座,为众说法。"北宋欧阳修撰《唐书·大食传》时,仍用此称。宋人一般称作"祀堂"或"礼拜堂"。一般外人统称为回回堂、回教堂、回回拜佛堂、回回寺等。阿拉伯人称清真寺为"麦斯吉德",原意为"敬拜安拉的地方",为"礼拜的场所"。当然从阿拉伯语直接意译为"礼拜寺"。所以许多创建时便直呼为礼拜寺。如河北定州礼拜寺、北京牛街礼拜寺、南京三山街礼拜寺、甘肃徽县东关礼拜寺等,都是在礼拜寺前冠以地名。

"清真寺"一词用来指中国的伊斯兰教堂,约始于13世纪中叶,到15世纪中叶,"清真寺"一词开始广泛被伊斯兰教所采用。

从北京东四清真寺赐名过程来看,它建于明正统十二年至十三年(1447—1448年),据景泰年间(1450—1457年)陈循《敕赐清真寺兴造碑记》:

> 清真寺初名礼拜寺,寺成,蒙恩赐额曰清真寺。

---

[1] 至正八年杨受益撰《重建礼拜寺记》。
[2] (明)李元阳:《云南通志》卷十三。
[3] 《卢不鲁克游记》。
[4] 万历十一年(1583年)刘序《重修清净寺碑记》。

可见"清真寺"最初为皇帝所赐称,以后便成为教堂的专有名称了。此后"清真寺"与"礼拜寺"之名并用。到清代以后,叫"清真寺"的渐多,叫"礼拜寺"的渐少,于是,清真寺便成为我国各地伊斯兰教寺院的专有名称了。

"清真"在汉语中本意作纯洁质朴解。早在唐宋诗词中屡有出现:

唐人姚合《寄石书院僧》诗:"不行门外地,斋戒得清真。"刘春虚《寄关防》诗:"深林度空夜,烟月资清真。"李白诗中亦有:"韩生信英彦,裴子含清真。""右军本清真"、"垂衣贵清真"诗句,赞颂裴政、王右军等人。宋代陆游《园中赏梅》诗:"阅尽千葩百卉春,此花风味独清真"。

当时其他宗教也有以"清真"命名寺院的,如道教有"清真观"。明弘治二年(1489年)重修河南开封犹太教堂亦名"清真寺"。直到伊斯兰教垄断"清真"一词后,其意又有新意。主要是指纯洁质朴之意。明清之际中国回回族学者释为:"清"是指真主清净无染,不拘方位,无所始终;"真"则指真主独一至尊,永恒常存,无所比拟。

由于元代信奉伊斯兰教的穆斯林绝大多数是色目人,其社会地位较高。到了明代是汉人重新掌权,一如既往,恢复唐制,抵制胡俗,强调华夷分开,并设施一系列歧视性律令。使以往的穆斯林社会地位一落千丈,外部压力越大,他们内部的内聚力越增强,于是,这些信奉伊斯兰教的穆斯林便形成一个新的民族,叫回回。从中可见,回族形成过程中,伊斯兰教起了重要的纽带作用;同时,回族的形成也促进了伊斯兰教的发展。

回族形成后,基本上仍然主要聚居在西北甘肃河西走廊一带,《明史·西域传四》记:"元时回回遍天下,及是居甘肃者尚多。"同时以往的穆斯林已在全国其他地区散居,并且不断有从西北向东部沿海及运河沿线城市移居。从而逐步形成今天"大分散,小集中"的分布特点。

清代伊斯兰教又有新的发展,虽然清政府崇奉佛教,对伊斯兰教没有兴趣,但因其势力较大,曾发生过多次反清大起义。同时伊斯兰教本身内部出现了许多教派,并发展了经堂教育,从而使伊斯兰教在质量上有很大提高,其社会影响也日益扩大。

我国社会主义民族政策,绝对尊重民族信仰和他们的种种习俗,所以,各地的伊斯兰教的清真寺都得到很好的保护,穆斯林们都有各种照顾。长期以来,伊斯兰教在我国一直得到健康的发展,各大城市都有清真寺，市场上都有清真食品和专门的饭店。

港台地区的穆斯林教都相对较弱，各有教徒5万左右，但他们都有各自组织，教堂也很齐全，教徒们充分享受信仰自由。

六 行业信仰

新中国成立前的城市里各行各业中行业神崇拜很流行，每到开业或重大节日时，更是火红。新中国成立初还可见到这种行业神崇拜活动，以后随着破除迷信活动的深入，在公私合营后，这种行业神崇拜活动基本绝迹。所以对青年人来说，这种活动很陌生。但近年在改革开放政策下，社会商业经济日益繁盛，特别是在南方一些城市中，业主为了生意兴隆，财源茂盛，在一些商店里，往往又重新供奉起行业神像。如在广州，每当你走进饭店，有的店面宽敞的，进门迎面摆着很大的神位；有的店面狭窄的，则在店堂里，摆放着神龛；有的香火缭绕，有的在做成香烛形状供器中亮着灯泡，以示供奉。笔者曾在广州，见到一家饭店进门处，就设有祭祀关公的神台。其义无外向顾客示意：本店所敬关公，一因他是武财神，可以招财进宝；同时关公又是信义合作之神，表示本店绝对讲信义。

行业神是指社会生产各行各业都有，它并不局限于城市之中，农村中从事农、林、牧、副、渔业及水利等行当也有他们各自的行业神。不过总的来说，反映在城市中商业、手工业方面较为突出，所以我们这里主要以反映城市特色的行业神崇拜为主题。

行业神主要有两种：一种是行业的祖师神，另一种是行业保护神。作为行业祖师神，顾名思义应是行业开创者，实际上有的行业不易找到其行业开创者，或者即使有，也无名望和威信，从而许多行业的祖师神往往是虚构和附会出来的。在这虚构附会过程中，有的虽非本业的创业者，但曾干过与本业有关的行业，如屠宰业奉樊哙为祖师，是因为樊哙曾以屠狗为事，事虽勉强，但还算事出有因。而有的虚构附会则有点儿离奇，如酱园业以蔡邕和颜真卿为祖师，只是因为蔡邕谐音"菜佣"，而颜真卿的字号为颜鲁公，谐音成"盐卤"，于是便附会成酱园业的祖师了。可见这两人本与酱园业毫不相干，如此附会确实勉强。

这在清人纪昀的《草微堂笔记》卷四中说得更为清楚：

> 倡族祀管仲，以女闾三百也。伶人祀唐玄宗，以梨园子弟也。此皆最典。胥吏祀萧何、曹参，木工祀鲁班，此犹有义。至靴工祀孙膑，铁工祀老君之类，则荒诞不可诘矣。

他认为前两个理由最充分；而中间两个则还说得过去，因他们过去毕竟干过这行；而最后两个就有点儿荒诞了。这是因为靴工所祀孙膑只因他是跛足，而铁工祀老君，则是太上老君用八卦炉炼丹，这两者与这两行业本不搭界，但也被牵强附会上了。

行业保护神则是根据行业特点和需要，只求保护行业某一方面的职能而设立的。即有的行业即使没有祖师神，也必供奉保护神。正如《都市丛谈·恭庆祖师》中所云：

> 无祖师之各商家，到时亦必恭庆火祖。

崇拜行业神活动，究竟从何时开始的，现在难以稽考，只是在唐代以前的历史文献中尚未见有确切的行业神信仰的记载。目前我们只是从唐代文献中开始见有这方面的记载。

唐德宗时赵璘的《因话录》卷三记有，茶贩祀陆羽。

唐宪宗时李肇的《唐国史补》卷下记有，酒库祀杜康，茶库祀陆羽，菹库祀蔡伯喈。

这些说明唐代已有祖师崇拜活动。不过又据唐代段成式的《酉阳杂俎·前集》卷九《盗侠》篇中记载，北齐天保年间有盗贼祀盗跖活动。可见很可能南北朝时期已有祖师神崇拜的活动。

唐宋时期随着城市工商业的发展，崇拜行业神的活动也有了进一步的发展，到明清时达到鼎盛，近代以来，由于大工业生产排挤了手工业生产，从而崇拜行业神活动也渐渐衰落下来。

行业信仰就是行业中共同崇拜的神祇。行业神是保护本行业利益，与本行业特征有一定关联的神灵。这就需要寻求出适应本行业特点和需要，能保佑本行业利益的行业神。行业信仰是一种民间信仰，它并没有特殊的宗教组织或强行的宗教规则，主要是城市下层民众在从事各行业时，为了保障行业的安全和发展，根据行业特色，自发组织和确立的一种神祇信仰。从而行业神的来源十分广泛，没有任何限制，随意性较大。可以是自然神，也可以是佛教道教中的诸神，更多的是历史名人，以至于小说戏剧或传说中的人物。

行业在选择行业神时，为了切身利益，提高自己的地位，必须尽量选择帝王将相和历史名人，这样祖师神的身份高贵，自然就能提高本行业的地位。有的实在选择不上，便用托古办法或原本不是帝王将相的，可以加以封号，如鲁班则被称作"圣帝"，以此借神自重。

以下我们参考李乔著《中国行业神崇拜》一书资料，看看过去各行各业所选行业神的特点与状况。

◎以自然神作为行业神的一般来说农村中从事的各行业居多。如：

农业方面除了奉伏羲、神农、黄帝、后稷等神外，还有祀土谷神、青苗神、雹神、虫神、猫神、虎神等自然神。因猫能吃田鼠，虎能吃野猪，以求帮助农事，确保丰收。林业方面则奉山神，果农奉橘神，花匠奉花神等。

城市行业中祀奉自然神的相对少一些。诸如，运输行业因使用畜力拉车，所以他们往往供奉马王、牛王为祖师。

在《二十年目睹之怪现状》第六十一回中记载广东搭棚匠奉蜘蛛为祖师爷。其意是他们搭棚和蜘蛛布网一般，便以它为祖师。

至于火祖为火灾的祖师，鲁迅先生在《且介亭杂文·关于中国的二三件事》中就说过：

> 至于火灾，虽然不知道那发明家究竟是什么人，但祖师总归是有的，于是没有法，只好漫称之曰火神，而献以敬畏。

◎以佛教神奉为行业神的，如：

玉器业奉白衣观音为祖师，根据就是观音爱穿白衣，洁白如玉的特征；见于民间流传的绘画雕塑。

达摩为靴鞋业、皮革业、相面及保镖业的祖师。

补锅匠奉禅宗五世祖弘忍为祖师。

◎以道教神奉为行业神的，如：

行业神中有很多是道教中的神仙，即使不是，有的也将行业神涂上一层神仙色彩，加号为某某真人或某某仙姑。

奉太上老君为铁匠、铜匠、锡匠、金银匠、小炉匠、煤业、砖瓦业、钉掌匠、乞丐等行业的祖师神。

吕洞宾为剃头业、医药业、魔术业、金银匠、造墨匠、娼妓业、乞丐等业的祖师神。

李铁拐为鞋业、乞丐、卖狗皮膏药的祖师神。

◎以历史名人为行业神的，不凡其例。如：

吹鼓手奉盲人乐师师旷为祖师，便将他们闭着眼睛吹喇叭，说成师旷就是这么吹的。

由于在城市从事各种行业的业主，一般文化程度较低，他们不可能像上层士大夫那样善于引经据典，或刨根问底去寻找自己行业中的祖师神或保护神。他们只是凭借日常生活中所能接触到的有限知识，寻找与本行业能有点儿关联的人物，哪怕牵强附会也不介意。所以大量的行业神便出自民间流行的通俗小说、戏剧故事、神话传说之中。他们并不在乎这些人物本是虚构的，只要人们头脑中有他们的印象即可。

◎从传说神话中奉为行业神的，如：

衣帽业奉黄帝为祖师，根据的是黄帝发明了冠裳的传说；源于古代神话传说。

绦带业奉哪吒为祖师，根据的是哪吒抽龙筋做绦带的神话；源于《封神演义》中的能人。

文昌帝为书业的祖师，根据的是文昌在秦始皇焚书时曾保护了书籍的传说。

◎从通俗小说中人物奉为行业神的，如：

商家敬奉关公为武财神和信义合作之神，是受《三国演义》中关公"上马金，下马银"、"封金挂印"和桃园三结义的故事，说明关公重义气。

受《三国演义》影响的还有：

张飞本是屠户，便被奉为屠宰业的祖师；

刘备曾贩过履织席，便成编织业的祖师；

诸葛亮渡泸水时，曾以馒头代替人头，便被奉为馒头师的祖师。

受《封神演义》影响的，如：

殷纣王的太师闻仲被糕点业奉为祖师；

殷纣王之子殷郊被奉为与骡马有关的行业为祖师；

姜太公被渔民奉为祖师；

周文王因受姜太公请坐"銮舆"而被洋车夫奉为祖师；
受《水浒传》的影响，如时迁被盗贼业奉为祖师。
◎此外，还有同一行业神，人们解说不一：
北京修脚业所奉祖师志公（一说智公），有说是南朝的志公，也有说是周文王时的修脚匠。
梨园所奉的老郎神为祖师，有的说他是唐明皇，也有说是唐庄宗。在北京梨园里，民国时在新馆神堂中挂有一副楹联：

举世祀老郎神，今日似张道陵，似张元杲；
其徒受帝王教，不知是唐明皇，是唐庄宗。①

随着社会分工的不断发展，行业越分越细，一般社会上统称为三百六十行来作概括。几乎所有行业都有自己的行业神，民间说得好："三百六十行，行行都有自己的祖师神。"清代的纪昀在《草微堂笔记》卷四中也说：

百工技艺，各祠一神为祖。

而在这众多的行业中，各自的行业神非常庞杂，并非每个行业只拜一个行业神，各个行业少则供奉一两个神灵，多则达十几个甚至几十个。这样各行各业所崇拜的行业神就显得特别的多而杂，难以准确统计齐全。当然，这里也并非各行各业所崇拜的行业神都各自独立，互不相重；实际上有的神能为诸多行业所共同供奉。还有就是在不同的历史时期和不同的地区，虽然是同业，却根据当时或当地的需要，供奉的行业神是不同的。
◎一个行业供几个神的现象很普遍，下面我们简要举几例。如：
清代朔州酒业所供奉的酒神就有仪狄、杜康、刘白堕、焦革四个。
清代北京的描金业就供奉玄天上帝、关公、火神、财神。
北京书业供奉文昌帝君和火神，前者为祖师神，后者为保护神。
宜兴陶业供范蠡、土地神、火神，以范蠡为祖师神，其他两位为保

---

① 《清代燕都梨园史料》。

护神。

◎同一个神有好几个行业供奉的现象也不少,下面我们简要举几例。如:

关公:本是道教中民间供奉神之一,他被行业信仰中视作武财神,又集忠义于一身,还被奉为火神。所以能被诸多行业奉为行业神。诸如:描金业、皮箱业、皮革业、烟业、香烛业、绸缎业、成衣业、厨业、盐业、酱园业、豆腐业、屠宰业、肉铺业、糕点业、干果业、理发业、银钱业、典当业、军人、武师、教育业、命相业。

葛洪:东晋道士,善炼丹,人称葛仙,故为诸多行业奉为祖师。诸如:香烛业、金线业、盐业、酒业、染业、颜料业。

鲁班:他的事迹,既出于史籍,又源于民间传说;是民间的能工巧匠。各行各业奉他为各自的行业神,各业都有所侧重。诸如:木瓦石匠、木雕业、锯木业、造车铺、搭棚业、扎彩业、砖瓦业、玉器业、皮箱业、梳篦业、钟表业、编织业、盐业、糖业。

◎同一行业供奉不同的神,下面我们简要举几例。如:

各地茶馆一般供奉茶神陆羽和卢仝、斐汶为祖师,但在北京的茶馆却供奉灶神为祖师。

铁匠一般供奉老君为祖师,但有的地方也有供奉尉迟恭、陈辛为祖师。因铁匠用火,有的地方还特别供奉火神。玉器业主要供奉邱处机,此外还有供奉白衣观音、周宣王、周灵王、鲁班、老君等为行业神的。

◎同一行业不同地区供奉不同的神,下面我们简要举几例。如:

陶瓷业祖师,景德镇为童宾,宜兴奉范蠡,石湾奉舜帝,东北和湘潭的窑匠奉陶正。

搭棚业一般都奉鲁班为祖师,广州奉有巢氏、鲁班、华光三位为祖师,广东搭棚还以蜘蛛奉为祖师爷。

理发业在北方奉罗祖,南方奉吕洞宾,南京奉关公。

皮革业在包头、苏州等地供关公为行业神,而北京老羊皮业祀黄飞虎、关公、比干为行业神,而湖南益阳牛皮坊则供奉达摩为祖师。

盐业、厨业和水运业等,分布地区广泛,各地崇拜的行业神有很大区别,往往带有地方特色,所以他们的行业神多达数十种。这里就不再罗列了。

我国民众在宗教信仰中有着十分突出的实用性,所以出于他们功利要求，对神的供奉便以他们喜爱的物化形式来进行。为了达到"有求必应"的效应，他们从不受宗教信仰的限制。出于"宁信其有，不信其无"的准则，于是出现多神信仰现象。

由于人们求神主要是为了趋吉避凶，趋福避祸，而吉凶祸福难以把握，于是便约定成俗订出一些禁忌，为了祈福禳灾，免得犯忌而遭来横祸。

绝大多数人信奉宗教，只是为了求得生活安宁幸福和达到某些社会效益，他们受到世俗功利的要求和欲望而来盲目信仰，一般只要遵循传统习俗的规定就可以了。从而民间信仰中，并不讲究什么宁静庄重的环境氛围，往往在人声嘈杂，热闹喧天的气氛环境中进行，以求人神共娱。谈不上什么虔诚不虔诚，民间谚语说得好"心诚则灵"，求神拜佛，灵与不灵，关键不在环境，而在于各自内心。

崇拜行业神的形式较为简单，一般各行各业用神龛供奉神像或牌位即可。神像或是画像，或是木雕像，或是神马。神马是一种用木板印刷的纸神像，在纸马商店里即可买到。一般供奉在家或店堂里，随时可以祭祀。有些行业有设专门神庙，如老君堂、神农殿、鲁班馆、文昌阁、蒙恬宫等。也有的在佛教、道教的庙宇道观中，或在城隍庙里设一神位，便于同行者去祭祀。最为隆重的是在同行的会馆、公所的主体建筑中设祭行业神的殿堂。

每当开业、从师、出师或行业喜庆日子，都有重大敬拜朝圣活动，有的还举行演戏敬神娱乐。崇拜行业神活动，起到团结和约束同行业的作用，从而可以达到维护行业或行帮利益的目的。通过奉神活动可以增强本行业之间的团结，抵制外行的破坏捣乱；同行中一家有困难，可以发扬互助互帮精神，给予照顾和协助。同时，通过察神议事，制定行规帮法，以求同行共同遵行，从而制约一些违规行为。这样做无疑可以促进行业的发展。

第八章

城市民俗文化

　　燃放烟火爆竹的民俗,已有近两千年历史,确实喜庆热闹,有吉祥欢快气氛;但它也有种种弊端:一是噪音太大,扰人不安;二是易于伤人,致人伤残。尤其是在人口集中的城市中,不太符合现代文明的需要。所以近年人们纷纷移风易俗,北京市率先于1993年由市人大作出决定,在城区和近郊区禁放爆竹,随后,又有许多城市响应禁放爆竹。从而使城市居民得到平静而又安全的生活环境。但是,这种有着上千年的民俗习惯,难以让人得到彻底改变,于是近年又不得不改为有条件地禁放,让大家在春节几天能适当放一放,平时则绝对禁止。有的地方想办法采用其他方式代之,如新加坡就以"音乐爆竹"代之,即把爆竹声录入磁带,但只能闻其声,不能察其景,效果大不一样了。

　　民俗是人们在长期生产与生活中形成的风气习惯,是一个民族长期形成的共同行为。它形成以后便成为绝大多数人立身处世的方法和不成文的行为规则,人们每时每刻自觉不自觉地受到它的影响和约束,并具有引导人们思想和行为朝向某一方向发展的规范作用。《说文解字》释"俗,习也"。其意是,俗指民间社会最初无意识的习惯,久行以后便约定俗成,又制约人们社会生活的实践。因受气候、地理、物产等自然条件相异的影响,便形成不同的风俗,所以人们都说:"千里不同风,百里不同俗。"

　　一些好的民俗被统治者利用后,便升华为礼。礼是指较固定的行为准则,包括行为外部表现的礼节及其中蕴含的思想,带有自觉与有意识的性质。所以说,俗是礼之源,礼是俗之流。礼与俗的关系:礼是俗的升格,俗是礼的底蕴;俗经理性归范,存其合理,汰其恶陋,有意模式化,可上升为维系上层社会运作和稳定下层社会的礼;同样,礼亦可对俗进行整治,随时加入俗的成分。礼是社会制度、规则和社会意识观念。仪则是礼的具体表现形式,它是依据"礼"的规定和内容,所形成的一整套系统而又完整的程序。"礼"是仪的标准和内涵,"仪"是礼的具体化和形象化。《荀子·大略》中即指出："人无礼不生，事无礼不成，国家无礼不宁。"礼仪不但对于治理国家，维护社会秩序有很大作用的，同时还是为人立身之本和品分人格高低的标准。甚至将此作为人与动物的区别所在。

《诗经·相鼠》云：

> 人而无礼，胡不遄死？
> 人而无仪，不死何为？

《礼记·冠礼》也说：

> 凡人之所以为人者，礼义也。

过去的封建教育中，长期在儿童的启蒙教育中就贯彻"蒙以养正"的教育，指在人伦关系、为人处世、待人接物、治学修德等各方面，接受礼仪规范、言行举止、仪容仪态的具体细节规定，使之养成高品位的自尊尊人的人格气质。有人认为仪容仪态是个人生活小节，实际它是一个人良好的道德修养、优美的气质风度的窗口，甚至是时代社会风气的象征。一般来说，礼仪往往对社会作用能起着政治、法律所起不到的作用。

在现代化城市中，同样保留着大量的民俗文化，影响着人们的生活。它涵盖人们生活的方方面面，我们不能面面俱到，只能撷取有关日常生活中密切有关而又影响较深的几个方面，如节日文化、婚嫁丧葬及社交活动中的习俗礼仪来剖析城市民俗文化。从中我们应继承传统民俗文化中的精华，加以发扬广大；而对于一些不健康的鄙风陋习和不适应现代文明需要的旧习俗，必须加以摒弃或改造。今天我们在改革开放时代环境中，随着经济的飞速发展，我们更需要进行移风易俗，进一步提高人的素质，协调人际关系，更好地维护社会秩序。在物质文明发展的同时，大大提高全民族的精神文明，使全社会文明得到更高的发展境界。

一 城市节日文化

节日是人们生产、生活中的润滑剂，人们通过节日活动调剂繁重生产劳动的辛劳，丰富活跃生活内容。城市节日大部分与乡村共有，但受城市经济条件影响，其内容更为丰富；同时城市根据本身特点又新增一些新的节日活动。

今天城市中居民绝大部分比较重视新的节日活动，如新年元旦、五一劳动节、十一国庆节以及专门性的三八妇女节、六一国际儿童节、九月的教师节等。因为这些节日，都有国家法定的休假日，人们可以借此得到一定的休息。实际上，在这些节日中，并没有形成特定的节日文化，如节日食品、节日娱乐、节日习俗和节日要求等。所以，在人们日常生活中，过这些节日时，除了得到一定的休息和观看一些文娱节目外，并没有形成特定的节日气氛和习俗。此外，在广大青年中，受外来文化的影响，又增加了一些国外的节日，如圣诞节、情人节、母亲节等，这些节日的活动范围更小，对大多数城市居民来说，相对比较陌生。

我们所说的节日文化主要是指传统的节日，这里面含有几千年的历史文化沉积的结果，内容极为丰富，形式也多样，予人品味无穷。这些历史传统节日，不同历史时期活动方式有所不同，总的来说，日趋繁缛、礼仪化、娱乐化，以至以传统方式传授至今，影响着现代社会生活。当然在其发展过程中，由于过于烦琐，有的已被历史所淘汰，有的将其合理的内容并入其他节日之中，有的被更新，沿传至今仍为人们所喜闻乐见，并代代相传，成为具有我们民族特色的节日文化。

我国的传统节日一般都是综合性的，它们既有庆贺意义，又有纪念性质，绝大多数还都带有祭祀内容。而且多属全国性的，如春节、元宵、清明、端午、中秋、重阳等节日，除了汉民族外，还有二十多个少数民族也共同过这些节日。

由于我国自古以来是农业大国，历来以农为本，所以我国的传统节日的特点：

（1）都是以农历为准，与节气或朔望有关。如春节在正月初一，古代曾以冬至为岁首；又如正月十五的元宵节，八月十五的中秋节等。

（2）重要节日都突出敬神、畏鬼、辟邪方面的内容。以过年最为典型，其内容中包括燃放爆竹、贴门神、贴春联等，都是为了敬神、畏鬼、辟邪的；又如端午节喝雄黄酒，挂艾叶和昌蒲枝等。

（3）人们通过节日活动祈求风调雨顺、五谷丰登；如正月里舞龙灯就是为了祈求风调雨顺；端午节划龙船，一方面为了祭水神，另一方面也为了禳灾卜岁；重阳更是为了庆祝丰收。

隋唐五代是我国古代城市节令风俗划时代大变革时期。将原先汉魏以来一些以禁忌、迷信、祓禊（一种除灾求福的祭祀活动）、禳灾为主要特征的节令风俗，开始转变为娱乐型和礼仪型，成为名副其实的良辰佳节。如原来上巳节的祓禊渐为清明节的踏青游春所替代。而中秋节则由拜月礼仪渐为文人墨客玩月、赏月的消遣。而且娱乐活动内容也日渐丰富，使传统的节日活动变得更加轻松，更加为人们喜闻乐见；同时随商品经济的发展，节日生活也逐渐商业化了。

近年来，从官方到民间，从国内到海外，都非常重视对传统节日习俗的挖掘、弘扬和研究，充分发挥其作用。因为在传统的节日文化中，可以进一步弘扬中华民族的传统文化；同时有利于社会安定，丰富人民的节日生活。

以下就我国一些城市中，对主要的传统节日文化，诸如春节、元宵、清明、端午、中秋、重阳等节日所反映的节日习俗、时尚、食品、禁忌、娱乐活动等方面，作一些深入探讨。以便我们今天在过传统节日时，对一些传统习俗内容的来龙去脉有所了解。从而更好地发扬传统节日文化精华，为现实服务。

春节 阴历正月初一为农历年的开始，过去人们称之为元旦，又称作元辰、端日、三元、元朔、岁首等。一般老百姓称作"过年"。最早时，尚有不同称呼，据《尔雅》记载，尧舜时称年为"载"，夏代称"岁"，商代改为"祀"，到周代才始称这天为"年"，故民间又俗称为新年。在历法上，开始也不固定，夏历开始以阴历正月初一为岁首，商朝以十二月初一为岁首，周朝又以十一月初一为岁首，秦代又改十月初一为岁首，到汉武帝时复以正月初一为岁首，从此一直延续到现代。只是古代历来称作元旦，直到辛亥革命后，以公历一月一日为元旦，而阴历正月初一为"春节"，不过当时并未正式命名。1949年9月27日中国人民政治协商会议第一次全体会议上，才正式决定采用公历纪年，定公历（阳历）一月一日为元旦，而夏历（农历）正月初一为"春节"。

实际上，古代最初年节是以立春为中心的，重大的祈年、迎春、祭祀等庆典活动都安排在立春及其前后几天，直到魏晋时期才逐步过渡到正月初一。以后历代在元旦前后都有一系列的节令风俗活动，如燃放爆竹、贴门神、贴春联、给小孩压岁钱、人们相互拜年等。这些习俗在城乡没有什么太大的区别，只是城市人口集中，经济条件优越，年节活动相对比农村要热闹得多。

拜年之俗起源甚早，柴萼的《梵天庐丛录》释曰：

> 男女依次拜长辈，主者牵幼出谒戚友，或止遣子弟代贺，谓之拜年。

宋人周辉《清波杂志》载：

> 宋元祐年间，新年贺节，往往使用佣仆持名刺代往。

这种"刺"如今天的名片或贺年片。清人赵翼在《陔余丛考》卷30《名帖》中记：

> 古人通名，本用削木书字，汉时谓之谒，汉末谓之刺，汉以后虽用纸，而仍相沿曰刺。

这种习俗到清代城乡都很普遍，称之为"名帖"。《燕京岁时记》则记：

> 亲者登堂，疏者投刺。

民国以后，受西方文化影响，逐渐改制成精美的贺年片或名片。

唐末宋初，又出现了贴春联和年画的风俗。春联，又名对联、楹联、门对、门贴。它源自古代的桃符。最初人们只是在桃符上画上门神或写上神荼和郁垒四字；后来大家在桃符上写些驱灾避邪、保佑平安的词。在敦煌遗书（卷号0610）中就记有："福庆初新，寿禄延长。""年年多庆，月月无灾。"等庆春佳句，最后还指明："书门左右，吾傥康哉！"显然是写于门之左右，当是春联无疑。此为开元十一年（727年）所书，可见唐时已有春联，只是尚未流传，至宋才广为流传。

王安石《春日》诗：

> 爆竹声中一岁除，春风送暖入屠苏。

千门万户瞳瞳日,总把新桃换旧符。

说明宋代贴春联已入千门万户了。陈云瞻《簪云楼杂话》记载:明太祖朱元璋,

都金陵,除夕前忽传旨:公卿士庶家,门口须加春联一副,帝微行出观。

于是贴春联之风大盛。

过春节最为热闹的是燃放鞭炮,此俗由来已久,早在汉代人们春节时,为驱鬼魔,有火烧竹节,发出噼噼啪啪爆炸声以驱邪。梁时宗懔《荆楚岁时记》中记载:

正月一日,是三元之日也,鸡鸣而起,先于庭前爆竹,以避山魈恶鬼。

唐时从除夕到元旦,宫廷和民间都燃放爆竹,已由原先驱鬼除瘟疫之意逐渐发展成为人们除旧迎新的娱乐喜庆活动。北宋开始出现用纸装填火药的爆竹,后人称之为"爆仗",近人俗称"炮仗"。南宋施宿嘉所编《会稽志》中有记:

除夕爆竹相闻,亦或硫磺制作爆药,声尤震惊,谓之爆仗。

《东京梦华录·除夕》记开封城内:

是夜禁中爆竹山呼,声闻于外。

《梦梁录》亦记南宋临安城内:

是夜,禁中爆竹嵩呼,闻于街巷……爆竹声震如雷。

而各坊巷,

又有市爆仗，成架烟火之类。

只是至近年，由于扰民伤人不利社会治安，此俗在许多城市逐渐被禁，人们颇为可惜。感叹之余，费解的是，今天科技如此发达，爆破都可定向，难道不能发明生产出比较安全可靠的新型"爆竹"代之，既保留了传统节日气氛，又引进了现代科技成果。

《东京梦华录·正月》记载：

> 正月一日年节，开封府放关扑（关扑：即赌戏，用铜钱抛掷以赌财物）三日，士庶自早互相庆贺，坊巷以食物。动使、果实、柴炭之类，歌叫关扑……州北封丘门外及州南一带，皆结彩棚，铺陈冠梳、珠翠、头面、衣着、花朵、领抹、靴鞋、玩好之类，间列舞场歌馆，车马交驰。向晚贵家妇女，纵赏关赌，入场观看，入市店饮宴，惯习成风……小民虽贫者，亦须新洁衣服，把酒相酬尔。

《梦粱录·正月》亦云：

> 元旦时，官放公私僦屋钱三日，士夫皆交相贺，细民男女亦皆鲜衣，往来拜节……不论贫富，游玩琳宫梵宇，竟日不绝。家家饮宴，笑语喧哗，此杭城风俗。

可见，宋代城市中春节气氛已十分浓郁，至今，每逢过年，市场一片繁荣景象，人们为采购年货而忙碌，由来已久了。

至于春节的食品，北方人以饺子为主，南方人则多用年糕。年糕本是满族传统年节食品，也是祭祀的供品。初为宫中除夕膳食定制，后民间也普遍食用，其做法较为简便：多用大黄米或小黄米与芸豆制作，因糕很黏，故称"黏糕"；又"黏"与"年"谐音，以后人们便统称为"年糕"。自清以后年糕便成为我国人民年节时一种时尚食品。不但京城如此，而且影响到全国各地，如南方苏州就有过年吃糖年糕的习惯。

元宵 每年正月十五日为元宵节，又称灯节、上元节。源自西汉，汉文帝刘恒（前180—前140年）勘平吕氏宗族，夺回政权的日子是正月十五日，汉文帝每到这天晚上，便出宫游玩，与民同乐，以示庆贺。因古代正月又称元月，夜在古语中叫"宵"，故刘恒便将正月十五日定为元宵节。后来司马迁创《太初历》，便把元宵节列为重大节日。

原先元宵节只是祭神燃灯，只是祠门祭户、祭蚕神等，魏晋南北朝时，还未有观灯、吃元宵的习俗。南朝梁武帝每年正月十五都在宫中张灯，于是元宵张灯便由宫廷发展到民间。北方也是到北朝时才普及民间，成为节日。到隋时已相当热闹：

> 窃见京邑，爰及外州，每以正月望夜，充街塞陌，聚戏朋游。鸣鼓聒天，燎炬照地，人戴兽面，男为女服，倡优杂技，诡状异形……高棚跨路，广幕凌云，袨服靓妆，车马填噎。①

至隋唐时，才发展成人们娱乐性的游观花灯。史籍记载：隋炀帝于正月十五日元宵节时，曾在洛阳举行盛大百戏表演，

> 戏场周围五千步，执丝竹者万八千人，声闻数十里。自昏至旦，灯火光烛天地，终月而罢，所费巨万。②

胡三省注曰："今人元宵行乐，盖始盛于此。"

唐时国力强盛，元宵灯节更是繁华，政府规定，节日前后取消夜禁三天，让人们上街尽情观灯娱乐。唐时彩灯花样繁多，制作豪华精致，有灯轮、灯树、灯楼及走马灯等。灯轮本是佛会灯具形式，即所谓"法王轮"，用锦绮金玉作装饰，上燃无数盏灯。

张鷟《朝野佥载》记载：

> 唐玄宗先天二年（713年），正月十五、十六、十七夜，于京师安福门外作灯轮，高二十丈，衣以锦绮，饰以金银，燃五万盏灯，簇之如花树。

---

① 《隋书·柳彧传》。
② 《资治通鉴》卷181，大业六年。

又命宫女千数及长安少女少妇千余人，"于灯轮下踏歌三日夜"。《开元天宝遗事》记，杨贵妃姐韩国夫人：

> 置百枚灯树，高八十尺，竖之高山，上元夜点之，百里皆见之，光明夺月色也。

灯楼是用花灯搭成彩楼，玄宗曾命能工巧匠制作灯楼，高一百五十丈，广二十间，上悬以金银珠玉制作的坠穗，微风一吹，金石相击，发出悦耳声响。更有甚者是用彩灯搭建高百余丈的山棚，上建蓬莱、方丈、瀛台等传说中神山，所势宏伟壮观。

> 唐时灯节自正月十四至十六，共三天；宋时又增两天：上元前后各一日，城中张灯，大内正门结彩为山楼影灯，起露台，教坊陈百戏……东华左右掖门，东西角楼，城门大道，大宫观寺院，悉起山棚。其夕，开旧城门达旦，纵士民观。后增至十七、十八夜。①

南宋临安府更盛："禁中自去岁九月赏菊灯后，迤逦试灯，谓之预赏"。② 除东京、杭州外，其他城市也很热闹：《武林旧事》记："灯品至多，苏、福为冠，新安晚出，精妙绝伦。"《岁时杂记》卷十，《上元·州郡灯》云：

> 灯夕，外郡唯杭、苏、温，华侈尤甚。自非贫人，家家设灯，有极精丽者。浙西大率以琉璃灯为主，苏州卖药朱家灯烛之盛，号天下第一，以琉璃肖物之形，如牡丹、莲花、曼陀罗，又盆中荷花、车舆、瓶钵、屏风、帐幔、挂衣、佛塔、转藏、鬼子母等像，皆以琉璃为之。亦用云母为灯，及缯楮等，品类繁多而皆琉璃掩其名焉。成都府灯山或过阙前，上为飞桥山亭，太守以次，止三数人，历诸亭榭，各数杯乃下。

---

① 《宋史·礼志十六》。
② 《增补武林旧事》卷二。

可见，苏州、温州、成都等地的灯节景象也很热闹。

宋代还出现专门的灯市，如《乾淳岁时记》载，在都城从年前的孟冬（十月）开始：

> 天街茶肆渐已罗列灯球等求售，谓之灯市。自此以后，每夕皆然。

《帝京物略》记：明代京师灯节，从正月初八至正月十八，东华门外开始有灯市，即今北京东城的灯市口。

宋代在放灯同时，又增加有灯谜活动，起源于宋仁宗时，据王文濡的《春谜大观序》所云：

> 旧籍相传，宋仁宗时……上元佳节，金吾放夜，文人学士相与装点风雅，歌颂升平，拈诗成谜，悬灯以招猜者。

这种灯谜活动一直相沿至今，仍颇受人们喜爱。

清代复改元宵放灯时间为五天，《燕京岁时记》载：

> 自十三至十七均谓灯节，惟十五日谓之正灯耳。

节日活动大为丰富，舞龙、舞狮、踩高跷、跑旱船、扭秧歌、打腰鼓等娱乐活动陆续出现在节日中。《清嘉录》描述："看残烛火闹元宵，划出旱船忙打招；不放月华侵下界，烟竿火塔又是桥。"所以直到近代，江南一带仍有十三上灯圆子，十八落灯面的习惯。

至于元宵节的时令食品"元宵"，大约也是从宋代开始有此新习。元宵俗名汤圆，传说起源于春秋末期，唐代称为"面茧"；宋代称为"圆子"或"团子"。后南方称汤圆，北方称元宵，以象征团团圆圆，圆圆满满。宋人陈元靓《岁时广记》记载：每逢元宵，家家"煮糯为丸，糖为臛（hu，音户，即馅），谓之圆子。"此习一直沿传至今。

近代元宵节继承历来传统，一般仍然吃元宵、赏灯、猜灯谜等，只是城市中气氛更浓。广州在元宵节还有求子习俗，节日中求子者到庙中"请灯"，节后庙里司祝还得把各种花灯分送各家，称为"还灯"；受灯人

家到次年开灯时,还得再到庙里去"送灯"。《广东新语》卷九《拾灯》载:

> 广州灯夕,士女多向东行祈子。以百宝灯供神。夜则祈灯取采头。凡三筹皆胜者为神许。许则持灯而返,逾岁酬灯。生子者盛为洒肴庆社庙,谓之灯头。

清明 清明本是农业节气,自唐以后转变成传统节日。它本是从清明前一二日的寒食节置代而来,只是由于寒食的地位日趋式微,仅有节令食俗传承民间。正如清顾禄《清嘉录》所云:

> 市上卖青饣团焊熟藕,为居人清明祀先之品……今俗用青团红藕,皆可冷食,犹循禁火遗风。

清明祭扫本是民间习俗,到唐玄宗时列入礼典,于是便变成了礼俗。《旧唐书·玄宗纪》载:

开元二十年(732年)玄宗鉴于当时:"寒食上墓,礼经无文,近代相传,浸以成俗"。

于是下诏"士庶之家,宜许上墓,编入五礼,永为常式"。

于是清明扫墓之风盛行,每到清明时节,

> 田野道路士女遍满,皂隶佣丐,皆得上父母丘墓。[①]

扫墓主要是拜扫培土,剪除荆草,供上祭品,焚化纸钱。这是对死者的怀念,生死离别,悲切万分。所以杜牧诗称:

> 清明时节雨纷纷,路上行人欲断魂。

远在他乡的也要赶回家乡为祖辈扫墓。中唐以后,还明文规定为清明扫墓提供方便,官在外州者,准于请假归张祭扫。《癸辛杂识》记载,宋

---

① 柳宗元:《寄许京兆孟容书》,《全唐文》卷五七三。

代规定清明时节,太学放假三天,武学放假一天。《梦粱录·清明节》记:南宋临安市民清明扫墓踏春:

> 官员士庶俱出郊省坟,以尽思时之敬。车马往来繁盛,填塞都门。

明代刘侗在《帝京景物略》中记扫墓场面:

> 三月清明日,男女扫墓,担提尊榼,轿马后挂楮锭,粲粲然满道也。拜者、酹者、哭者、为墓除草添土者,焚楮锭次,以纸钱置坟头,望中无纸钱,则孤坟矣。

除此之外,人们还利用春天大好时光,进行荡秋千、放风筝、蹴鞠、拔河、马球等文娱活动。如今,每到清明时节,人们除了祭扫祖先坟墓外,还组织活动去扫烈士陵墓,以继承革命遗志。

端午 农历五月初五端午节,又称端阳节、重午节。这是人们为纪念爱国诗人屈原而形成的传统节日。每到节日人们都有吃粽子、划龙船的习俗。《事物纪原》中引《越地传》云:

> 竞渡之事起于越王勾践,今龙舟是也。

只是南朝梁代以前,仅是初步酝酿阶段,至梁时方才定型。唐代竞渡时所用之,装饰华丽,船头装有龙头,船后竖起龙尾,船身两侧刻画龙纹。每当举行龙船比赛时,几乎倾城而出,立岸观战。这种竞渡之风,迄今仍盛行于两湖地区,其次为四川、江浙及闽、粤等地。

吃粽子之俗西晋已有,据《太平御览》引西晋周处《风土记》云:

> 俗以菰叶裹黍米,以淳浓灰汁煮之令烂熟,于五月五日及夏至日啖之。一名粽,一名曰角黍,盖取阴阳相尚未分散之时像也。

又记:

> 仲夏端午，烹鹜角黍。

南朝梁代宗懔《荆楚岁时记》：

> 民斩新竹为筒粽，楝叶插头，五彩缕投江，以为避水厄。

可见吃粽子本是顺应节气，为避水厄，与屈原无关。以后人们为纪念屈原的爱国精神，自南北朝以后，便将端午作为纪念屈原的节日。到唐宋时，已成为端午节的平民百姓节日名食了，并在市场上有售，唐都长安就有专门经营粽子的商店。《西湖繁盛录》记载南宋：

> 天下惟有是都城将粽揍成楼阁、亭子、车儿诸般巧样。

直至今天人们仍包出各色粽子作为端午节日食品，江南粽子尤以苏州、嘉兴、宁波等地最为著名。

五月正值天气转热，各种有毒昆虫、动物开始蠢蠢欲动。自古以来就有端午避五毒之说，宋时更为盛行，人们于端午时普遍展开防疫活动。为防毒虫侵袭，人们都插戴避邪之物，门上插菖蒲、艾草，身上佩戴符袋、香袋。《东京梦华录》中记载，端午前东京市民纷纷购买桃、柳、葵花、蒲叶、佛道艾草等，到端午这天，把这些东西放在门前，有的还钉一个艾草人在门口，用以避邪。至明代，南方出现用雄黄涂耳鼻之习，这是因为雄黄有解毒杀虫功效。古代在未出现碘酒、红汞水前，人们用酒浸雄黄和白矾，可以杀菌消毒。

明时北京还有躲入天坛避毒之习，《帝京景物略》卷二云：

> 五月五日之午前，群入天坛，曰避毒也。过午后，走天坛之墙下，无江城系丝角黍俗。而亦为角黍，无竞渡俗，亦竞游耍。

中秋　中秋赏月唐已流行，《开元天宝遗事》记：

> 八月十五夜，（苏某）于禁中直宿，诸学士备文酒之宴。时长天无云，月色如昼，苏曰："清光可爱，何用灯烛！"遂命撤去。

又《唐逸史》亦记：

>　　罗公远，鄂州人。开元中，中秋夜待明皇于宫中玩月。

至宋太宗时定为中秋节。除赏月外，还放灯、观潮等活动。《东京梦华录·中秋》记：

>　　中秋夜，贵家结饰台榭，民间争占酒楼玩月。

《梦粱录·中秋》亦记：

>　　八月十五日中秋节，此日三秋恰半，故谓之"中秋"。此夜月色倍明于常时，又谓之"月夕"……此夜天街卖买，直至五鼓，玩月游人，婆娑于市，至晓不绝。盖金吾不禁故也。

可见当时开封、临安中秋之夜盛况。

中秋节是民间节日，没有官节隆重，唐代中秋尚未有特殊节日食品，吃月饼习俗始于宋。《武林旧事》卷五"蒸作从食"中就列有"月饼"。作为甜食点心，颇受人们青睐。北京节前各大糕点铺均应时出售时令月饼，品种以"自来红"和"自来白"为主，其他月饼有提浆、翻毛、广式等。

南宋时，江南有放灯之习，《增补武林旧事·中秋节》记：

>　　此夕浙江放一点红羊皮小水灯，数十盏，浮于水面，烂如繁星。

当时还有中秋拜月之俗，《新编醉翁谈录》中记载，中秋之夜，全城人家不论贫富，凡是能走路的，到十二三岁者，都给穿上成人服装，登楼或在庭院中，烧香拜月亮。男的愿早日考上科举，步入仕途；女的愿貌美如嫦娥，丰满如洁白之月。到明代时，便演变成"男不拜月，女不祭灶"，只有女子拜月了，实际最初男女都拜的。

因为中秋节正值各类果品成熟上市时，所以老北京往往称它为"果子节"。《京都风俗志》载：

> （中秋节）前三、五日，通衢大市，搭盖芦棚，内设高案盒筐，满置鲜品、瓜蔬，如：桃、榴、梨、枣、葡萄、苹果之类，晚间灯下一望，红绿相间，香气袭人，卖果者高声卖鬻，一路不断。

尤其是在前门外和德胜门内的果子市，节前夜市，更是热闹非凡，果商吆喝声此起彼伏。人们购买主要是用于送礼或上供。

南方广州的中秋更有一番情趣，节前市上到处出售月饼，一般出售月饼商店平时售茶为茶居，节前挂起"中秋月饼"木牌，节后就摘掉了。市上月饼品种繁多，分酥皮、硬皮，一般统称为苏式、广式。其馅各色各样甜咸荤素，应有尽有。节前人们纷纷购置馈赠。中秋之夜人们相互祝贺，也拜月。夜半还设酒馔于庭院，宴饮为乐，称为赏月。第二天夜晚还要再饮，称为追月。有的甚至到珠江雇船在江上畅饮。

在江南苏浙地区，一般称中秋节为"八月半"。晚饭较为丰盛，全家团聚共享。入夜有斋月、步月活动。所谓斋月，就是人们供上月饼、芋艿、毛豆、菱藕、白果、柿子等，点上香烛，燃香斗，然后妇女小孩对月而拜。即使天阴下雨不见月光，仍在室内斋月。所谓步月，就是走月亮，指人们在中秋之夜在街市走走，观赏月色。

重阳 农历九月初九为重阳节，又称重九。这是因为《易经》中把"九"定为阳数，两九相重为"重九"，两阳相重为重阳。这在战国时已有，屈原《远游》诗中就已有"集重阳入帝宫兮"。汉时逐渐盛行起来，有登高、赏菊、喝菊花酒、插茱萸、吃花糕等习俗。《齐人月令》中说：

> 重阳之日，必以糕酒登高眺远，为时宴之游赏，以畅秋志。酒必采茱萸、甘菊以泛之，既醉而还。

九九重阳，民间久已有庆贺习俗，但至唐代才定为官节，是有名的三令节之一。官府赏赐钱帛，让官员各自选胜地度假。唐代重阳节是两天，除了正日九月初九外，次日还要宴赏，为小重阳。李白《九月十日即事》诗写道：

> 昨日登高罢,今朝再举觞。菊花何太苦,遭此两重阳。

重阳节插茱萸的习俗,约起源于西晋,周处的《风土记》已记:

> 九月九日……折茱萸房以插头,言辟恶气而御初寒。

茱萸是一种具有浓烈香味的植物,可入药,有驱蚊杀虫之功能。宋人称之为避邪翁,可以用来祛风邪、治寒热、驱毒虫、去湿气,并能开郁、宣气、消食。只是到宋代此俗已渐衰落,用它浮于酒饮之,所以此俗现已基本不存在了。

重阳正是秋高气爽,菊花盛开时节,古人认为菊花是疗疾延寿佳品,能轻身益气,所以魏晋南北朝时期,人们多于重阳赠菊,表示对亲友的关心和良好的祝愿。宋人称菊花为延寿客,更加钟爱倍至。每到重阳,从宫廷到民间都要市菊、赏菊、饮菊、簪菊、咏菊,还要点菊花灯,吃菊花饼,重阳节简直成了菊花节。开封城内"无处无之",遍城是菊。

重阳糕是用粉面辅以枣、粟等蒸成糕,最初称"饵"。隋朝杜公瞻注《荆楚岁时记》中就记有:重阳,

> 今北人亦重此节,佩茱萸,食饵,饮菊花酒

这里食饵,即指后来的重阳糕。到宋代已成定型:

> 前一二日,各以粉面蒸糕遗(馈)送,上插剪彩小旗,掺订果实,如石榴子、栗子黄、银杏、松子肉之类。①

清《帝京岁时纪胜》记:

> 京师重阳节花糕极胜。有油糖果炉作者,有发面垒果蒸成者,有江米黄米捣成者,皆剪五色彩旗以为标识。市人争买,供家堂,馈亲友。

---

① 《东京梦华录·重阳》。

可见，迄今仍保持宋代重阳糕的风韵。

重阳节登高最初之说是为避灾，宋代已很盛行，《东京梦华录·重阳》记：

> 都人多出郊外登高，如仓王庙、四里桥、愁台、梁五城、砚台、毛驼冈、独乐冈等处宴饮。

（清时）京师谓重阳为九月九，届日，都人士辄提壶携榼，出郭登高。南则在天宁寺、陶然亭、龙爪槐等处；北则在蓟门烟树、清净化城等处；远则在西山八刹等处。[①]

近年，随着社会老龄化，社会上对重阳节又开始比较重视起来，甚至将它称作"老人节"。

人们利用去郊外登高活动，加强体育锻炼，增强体质，以适应季节的变换。

冬至、祭灶与除夕 今天城里人已不太了解过年之前还有冬至和送灶活动，至于除夕全家大团圆习俗还依旧保留着。这里我们不妨将这些古代节日作一简单介绍。

古人有"冬至大如年"之谚，这是因为古代在二十四节气中，是以冬至为节气的起点、一年的开端和生命的萌发、阳气回升的讯期。如《淮南子·时则》记："冬至日，天子率三公九卿迎岁。"正因为冬至成为一年之始，新旧交替的一天，所以才成为古代重大节日。冬至是太阳直射南回归线的一天，对北半球的人来说，这天白昼最短，夜晚最长，故冬至又名长至、长日、至日等。前面说过，早期每年开始时间都不一样，夏以十二月，商以十一月，秦以十月为始，所以他们都很重视冬至祭祀活动。直到汉武帝改元前，仍然如此，汉代甚至称冬至为冬节。此日官署放假一天，"天子率三公九卿迎岁"。[②] 唐代就以冬至前一天为除夕，[③] 宋代则在冬至日朝廷大朝会，如元旦之仪。表明当时冬至被当作元旦一样。《东京

---

① 《清稗类钞·时令类·京师九月九》。
② 《淮南子·时则》。
③ （宋）陆游《老学庵笔记》称："《太平广记》有《卢质传》云：'是夕冬至除夜'，乃知唐人冬至前一日亦谓之除夜。"

梦华录·冬至》载：

> 十一月冬至，京师最重此节，虽至贫者，一年之间，积累假借，至此日更易新衣，备办饮食，享祀先祖。官放关扑，庆贺往来，一如年节。

以后逐渐将冬至节日习俗更易到春节或除夕之中，冬至只留下祭祖单一纪念活动了。

祭灶 每年腊月二十三日（南方多为二十四日），各地的祭灶活动，便揭开了每年的春节活动的序幕。祭灶古已有之，晋人葛洪《抱朴子》记载：

> 灶神每月晦日（最后一天）上天言人罪状，大者夺纪（即减寿三百天），小者夺算（减寿一百天）。

灶君与每家关系最密切，关系每家的祸福，所以人们不得不祭。原来每月一祭，宋代以后，改为每年一次。祭灶方式有个发展过程。唐代诗人罗隐《送灶》诗中记：

> 一盏清茶一缕烟，灶君皇帝上青天。

看来至唐代祭灶还比较简单，只需一盏清茶一缕烟。至宋代以后，日渐复杂化起来。《东京梦华录·十二月》中则记：

> 二十四日交年，都人至夜请诸僧道看经，备酒果送神，烧合家替代钱纸。帖灶马于灶上，以酒糟涂抹灶门，谓之醉司命。

用酒糟涂抹是想把灶君弄醉，不让他说三道四，这里除了敬重之意外，已带有愚弄小动作的意思。到明清时又有进一步发展，清人富察敦崇的《燕京岁时记》记载：

> 民间祭灶唯用南糖、关东糖、糖饼及清水草豆而已。糖者，所以

祀神也；清水草豆者，所以祀神马也。

人们进一步用糖封住灶君之口，不让他多说坏话。

城市中对冬至和祭灶活动已逐渐淡薄甚至被遗忘了。现今比较重视的还是春节前夕，全家大团圆合欢围坐一起吃年夜饭。

守岁之习至迟魏晋时开始出现，周处《风土记》载：

> 除夕大家终夜不眠，以待天明，称曰"守岁"。

隋唐以后更加盛行，《东京梦华录·除夕》中则记：

> 士庶之家，围炉团坐，达旦不眠，谓之守岁。

以此迎接新的一年到来。

二 城市婚嫁习俗

婚姻制度是社会制度的基础，婚姻习俗是普通百姓日常生活中最隆重的习俗。它在城乡之间没有太大的差别，只是城市中由于经济条件较为优越，所以做得比乡村要更严、密更繁缛一些。有些习俗往往从城市中发展形成后，再影响扩展到周围农村之中，以至成为社会风尚。

今天城里的婚姻习俗，基本上是通过自由恋爱，建立了较深的爱情基础后，进行结婚登记，然后举行婚礼。相对而言，比起古代婚礼要简便得多，但在经济发展的基础上，由于大家的生活条件不断改善，有些人受以往封建婚俗的影响，又沉浮起许多过去的不太健康的陋习。所以，我们有必要对过去传统的一些婚嫁习俗作一些探索，以示人们能正确对待，吸取其中健康成分而摒弃那些糟粕，在当今社会中也存在一个移风易俗的问题。

中国古代婚姻程序一直遵循着自西周以来就开始实行的"六礼"。据《仪礼·士昏礼》和《礼记·昏义》中记载，这"六礼"包括：纳彩、问名、纳吉、纳征、请期和亲迎。

纳彩 是男方家长派人向女家献礼求婚的礼仪。事前请媒人向女家提亲，取得女方同意，派使者前来纳彩。周代纳彩常用雁作礼物，这是因为雁雌雄成双，配偶固定，一只死亡，另一只就不再另择偶，以示象征男女感情专一，忠贞不贰。秦汉以后，因雁不太好求，便有用羔羊、合欢、嘉禾、胶漆等物代替雁，都用意象征夫妇感情牢固和睦。在这六礼之中，除了纳征时送财物外，其他五项，每次都必须赘雁而拜。

问名 是问明女子姓氏和幼名，目的是男方将根据女方姓名到宗庙占卜吉凶，卜吉才可成婚。后世发展成询问生辰八字（即出生的年、月、日、时辰，用天干、地支表示，共八字），然后据以算卦合婚。

纳吉 即男方在祖庙卜得吉兆后，再派使者备礼到女家报喜。以后到唐代的"报婚书"，宋代的"过细帖"，近代的"传庚"、"换帖"等，都是由这道手续演变而来。这是订婚阶段主要的礼仪，是婚姻成功与否的关键。

纳征 也称纳币、大聘、过大礼等，就是男方向女方赠送聘礼。《仪礼·士昏礼》郑玄注："征，成也。使使者纳币以成。"名为纳征，实际是表示双方婚约正式订立。初送一些衣料，后世以金钱取代，又称作"纳财"。"财礼"、"过定"等，即从此礼仪演变而来。

请期 是男方将初步选定的迎娶吉日通知女方，请女方确定。后来又称作送日子、提日子等。

亲迎 即迎娶新娘仪式。是婚礼中最为隆重、最为繁缛琐细的仪式，随着时代经济的发展，其仪式内容愈益繁缛。这在下面再作一些专门介绍。

上述"六礼"中，前两项实际是相亲；中间两项是定亲；后两项为成亲。实际上汉魏以后，由于战乱，每遇良吉，急于嫁娶，六礼俱废。南北朝时南齐明帝永泰元年（498年），尚书令徐孝嗣就上书："议省婚礼烦缛"，得到皇帝批准。后世平民婚礼便不断从简。到宋太宗太平兴国七年（981年），规定"士庶人婚礼，并问名于纳采，并请期于纳成"。这样只剩下四礼了。南宋朱熹作《朱子家礼》，又将"纳吉"省去，于是只剩下纳彩、纳币、亲迎三礼了。明代洪武三年（1370年），明确规定品官仍行六礼，庶人只需三礼。嘉靖八年（1529年）在《明会典》中又重申：

> 士庶婚礼如问名、纳吉不行已久，止仿《家礼》纳采、纳币、亲迎等礼行之。

这样就简化成相亲、定亲和成亲三步了。发展至今则成为自由恋爱、确定关系和结婚三步了。随着婚礼程序的逐步简化，结婚费用却日益增多，原来纳征的聘礼比较简单，一般随社会等级而有差别：平民百姓只需缁帛，贵族官吏则为玄𫄸、束帛、大璋、谷圭等物。以后发展成彩礼，愈演愈烈，甚至成为男方以相当数量的财物来议价交换女方为妻的买卖婚姻了。南齐世祖永明七年（489年）即诏禁婚逾制，反对婚礼奢侈浪费。北周武帝建德二年（573年）九月下诏：

> 顷者婚嫁竞为奢靡，牢羞之费，罄竭资财，甚乖典训之理。①

唐宋时更甚：《通典》中引太极元年（712年）有一大臣上表称：

> 士庶亲迎之礼……邀其酒食以为戏乐，近日此风转盛……财物动逾万计。

宋代《梦粱录·嫁娶》记，当时富贵人家聘礼要送"三金"："金钏（即镯）、金鋜（即锁足）、金帔坠"。所以明太祖洪武五年（1372年）不得不下诏：

> 近代以来，专论聘财，习染奢侈。其仪制颁行，务从节俭，以厚风俗。②

魏晋南北朝至隋唐时期受北方少数民族一些婚俗影响的很多，在迎娶礼仪中，不断发展烦琐，增加许多形式，其中对后世颇有影响的有以下几种：

铺床　即亲迎前一天，由女方派人来铺设新房卧具。此俗宋代已很盛行。司马光《书仪·婚仪》记：

---

① 《周书·武帝纪上》。
② 《明史·礼志九》。

前期一日，女氏使人张陈其婿之室。自注曰：俗谓铺房，古虽无之，然今世俗所用，不可废也。

《东京梦华录·娶妇》中则记：

前一日，女家先来挂帐，铺设房卧，谓之铺房。

坐花轿 古代亲迎一般是用车子，后改为花车迎娶，而且多在黄昏时，表示是阳往阴来之时，因古时女人为阴，夜为阴时，正合其意。而且，迎亲队伍装束打扮均为黑色，所乘马车称墨车，因黑色示阴，与时相称。后来，黑色为以示喜庆的红色所替代。轿子本是山区效能工具，直到唐代，轿子因无障蔽，禁止宫女乘坐。五代至宋时，轿子有所改进，开始有了顶盖围屏。只是当时对乘轿还不习惯，认为以人代畜，有碍风化。《东京梦华录·娶妇》中尚记：

至迎娶日，儿家以车子或花担子发迎客。

说明北宋时，还是车、轿并用。而到南宋时，《梦粱录·嫁娶》中已记：

至迎亲日，引迎花担子或粽担子藤轿，前往女家，迎取新人。

可见改用花轿，为南宋盛行。此习相沿不改，直至近代，城市中盛行用汽车后，用汽车挂上彩比用花轿更威风。

传袋，新娘下轿进门前，男家用布袋铺地，让新娘踏着布袋进门，因"袋"与"代"谐音，意即传宗接代。此习唐代已有，《东京梦华录·娶妇》中有记：

新人下车担，踏青布条或毡席，不得踏地。

元代陶宗仪在《辍耕录·传席》中记：

> 今人家娶妇，舆轿迎至大门，则传席以入，弗令履地。

可见有用席或毡代之。

撒谷豆、跨马鞍、上高座　即新娘下轿进门前，由"克择官"手持花斗，内装谷、豆、铜钱、水果等，一边念咒，一边望门撒出，意为赶走守在门口的青羊、乌鸡、青牛三煞神，以求吉利。进门后，还要从一个马鞍上跨过，意即平平安安。此时新郎要登上事先摆在榻上的椅子，称为"上高座"。此外还有拜先灵，即拜谒祖先。然后夫妻交拜，即后来的"拜堂"。包括一拜天地，二拜高堂，三为夫妻对拜。

撒帐　即现代散发喜糖的雏形。古代交拜后还要撒帐，此习据说源于汉武帝时，到唐代颇为风行。即向帐内撒喜糖，以后还撒喜果，甚至撒金钱、铜钱。到宋代，《东京梦华录·娶妇》则记："对拜毕，就床，女向左，男向右坐，妇女以金钱彩果散掷，谓之'撒帐'。"以后又加上撒谷豆，北方撒枣子、栗子等，以示早生贵子和五谷丰登。这就是现代婚礼中散发喜糖的雏形，不过现代文明结婚散发喜糖，以示婚姻甜蜜。

合髻　周代女子许嫁后，用缨（五彩丝绳）束在头发上，表示已经有了婆家，称为"结发"。所以后来文人常用"结发"指代妻子。到了成亲之日，新郎亲手把束在新娘头上的缨解下，这就是《仪礼·士昏礼》中所说："主人（婿）入，亲脱妇之缨。"新婚之夜，夫脱妇缨，也叫"结发"，所以"结发"又成为结成夫妇的代称。到唐代以后，又由婚前系缨、结婚脱缨的礼仪，发展为男女双方各剪下一绺头发，绾成同心结式样的"髻"，作为信物，表示同心，称为"合髻"。五代以后更为流行，因为不合古礼，曾受到欧阳修、司马光等人的非议，认为这种做法"可笑"，"不足为后世法"。但作为一种习俗，当时在民间已很盛行，如《东京梦华录·娶妇》中有记："男女对拜毕，坐床……男左女右，留少头发。二家出匹缎、钗子、木梳、头䘉（xu，音须。一种发带）之类，谓之合髻。"这种习俗到明代仍未绝迹。

闹新房　这在汉晋时早已有之，《汉书·地理志》记，燕地"嫁娶之夕，男女无别，反以为荣"，清人平步青在《霞外捃屑》中认为这就是闹房的开始。不过早期主要是"戏妇"，闹新娘子；而在鲜卑族婚礼中则为"戏弄女婿"。北朝时，

>　　婿至妇家，妇女毕集，以行仗打婿，至有委顿者。①

当时有闹得很凶的，甚至闹得致伤致残，以致死于非命。以后则对新婚夫妇都闹，直至现代仍有"闹新房"之习，随着社会文明发达，所闹方式也多采取文明手段，革除一些低级趣味的陋习，使之闹得既热闹又健康。

合卺　后来为交杯酒。即迎娶后，新娘到了夫家，还要举行"合卺"仪式。《礼记·昏义》：

>　　共牢而食，合卺而酳（yìn，音印）。孔颖达疏：以一瓠分为二瓠谓之卺，婿之与妇各执一片以酳，故云合卺而酳。

酳，即用酒漱口。所以后世也称结婚为"合卺"。到南北朝时，已发展成"连卺以锁"，② 即把原来分成两半，男女各执其一的瓢，用铁锁连接起来。唐时渐成定制，需装入酒，并要一饮而尽，被称作"合欢酒"；到了宋代进一步发展成为交杯酒。使用两个酒杯，杯底部用红绿等色的彩丝连接，彩丝绾成同心结，新郎、新娘交互传杯共饮。饮毕还要把两个杯子一仰一覆置于床下，取大吉大利之意。宋人王得臣《麈史·风俗》说：

>　　古者婚礼合卺，今也以双杯彩丝连足，夫妇传饮，谓之交杯。

饮"交杯酒"此习，一直沿袭至今。喝完交杯酒，新人出房答谢亲友，大家入席饮宴，整个婚礼算结束了。

到近代人们删繁就简，一般从议婚到成婚大都要经过三个阶段：

一是订婚。开始议婚往往由男家求亲友为媒通言女家，女方若许可，则两家互订婚约，并相易庚帖。订婚也叫许亲、定亲等。有些地方订婚之日还设宴以谢媒人，亲友致贺。

二是纳聘。这是把古代纳吉和纳征合二为一，但男方需向女方送交不同数额的聘金，女家以冠履等物回之。

---

① 《酉阳杂俎·礼异》。
② 《南齐书·礼志》。

三是成婚，也叫亲迎，俗称娶媳妇。这是最繁缛的过程：从迎娶进门到入室，要经过迎轿、下轿、祭拜天地、行合卺礼、入洞房等程序。

徐珂在《清稗类钞·婚姻类》中记：

> 光、宣之交，盛行文明结婚，倡于都会商埠，内地亦渐行之。

这种文明婚礼主要程序为：奏乐、入席、证婚人宣读证书、各方用印、新郎新娘交换饰物、相互行鞠躬礼、谢证婚人及介绍人、行见亲族礼、行受贺礼、来宾祝贺等。

民国初社会各界对旧式婚礼纷纷批评，于是，在1928年政府颁布了《婚礼草案》，规定"各种聘礼一概免除"、"所有礼品一概革除"，废去以往21项结婚礼节程序。但人们受传统势力影响与接受新鲜事物程度的不同，所以基本上新旧婚礼并存。

旧式婚礼：一般通过说媒，双方互换庚帖，男方送上聘礼，确定婚期。女方备有嫁妆，然后由男方备用花轿迎娶，喜轿往返均有鼓乐助行，新娘接来举行一套旧式礼仪，诸如新娘进门时需跨炭火盆以避妖邪，新郎与新娘交拜天地、行合卺礼、同饮交杯酒等，随后设喜宴款待亲友，闹新房等诸多喜庆的活动。

新式婚礼：婚前男女双方交换戒指，既为订婚物。婚礼多在公园、旅馆、礼堂等公共场合举行。门口悬旗结彩，富有者还有花坊，庭设礼案。新郎新娘与证婚人、主婚人、介绍人及男女来宾都有一定席次。迎娶时不用花轿，改用汽车结彩，导以军乐。其仪式包括读颂词、念结婚证书、用印、夫妇交拜、致谢主婚人、证婚人、介绍人及来宾。然后拜见亲族，对尊长者行三鞠躬，对其余的人一般行一鞠躬。

以后在北京、上海等地还出现有集体婚礼。即有若干对新婚夫妇在同一天、同一地点、由同一证婚人主持下统一举行集体婚礼。而今礼仪形式日趋简便，多行旅行结婚，最多请亲朋好友聚一聚，在酒家吃一顿了事。但也有的在经济杠杆作用下，唯钱是图，有的闺女出嫁向男方索取高额聘礼；有的向领导子女的婚礼送上巨额红包，实际以送礼为名，行贿赂为实。诸此都是封建恶习的重演，我们应坚决抵制。使婚礼既热闹而又健康地发展。

三 城市丧葬习俗

我国历来受儒家思想指导,讲究孝道,同时重视祭祖活动,所以对丧葬礼仪十分重视,长期以来形成了一整套烦琐的丧葬礼仪。对于城市来说,这套丧葬礼仪更为隆重,更加商业化,某些方面往往受外来文化的影响,表现在移风易俗上更显得突出一些。

今天城市人家遇有丧事,只需给殡仪馆打个电话,他们就会来车将死者拉走,储藏在有冷藏设备的停尸房里。然后对尸体进行洗身、更衣、化装等处理,在所设礼堂举办追悼会或遗体告别仪式,最后进行火化。这种火葬方式是近年丧葬改革中最突出的成绩。有些人受传统土葬方式的影响,误以为这是受外来文化影响而产生的新式丧葬方式,其实不然,它在我国有着悠久的历史和传统。

火葬早期主要在我国西北部的边区少数民族中流行。如《墨子·节葬下》记载:

秦之西,有仪渠之国者,其亲戚死,聚柴薪而焚之,熏上,谓之登遐,然后成为孝子。

《荀子·大略篇》记:

氐、羌之虏也,不忧其系累也,而忧其不焚也。

《庄子·逸篇》亦记:

羌人死,燔而扬其灰。

主要是氐羌民族习俗。到魏晋十六国时期,一些少数民族进入中原地区后,他们也将此习俗带入中原地区。如羯人石勒氏,"其烧葬令如本俗"。[①] 另外,突厥人亦如此,"择日,取亡者所乘马及经服之物,并尸俱

[①] 《晋书·石勒载记》。

焚之。收其余灰，待时而葬"。① 至隋时，突厥仍"择日置尸马上而焚之，取灰而葬，表木为茔"。②

唐五代时期，佛教僧尼受印度火葬之习的影响，基本都实行火化，以骨灰建造僧塔。而一般俗人也有实行火葬的，如某边氏在元和七年（812年）立下遗愿："他时须为焚身，灰烬分于水陆"。③ 又如五代后晋安太妃于乾祐二年（949年）临终前嘱咐："当焚我为灰，南向扬之"。④

火葬之风，宋元时期日盛，顾炎武《日知录》卷15《火葬》就明确指出："自宋以来，此风日盛。"在河东路及南方地区十分普遍，如《宋史·礼制》记：河东路（在今山西地区），

> 地狭人众，虽至亲之丧，悉皆焚弃。
> 吴越之俗，葬送费广，必然累而后办。至于贫下之家，送终之具，唯务从简，是以从来率以火化为便。⑤

不但下层社会贫民由于经济困难等原因，火葬仍很盛行，少数地区富人也有火葬习俗，如：

> 浙右水乡风俗，人死虽富有力者，不办蕞尔之土以安厝，亦致焚如。⑥

由于宋代南方经济发达，耕地日趋减少，所以火化成俗之风尤盛。正如顾炎武在《日知录》中所言：

> 地窄人多，不能遍葬，相率焚烧，名曰火葬，习以成俗。

宋元时期火葬盛行，开始出现火葬场，称作"化人场"。如《清平山

---

① 《北史·突厥传》。
② 《隋书·突厥传》。
③ 《千唐志斋藏志》1000，《唐故边氏夫人墓记》。
④ 《新五代史·安太妃传》。
⑤ 《历代名臣奏议》卷116《风俗》。
⑥ 《清波杂志》卷12。

堂话本·花灯轿莲女佛记》："做了三日功课，至五日，扛去本寺后化人场。"《水浒传》二十六回记："一路上假哭养家人，来到场外化人场上，便教举火烧化。"化人场一般在城外，如苏州的化人亭在城外西南隅的通济寺和齐升院；临安的化人亭在西湖东北角的圆觉禅寺和钱塘门外的九曲城菩萨提院内。元代的佛教徒仍举行火葬，称下火。娼妓死后亦采用火葬，亦称下火。陶宗仪《南村辍耕录》卷15《与妓下火文》条记：

> 钱唐道士洪丹谷，与一妓通，因娶为室，病且革，顾谓洪曰："妾死在旦夕，卿须自执薪，还肯作一转语乎！"

一般平民也有火葬的，如在大都城内：

> 城市人家不祠祢，但有丧孝，请僧诵经……至门外某寺中，孝子家眷止就寺中少坐，一从丧夫烧毁……烧毕，或收骨而葬于窒窣之侧者不一。①

宋元时期一方面火葬很盛行，同时政府又屡加禁止。北宋初年，宋太祖于建隆三年（962年）指出："近代以来，率多火葬。"于是他下令禁止：

> 京城外及诸处，近日多有焚烧尸柩者，宜令今后止绝。②

宋朝政府为了切实厉行火葬之禁，特意设立义冢，又称义阡，即"择高旷不毛之地，置漏泽园"，以供无地埋葬的贫民使用，或收葬无主尸骨。这类似后来的公墓性质。于是，在元丰二年（1079年）三月，接受陈向建议：

> 令逐县度官不毛之地三五顷，听人安葬。无主者，官为瘗之。③

---

① 《析津志辑佚·风俗》。
② 朱熹编定：《河南程氏遗书》卷2下《附东见录后》。
③ 《续资治通鉴长编》卷297，元丰二年三月辛未。

于是崇宁年间，浙江明州、鄞县、奉化、慈溪、定海、象山、昌国等县陆续设置漏泽园，南宋绍兴十四年（1144年）十二月，高宗"诏临安府及诸郡复置漏泽园"。① 所以在南宋的《平江图》碑上，在城外东侧就有漏泽园。但由于火葬在民间已形成风俗，便屡禁不止。

元廷也以明文禁止汉族火葬之俗。至元十五年（1278年）正月，中书省文件称：

> 见北京路百姓父母身死，往往置于柴薪之上，以火焚之，照得，古者圣人治丧具棺椁而厚葬之，今本路凡人有丧以火焚之，实灭人伦，有乖丧礼，本省看详，今后……除从军应役并远方客旅，诸色目人许从本俗不约禁约。外据土著汉人拟合禁止，如遇丧事，称家有无，置备棺椁，依理埋葬，以厚风俗……若贫民无地葬者听于官荒地内埋了，若无人收葬者，官为埋葬。②

实际上不但没有禁止，反而进一步盛行。因火葬比较科学文明、方便卫生而又节省葬费，故颇受各界人士欢迎。

明初各地火葬仍很盛行，洪武三年（1370年）明令：

> 天下郡县设义冢，禁止浙西等处火葬、水葬。凡民贫无地以葬者，所在官司择近城宽闲地立为义冢。敢有徇习元人焚弃尸骸者，坐以重罪。③

此后屡加严禁，故火葬之习日渐趋弱。但吴俗地狭人稠，

> 姑苏火葬，屡经禁戒，恬不为止。盖其俗自古已然矣。

弘治年间苏州知府在苏州城首置义冢于六门之外，皆方百余亩，以禁火葬，但民众仍依故习。在太仓贫家力不能营葬者仍冒禁焚之。

---

① 《建炎以来系年要录》卷152，绍兴十四年十二月辛未。
② 《元典章》卷30，《礼部三》"禁约焚尸"。
③ 《明通纪》，《双槐岁抄》。

清初满族人也都实行火葬。他们在人死后第二天就将尸体置于荒野焚化，火化后将骨灰先装入布袋或锦袋中，然后置于瓮罐内，再将骨灰罐埋入地下。只是皇帝的骨灰罐用金银等制作成宫殿式器皿中，称作"宝宫"。清初几位皇帝，如清太祖努尔哈赤、太宗皇太极、世祖福临等都是实行火葬后埋葬的。直至康熙时才明令禁止火葬，完全实行土葬。

土葬之习则是我国传统丧葬的主要方式，这点在城乡方面无太大区别，只是城市中没有空闲坟地，一般都要葬于农村，或在城市近郊设立公墓来安葬。以下我们只能简单介绍一些城市土葬的情况。

土葬过程中主要要用棺木，由于皇亲贵族、官僚富豪等比较集中居住在城市中，所以所用棺木相对比乡村中要高档一些。为了较好地保存尸体，贵族们死后所用的棺木多有棺椁两部分，棺是内棺，椁是外棺，是套在内棺之外，用于保护内棺的。古代天子、诸侯的棺椁都有三四重，从出土的战国楚墓和西汉初年的汉墓来看，诸侯一般都是一椁三棺。一般城市贫民连很差的棺木都难以置办得起，有的只能用草席覆盖其尸，埋于旷野之中就完事。

至于葬后所建坟墓，墓前所立碑记，以及其他设施那更是等级森严，有个历史发展过程。说到坟墓，墓是指埋入地下部分，而坟是指高出地面的堆土。最原始的葬礼是不封不树，不建坟的。

《周易·系辞下》：

　　古之葬者，厚衣之以薪，葬之中野，不封不树。

《孟子·滕文公》：

　　盖上世尝有不葬其亲者，其亲死，则举而委之于壑，他日过之，狐狸食之，蝇蚋姑嘬之。

《礼记·檀弓上》也说：

　　古也，墓而不坟。

这些说明古代有墓而无坟。古代墓葬最初只以种树类别来区分等级。

《含文嘉》中说：

> 天子植松树，诸侯植柏树，大夫植栾树，士植槐树，庶人植杨柳树。

汉仲长统《昌言》也说：

> 古之葬者，松柏梧桐以识坟也。

到春秋晚期，新兴的地主家族制代替以往一切，人们的家族观念加强，对家长葬礼，祖先的坟墓比以前重视。过去奴隶主的墓葬等级区别主要表现在地下墓室中，此时新的等级制度在地面坟墓外观上也得体现。于是出现坟丘，并以此显示死者等级。

《吕氏春秋·节丧》记：

> 世之为丘，垄也，其高大若山，其树之若林。

《白虎通义·崩薨》：

> 天子坟高三仞，树以松；诸侯半之，树以柏；大夫八尺，树以栾；士四尺，树以槐。

到战国时开始出现以种树多少来区分等级。《商君书·境内》载：

> 夫死，以上至大夫，其官级一等，其墓树，级一树。

战国中期起，君主的坟墓始称为陵。《史记·赵世家》记载，公元前335年，赵肃侯"起寿陵"，这是历史上把君王坟墓，称作"陵"的最早记录。秦代以前，都邑中都建有宗庙，前边是"庙"，后边是"寝"。宗庙后边的"寝"，陈列有祖先的衣冠及日常用品，还供奉有新鲜食品，象征皇宫中"寝"的作用。

到秦始皇建陵园时，开始把宗庙中的"寝"的部分分割出来建到陵园中来。因为，人们认为在陵园中建"寝"，便于墓主灵魂饮食起居。西汉时沿用此法，并把"寝"分为正寝与便寝。正寝是墓主生活起居的地方，便寝是娱乐之处。正寝中设有墓主的神位、床、几、被、枕、衣冠等日常用品，宫人每天按一定时辰，理被褥，送盥水，还要送四次饮食侍奉。

每当宗庙中祭祀，就要把"寝"中的衣冠护送到宗庙里去接受祭祀。陵园中的"寝"专设有"寝园令"这样的小官专管寝园中的事。

到东汉明帝时，把每年元旦公卿百官来朝举行的"元会仪"和每年八月到宗庙举行的"酎祭"，都搬到光武帝的原陵中进行。于是，陵园中开始建造为朝拜祭祀用的殿宇和行礼时必备的钟，后来建成为钟楼。后来帝王陵墓逐渐发展成为以寝殿为主体的大规模建筑群，从而称作陵寝。

于是，民间也就此模仿盛行起"上坟"习俗。王充《论衡·四讳篇》中记：

> 古礼庙祭，今俗墓祀。

说明当时已流行上墓祭祀祖先。

古代陵墓的等级，主要表现在坟丘的高低、茔地的大小、坟墓的形制、墓地石刻群等方面。这里我们仅就坟墓的形制、墓碑、墓志铭和墓地石刻群的出现，作一些简要介绍。

关于坟墓的形制，战国秦汉时期，坟以方形为贵。汉代以正方形最高贵，大多数皇陵都是正方形覆斗式，只是汉高祖与吕后的陵墓是长方形覆斗式。对有特殊功勋的将帅恩准别具风格的形制，如卫青的墓像庐山，霍去病的墓像祁连山，唐代李靖的墓造得像阴山和麦积山，中间为圆锥形；李勣的墓造得像阴山、铁山、乌德鞬山，由三个圆锥形组成坟丘，呈倒品字形。

唐代仍以方形为贵，以正方形覆斗式为最高，双层台阶式比单层台阶式级别要高。规定只有皇族才可以使用方形坟堆，一般官员只能用圆形。北宋皇帝陵墓采用正方形三层台式，皇后为正方形两层台阶式。

明太祖筑孝陵，因受长江流域无方坟习俗影响，采取圆形宝顶的形式，改方形陵台为圆形，称为宝顶，又称为独龙阜。从此方形与圆形的等级差别取消了，从王公贵族到平民百姓坟堆都是圆形了，只是从占地大小和坟堆高低来区别等级。清代则采用前方后圆形制。

至于墓碑，约从汉代才开始正式出现。它的形成是因先秦时期王公贵族遥的墓穴很深，棺木需用辘轳系绳放下去，上面装辘轳的支架，以后便演变成碑了。因支架上端系绳处有一圆孔，故后来的碑上也就留这么一个圆孔了。开始的碑都是木制的，都没有字，后来在这支架柱子上刻上了墓主的姓氏官爵、生卒年月等，从而成为有纪念意义的"碑"了。汉代以后出现石碑，但开始并不盛行，尤其是魏晋提倡薄葬，对竖碑立阙有规定，所以墓碑日渐减少，南北朝后厚葬日盛，树碑之风也日渐兴盛起来。到隋唐时，前墓树碑习俗，一直沿传至今。

魏晋时，由于一些帝王下诏禁止立碑，于是又出现了与墓碑性质相同的墓志。所不同的是，碑立在墓上，墓志是埋在地下的。开始是为了防陵谷变迁，所以刻上死者的生平概况，以便能识别墓主。到北朝魏齐时，极为盛行，以后成为定制，分上下两块，上石为盖，仅刻标题即墓主时代官衔名称等，下石则为志，写明墓主姓名、籍贯、官阶、生平事迹等。用散文体写的称"志"，用韵文体写的称"铭"。有的有志无铭，有的有铭无志，大多数是志铭双全，故人们统称为"墓志铭"。

古代墓地前并没有石刻群，直到西汉，即使有也并不表示墓主的等级。只是记载死者的生平，如西汉霍去病墓前的石刻群，并不代表他的身份等级。东汉时，每年元旦，公卿百官、皇亲国戚、各郡来京师的上计吏，都要汇集到朝廷，举行朝贺仪式。光武帝死后，明帝接位，感到光武帝已看不到如此盛大的典礼，深为遗憾。于是，他便亲自率领与会者，把这朝贺仪式移到光武帝陵上举行，各郡上计吏依次向光武帝灵位报告。同时把每年宗庙中的"酎祭礼"也移到陵前举行。于是陵园前便修有大道，有成排的警卫士兵，从此在陵墓大道两侧出现石人警卫。以后又设置了象征吉祥的各种动物石刻。于是，贵族官僚纷纷仿效，在墓前设有骆驼、狮子、虎、牛、马、羊等，甚至还有神兽石刻，一曰"辟邪"，二曰"天禄"。

唐代乾陵陈列有华表一对、飞马一对、鸵鸟一对、石马五对、握剑石人十对、石碑一对、少数民族首领61尊，朱雀门前还有一对石狮子。而在其他人臣墓前一般以石羊、石虎为主。唐时规定三品以上可置石人一对、石虎一对、石羊一对；五品以上可设石人一对、石羊一对。宋袭唐制。

明代在陵前增设大动物和神兽。如明孝陵前有狮、独角兽、骆驼、象、麒麟、马等六种石刻，一共 12 对。另外还有文武大臣石像四对。在《明会典》中对官员墓前石刻有具体规定：

> 公侯和一品、二品官是石望柱、石虎、石马、石羊、石人各一对。三品官则减去石人一对。四品官减去石人、石羊各一对。五品官减去石人、石虎各一对。

而六品以下官员不准设置石刻。《大清律》则规定：三品以上可用石兽六件，五品以上可用四件，六品以下不准设置石刻了。

我国很早即已形成一套烦琐的丧葬礼仪，这在《周礼》、《礼记》中都有专门详细记载。基本上是有严格的等级制度和亲属与死者关系亲疏来定。以后长期都依古礼而行，这套古代丧葬礼仪，不仅有各种葬礼，而且还有丧礼，有着种种规定，城乡之间无所区别，这里就不作一一细说了。

直至近代，民国时期新出现一种新式丧礼——追悼会，它既是祭奠，又是吊唁。一般由死者的亲友、学生、部下或地方机构、团体等主办，开会地点一般在死者家里或公共场所、殡仪馆等。会前主办者通过登报、送讣告或打电话等方法请与死者有关人员前来参加。举行追悼会时，一般悬挂死者照片，在遗体前举行，遗体簇拥在鲜花丛中，四周置放来宾送的花圈、挽联，会上有服务员向来宾送上白色或黄色纸花或鲜花，供来宾戴在胸前。追悼会上一般奏哀乐、由主祭人宣读祭文或悼词，向死者行三鞠躬礼，然后奏乐向遗体告别。

近年，在许多革命前辈的创导下，丧礼进一步简化，只是向遗体告别即可。有的甚至连骨灰也不保存，提倡撒在祖国大地上或海洋中，以示与人民永远共生息。

四　城市社交礼俗

社交礼俗在城乡间并无太大的差别，一般来说，城市中人口较为集中，经济比较发达，社交活动频繁，礼仪相对繁复一些。城市中的礼仪也许更加文明一些，颇多创新，比较讲究；而乡村相对粗俗一些，较为墨守成规，不太开放。而他们之间并无鸿沟可别，相互通融，相互模仿，基本上相互无所明显区别。

在众多的礼仪活动中，社交礼仪最为重要。因为人与人之间的交际中，所涉及的方方面面很多很多，所牵涉的上上下下关系也最复杂，不仅有等级森严的秩序标准，而且还有人们长期约定成俗的行为准则等。我们这里不能面面俱到，只能就某些方面作一些初步探讨。主要集中谈谈人们经常碰得到的，如见面礼俗、访亲拜友、迎宾送客、礼尚往来等方面。以利我们在日常生活的交往中能了解一些过去传统的礼仪风俗，更好地为现实服务。

说到见面礼俗，今天看来好像很简单，只要主动称呼一下别人，简单寒暄两句，或问声好即可。实际在古代由于等级制度的关系，则有种种规定与局限。

> 凡行路之间，贱避贵，轻避重，去避来。[①]

如官职级别相当，或相差不太悬殊时，应由位卑者先下马，以示敬意；如级别相差较大，低位官应回避；至于一般百姓路遇官员，更应回避；否则均要受到处罚。所以古代官员出巡，有一套出行制度。如清代，官员出行时一般鸣锣开道规矩：

州县官出行，前导有肃静、回避牌，衔牌、金锣、伞、扇、冲青道旗，鸣锣开道七下，意思是"军民人等齐闪开"。

道员、知府出行，有护勇、顶马，鸣锣九下，意思是"官吏军民人等齐闪开"。

巡抚、总督出巡，前导大旗一对，关刀一对，洋枪一对，队伍要长达半里，鸣锣十一下，或十三下，意思是"文武官员军民人等齐闪开"，"大小文武官员军民人等齐闪开"，表示他们是统辖文武官吏的封疆大员。

所以古代人们出门，尤为小心，在路上只要听到锣声的点数即可知官员的品级了，就得远远及早回避。这有点儿类似今天高级官员外出，前方必有警车开道，行人需停在路边向车队行致目礼，路上行车需靠边让道，必要时甚至还需临时停车戒严。这一方面是为了表示尊重，另一方面也是安全的需要。

[①] 《唐六典》卷四《尚书礼部》。

见面礼俗中最主要是按礼行事,《论语》开篇就说:"礼之用,和为贵;先王之道,斯为美。"这里重要一条就是必须以诚相待,孟子也说:"恭敬而无实,君子不可虚拘。"他还说:

仁者爱人,有礼者敬人。爱人者人恒爱之,敬人者人恒敬之。①

其意是:如果只是外表恭敬而以虚假表情诈悦于人者,绝不可交。一个不爱不敬别人的人,永远也得不到别人对他的爱和敬。所以在见面时,最重要一条就是亲热而又尊敬对方,给人以真诚热情的感觉。这点在今天见面时仍需如此,切不可虚假或傲慢。

在与人相处过程中,举动一定要有礼有度,即古人所言:"狎甚则相简,庄甚则不亲。"② 也就是说,举动应既有礼貌,又不过分,掌握适度。如过于亲密,就会显得有些懈慢,如太庄严,则又会显得不够温和可亲,要做到既亲密而又不失礼节,同时恭敬而又无碍亲近。

至于见面时的礼节,今天一般只是举手打打招呼,热情地握握手即可。过去在行走途中,以站立姿态时,一般多为行鞠躬礼、揖手礼和拱手礼,这在今天的日本和韩国还沿袭这传统。鞠躬是立正后,两手紧贴两腿,向着对方弯腰俯身90度,以示敬意。作揖是站立后,两手抱拳,置于胸前,随着身体微微向前俯折,两手向下移动。而拱手与作揖基本相同,只是两手抱拳后,微微抖动而不欠身。

另外在见面打招呼之后,在称呼上也很讲究,我国历来有谦称自己,敬称对方的习俗。在谦称自己时多用:鄙、卑、愚、小、不等,以示自己才疏学浅、愚笨无知,以示对对方尊敬,显得对方才高志大。一般自称:鄙人、卑职、愚生、小生、晚生、在下、不才、不肖等;年迈者则称:老朽、老拙、老夫等。对有学问者多称为子,如孔子、孟子等;对对方的他人,则多加令、尊、家、贤等字,以示敬意,如称令堂、令郎、令爱等;称尊夫人、尊翁、尊祖等;称家兄、家父等;称贤弟、贤侄等。此外,平民对官吏则称大人、大老爷、老爷等,自称小人;以后以官职相称;对别人妻妾,尊称为夫人、太太、奶奶、小夫人、姨太太、姨奶奶等;对人称

---

① 《孟子·离娄下》。
② 《说苑·谈丛》。

自己妻子为贱内、拙荆、荆室；称自己子女为豚子、犬子、贱息等；妇女对人自称妾、奴家等。称谓以外还要注意避讳，因古人的名字神圣不可侵犯，除长辈称下辈可直呼其名外，别人皆不可随便乱叫，一般只称字，特别是长辈的名字绝对要回避，改称称呼为宜。

除了称谓上讲究外，其他语言中也不时地表示文雅而又恭敬，如初次见面多说"久仰"，久别重逢则称"久违"，求人帮忙则称"劳驾"、"拜托"，请人原谅称"包涵"，陪同客人称"奉陪"，中途退出则称"失陪"等等。由此显得尊重对方。同时对一些不吉利的词，如死伤病残离散方面的词，要婉转表达，如死可称"仙逝"、"过世"；病了称"欠恙"或"欠安"等。诸如此类语言方面都要处处体现文雅、得体而又尊重对方为宜。

至于访亲拜友的礼俗相对更加复杂一些。今天我们在探亲访友时，特别是第一次拜访见面时，往往先交换名片，相互先有个了解，这习俗是由古代投刺而来。古代访亲拜友时，往往需要先投刺打招呼。《续事始》记：

>　汉时未有纸，书姓名于刺，削竹木为之，后用名纸代刺也。

"刺"是古代用竹或木刻上自己名字，交给要谒见的人。又称"名刺"、"名纸"、"门状"、"门启"[①]等。

它起源于先秦，最初叫"谒"。近年考古中曾发现距今1700多年前，三国孙吴时，有位大将叫朱然的墓中，出土有14枚木质名刺，3枚谒。这种谒是下属进谒上级用的，它长24.8厘米，宽9.5厘米，厚3.4厘米。用黑墨书写，正面顶端写"谒"字，右侧上端起写："持节右军师左大司马当阳侯丹阳朱然再拜。"这右侧写的是朱然的官职、爵位、籍贯、姓名及"再拜"。

名刺兴起于汉末，流行于六朝，尤以魏晋时为盛，在士大夫中使用相当普遍。从上述的朱然墓中出土的14枚木质名刺，可知谒与刺两者用途虽同，形制不一。谒与刺的长度均约为汉制一尺，也合今24.8厘米，其宽3.4厘米，仅为谒的1/3强；刺厚0.6厘米或0.4厘米，约为谒的1/6。

[①] 李济翁：《资暇集》。

两者书写形式上也不同，在木质的名刺上，只在正中用黑墨书写一行，有的书定爵里，称作"爵里刺"；大都只写"弟子某某再拜"，或书有"童生某某再拜"。内容为"问起居"的问候语。这种名刺比谒窄小而薄，内容简便而亲切，多为平级间，以通爵里、姓名、问候。正如梁时刘勰的《文心雕龙》中所云：

  刺者，达也，若针之通结也。

到唐代始用纸书刺，时称"名帖"，也称"名纸"、"名刺"。多用红笺，讲究的还用泥金书写，比起竹木制作的谒刺显贵得多。这种名帖已失去以往谒的等级性，也没有昔日刺的高逸之风，已成为社会交际中的通常用品。它起着自我介绍的作用，几乎什么人，什么场合均可使用。凡去拜访别人必须先叩门投刺，待主人览刺后，知道来客的身份，才决定是否接见。五代十国时，投刺之风大为衰退，仅在有些王朝中流行。

到宋代，又通行一种叫"门状"的名片，内容比较复杂，类似一封短信，多为下属求见上司所用。进呈后往往需上司在状后加"刺引"，即类似现今画圈、签字，获得批准，方可进见。这种"门状"比"名帖"严肃得多，又有点儿类似以往所用"谒"的性质。在张世南的《游宦纪闻》中，我们可以看到当时"门状"的写法：

  医博士程昉
  右昉谨祗候
  参节推状元，伏听
  裁旨。牒件如前，谨牒。
  治平四年九月　日　医博士程昉牒

这是医博士程昉拜见状元参节的求见信。一般用纸折成折帖。首行"医博士程昉"书于封面上，其他内容则写入折内。有的门状制作十分讲究，有用红绫制成，赤金丝为字；有用织锦，大红绒字也是织成的。呈递时还要加上底壳，下官见长官，则用青色底壳；门生初见座师，则用红绫底壳。

古人重文墨，为示敬重，往往需亲笔书写，一帖名纸，名为"手刺",成为一帧书法杰作。元丰后颇为盛行,这种名帖式样,是前不具衔,皆亲手书,历元、明至清,均相沿不改。绍兴初又改用"榜子",与手刺不同在于,直书本人衔与姓名。到清末,有的注明详细地址,有的还写上个人简历,甚至附有短语,如"请安谢步",表示只是问候,勿烦主人回访。有的写上"拜客留名,不作别用"。当时存放名片的盒子称作"拜匣",长尺余,宽数寸。或皮制、或包锦,制作豪华。

明清时,名帖又有单帖和全帖之分,单帖即一般拜谒时所用的,而全帖则相当于单帖十倍之大的红纸折成十页,又称大红全帖,是最恭敬物拜访所用。

宋代开始出现士人贺年投刺风气,逐渐发展成以后的贺年片了。可见古代在城镇中,上层人士间探访,进门时需先投名刺,辛亥革命前开始改用西式名片。这种名片一般仅9厘米长,5厘米宽。古今相较,一写一印,一竖一横,一大一小,形体上、制作上都大不相同,但它们的用途差不多,内容也相似。

拜客应注意衣冠整齐,衣装整洁意味对对方的宾客尊重。我国传统道德观十分注重仪表仪容,认为只有仪表仪容庄正,才能有德行。正如有人说的:

> 夫容貌者,人之符表也。符表正,故情性治;性情治,故仁义存;仁义存,故盛德著。[1]

可见,仪表仪容实际是以内心的修养与德行为本,只有内在有诚敬之心,方能表现出庄重恭谨的外表,不然,其仪表仪容再好,也会流露出虚伪性,所以在仪表仪容方面也要做得恰到好处。

古人对仪表仪容历来很重视:

> 衣冠不正,则宾者不肃。仪者,乃物之程式也。法度者,乃民之仪表也。[2]

---

[1] 徐中:《中论·德象》。
[2] 《管子·形势解》。

一个人的外表容貌正是其内心德性修养的外在显露。所以，《说苑·修文》中说道：

君子衣服适中而容貌得体，按其服而象其德，故望五貌而行能有所定矣。

正如《增广贤文》中简言之：

入门休问荣辱事，观看容貌便得知。

实际上，仪表仪容是一种无声的语言，从中可以看出一个人的社会地位和文化修养。今天我们对仪表仪容的要求与古代虽然不一样了，但在待人接物，与友相会时，应该表现的精神状态也还是一致的。

在拜访过程中，在门口时，可先行上述简单见面礼，但在进入厅堂后，则需行跪拜礼。早在周代即已形成九拜之礼，其中主要为稽首、顿首和空首三种：稽首为先跪下，然后双手合抱按地，头伏于手前触地，停留片刻后起身。顿首较稽首为轻，与稽首相仿，只是头触地即起，不用停留片刻。空首也是，只是头不必触地，只要触及手后即起身。为表示尊敬程度，往往数礼合拜或重复行礼次数，成再拜、三拜。这种跪拜礼一直延续到辛亥革命以后，才渐废除，改以鞠躬、握手代之。

主客相见，互相行礼，互道寒暄后，还应注意言谈举止行为。特别是言谈中语词要谨慎合理，《慎言集训》中说：

言未及之而言，谓之躁；言及之而不言，谓之隐；未见颜色而言，谓之瞽。

其意是，该说时不说为隐瞒了；而不该说时先说了为急躁；而不看别人脸色而一个劲儿地说，犹如在瞎说了。所以说话应注意场合。另外对不同对象应有不同话题：

与大人言，言事君。与老人言，言使弟子。与幼者言，言孝悌于父兄。与从言，言忠信慈祥。与居官者言，言忠信。①

另外，言谈中要注意善称人长，即《礼记·坊记》中所指："善则称人，过则称已。"即交谈中要尽量多说别人的长处，使人听了温和愉快，切勿恶语伤人，揭人所短，甚至挖苦刻薄别人，使人听了很不高兴。即使需要指出别人不足之处时，也尽量避免直言不讳，而应婉转动人，让人易于接受，闻过则喜。

在迎宾送客方面，也有一套礼仪，首先是我们中华民族是好客的民族，"有朋自远方来，不亦乐乎"。遇宾朋到来，应热情迎于门外，相互施礼，互致问候，然后引入堂室。

入门也有礼规，即《礼记·曲礼》规定："凡与客入者，每门让于客。"即遇门则让客先进，这是对客人的敬意。多请客人走西阶，以示尊重，《史记·魏公子列传》载：

> 赵王扫除自迎，执主人之礼，引公子就西阶，公子侧行辞让，从东阶上。

这是魏公子自谦而走东阶上。

进了堂室，应先让座，主人让宾客坐上席或主位，而客人如是长辈或上级领导自不必让，如是平级平辈或晚辈者自应谦让。

来客敬茶是历来传统的习俗，待客坐定，一般即上茶招待，甚至有上三次茶的礼节。清人评说："上自朝廷燕享，下至接见宾客，皆先之以茶，品在酒醴之上。"② 上茶也有规矩，即所谓"茶七、饭八、酒十分"。其意是敬酒必须满杯，而上茶只能斟至七分，不能斟满，否则便有厌客、逐客之嫌。为了表示对客人的欢迎，应不断为客人添水斟茶。

主客交谈完毕，客人应主动起身告辞，有时主人意犹未尽，再挽留一会，客随主便就再逗留一会儿，但不宜过长，再次起身告辞。有时，客人谈事毕，仍未有告辞之意，主人也可有送客暗示。如宋代"客至则设茶，欲去则设汤。"这是上至官府，下至民间都实行的习俗。汤是"蜜渍橙木

---

① 《仪礼·士相见礼》。
② 福裕：《听雨丛谈·茶》。

瓜之类"做成，或取"药材甘香者屑之"。"辽人相见，其俗先点汤后点茶。至饮会亦先水饮，然后品味互进，但欲与中国相反"。[①]

清代有端茶送客之习。《清稗类钞·礼制类》记：

> 大吏之见客，除平行者外，既就坐，宾客问答，主若嫌客久坐，可先取茶碗以自送之口，宾亦随之，而仆已连声高呼"送客"二字矣。

客人走时，主人一般应礼貌送至门外，客人多次请求主人留步，而主人为体现主动热情，坚持要送。直至分手告别，再次互相恭贺问候，直待客人上马或上轿后，双方再次作揖或打躬作别。这种习俗沿袭至今仍送客至门外甚至车站，直到客人远走了，还招手致意。

在迎宾送客过程中，礼节虽不繁复，但处处体现主宾间的关系，作为主人就充分体现热情好客，积极主动，让客人有宾至如归的感觉。而作为客人也应谦和为贵，敬重主人的招待。所以金人刘祁说得好：

> 凡将迎交接之际，礼貌、语言过则为谄、为曲；不及则为亢、为疏，所以贵乎得中也。[②]

礼尚往来方面，传统方面更有一番讲究，古人相见，初次见面必须通过介绍人介绍，介绍人称为"介"。没有通过"介"的事先介绍，打招呼，直接贸然拜见，被认为是一种谄媚、苟合的行为，是不足取的。秦汉以前，人们互访，无论是贵族、官员，还是庶民百姓，见面时必须要携带礼物，以示诚意。礼物称为"贽"，也写作"挚"。执贽相见之礼为"执贽礼"。

> 古者，人君及臣重于相见之礼，所以相尊敬，故将有所见，必执贽。挚者，至也，信也。君子于其所尊，必执贽以相见，明其厚心所

---

① 《画墁录》。
② 《归潜志》卷13。

至，以表忠信，不敢相亵也。①

可见，上至国君，下至庶人，不论妇女、儿童彼此相见都要执贽，否则不合礼节。贽实际是一种身份证，在等级森严的封建社会中，它不仅用来表示来宾的身份，而且也用来识别贵贱尊卑的标志。身份不同所带贽是不同的。《礼记·曲礼下》记载：

> 凡贽，天子鬯（chang，音畅。祭祀用的酒，用郁金香泡黑黍制成），诸侯圭，卿羔，大夫雁，士雉，庶人之挚匹（指鸭）。童子委挚而退（即礼品不拘，放下礼物便走，不必行授受之礼）。野外军中无挚，经缨（马头上的装饰品）、拾（射箭用来裹袖的射韛）、矢（箭）可也。妇人之挚，椇、榛、脯、脩、枣、栗。

这些都是狩猎物和采集物，所送之礼只是表示一下自己身份而已。何况士人相见，宾客拿着礼物拜访主人，主人一定要辞谢，经再三推让，最后收下。事后还要专程回访，将客人上次送来礼物退还，经过再三推让，客人才收下。这就是所谓"礼尚往来"。

如果是士人拜见大夫，大夫不能接受贽礼，因大夫不可能亲自再去回访，所以不接受贽礼。有时是待客人告辞出门时，让人将贽礼在门外退还客人。

此外，古人在正式谒见、召见前，一般都要先派人去致意，这称为"先"。如同今天"打前站"。先去打前站的人也要带贽礼，只是比较轻。

先秦时期的相见执贽，仅仅是一种礼节，重在其"礼"，不在其"贽"，贽一般都是要退还的。发展到后来便成为馈赠礼物了。甚至越送越重。古人语：

> 礼尚往来，往而不来非礼也，来而不往亦非礼也。②

往来之礼贵在适宜，送礼本为表达敬重答谢之意，并非答礼越多越

---

① 《通典·礼三十五》。
② 《礼记·曲礼上》。

好，虽"礼多不怪人"，但有意义的轻礼更使人珍惜，所以自古道："千里送鹅毛，礼轻情义重。"相反，"币厚言甘"历来为"古人所畏"，① 所以古人又道：

多货则伤德，币美则没礼。②

礼物轻重既要得体，又要量力而行，古人语：

贫者不以货财为礼，老者不以筋力为礼。③

勉强为礼就失去以礼表达敬重友情之目的了，送得得当才会使人倍为珍惜。另外，从送礼者角度来说，还应提倡惠而无望思想：

人有德于我，不可不感；我有德于人，不必望感。④

意思是别人有恩于己，切莫忘怀，必须报答；而自己有恩别人，千万别想着别人回报于你，不然不如不施于人。正如有人所讲：

为惠而望所，不如勿为，此为结怨之道也。⑤

此外，《孟子·万章下》还说道：

却之却之为不恭。

意即一再推却拒绝别人礼物有失恭敬。《礼记·曲礼上》还指出：

赐人者不曰来取，与人者不问其所欲。

---

① 《资治通鉴·晋纪》。
② 《仪礼·聘礼》。
③ 《礼记·曲礼上》。
④ （清）宋缵：《古今药石·憬然录》。
⑤ （清）冯班：《钝吟杂录·家戒》。

意思是赠送别人的礼物必须亲自送去，绝不好叫别人来取，而送出的礼物就不要问别人如何处理了。

我们中华民族是礼仪之邦，历来维系古制，注重礼尚往来，但是随着经济的不断发展，人们生活条件越来越好，所送之礼早已不是先秦时期局限狩猎物和采集物，馈赠礼物的范围越来越宽，礼送得也越送越重。直到宋代文人来往馈赠之物，主要包括茶酒及其器具、文房四宝、杖扇枕等日用品以及部分珍异食品等。可是近代以来，随着社会风气的不断恶化，有些人是想借送礼之机，付行贿之实；而有的受礼者正好以收礼为名，行贪污之实。这样一贿一贪，双方相得益彰，臭味相投，无形中玷污了"礼尚往来"的礼仪本质。于是出现巧立各种名目，利用各种机会进行送礼，诸如红白喜事、寿辰生育、逢年过节乃至孩子升学等，都要送礼。而且所送东西早已出了"礼"之范围，其价值以万而计，甚至达几十万、几百万，显然不是一般平常之礼了。

送礼原本是为了表达人们之间的感情或答谢之意，主要应是感情方面的交流和通融，并不在于物质上的丰厚。所以除了物质上的礼品之外，更重要的是精神上的礼仪表达，诸如写封感谢信，题首诗词，有时比丰厚的物质礼品更能联络相互友情。这也是社交礼仪中很重要的一个方面，所以，我们特别强调一下，对改变当前一些不正之风，对一些人失之偏颇的送礼方式，予以适当引导，使我们的礼仪发展更加健康。

第九章

城市娱乐文化

今天在城市里除了歌舞厅外，一般的饭馆里都有 KTV 包间，甚至在许多家庭里也有卡拉 OK 设施，人们工作之余，几乎到处都能享用卡拉 OK。这种群众性自娱自乐的形式颇受大家的喜爱，很快风靡全国各大城市，深入到人们社会生活的各个角落。这是因为城市生活节奏较快，人们在紧张的工作之余，需要寻找放松放松的环境，所以城市中娱乐文化生活是必不可少的。随着现代科学技术日新月异的发展变化，现代娱乐文化活动也日益丰富多彩，声光电色无所不有，甚至正在向数字化技术发展。但是，传统的娱乐文化，音乐、舞蹈、戏曲、说唱杂技、体育活动等等，仍然为人们所喜闻乐见的娱乐项目。这里我们就城市娱乐文化的一些主要形式的发展历程，作一些深入探索，以利大家对此有一些更深的认识，从而进一步丰富改善我们的娱乐文化生活。

虽然城市中娱乐文化发展很早，但在唐代以前，由于受城市坊市制的影响，一般城市居民只有在节日期间或宗教活动时，才有一些娱乐活动；平时生活只是局限在坊里之中，没有任何夜生活的娱乐活动。这时期城市中只有在宫廷或府衙中才有热火朝天的升平歌舞。城市的娱乐文化生活是随着城市经济发展而发展的，自唐代中叶以后，商品经济有了一定的繁荣，城市中打破了坊市制，出现夜市以后，城镇得到发展，城市居民文化成长起来，表现出追求闲暇娱乐的趋势。

人们的娱乐生活必须要有充分的闲暇，娱乐具有群体性，一般来说，人们需要聚集在一起，才能充分表现情感。而娱乐生活的群体性、流动性的特点与稳定的社会秩序是格格不入的。所以自宋代以来，伴随娱乐文化的发展趋势，历朝统治者为了社会秩序的安定，对城市中群众性娱乐文化生活予以种种限制，控制越来越严，从而阻碍了部分城市娱乐文化的发展。特别是清代对戏曲、曲艺、歌舞、娱乐的限制政策，无疑是对这种时代精神的摧残。中国人民性格长期压抑、不够开朗、不活泼、缺乏创造性，就是与清朝政府的种种限制政策有关。

城市中娱乐文化从形式到内容，很大部分本来就源自广阔的农村，只是在城市环境中得到提炼、升华，发展得更为精彩而又丰富，有的甚至被宫廷吸纳，发展成雅文化。这些城市娱乐文化势必又会影响到周围农村中，推动了乡村娱乐文化的进一步发展。总的来说，城市经济条件优越，人们在紧张之余，闲暇时间更多一些，而城市居民的文化水平也更高一些，接受外来文化影响的机会也更多一些，所以城市娱乐文化生活要比乡村活跃而丰富得多，从而城市的娱乐水平也比乡村更高一筹。

即使在今天，广大农村的经济日益发展壮大，农民的收入逐年增多，农村的文化水平也在不断提高。但是，主要的文艺演出团体仍然集中在城市之中，城市中的娱乐场所相对比较集中，娱乐的形式和内容也在不断创新。什么交响乐、芭蕾舞、保龄球、网球、健身健美操等需要一定资金投入和设备装置以及特殊场地的娱乐项目，依然只能在城市出现。所以，迄今政府有关部门，一再强调要求城市文化机构和文艺团体搞三下乡活动，丰富农村的业余文娱生活。何况在古代，城乡经济差别更为显著，城市的娱乐文化相对更加先进。所以在这里专门研究城市娱乐文化更具典型意义。

一　城市音乐文化

我国自古就是音乐发达国家之一，从近年考古发掘中可见，早在原始社会就已发现有陶哨、骨哨、陶埙、陶角、骨笛等原始乐器。到周代已集古乐之大成，明确将"乐"与"礼"视作维持统治秩序的两大支柱。《周礼·大司徒》就说："以六乐防万民之情，而教之和。"同时记载周代已有庞大的音乐机构，管理音乐教育与音乐事务，领导着有1400多人的宫廷乐师和乐工。在王子、诸侯、卿大夫和士中都有各自的乐队，当然这些乐队主要是为统治者祭祀活动服务的。

到春秋战国时，青铜乐器很发达，近年在湖北随县战国初期的曾侯乙墓中出土一套完整的编钟乐器，共有124件各式乐器。在香港回归时，曾运抵香港演奏出美妙的现代音乐，为世人所瞩目。除了宫廷音乐外，战国时已出现民间街头音乐，如《列子》和西汉刘安的《淮南子》中记载，战国时民间女歌唱家韩娥，她路经齐国临淄，当时临淄城里人们都会吹筝、鼓瑟、击筑（一种五弦的用竹片敲击发音的弦乐器）。韩娥迫于断粮就在雍门一带卖唱求食。她美妙而婉转的歌声深深打动了听众的心弦，给人们留下了深刻印象，传说其歌声余音，三天后仍缭绕房梁间，后世所谓"绕梁三日"成语典故就出于此。

秦与西汉都设有专门的音乐机构"乐府"，《汉书·礼乐志》中记，汉武帝时，"乃立乐府，采诗夜诵，有赵、代、秦、楚之讴"。赵、代在北方，秦在西方，楚在南方，说明当时在全国采集乐歌。东汉设有"黄门鼓吹署"，行施乐府职责，继续搜集民间音乐。当时乐府搜集的乐歌主要有鼓吹乐和相和歌两大类，鼓吹乐源自北方边区少数民族节奏明朗的乐曲，引入宫中的主要用于朝会和军中，带有仪仗性质。而相和歌则是源自全国各地流行的民歌，由"街陌讴谣之词"发展而成的民间音乐，采用一人领唱，众人帮腔的形式，主要用于娱乐欣赏。

魏晋南北朝时期是我国音乐大发展时期，由于边区少数民族入居中原，促进我国各民族音乐的融合；同时因北方人口大批南移，也促进了流行于北方的相和歌与流行于南方的吴歌和荆楚西曲的结合，形成新的音乐形态"清商曲"；再有就是这时期佛教音乐的传入，为中原地区的音乐注入了新鲜内容；再有一点是这时期西域地区的大量"胡乐"的传入，大大丰富了南北朝的音乐生活。这些都为隋唐时期音乐大发展奠定了坚实的基础。

说起胡乐，除了传入不少西域各地的乐曲和民间艺人，大大丰富了中原地区音乐的内容外，更为重要的是这时期传入大量的新型乐器，诸如胡茄、各色琵琶、排箫、羌笛、横笛（又名胡笛、横吹、胡簏等）、角、箜篌、羯鼓、胡琴等。这些乐器以后都逐渐发展成为我国民族音乐的主要乐器了。

隋初对胡乐、俗乐进行了全面整理，先后制定宫廷礼乐为七部乐和九部乐。唐初又充实扩展成十部乐，即燕乐、清商乐、西凉乐、天竺乐、高丽乐、龟兹乐、安国乐、康国乐、疏勒乐及高昌乐。此外还备有扶南乐、百济乐、新罗乐、突厥乐、南诏乐、倭国乐等伎乐。后又有立部伎和坐部伎制度，内容极为丰富多彩。唐朝政府在西京长安和东京洛阳都设有太常寺、大乐署等规模庞大的音乐机构，还有专管俗乐的教坊。此外地方府、县还设有"衙前乐"，主要演出各地的民间音乐、百戏等。这些音乐机构中的乐工总数在万人以上。

只是这些机构所管的音乐，均为宫廷衙府服务，而一般市民百姓却受坊市制的城市布局的限制，平时很难享用。只能在逢年过节时，或在宗教活动的庙会上，才有机会观赏得到。

如前述隋炀帝时，在正月十五元宵节时，曾在洛阳举行盛大百戏表演，"戏场周围五千步，执丝竹者万八千人，声闻数十里"。当时的优秀音乐家不乏其人，唐代有位许和子，系江西永新（今江西吉安）的民间歌手，开元末被征入宫中为内人，改名为"永新"。她"能变新声"，一次唐玄宗举行"大酺"即与民同乐的宴会时，由于观众喧哗不断，使伴奏百戏的音乐也听不见了，高力士出谋让永新唱一曲，果然，永新一唱，广场即静若无人，由此足见其歌声之魅力。

自唐代后期以后，由于城市商品经济的日渐繁荣，原先的坊市制格局逐渐被打破，音乐艺术中心也开始逐渐从宫廷向市井百姓转移。到北宋时，开始出现专门卖艺演出的场所，叫"瓦子"，又称"瓦舍"；有演戏的地方称作"勾栏"。在京都汴京的街市中有勾栏、瓦子、游棚等演出民间音乐的场所五十多处，最大的能容纳数千人观看。在南宋的临安城内也有瓦子十七处，城外还有二十座。从而使音乐步入民间日常生活之中。

宋代民间有衙前乐，这是民间固定的专业文艺表演者，他们与其他工匠一样，在官府注籍，又称乐籍，像乡村上等户有衙前役一样，有供应官府娱乐的义务，所以称为衙前乐。他们平常在城市瓦子勾栏中演出，官府有需便即服役。此外，各地还涌现出一大批流动文艺演出队，这些被称为"路岐人"。他们没有固定演出场所，走街穿巷，相当活跃。这些人拖儿带女，就街坊桥巷呈献百戏伎艺，以求得到路人施舍一些钱赀求生度日。

而宋代官府虽仍有教坊，但规模已不太大，这些乐队或单独演出，或伴奏，教坊人员最多时仅有四百余人。而且至南宋时，教坊已废置无常，在教坊罢后，如遇大朝会、圣节、御前排当及驾前导引等奏乐，全部落在衙前乐身上，所以南宋临安府的衙前乐更为盛行。除临安府差拨外，甚至到瓦子勾栏或路岐人中"和雇"以应需求。此外，宋代军队中都有军乐队，因兵种不同或驻防各异，形成许多乐队，统称为诸军乐。诸军乐不仅供军中使用，京师驻军乐队还供宫廷及地方节日演出需要。宋代军乐队人数相当庞大，诸军营皆有乐工，率五百人得乐工五十员，即占军队总数的十分之一。

由此可见，宋代官乐渐为民间乐队取代，而宋代的民间说唱艺术已十分丰富，有小唱、嘌唱、唱赚、诸宫调、鼓子词等。这些演唱已似现代流行歌曲。

宋代的流行歌曲主要是"宋词"，或称"小唱"。小唱为走街串巷，出入酒楼、妓馆的小型演出队，词曲短而精。宋词的创作方式分为旧谱填词和自创新曲两种。前者是利用隋唐以来民歌、曲子或歌舞大曲、法曲的片段，在词牌中填上新词。后者是利用民间流传各种乐曲的素材，另创新的词牌。宋词演唱时，一般由歌手执拍板击拍演唱，有时可由另一人吹箫伴奏。宋词音乐有自己的特点，形成独特的风格，产生极为广泛的影响。南宋中期以后不多见了。

嘌唱是以令曲小词为主，是用鼓声伴奏演唱。其唱腔用鼓、板、笛等各种乐器伴奏，曲调多，流行于瓦子勾栏中。

唱赚为叙事歌曲选若干曲子，组成一套数，表演一个故事，内容较复杂，音乐有较多变化。唱赚一般在演唱前先要念一首定场诗，称为"致语"，然后由演唱者击板，另有一人击鼓，一人吹笛伴奏。1235年前后，开始发展成歌唱整本爱情故事，成为说唱音乐，称为"覆赚"。可能是几套唱赚的连接运用，但流行时间并不长。

诸宫调又叫诸般宫调，是北宋熙宁、元丰年间开始形成的说唱音乐。起初比较简单，是由不同宫调的只曲连缀而成，各曲间有说白，后发展成套曲。是从许多宫调中抽出多种曲子组成一个完整的叙事歌曲。一般由讲唱者自己击鼓，另有他人用笛、拍板等乐器伴奏。

鼓子词是最早流行于宋代的一种民间歌曲，后引起文人、士大夫的兴趣，逐渐发展成为常在街市勾栏里表演的说唱音乐。由一人主唱兼讲说，另有几人作"歌伴"兼器乐伴奏，伴奏乐器以鼓为主。

明代随着城市工商业的发展，市民阶层日益壮大，各地不同风格的俗乐——民歌、小曲、弹词、鼓词、十番、鼓吹、南北曲等在沿海城市广泛流行。

小曲是一种在各地民歌的基础上发展起来的通俗歌曲，又名"俗曲"。它最早出现于元末，最初在村坊市镇流行，后传入城市，在歌楼酒馆内传唱。约在明宣德、万历年间，已在北京、扬州、汴梁、成都、泉州、广州等地形成小曲中心。大约到清康熙、乾隆前后，各地小曲逐渐向说唱音乐过渡。如北京的小曲在乾嘉时发展成为"单弦"。以扬州为中心的两淮、江南地区的小曲，乾隆时专称为"小唱"。扬州小曲一般只唱不说，伴奏乐器为琵琶、三弦、月琴、檀板等。而汴梁地区的小曲传到河南商业中心禹县、南阳等地，成为鼓子曲。除了大城市外，许多中小城市也有小曲。

江苏地区有演"十番"，这是一种器乐合奏，又称"十番鼓"。共有笛、管、箫、弦、提琴、云锣、汤锣、木鱼、檀板、大鼓十种乐器，更番演出，故名十番鼓。后又增添了星钹，如加锣铙，则为粗细十番。①

除此之外，我们再介绍几种流行城市街头，技艺高超的民间艺人所表演的街头音乐。如：

清代后期北京有八音联欢，"其法，八人团坐，各执丝竹，交错为用"。所用乐器有琵琶、胡琴、洋琴、三弦、笛子、鼓等。演奏后，"音极悠扬，其书词亦绵邈可听，倾动一时"。②

乾隆时，广东有位锣鼓三的民间艺人，是盲人，每天自负诸乐器沿街售技。

> 邀之演技，则以草荐席地坐，凡诸乐器环置左右，口吹管龠，手按工尺，左肘摇锣，右拇指箝木捶挝其鼓，左拇指挂小板为节拍，和其歌，其余乐器应手而执，妙无滞机，疾徐缓急，无不中度。其唱则生旦净丑诸角色，一一毕现，不辨为一人所出，若合众手而为之者。③

浙江乌程有艺人朱锦山，置二十四种乐器于前，以口及左右手足动之，皆能中节。而且奏南北各大小曲，以及仿划拳笑骂声，惟妙惟肖。

在这些众多的民间音乐的基础上，南方地区又形成独具特色的地方音乐，如广东音乐、江南丝竹等，直至现代仍在我国民族音乐中居于重要地位。

广东音乐是近百年来，在广东珠江三角洲一带产生和流行的民间器乐曲，这是外省人对它的笼统称呼。实际它包括的范围很广，其中有粤剧和潮剧音乐，主要指过场音乐和烘托表演动作的乐曲；狭义的广东音乐是指

---

① 《扬州画舫录》卷十一。
② 《天尺偶》卷七。
③ 《清稗类钞·音乐类》。

小曲，即器乐曲而言，现已成为习用的专称了。它的曲调流畅优美，节奏清晰明快。演奏乐器有二弦、提琴、[①] 三弦、月琴、横箫，俗称"五架头"；后加入扬琴、琵琶、钢弦二胡（即高胡）、秦琴等。广东音乐中的古调词曲，并不完全发源于在广东地方，其中如昭君怨、浪淘沙、梅花三弄等，都本是燕赵间的名词谱，不过它经过广东音乐家的演奏和改革，愈形婉转动听。

江南丝竹是近代流行于江苏南部、上海、浙江西部一带的器乐演奏形式，它以丝弦和竹管乐器相结合进行演奏，所以称为丝竹乐。所用乐器有二胡、三弦、琵琶、扬琴、笛、箫、笙、鼓、板、木鱼等。城市中所演奏的手法上花样很多，风格优雅华丽。江南丝竹来自民间婚丧喜庆和庙会活动中演奏的风俗音乐。其曲调爽朗、节奏明快，给人以清新、优美的感受，表现了江南地区人民勤劳朴实、细致含蓄的性格特点，也体现了对江南地区山清水秀的景色的赞美。

近代，随着我国国门的打开，西方乐器与各种西方音乐，不断传入我国，极大地丰富了我国的城市音乐生活。诸如钢琴、铜管乐、吉他、电子乐器等乐器，加上西方的交响乐、室内乐、摇滚乐等多种形式，很快风靡全国。特别是受港台歌曲和校园民谣的传播，使我国的流行歌曲也响彻全国各个角落。

二　城市舞蹈文化

我国是能歌善舞的文明古国，与音乐发展的同时，人们在劳动生产之中、喜庆丰收之时以及进行军事演习和宗教仪式时，为了表达内心的喜悦，往往手舞足蹈，从而逐步形成歌舞艺术。今天我们常见的一些舞蹈，如水袖舞、长绸舞、剑舞等，都可从汉代的杂舞、俗舞中找到它们的渊源。

秦汉时盛行"百戏"，原称"角抵"；也写作"大角抵"或"角抵奇戏"。

《史记·李斯传》记：

---

① 不是西洋乐器的提琴，而是中国乐器，形制和板胡相近，琴筒用竹制或椰壳制，前面嵌薄木板，约在明代已出现。

（秦）二世在甘泉（宫），方作角抵优俳之观。

《汉书·武帝纪》载：

　　元封三年（前108年）春，作《角抵戏》，三百里内皆来观……六年夏，京师民观角抵于上林平乐馆。

　　汉代的"百戏"包含了音乐、舞蹈、幻术、滑稽、杂技、武术等多种民间技艺的串演。今天舞蹈中一些高难技巧，诸如折腰、倒立、翻转、腾跃、旋转等动作。都可在汉代的"百戏"中见到其端倪。

　　"长袖善舞"是我国传统舞蹈。周代的《人舞》就是舞袖。在出土文物中就有战国时，不少曳长袖而舞的舞者形象，如洛阳金村古墓中出土的战国玉雕舞女佩饰，两个舞女穿着长袖舞衣，细腰长裙，一手"托掌"，飞舞长袖于头上，一手"按掌"，拂垂长袖于腰侧，她们相对而舞，形象生动优美。《史记·货殖列传》中记载，中山国由于"地薄人众"，不少穷苦人为生活所迫，离乡背井，出外卖艺。如：

　　赵女郑姬，设形容，揳鸣琴，揄长袂，蹑利屣，目挑心招，出不远千里，不择老少者，奔富厚也。

　　他们为了谋生，不远千里，穿着长袖舞衣和尖尖的无跟舞跣，踩着细步，瓢曳长袖，轻盈而富有表情地舞蹈，到各地富贵人家卖艺。

　　汉代盛行长袖舞和巾舞，就是双手执长巾（绸）而舞，与今天的长绸舞差不多。《韩非子·五蠹》中称："鄙谚曰：'长袖善舞，多钱善贾。'"说明战国时已有长袖舞。汉崔骃的《七依》中记："表飞縠之长袖，舞细腰以抑扬。"汉高祖的宠姬戚夫人，"善为翘袖折腰之舞"。[①] 而汉武帝的李夫人，亦善舞。汉成帝时，有个著名的舞女赵飞燕，相传她身轻如燕，能作掌上舞，所以叫"飞燕"。她舞姿极轻盈，技术高超，"善踽步行"，像人手拿花枝微微颤动，大概是一种轻巧的碎步。后被成帝刘

[①]《西京杂记》卷一。

骛召入宫内，初为婕妤，后封为皇后。

说到舞蹈，古代女子的打扮和姿态，为了赶时髦，往往受舞蹈影响。如东汉大将军梁冀的太太孙寿，"色美而善为妖态"，专爱在做作打扮上下工夫。她的眉毛画成发愁的样子，被称作"愁眉"；发髻偏在一边，被称作"堕马髻"；笑起来也很特殊，人们称之为"龋齿笑"，像害牙疼的样子；走起路来的步态像坏了腰脊骨，人们称之为"折腰步"。其打扮举止，在当时京城洛阳城里的妇女中极为风靡，竞相仿效，成为风尚。而这折腰步就是从舞女们的舞姿中学来的。早在西汉时，戚夫人就善跳"翘袖折腰舞"，它本是楚舞，以舞腰纤细婀娜为主要特征。所谓折腰是既不向前弯腰，也不向后弯腰，而是向左右两侧折腰，整个身躯形成美的曲线。这在南阳出土的汉画像石中就有二舞女在表演双人折腰舞，动作一致地从身后向左侧甩袖而向右侧折腰。

张骞通西域以后，西域乐舞杂技传入中原后，丰富了《百戏》内容。汉代的大量画像石、画像砖及陶俑等，形象逼真地表现了丰富多彩的汉代舞蹈形象。

《汉书·西域传》记：为了招待四方来朝的外国使节，举行盛大演出，

> 作巴俞都卢、海中砀极、漫衍鱼龙、角抵之戏以观视之。

这里的"鱼龙"，实际就是我们今天所舞的龙灯。以后民间不断发展，形式多样，千姿百态，雄伟壮观，深受城乡居民的喜爱。每到逢年过节时，各地城市中都有舞龙灯节目。

在《梦粱录·元宵》中记载南宋临安城的元宵节夜晚：

> 又以草缚成龙，用青幕遮草上，密置灯烛万盏，望之蜿蜒，如双龙飞走之状。

在《粤东笔记》中就记当地正月初一，"城内外舞狮像龙鸾之属者百队"。乃至今天海外华人居住区，依然以舞龙灯形式，为中华民族节日气氛的象征。

魏晋南北朝时期，由于北方少数民族内迁中原与汉族杂居，将他们具

民族特色的舞蹈也带来了，形成各民族乐舞大交流时代。东汉灵帝好"胡舞"，就是最早传入的匈奴舞蹈，以后曹植也喜好"胡舞"。在各式西域地区的舞蹈随西域音乐内传同时，一起传入中原，直接影响到隋唐的舞蹈发展，甚至有的至今仍是我国民族舞蹈的精华。

唐代《胡旋舞》即西域的《康国乐》，这种"急转如风"的舞蹈，受到中原人民的欢迎和喜爱。舞时如蓬草迎风飞舞。左旋右转不知疲倦，千旋万转不停歇，转得快如"奔车轮缓旋风迟"，甚至转得"四座安能分背面"。这种高难度的旋转技巧，多由女子表演，偶尔也有男子表演。

还有一种《胡腾舞》，也是从康国（即今中亚塔会干一带）传入，主要是以跳跃见长。似乎都是胡人所跳，多为男子独舞，头戴虚顶尖帽，身穿窄袖衫，腰垂长带，脚登锦靴。舞时在舞毯上急舞腾跳，踩踏得毛毯上绒毛飞扬。

《霓裳羽衣曲》是唐代著名的歌舞，据传乐曲是唐玄宗部分吸收印度《婆罗门曲》改编的，以杨贵妃表演最为著名。白居易《霓裳羽衣歌和微之》中描述：

> 飘然转旋回雪轻，嫣然纵送游龙惊；小垂手后抑无力，斜曳裙时云欲生。

舞姿婉转轻柔，旋转起来像风吹雪花在空中回旋，如游龙飞向天际，曳在地上的裙裾像飘动的云一样，表现仙女从天上飞下来似的。这舞常在宫廷和贵族士大夫的宴会中表演。

唐代城市街头巷尾、酒肆厅堂都有民间艺人献艺，每逢喜庆节假日，人们还拥向街头，欢快地跳起踏歌来。踏歌在唐代十分流行，它是足踏节拍自娱自乐的集体舞，唐诗中留下许多跳踏歌的描述。如李白的《赠汪伦》中：

> 李白乘舟将欲行，忽闻岸上踏歌声。

刘禹锡专门写了《踏歌行》一诗。踏歌时成群结队的人们，手拉着手，踏着鼓点节拍，载歌载舞，歌词简单，可同一曲调即兴填词，也可反复传。甚至通宵达旦："夜宿桃花村，踏歌接天晓"；"踏曲兴无穷，调因词不同"。

唐代的舞蹈活动，在节庆和宴饮时，社会各阶层人都参与，上至宫廷天子，下至市民百姓，都能歌善舞。但到宋时以后，舞蹈渐被视为下贱，逐渐演变成队舞。宋时宫廷中舞队分为小儿队和女弟子队，各有十支小分队。《宋史·乐志》中记：

> 每上元观灯，楼前设露台，台上奏教坊乐，舞小儿队。台南设灯山，灯山前陈百戏，山棚上用散乐，女弟子舞。

宋时城市瓦子里舞蹈也很盛行，东京就有《舞旋》能手张真奴，南宋临安舞馆百戏《舞蕃乐》能手张遇喜、刘仁贵，神鬼舞的谢兴哥、花春等，都是城市里专业舞蹈演员。但总的来说，宋代舞蹈逐渐由盛转衰，主要是不再以单纯的舞蹈表演，其中已夹有唱述或表演故事的成分，戏曲艺术在这种发展进程中逐渐形成。以后元代杂剧兴起后，单纯的舞蹈艺术表演已不多见，在戏曲中融合了诸多舞蹈动作，并不断有所发展、提高。如明清以后的古典戏曲中，武打逐渐成为重要艺术形式之一，逐渐形成一种特殊的舞蹈艺术。而在民间节日活动中，一些民间舞蹈如踩高跷、跑旱船、竹马、舞狮、舞龙、腰鼓、秧歌等，流传至今不衰。

下面我们再看看今天的一些重要舞蹈，是如何从古代流传下来的。

今天城乡除了舞龙灯外，狮子舞也很盛行。这种狮子舞原先是流行于古代波斯一带的舞蹈，东汉以后传入我国，三国时已见记载，三国魏人孟康注释《汉书·礼乐志》"象人"时说："若今戏鱼、虾、狮子者也。"这是我国文献中对狮子舞最早的记载。到北魏时人们往往以狮子舞作为群众活动的前导，至唐已十分盛行。以后逐步发展成南北两种风格，北方舞狮以演"武狮"为主，南方则以演"文狮"为主。前者主要表现狮子的威武勇猛，其动作主要有翻腾、跳跃、登高、直立等，有滚绣球、窜桌子、走梅花桩、过跳板等；后者主要表现狮子活泼可爱，其动作主要有搔痒、舐毛、抖毛、洗耳等，有滚球、吐球、上楼台、过天桥等。人均以它象征勇敢和力量，以求驱邪镇妖之功，所以，街头巷尾舞狮十分热闹。

今天的舞会上每每由男者邀请女舞伴跳舞。实际上古代就有这种习俗。秦汉以后的宴会上，跳舞时讲究"属"（音烛），在《史记》的《索引》中，解释"属"意为"委也，付也。"其意就是先跳者跳完一曲后，邀请另一个人接着跳下去，把跳舞的事托付给对方。这在《乐府诗集》中说得更明白："以舞相属，所属者代起也。"这种"属舞"风气至唐代还很盛行，唐太宗就经常在宴会上邀请群臣跳舞。到北宋以后就逐渐衰歇了，所以郭茂倩在《乐府诗集》中就说，古代宴会上很重视以舞相属，而"近世以来，此风绝也"。

现代舞中的面具舞，有人误以为从西方化装舞会中传入的，实际上在我国古代，可以追溯到周代傩舞中的"方相"。它不仅有"黄金四目"面具，而且身上蒙着熊皮。到汉代的大傩，又发展身上有毛，头上有角的"十二兽"。当时在平乐馆中演出《总会仙倡》节目中有"戏豹舞罴，白虎鼓瑟，苍龙吹篪"，这富有神奇色彩的动物化装歌舞，自然离不开面具。南北朝时受到西亚东渐的面具舞影响。据唐释琳所撰《一切经音义》中说到的《苏幕遮》，就是一种"或作兽面，或像鬼神，假作神之面具形状"的舞蹈。这种民俗舞蹈源自康国等西亚国家，早在大象二年（580年），《苏幕遮》就由胡人在北周宫廷表演。

隋代诗人薛道衡的《和许给事善心戏场转韵诗》描述了京城长安、洛阳元宵之夜：

万方皆集会，百戏尽前来，羌笛陇头吟，胡舞龟兹曲，假面饰金银，盛装摇珠玉。

古代面具舞最著名的要数从北齐一直流传到唐代的《兰陵王》，此舞又叫代面或大面，其特点就是舞时戴上面具。故事源自北齐皇室贵胄叫高长恭，一名孝瓘，他武艺高强，但长相太秀气，于是他出征时戴上一副狰狞可怕的面具，即能所向披靡。一次他被北周军队围困在金墉城下，眼看要覆灭，他从容戴上面具，让弓箭手掩护，一举突围取胜。《兰陵王》舞就是根据高长恭的事迹编成的，这是一种戴面具表演战争场面的独舞，武士们在一旁齐声伴唱。此舞约在 8 世纪传到日本，至今日本仍作雅乐而保存。

"文革"中风行一时的"忠字舞"，实际上古已有之。早在汉代已有此迹象，当时诸侯在朝觐皇上或贺寿时，除了行跪拜礼外，还要舞蹈。自后魏起，朝见君主时，嫌作揖稽首之礼不足为恭，代之以手舞足蹈表示。这在《通礼义纂》中说得很明白：

古者臣于其君有拜手稽首之礼,自后魏以来,臣受恩皆以手舞足蹈以为欢喜之也。

宋代对不同场合向皇帝跪拜、舞蹈有严格规定:在庆寿时,"三十三拜,三舞蹈";元旦朝贺,"十九拜,三舞蹈";冬至朝贺,"一十三拜,一舞蹈"。① 到明代简化了许多,除了朱元璋登极外,一般仅在庆贺皇帝万寿节时才用。举行时,在致贺词后的大乐声中:

(群臣)缙笏,鞠躬三、舞蹈。赞跪唱山呼,百官拱手加额曰:"万岁";唱山呼,曰:"万岁";唱再山呼,曰:"万万岁"。②

这是指群臣需将笏板插入腰间,先鞠躬,后舞蹈,再山呼万岁。到清代仍有此习,每到除夕、上元、万寿等节,宴会上都有满族侍卫穿一品朝服"舞于庭除"。③ 不过这种舞蹈,并非平时娱乐性翩翩起舞,只是一种象征性的舞姿,作为简单的仪式礼节动作。由此可见,"文革"中跳"忠字舞"是多么荒诞无稽之事。

竹马,又称竹马灯、跑竹马、竹马子等。其意出自唐代李白的《长干行》诗中:

郎骑竹马来,绕床弄青梅。

这就是"青梅竹马"的来历,本来是指儿童以竹竿当马骑。而竹马舞就是用竹篾扎成马形,外面糊上纸或蒙上布,分成两截,系在舞者腰的前后,边歌边舞。常与跑旱船、踩高跷、小车等节目搭配演出,迄今仍颇受广大群众喜爱。

《秧歌》起源于农业劳动生活,清人吴锡麒著《新年杂咏抄》认为《秧歌》是由宋《村田乐》演化而来。《村田乐》和《秧歌》都产生于农

---

① (宋)陈世崇:《上寿拜舞记》。
② 《明史·礼志七·大朝仪》。
③ 昭梿:《啸亭杂录·续录·卷一喜起庆隆二舞》。

业劳动生活，二者都有继承关系是有可能的。清人李调元著《粤东笔记》载：

> 农者，每春时，妇子以数十计，往田插秧，一老挝大鼓，鼓声一通，群歌竞作，弥日不绝，是日秧歌。

清代道光五年（1825年）编印的《晃州厅志》记：

> 岁，农人连袂步于田中，以趾代鉏（锄），且行且拨，膝间击鼓为节，疾徐前却（退），颇以为戏。

说明当时的节奏，时快、时慢、或进、或退地舞起来。

"秧歌"不但在农村流行，而且在城市也很盛行。"秧歌小队闹春阳"，观看"秧歌"的人群车辆拥挤不堪："毂击肩摩不暇狂"。

> 秧歌初试内家装，小鼓花腔唱凤阳，如蚁游人拦不住，纷纷挤过蹴球场。[1]

"秧歌"多在广场街头表演，有时也在戏园与戏曲相间时演出，清人陆又嘉《燕九竹枝词》记："早春戏馆换新装，半杂秧歌侑客觞"。清代戏院往往又是酒馆，台上演戏，台下演"秧歌"，观众一面看表演，一面饮酒。"秧歌"甚至传到宫廷，在宫中也教习秧歌，说明清代"秧歌"之盛行。

1942年在延安出现"新秧歌运动"后，历史悠久的"秧歌"注入了新鲜的、革命的内容，形成朴实健康的新秧歌，充分反映人民群众喜悦心情。直至今天在大小城市中，已成为老年健身娱乐活动，仍为人们喜闻乐见的歌舞形式。

近代受西方文化影响，又有各色交谊舞、现代舞、芭蕾舞等新式舞蹈引进，大大丰富了我国舞蹈的内容和形式。今天除了专业舞蹈工作者在舞台上演出各种节目外，在广大人民群众中，在歌舞厅里，随着节奏鲜明的

---

[1] 袁启旭：《燕九竹枝词》。

舞曲，人们翩翩起舞，轻松欢快的舞步跳着各色各样的交谊舞、迪斯科和摇滚等。而在公园的晨练中，处处洋溢着舞曲，中老年们正在以跳舞作为健身锻炼的好方式，时兴各式各样的健身舞。音乐舞蹈早已成为人们须臾不可短缺的文化生活。

三 城市戏曲文化

我国的戏曲艺术是一门专门的综合艺术，它的正式形成虽然较晚，但其源远流长。可以追溯到先秦的巫觋，每逢祭典，装神弄鬼，且歌且舞，初步具有戏剧性化身表演特色。其后从巫觋中分化出俳优，通过戏谑方式讽谏统治者。巫觋与俳优的区别，王国维先生在《宋元戏曲史》中指出：

> 巫以乐神，而优以乐人；巫以歌舞为主，而优以调谑为主；巫以女为之，而优以男为之。

开始演戏的优，只是国王的弄臣，专以讽刺调笑为职。至南北朝的后赵石勒时，因一个参军石耽（一说是周延）贪污。以后每次宴会时，便命优伶扮演参军，让另一个优伶从旁嘲讽戏弄。于是这种以一个被嘲弄者叫参军，另一个戏弄他的叫"苍鹘"，通过戏谑滑稽的表演，讽刺朝政和不良社会现象的戏，便被称为"参军戏"。这是一种讽刺性的滑稽小戏。所以，王国维先生在《宋元戏曲史》中又指出：

> 古之俳优，但以歌舞及戏谑为事。自汉以后，则间演故事；而合歌舞以演一事者，实始于北齐。顾其事至简，与其谓之戏，不若谓之舞为当也。然后世戏剧之源，实自此始。

与此同时，随着佛教的传入和西域的文化交流，天竺梵剧也沿丝绸之路辗转传入我国。这点王国维先生在《宋元戏曲史》中也指出：

> 盖魏、齐、周三朝，皆以外族入主中国，其与西域诸国，交通频繁，龟兹、天竺、康国、安国等乐，皆于此时入中国此时外国戏剧，当与之俱入中国。

可见魏晋南北朝时,已开始初见我国戏剧的端倪。不过,这时期出现的剧目,如《兰陵王》、《踏摇娘》、《拨头》等,均属歌舞戏。

隋唐时期,歌舞戏十分兴盛,它们以抒情打动观众。以后逐渐与参军戏靠拢,相互吸取长处,使参军戏进一步演化成宋代的杂剧。实际上唐代中叶以后的参军戏不一定再演石耽或周延,诸凡一切假官,皆谓之参军。而且,从开元以后,这种讽刺性滑稽戏日盛。它与歌舞戏之区别,王国维先生在《宋元戏曲史》中有精辟分析:

> 以此与歌舞戏相比较:则一以歌舞为主,一以言语为主;一则演故事,一则讽时事;一为应节之舞蹈,一为随意之动作;一可永久演之,一则除一时一地外,不容施于他处;此其相异也。而此二者之关纽,实在参军一戏。

唐玄宗时,宫廷中出现教练歌舞艺人的专门场所,称作"梨园"。有时唐玄宗还亲自前往教正,于是这些艺人便被称为"皇帝梨园子弟"后人往往称戏班为"梨园",称戏剧艺人为"梨园子弟",即出于此。实际上,唐代此时还未有正式的戏剧和戏班,这只是后人借用或引申而已。

杂剧兴起于唐末,原是民间一种独立演出的滑稽戏,表演形式比较随便。演出前后有开场曲和终场曲,是用器乐演奏。在唐代的参军戏基础上,逐渐发展成宋代杂剧,但比参军戏有了很大发展。在结构上,宋杂剧是先演寻常熟事一段,称作"艳段",再演正杂剧。演员也由原来一两个发展到有多种角色,如末泥(一班之首)、引戏(安排演出的)、副净(原来的参军)、副末(原来的苍鹘)、装孤(角色不够时新增的角色)等多种角色了[①]。它的主要节目,一类是以大曲曲调唱故事,即表现市井生活的世俗闹剧,如《调风月》,讽刺市井老板聘娶少妇的故事;另一类是由参军戏演变而来的调笑剧,如《二圣环》,讽刺秦桧只会投降卖国,把迎接徽钦二帝丢在脑后之事。所以说宋代的杂剧是我国最早的戏曲形式,可惜宋代杂剧未能留下,难见其真面目。

宋代杂剧在城市娱乐活动中具压倒优势,演出地点除宫廷外,还设在

---

① 《梦粱录·妓乐》。

寺庙里，并在民间有专门演出场所，即"瓦舍"中的勾栏。《东京梦华录》的《京瓦伎艺》中记述当时瓦舍遍布全城，每座瓦舍中有几十座勾栏棚，分别演出各种不同的伎艺，有杂剧、小说、讲史、诸宫调、武艺、杂技、傀儡戏、影戏、说笑话、猜谜语、滑稽表演等。在《元宵》、《中元节》中都记述了汴梁瓦舍勾栏中演出各色伎艺和杂剧的盛况，基本都为杂剧所占领，在庙会舞台上也是杂剧最能赢得观众。当时观众主要是市民，除了贵族、官僚、士大夫外，主要是手工业者和商人等。其中带棚的勾栏为当时最好的演出戏场。

从北宋末年至元末明初，在南方地区流行起南戏，总称南曲戏文，简称戏文。早期出现在浙江温州（一名永嘉）地区，故又称温州杂剧或永嘉杂剧。它脱胎于温州地区的民间歌舞小戏，是由里巷歌谣、村坊小曲等形成的村坊小戏发展起来的。明徐渭在《南词叙录》中记：

永嘉杂剧兴，则又即村坊小曲为之，本无宫调，亦罕节奏，徒取其畸农、士女顺口可歌而已。

又说：

其曲则宋人词而益以里巷歌谣，不叶宫调，故士大夫罕有留意者。

以后很快从农村流入城市，先是只流行于浙闽地区，以后流入临安。到南宋绍熙年间（1190—1194年）已由临安传到苏州地区。于是与诸宫调、唱赚、宋词等伎艺的交流中得到发展，尤其是北方杂剧南下后，又输入了北方杂剧的艺术特点，使南戏的艺术水平大大提高了。特别是元末高明创作的《琵琶记》，标志着南戏的成熟，从而使南戏广泛进入各大城市，如杭州、温州、福州、泉州、潮州以至到达元大都。南戏剧本多取材于正史、唐宋传奇、时事、话本和杂剧中的故事，内容十分丰富。在艺术上，因吸收了大曲、诸宫调、唱赚等说唱音乐，形成以宫、商、角、徵、羽五色音阶为特色的南曲音乐。并吸收了北方杂剧中插科打诨的滑稽表演方式，使其艺术表演日臻完善。南戏演唱方式多样，有独唱、对唱、轮唱、合唱等，而且登场各角色都能唱。主要角色已有生、旦、净、末、丑、外、贴七种，演唱方式较为自由，所有角色都可唱。至元后期由于杂剧脱离生活趋向衰微，而南戏日益成熟，由于它和人民生活密切联系，很快传遍江苏、浙江、安徽、江西一带，成为具有地方特色的戏种。它与北方杂剧并艳，成为我国戏曲的两大流派。

金代称作院本杂剧，扮演戏剧的人多为唱伎，演员住的地方称为行院，他们演唱的本子称作院本。院本杂剧从宫廷府第走向瓦肆行院，演出的主要对象成了广大人民大众。宋代杂剧据《武林旧事》的《官本杂剧段数》一节中记载约有280段，周密的《癸辛杂识》中也有类似记载，多以滑稽调笑，讽刺戏谑为主，巧妙运用谐音、隐语、反铺垫等手法，来针砭嘲讽社会上一些丑恶的现象。而《辍耕录》记载金院本杂剧已达689段。但只有剧名，其剧本皆未流传下来，只是在元明戏剧和《金瓶梅词话》中偶尔保留几段。从中可见，金杂剧的内容除了诙谐调笑以外，还有历史和爱情故事。这对元代杂剧有很大影响，为元代杂剧的发展开辟了道路。

实际元代杂剧是在宋杂剧、金院本杂剧的基础上糅合其他艺术形式诞生于我国北方。它是以北方流行的曲调演唱，故又称北曲或北杂剧。元杂剧的出现标志中国戏曲艺术达到了成熟阶段。一般来说，元杂剧每本四折表演一个故事，遇到比较复杂的人物故事，有的根据需要，加一两个"楔子"，或放在第一折之前，相当于开场戏，用于交代剧中人物和故事情节的前因，引出正戏；或放在折与折之间，相当于过场戏，起到承上启下的作用。整本剧分成多本多折演唱，唱词和对白或用来描摹场景、抒发剧中人物的感情，或用来交代事件、展示剧情，同今天戏曲表演方式已很接近。但元杂剧的四折戏规定要用不同的宫调，每折戏的唱词都是一韵到底，而且整本戏都由一个人主唱。演员的行当，男主角叫正末，女主角叫正旦，配角有外末、冲末、外旦、搽旦、净、副净、孤、孛老、卜儿、等。戏班演员多数属于教坊或乐籍。除了城市里有一些大的戏班以外，还有各地流动演出的小班子叫"路歧"。农村在农闲时演出的叫"社火"。

元剧的兴盛主要在于它的通俗化、舞台化和有广泛的群众基础。元杂剧继承了前代杂剧院本的白话传统，产生于民间俗文化，所以语言通俗浅显，流畅易懂，便于群众听懂欣赏。其剧本都适合舞台演出，以至在舞台上传唱数百年而不衰。再说它源自民间生活，反映民间疾苦，表现群众的理想和情趣，深受广大人民群众的欢迎，得以广泛流传。流传至今的剧本尚有150多种。

明初由于城市工商业的发展，城市中市民阶层日益壮大，他们有着强烈的娱乐需求，而随着杂剧的衰落，南戏深受群众喜爱，得到蓬勃发展。明代以后一种新型的戏曲形式即"明清传奇"开始出现，并自明初直至清代后期（1368—1768年）的400年中，长期占领着戏曲舞台。"传奇"之名起于唐代，不过唐代传奇只是指短篇小说，因其情节奇特而有此称。以后在宋元时期的杂剧、南戏、诸宫调中所演唱的故事中，多取材于唐人传奇，所以有人也就把这些杂剧、南戏等称作传奇。到明代以后便以此专称在南戏基础上发展起来的长篇戏曲。

明清传奇是在南戏的基础上发展而成，它保持了南戏的一些格律和体制，同时也有一些新的发展和提高。打破了元杂剧的一本四折的限制，完全按剧情需要来决定剧本的长短，少则二三十出，多则四五十出，这样可以容纳丰富的故事内容，能组织复杂的戏剧冲突，细腻地刻画人物，使唱、念、做、打各种艺术手段都有所发挥。传奇中角色齐全，有生、小生、旦、老旦、贴、外、末、净、副、丑等，以生、旦、净、丑最重要，基本都以一生一旦为主。在音乐方面，除继承了南曲曲牌外，还吸收了北曲曲牌，普遍运用南北曲合套形式，可以交替使用，也可南北曲混用，从而活泼生动，增强了表现力。

明清传奇基本属于南曲系统，多采用东南各地开始出现的海盐、余姚、弋阳、昆山四大声腔。徐渭在《南词叙录》中说：

> 今唱家称弋阳腔者，则出于江西、两京、湖南、闽、广用之；称余姚腔者，出于会稽，常、润、池、太、扬、徐用之；称海盐腔者，嘉、湖、温、台用之；惟昆山腔止行于吴中。

昆山腔经魏良辅的改革，深得群众喜爱，便以苏州、太仓为中心，向四方传播。后传到北京，深受统治者和士大夫的青睐，获得"京腔"称号。而弋阳腔由于与各地方言土调结合。逐渐演变为青阳、徽州、乐平等声腔，也日益繁荣起来。明末清初，昆山腔和弋阳腔居正统地位。流传到民间的昆、弋诸腔同各地的民歌、说唱及民间小戏结合，向地方化发展形成各种地方戏。于是地方戏与昆腔发生争夺观众矛盾，形成花、雅之争。

《扬州画舫录》卷五记："雅部即昆山腔；花部为京腔、秦腔、弋阳腔、梆子腔、罗罗腔、二黄调、统谓之乱弹。"一般群众观昆曲"怏然散去",而遇乱弹则"观者如堵",说明花部为群众喜闻乐见的形式。在地方戏与昆曲的花、雅之争中,乾隆年间有过三次激烈交锋,最终以花部取胜。

第一次是乾隆初年,由弋阳腔演变的京腔(又称高腔)与昆曲的抗衡,出现了京腔"六大名班,九门轮转"极盛局面。

第二次是乾隆中叶,士大夫已厌弋阳腔嚣杂,娱乐性不强,乾隆四十四年(1779年)著名的秦腔演员魏长生进京演出秦腔,盛极一时,接着各地秦腔云集京城,取代了弋阳腔。到嘉庆年间,苏州的昆曲、河北的高腔、山东的柳子戏、山陕的梆子腔几大声腔流行北京,有所谓"南昆、北弋、东柳、西梆"的说法。

第三次是乾隆五十五年(1790年),由扬州名演员高朗亭率三庆徽班进京,为乾隆祝寿,打开徽班进京门路,后又有四喜、春台、合春等班进京,合称四大徽班。徽班以唱二黄调为主,并兼唱昆腔、吹腔、四平调、拨子等腔,又吸收了盛行北京的秦腔剧目和演员,形成徽秦合流。

道光年间有湖北演员王洪贵、他六、余三胜等人带湖北楚调进京,即与徽班同台演出,形成徽汉合流,促进了湖北西皮调与安徽的二黄调结合,产生了皮黄戏,逐渐形成京剧。

到光绪、宣统年间,北京皮黄戏班到上海演出,因其与安徽皮黄班虽同出一源,但更为悦耳动听,所以上海人称之为京调。直到民国以后,上海舞台均为京班所占据,遂正式被称为京戏。

清代出现了各地、各民族的民间戏曲大发展,这些名目繁多的地方戏包括除昆曲外的新兴的梆子腔、乱弹腔、秦腔、西腔、皮黄、滩簧、秧歌、花鼓等。这些地方戏最初兴起于民间,流行于乡村集镇,后向城市流布,许多城市成为诸多地方戏的会合点,如北京、扬州就成为南北两大戏曲中心。当时出现花雅争胜的局面,花部是指各种地方戏,雅部是专指昆曲。徐孝常的《梦中缘》序中就指出:当时北京观众,

> 所好唯秦声、罗、弋,厌听吴骚,闻歌昆曲,辄哄然散去。

无论是皇室贵族、达官显宦,还是士农工商,都乐于观赏戏曲。戏曲娱乐活动具有广泛的社会性,其剧种、曲调也纷恣百出,颇为壮观。全国

除了京、沪、川剧外，几乎各地都有自己的戏剧曲调：

> 如直隶则有沟调，山东则有泰安腔、登州调，河南则有河南梆子，江苏有昆山调，有吴歌，安徽则有安庆调，浙江则有瓯调，江西则有弋阳调，两湖则有湖广调、岳州调、二黄调（即黄陂、黄梅），甘肃则有兰州引，山陕则有西梆子腔，广东则有本乱弹，有粤讴，四川则有四川调。①

此外，还有江南"山歌"，山西"道情"、"秧歌"，天津"杂耍"、"大鼓书"等。

> 戏剧感化人民，易入人心，忠奸贞淫侠义孝友，一举一动言语即足动愚人之摹仿。②

成为社会各阶层所接受或酷爱的文娱形式，在市民生活中成为一种时尚，有的市民嗜剧成癖。一般民众对地方小戏颇为钟情，如南方的花鼓戏，吴俗名滩簧，楚中名对对戏，宁波名串客班，江西名三脚班，颇受各地百姓的喜爱。"高台演唱，男妇纷来，习以为常"。③ 因这些小戏：

> 其词曲悉皆方言俗语，鄙俚无文，大半乡愚随口演唱，任意更改，非比昆腔传奇，出自文人之手。④
> 其词淫亵猥鄙，皆街谈巷议之语，易入市人之耳。⑤
> 其词质直，虽妇孺亦能解。⑥

近代地方戏主要剧种有徽戏、汉剧、粤剧、川剧、湘剧、闽剧、秦腔、山西梆子、河北梆子、锡剧、越剧、沪剧、甬剧、吕剧、黄梅戏、评

---

① 周寿昌：《思益堂日札》，第154页。
② 《合河政纪》风化卷。
③ 余治：《得一录》卷5，《禁止花鼓串客戏议》。
④ 《史料旬刊》第22期。
⑤ 《啸亭杂录》第236页。
⑥ 《花部农谭》序言。

剧及各地花鼓戏、花灯戏、采茶戏、傣戏、壮戏等。在各地民歌小调基础上还产生许多说唱曲种，如湖北大鼓、广州粤曲、广西文场、四川清音、扬州清音、河南坠子、山东大鼓、京韵大鼓、西河大鼓、梅花大鼓、乐亭大鼓、山东琴书等。

各种地方戏曲的出现，极大地丰富了城市戏曲舞台，它们已成为城市居民的主要娱乐方式之一。直到今天，人们在工作之余，除了欣赏音乐，观赏电影，观摩舞蹈及进行一些体育活动外，仍有不少人喜欢到戏园里或从电视中观看各种戏曲。各地都有为数众多的票友，甚至还有不少的戏迷，为满足他们的要求，每年春节晚会都要举办"戏曲专场"演出。戏曲文化是我国城市娱乐生活中的一枝艳丽芬芳的奇葩。

四　城市娱乐文化

城市娱乐文化除了音乐、舞蹈、戏曲外，其他方面的娱乐文化生活也极为丰富，包括有曲艺、杂技、魔术、马戏、相扑、木偶戏、皮影戏等。这里我们作一些简要介绍。

曲艺在习惯上是指通俗的表演艺术："曲"为乐曲之略，"瞽献曲，史献书"，[1] 实指乐唱。"艺"为技艺之略，"博开艺能之路，悉延百端之学"，[2] 实指表演。"曲艺"一词始见《礼记·文王世子》疏记："谓小小技术，若医卜之属也。"宋元以来，随着戏剧、乐舞、杂技等从传统的表演艺术中分衍出去，"曲艺"一词便逐渐成为说唱艺术的专称了。曲艺是指各种说唱艺术，往往以带有表演动作的说唱来叙述故事，塑造人物，表达思想感情。人数不多，道具简单，演出方便，种类繁多，如《百戏竹枝词》中就列有：十不闲、打盏儿、鼓儿词、弹词、评话、莲花落、唱道情等。

十不闲　原为凤阳花鼓，在木架上装有铙、鼓、钲、锣各一，歌毕，互击之以为节。

打盏儿　是一种以牙筋击瓷器，唱西调小曲，能与丝竹相和的表演形式。

---

[1] 《国语·周语上》。
[2] 《史记·龟策列传》。

鼓儿词 即鼓词,最初主要流行于北方京、津地区。唱鼓词者小鼓一具,配以三弦,有二人唱书。也有一人的。到乾嘉时在山东、河北等地形成"大鼓"的说唱形式。代表曲种有京韵大鼓、梅花大鼓、西河大鼓、乐亭大鼓、京东大鼓、东北大鼓、山东大鼓、安徽大鼓、湖北大鼓、河南坠子等。鼓词艺人多瞽者,鼓词为闺中妇人便于接受的娱乐形式。清乾隆前后,南方如扬州等城市也有鼓词。

弹词 源于南宋时杭州瞽女唱古今小说的评话,谓之陶真,当时所谓评话,即以后的弹词。表演时以故事编为韵语,有白有曲,有说有唱,或只唱不说。以琵琶、三弦或扬琴、月琴等弹奏乐器伴奏,多以当地方言说唱。清代流行于苏州、扬州、杭州、南京、湖南、广东等地,后传到北京和北方城市。主要有苏州弹词、扬州弹词、绍兴平调、四明南词、长沙弹词、广东木鱼歌等。以苏州弹词最为出色,今称为苏州评弹。

评话 即说书,又名平词。大致渊源于唐宋以来的"说话"、"讲史"。其特点是一人持小扇谈古今稗史,以击方木为节。宋代话本小说的表达形式不同于唐人的传奇和变文。说话人往往在正文之前,先诵几首诗词或讲一个故事,叫作"入话",借以稳定现场听众和等候未到听众。这些诗词和故事大都和正文有关,可以互相引发。在话本中,说话人为了渲染场景、描绘人物,有时也穿插一些诗词和骈文;在话本结束时也往往缀上几句诗词。

当时说书内容主要有四:小说、讲史、讲经、说诨话。其中以小说最受听众欢迎,小说即讲故事,以爱情、公案两大类最多,如讲妖异灵怪、女鬼(当时称胭粉)、男女爱情故事等,反映市民阶层追求自由幸福、反抗礼教等。说史即讲三国、五代等,后演变为章回小说。说诨词,诨为戏言、笑语、滑稽、风趣,后演变成相声和市民文学。

乾隆以后,由于流行地区及方言不同,形成具有不同特色的评话,有的地区称"评书",江浙一带称为"大书"。明末清初有柳敬亭善说书,评话艺人皆崇拜他。近代以王少堂的扬州评话最为著名。

莲花落 也叫"落子",演唱通常为一两个人,一般仅用四块竹板按拍,又称"四块玉"。落子是由乞丐沿街乞讨时歌唱演变而来,北方流行较盛。

唱道情 早在唐宋时代已有,以道教故事为题材,故名。道情以渔鼓和简板伴奏,故有的地方也叫"渔鼓"、"鼓儿词",江、浙、豫地区较流行。

子弟书

> 京师有子弟书,为八旗子弟所创,词雅声和,且有东城调、西城调之别。西调尤缓而低,一韵萦纡良久。瞽人辄以此为业。①

相声艺术 是门具有喜剧风格的语言艺术,但它不是戏剧,而属于曲艺的一种。因它是以说为主,以逗为先的口头艺术,是专门引人发笑的娱乐形式,颇受人们喜爱。从它可证历史来看,似乎自清代才开始出现,但是从它"说学逗唱"的基本功来看,它的影子却也源远流长,有着长期积蓄的功底。

前面说过的参军戏实际就可看到相声的原始影子,以后参军戏发展成滑稽戏,更加说明了这一点。在高彦休的《唐阙史》的《三教论衡》中,就可视作原始相声段子,它极为有趣地讽刺了儒、道、释三教。再看《宋元画集》中一幅《眼药酸》画中所画的两个人,一个高而瘦者是宋代平民,一个矮而胖者却穿着唐代官服,这是化装相声的剧像。那个高的"卖眼药"的,肩扛的是相声早期道具,叫"叩瓜",后来称作"托板",是捧哏打逗哏用的,打下去响而不疼,和今天相声演员手中所用的扇子用来打头的功能一样。至于说笑则更多了,很多寓言故事就很风趣,唐宋时期"说话"艺术的出现,相当今天"说书"的,是专讲故事和说笑话的,在市民阶层中颇受欢迎。至于"学",最早称作"像生",它是专门模拟各种技巧的,到宋代又有称作"像声",即模拟声态了,如模拟各种小贩叫卖声,学各种方言土话,学唱各种民间小调等。说到"唱",二黄就有模拟演唱到歪学歪唱逗笑的手段,现在的"双簧"本来就包括在相声之内。

所以《清稗类钞·戏剧类·口技》中说:

> 口技为百戏之一种,或谓之曰口戏,能同时为各种音响或数人声口,及鸟兽叫唤,以悦座客。俗谓之隔壁戏,又曰肖声,曰相声,曰象声,曰像声。盖以八仙桌横摆,围以布幔,一人藏于中,惟有扇子

---

① 《清稗类钞·音乐类·子弟书》。

一把，木板一块，闻者初不料为一人所作也。

今天的相声已有很大发展，已成为人民大众最为喜闻乐见的文艺项目，每到各种文艺演出时，它是必不可少的项目。

杂技艺术 已有两千多年历史，至少在战国时的临淄城内已可见到击筑、斗鸡、斗狗等杂技的雏形。在以后的"百戏"中，杂技项目层出不穷，角力、角抵、举鼎、累丸、弄剑、爬竿、顶竿等有数十种之多。到宋代已发展成为一项独立艺术，有上竿、跳索、踏索、脱索、吐烟火、幻术、踢弄、驯动物等。如上竿，东京神保观神生日时，立竿数十丈，竿上端立一横木，表演者爬上去装鬼神，吐烟火，动作危险骇人。又如踏索，即爬大绳，类似现代走钢丝，表演者在绳上走动，装鬼神，舞判官等。

清代百戏的主要内容是杂技，包括蹬技、手技、顶技、踩技、口技、爬竿、走索及各种民间杂耍等，以至戏法、驯兽等都包括在内。清代城市文化最发达的北京、扬州、苏州等地杂技表演丰富，主要有高竿、顶竿、饮剑、吞火、壁上取火、走索、弄刀、刀山、飞刀、弄甏（坛技）、飞钱、弄丸、扇技、舞盘、风车、簸米、蹬梯、穿跟斗、反腰、竖蜻蜓、撮戏法、空中取酒、大变金钱等形式。

相扑 源于上古猎祭。秦汉时称作角低（角字旁）、觳抵、角力，又称作争交，《资治通鉴》中称作"手搏"。相扑之名始见于东晋王隐《晋书》，它是一项摔跤运动，不包括拳击。汉魏以降，相扑已成皇家庆典中必不可少的项目，并渐渐从百戏中分化出来形成独自项目。隋代京师相扑大赛，万人空巷。甚至隋炀帝也多次化装为平民，前往观赏。唐代曾有位相扑能手，长胜不衰，人们称之为蒙万赢。

宋代一般朝廷宴会中，御酒巡至九盏后，便有相扑比赛助兴，多由军头司内参加，颇为威武。并开始传入民间，几乎凡有庙会，必有相扑；在都市的瓦子里，经常有艺人作相扑、乔相扑和小儿相扑的杂技表演。乔为乔装之意，即以滑稽幽默的形式模仿相扑的动作，给观众以轻松的快感。这是用稻草或棉花扎成两个人偶上身，加以彩绘衣着，好像两个扭抱在一起的相扑斗士；演员一人弯腰四肢着地，表演上面斗士在互扭、互抱等解数，最后站立亮相，令观众捧腹。这种乔相扑节目，迄今在民间尚有保留。

南宋都城临安还出现了相扑者协会——角抵社。在《梦粱录》中记载，相扑在民间瓦市上，已很普遍，先由女相扑者出场，打打套子，以招揽观众；然后以膂力者争交，须技术高强，力大无穷的才能取胜夺赏。头赏有旗帐、银盆、彩缎、锦袄、官令、马匹等。景定年间，曾有温州韩福得胜，其头赏居然为补军佐之职。

古代女子也相扑，早在东吴时，宫廷中的宫女们头戴金步摇，以相扑为戏。宋代开始，随着相扑活动的日盛，女子相扑也在街市上公开表演。嘉祐年间（1056—1063年）正月十八日上元节，宋仁宗到宣德门观看百戏，其中就有"妇女裸体相扑"节目。受到皇帝的奖赏；但也遭到司马光的谴责。实际所谓"裸体"，只是女相扑手身穿无领短袖竞技服，颈部与手臂裸露在外而已。当时著名女相扑手如赛关索、嚣三娘、黑四姐等女魁名噪京师。元代忽必烈的侄孙女叫艾吉阿姆，就练得一身相扑绝技，曾以此择婿，竟无人可敌。

当时有个署名"调露子"的还专门写了本《角力记》，记述了相扑的起源、发展，以及相扑的典故等。元代以后，相扑与杂技分道扬镳，以后逐渐失传，迄今在我国已不再时兴，人们较为生疏了。但从日本的相扑活动中仍可窥见我国古代相扑的踪影。

魔术 古代又叫"幻术"，或称"变戏法"、"摄戏法"。即百戏中藏人、藏剑、吃针等，也称藏挟、七圣刀等。据《汉书·西域传》记载，是张骞通西域后，西域使者带来的，如吞刀吐火等。后随佛、道两教的传播而又有发展，他们往往以幻术取信于民。如东汉的左慈就向曹操表演多种幻术。[①] 西晋时名僧佛图澄、鸠摩罗什等都能表演高超的幻术。[②] 这些"藏术"，或是将东西转眼变没了，或是人无变成有了。所谓七圣刀，北宋时为"作破面剖心之势"。[③]

当时已有今日魔术中杀人复活术。而且愈演愈逼真，骇人听闻。

> 访闻临安府并诸路州县，多有邪伪之人于通衢要闹处，割截支体，刳剔肠胃，作场惑众，俗谓南法，递相传习，若不禁止，为害

---

① 《后汉书·左慈传》。
② 《晋书·艺术列传》。
③ 《东京梦华录·驾登宝津楼诸军呈百戏》中有详细记载。

不细。①

幻术之奇者,能以人斩为数块,合而复生。有一人携一幼童,立于中央,手持一刀,令童伸二臂,皆斩之,既复斩其二足二腿及头,流血如注,一一置之坛中,封其口。须臾破坛,则童已复活,手足仍完备,从容而出。②

直至近代,1874年由英国魔术家瓦纳来华演出"西洋魔术";后又有日本"松旭魔术团"来华演出"东洋魔术",如"炮打美人"等。从而使我国魔术西方化,但迄今仍保留着许多传统的古彩戏法,以一块光滑的毡毯遮掩下,能连续不断地变出许多日常用品,甚至可变出盛满清水的鱼缸或是熊熊燃烧着的一盆炭火,让人惊叹不已。

马戏 为动物经驯养后,与人一起演出各种节目,为古老的杂技项目,被列入"六艺"之中,为古代军事训练的重要内容。

最早见于汉代《盐铁论》卷六《散不足第二十九》:

绣衣戏弄,蒲人杂妇,百兽、马戏、斗虎。

在《西京赋》中亦记有:

百马同辔,骋足并驰,橦木之伎,态不可弥。

以后在《三国志·魏书·甄皇后传》中裴松之注曰:

年八岁,外有立骑马戏者,家人诸姊皆上阁视之,后独不行。

可见,当时马戏已很流行。随之又衍生猴戏,西晋傅玄在《猨猴赋》中描述,当时有人将猴子"戴以赤帻,袜以朱巾",让它"抵掌而胡舞"。在汉画像石中有各式动物戏的逼真描绘,如驯象、驯虎、驯鹿、弄蛇等图像。

---

① 《宋会要·刑法》二之一五〇。
② 《清稗类钞·戏剧类·斩人之幻术》。

隋唐是马戏最为发达时期，隋代诗人薛道衡的《和许给事善心戏场转韵诗》描述：

> 抑扬百兽舞，盘珊五禽戏，狻猊弄斑足，巨象垂长鼻，青羊跪复跳，白马回旋骑……麋鹿下腾倚，猴猿或蹲枝。

唐代马术技艺高超，在《酉阳杂俎》中记《立马击钱》：

> 建中初，有河北军将姓夏者，弯弓数百斤，尝于球场中累钱十余，走马以击鞠杖击之，一击一钱飞起六七丈，其妙如此。

当时的舞马更为精彩，特别是"舞马登床"：骑士连人带马登上画床后，下面的力士能将床连人带马一起举起。

当时不仅能驯大动物大象犀牛等，而且还能驯小动物，如《嘉话录》中的"刺猬打令"，《朝野佥载》中的"犬解人语"，《碧鸡漫志》的"鸟歌万岁"等节目，令人叹为观止。同时，城内养蟋蟀成风，连庶民百姓都效之；何况富家子弟斗蟋蟀成瘾，《负暄杂录》中记：

> 斗蛩之戏，始于天宝间，长安富人镂象牙为笼而蓄之，以万金之资，付之一啄。

蛩即蟋蟀。更有人驯蝇虎子，这是类似蜘蛛类的小虫，能训练得听乐而动。宋代更有甚者，《东京梦华录》记载有"鱼跳刀门"、"使唤蜂蝶"、"追呼蝼蚁"等节目；《西湖老人繁胜录》中有"乌龟踢弄"、"老鸦下棋"、"鹌鹑弩"等小动物表演的节目。

《东京梦华录·驾登宝津楼诸军呈百戏》中详细记载了"立马"、"骗马"、"献鞍"、"拖马"、"飞仙膊马"、"镫里藏身"、"赶马"、"绰尘"、"豹子马"、"马上耍刀"等精彩项目，技巧娴熟，异彩纷呈。到清代更是炉火纯青，仅《清稗类钞·戏剧类》中所记当时的马戏种类就够眼花缭乱的了，不但有猴戏，而且有鼠戏，还有蚁阵、蛙戏、金鱼排队、犬能读书等。近代又有西方马戏团带来西方驯狮、驯虎等惊险的马戏，大大促进了我国马戏的发展。

此外尚有木偶戏、皮影戏等民间十分喜爱的娱乐项目，在城市街头巷尾经常能见到他们的演出。只是前者是受外来文化影响，是从西域传过来的，而后者则是我国的一大剧种，宋元以后传到国外，深受外国观众欢迎。

总的来说，我国古代城市娱乐文化生活十分丰富，他们有高雅的歌舞戏剧文化，也有民间小调、群众踏歌、各种说唱艺术以及街头杂技、魔术、马戏、木偶戏、皮影戏等市民享受的俗文化。群众性的文娱活动丰富了广大市民的业余文化生活，同时对提高周围农村的娱乐文化也起了很大推动作用。

五 城市娱乐场所

今天城市中各式各样的娱乐场所名目繁多，戏院、电影院、游乐场、俱乐部、歌舞厅、咖啡屋、卡拉OK厅等娱乐场所到处都有，极大地方便了城市居民的娱乐生活。但古代娱乐场所除宫廷衙署中有专门演出场地外，对城市居民而言，娱乐场所极为简陋，大部分艺人主要靠沿街卖唱的流浪演出形式来献艺，茶馆、酒楼是说唱演戏的主要场所，后来发展起来的会馆中堂会演出则为较高级的娱乐场所了，直到近代才开始出现专门演出的戏园。所以，我们有必要对城市娱乐场所的演变过程作一些简要的探索。

前面我们说过，在唐代以前，由于受城市坊市制布局的影响，城市中基本上没有专门的娱乐场所，一般城市居民只有在节日期间或宗教活动时，才有一些娱乐活动。而这些娱乐活动长期主要在广场上进行，人们称之为"广场艺术"。如汉武帝在公元前108年和公元前105年，曾两次在上林苑内设置的宫廷娱乐演出的专门场所——平乐观演出规模盛大的角抵戏，允许长安城里居民和周围几百里内的百姓前来观看。这是在广场上演出，也可称作广场俱乐部。当时在宫廷里宴饮时，也有"登歌法"："又在汉代，独登歌者，不以丝竹乱人声"。[①] 即小范围地在厅堂前歌舞，增加宴饮的欢乐。直至隋唐基本仍以广场演出为主：

---

① 《隋书·音乐志下》。

大业二年（606年），突厥染干来朝，炀帝欲夸之，总追四方散乐，大集东都，初于芳华苑积翠池侧，帝帷宫女观之。每岁正月，万国来朝，留至十五日，于端门外，建国门内，绵亘八里，列为戏场，百官起棚夹路，从昏达旦，以纵观之，至晦而罢……六年（610年），诸夷大献方物，突厥启民以下，皆国主亲来朝贺。乃于天津街盛陈百戏，自海内凡有奇技，无不总萃。①

都城外的其他各地城市也基本如此：

或见近代以来，都邑百姓每至正月十五日，作角抵之戏，递相竞夸……窃见京邑，援及外州，每以正月望夜，充街塞陌，聚戏朋游。鸣鼓聒天，人戴兽面，男为女服，倡优杂技，诡状异形。以秽谩为欢娱……高棚跨路，广幕陵云，眩服靓妆，车马填噎。②

唐代在"十部乐"基础上，按演出形式"分乐为二部：堂下立奏，谓之立部伎；堂上坐奏，谓之坐部伎"。③ 白居易在《立部伎》诗中说得很明白：

太常部伎有等级，堂上坐者堂下立。堂上坐部笙歌清，堂下立部鼓笛鸣。笙歌一声众侧耳，鼓笛万曲无人听。立部贱，坐部贵，坐部退为立部伎，击鼓吹笙和杂戏。

可见立部伎是立于堂下而奏，属于大场面的广场节目；而坐部伎则是坐在堂上而奏，是属于室内乐性质，故而"笙歌清"，其一声便"众侧耳"细细听。而立部伎是"鼓笛鸣"，在广场为散乐百戏烘托气氛而已，观众主要观赏表演，所以纵然奏鸣万曲，依然"无人听"。从而充分说明当时虽有部分演出在厅堂内，但盛大演出场地主要仍在广场。如唐玄宗时在洛阳天津桥畔五凤楼前举行的大型演出，《教坊记》云：

---

① 《隋书·音乐志下》。
② 《隋书·柳彧传》。
③ 《新唐书·礼乐志十二》。

汉武时,于天津桥南,设帐殿,酺三日。

这里的汉武即指唐玄宗,酺主要指演出。在《明皇杂录》中又记:

玄宗在东都大酺于五凤楼下,命三百里县令、刺史,率其声乐来赴阙看,或请令较其胜负而赏罚焉。

并记当时长安城内也如此:

"每正月望夜,又御勤政楼作乐,达官戚里,并设看楼观之。夜阑,遣宫嫔于楼前歌舞,何其盛也!"当时,在"长安坊巷中,有栏街铺设,中夜乐神,迟明未已。"①

安史之乱以后,原来宫廷百戏散乐艺人,很多散向民间,于是各府州及军镇都建有自己的百戏散乐组织,从而使原来的宫廷娱乐开始转向地方民间。由于唐代后期坊市制的松动,于是城市中也开始出现固定的或半固定的娱乐场所,一般称作"戏场",或为"歌场"、"变场"等,如钱易《南部新书》卷戊云:

长安戏场,多集于慈恩,小者在青龙,其次荐福、永寿。

唐代虽未有瓦子、勾栏的出现,但已有"乐棚":"腾踏游江舫,攀援看乐棚。"② 这就是用于表演百戏乐舞临时搭建的场所。

宋代城市商品经济大发展,在城市布局方面发生了根本的转折,其最显著的表现是"瓦子"和"勾栏"的出现。瓦子又称"瓦舍"、"瓦肆"、"瓦市"等,是宋元时大城市里固定的商品交易兼娱乐场所集中地方。其意是指易聚易散、较为自由简陋的娱乐场所,取"来时瓦合,走时瓦解"之意。勾栏则是简单的表演舞台,可独设,也可设于瓦舍之中,瓦舍是满足参与性娱乐,勾栏则是专门的观赏。城市内出现了"瓦子",内设有表

---

① (南唐)刘崇远《金华子杂编》上。
② 元稹:《哭女樊四十韵》。

演杂剧、曲艺、杂技等的"勾栏"和卖药、估衣、饮食等各式店铺。据《东京梦华录》记载，当时汴京的瓦舍遍布东西南北四城区，大约可容纳数千人；临安城有瓦舍25座，其中规模较大的瓦舍内，有勾栏13座。演出的技艺，北宋时有小说、讲史、诸宫调、合生、武艺、杂技、傀儡戏、影戏、讲笑话、猜谜语、舞蹈、滑稽表演等二十余种，到南宋时发展到有五十余种。在《咸淳临安志》卷十九中载：

> 绍兴和议后，杨和王为殿前都指挥使，以军士多西北人，故于诸军寨左右营创瓦舍，招集伎乐，以为暇日娱乐之地。

由此可见，"瓦舍"是专门供娱乐所用的建筑。瓦子是指一定范围的广大场地，是指市场。宋人王泳《燕翼贻谋录》卷二记：

> 东京相国寺乃瓦市也，僧房散处，而中庭两庑可容万人，凡商旅交易，皆萃其中，四方趋京师以货物求售转售他物者，必由于此。

可见瓦子并无固定店肆，只是在寺院周围空地临时设置。而瓦舍则是瓦子中的一部分，是专门游艺娱乐的场所。

瓦子内的勾栏，则是用有图纹装饰的栏杆围成表演伎艺的场地。《东京梦华录·东角楼街巷》中记载：

> 街南桑家瓦子，近北则中瓦，次里瓦，其中大小勾栏五十余座。内中瓦子莲花棚、牡丹棚，里瓦子夜叉棚。象棚最大，可容纳数千人。

此外在曹门外，保康、旧封丘门、大内西等地均有大型瓦子。勾栏即民间戏棚，是表演各种伎艺的场所。当时没有高出地面的舞台，只是在平地上用栏杆围成一个方形的地方，作为舞台面与观众席的分界线。当时的戏棚都是用木架临时搭的，很不牢固，时有倒塌事故。11世纪初，山西晋南各县开始出现结构牢固的砖砌木构建筑的固定舞台，已有用砖砌瓦盖、结构精致的固定剧场了。

至于勾栏内部结构，因缺乏记载，不得其详，但从元代散曲家杜仁杰在《庄家不识勾栏》的套曲中的描写，可以略见一二：

> 入得门上个木坡，见层层叠叠团圞坐，抬头觑是个钟楼模样；往下觑却是人旋窝，见几个妇女向台儿上坐，又不是迎神赛会，不住的擂鼓筛锣。

说明台在中央，四周观众看台有木坡，称为腰棚，台后有演员憩息的戏房。实际已是以后的剧场、戏院的雏形。这种勾栏形状，只是近代的马戏棚还基本保留其原样。

南宋杭州勾栏瓦子大大超过东京，南宋中期，杭州城内就有南瓦、中瓦、北瓦、蒲桥瓦。《梦粱录·瓦舍》记述了当时城内有十七处瓦子。《咸淳临安志》卷十九也记临安有十七处瓦子，与上述略同，唯钱湖门瓦、赤山瓦、北郭瓦、米市瓦桥已仅存勾栏，蒲桥瓦则"废为民居"了。实际只有十二处瓦子了。

《西湖老人繁胜录》记：

> 唯北瓦最大，有勾栏十三座。城外还有二十座瓦子。

《马可·波罗游记》第76章记元时杭州：

> 城内，除了各街道上有不计其数的店铺外，还有十个大广场或市场。这些广场每一边长八百多米，大街在广场前面，宽四十步。

这些"广场"即南宋时的瓦子遗存。

从而宋时市井中，一年四季，不论风雨寒暑，到戏棚里看戏的人天天比肩接踵。有人形容南宋著名四瓦的盛况：南瓦"衣山衣海"；中瓦"卦山卦海"；上瓦"南山南海"；北瓦（下瓦）"人山人海"。在这些庞大观众中，商人是一个极为可观的组成部分。汴梁城保康门瓦舍以东，沿城墙多客店，南方来的官员、商贾、兵校，都在这里靠船。各路的客商"终日居此，不觉抵暮"。行商流官是当时的瓦舍的主要服务对象。大城市中瓦子勾栏当然多一些，即使小县城也有一、两个勾栏设置。在加藤繁的《宋代都市的发展》中还记有明州、吴兴、丹徒、建康等城市中也有瓦子和瓦子巷、瓦子街。

在《马可·波罗游记》中记载了元代大都：

> 这里营乐的妓女和漂亮的待招女郎达二万人，每天到这里来的商旅和外侨往往不计其数，女人们竟然应接不暇，妓女大多数都兼演员，献艺的主要对象则是商贾。

元代杂剧的兴起正是顺应了当时市面上井阶层的娱乐需求，而在剧往往有商人逛妓院的情节，那都是当时社会生活的真实写照。

当时的艺人有"社会"、"赶趁人"、"路歧人"和"村落百戏人"等不同等级之分，他们演出场地也各不相同：

"社会"是艺人专业组织。南宋时杭州就有遏云社（唱赚）、苏家巷傀儡社（傀儡戏）、女童清音社（队舞）、子弟绯绿清音社（杂剧）、清乐社（清乐）、同文社（要词）、律华社（吟叫）等几十个社会。每个社会起码有一百多艺人，最多的竟达三百多人。每个社会都有自己的社规，对艺术经验交流及传授有很大帮助。他们除了节日及其他临时演出外，主要在瓦子的勾栏里进行定期表演。他们的社会地位比"赶趁人"、"路歧人"要高。

"赶趁人"主要是在酒楼、茶肆中卖艺的。

"路歧人"只能在城内外空旷场地流浪卖艺的。《武林旧事·诸市》中记：

> 或有路歧，不入勾栏，只在要闹宽阔之处做场者。

《都城纪胜·市井》中亦记：

> 如执政府墙下空地，诸色路歧人在此作场，尤为骈阗，又皇城司马道亦然……其他街市如此空隙地段，多有作场之人。

更惨的是"村落百戏人"，《梦粱录·百戏伎艺》载：

> 又有村落百戏之人，拖儿带女，就街坊桥巷，呈百戏伎艺，求觅

铺席宅舍钱酒之资。

这在《东京梦华录·十二月》条中记为：

> 自入此月，即有贫者三数为一火（伙），装妇人神鬼，敲锣击鼓，巡门乞钱。

他们多是农村破产农民，无法维持生活，只能拉家带口走江湖，流浪卖艺为生，四海为家，应人呼唤，临场表演，全家协力一同上场，糊口饭吃，以求生存。

可见宋代不但有了正式娱乐场所瓦舍、勾栏；同时在寺庙道观中仍有广场演出，这在前面宗教文化部分已述；再有就是在酒楼、茶肆中卖艺，这在前面饮食文化中的酒楼、茶馆部分有所述及；最为普遍的是街头巷尾比比皆是的撂地围场演出；更惨的是沿街乞讨卖唱的百戏人。

前面我们说到唐代以前，除了广场演出外，宫廷贵族还有室内厅堂"宴乐"。唐代以后民间主要在酒楼、茶肆中表演。宋代开始出现堂会，即城市富贵人家常采取堂会看戏的方式，多是逢喜庆、祝寿时，请演员演出戏曲、曲艺、杂技等。早年的堂会，演员常被邀至主人自己的厅堂演出，一般在主人的庭院搭个天棚，就正厅前设一木台，后台就是堂屋，故名堂会。以后有的因家庭环境较差，便发展到酒楼、茶肆、歌馆、戏园、会馆等地举行。清代出现专演堂会戏的场所，称为"戏庄"。道光时杨樊建《梦华琐簿》记载：

> 戏庄曰某堂，曰某会馆，为衣冠揖逊上寿娱乐之所，清歌妙舞，丝竹迭奏。

光绪时朱克敬在《雨窗消意录》中指出：

> 京师梨园最盛，公宴庆祝，别有演剧之所，名曰戏庄。

值得一说的是，汉魏隋唐时期，城市中庙会也是群众娱乐的重要场所。在寺庙道观里，为了举行仪式方便，往往在神庙前筑有高台，称作

"露台"、"月台",在上演出各种节目,群众则在广场观看。宋代以后,开始出现类似勾栏中"乐棚"的半封闭状的"乐楼",又称作"舞亭"、"舞楼"。到明清时期,逐渐发展成"戏楼",舞台升高至一人以上,便于台下观众、游客、小贩的穿行。从而成为专门演出戏剧的场所了。在宫廷苑囿、王府私宅、会馆等地,到处建有戏楼、戏台。保留最为宏观的是故宫的畅音阁戏楼和颐和园中的德和园戏楼,都高达三层,可演天上、地下,富有立体感,从而使城市娱乐场所日益完善。

清代戏剧的繁荣,促使演出场所从临时性向固定性发展,从不定时演出向定时演出发展,并从集资(凑份子)请演员演出到营业性场所的看戏过渡的趋势,于是开始出现和发展起戏园。戏园不同于"戏庄",《梦华琐簿》记载:

> 戏园前曰某楼、某轩,然茶话人海杂沓,诸伶登场,各奏尔能,钲鼓喧阗,叫好之声,往往如万鸦竞噪矣。

戏园为普通的剧场,且兼有茶馆性质,这种"开座卖剧"的戏园又称"茶园":

> 大抵午后开场,至酉而散。若庆贺雅集,假其园以召宾客为堂会戏者,辰开亦酉散,无夜剧。其为地,度中建台,台前平地曰池。对台为厅,三面皆环以楼。堂会以尊客坐池前近台,茶园则池中以人计算,楼上以席计算。故平时坐池中者,多市井侩伶,楼上人谑之曰下井。若衣冠之士,无不登楼,楼近剧场右边者名上场门,近左者名下场门,皆呼为官座,而下场门尤贵重,大抵为佻达少年所预定。堂会则右楼为女座,前垂竹帘。①

随之在全国各大城市,如天津、上海、扬州、苏州、广州等地,也都陆续建有戏园,使之成为城市居民主要娱乐场所。

明清时城镇市井日益繁盛,球戏、棋类广泛流行城镇,舞蹈、杂技也遍布城镇。不过明初政府对官吏、士子、军人看戏管束比较严格。明

---

① 《清稗类钞·戏剧类·京师戏园》。

《国初纪事》记载：明太祖时设立富乐院，命礼房中一个熟知音律，又能作乐府的王迪来管理，规定文武官吏、宫廷中的舍人不许入院，只许商贾出入。于是使戏剧更加商人化和市井化。

商贾之所以对戏剧、杂耍等表现出浓厚兴趣，除了有满足声色之好，消遣闲暇时光外，他们还以此手段广通声气，结纳名流，以扩大自己的社会影响。汪道昆在《太虚集》中说：扬州徽商吴伯举利用这座城市处于五方交通要冲，各地豪商纷纷慕名前来的优势，动辄置"高会"，用善唱善乐的"声伎"来欢迎客人，通过戏曲、娱乐达到交际社会的目的。这正是商品经济日益发达后，应运而生的生财之捷径。

最后我们再简单说说近代兴起的城市综合游乐场所，以北京的天桥、上海的大世界、天津的三不管等最为著名，它们类似宋代的勾栏，走进这里，几乎所有的各种娱乐活动都可参与。

北京天桥已有数百年历史，是平民百姓穷人娱乐场所，富人为了不失身份，很少踏入。本以武档技艺最为闻名，故称"天桥把式"；以后文戏也很繁荣，逐渐发展成类似上海大世界那样的综合游乐场了。而上海的大世界（是上海最著名的游乐场，1917年黄楚九在法租界当局支持下筹资建造，占地1.5万平方米，内设许多小型戏台、电影院、商场、餐馆，每天可容纳约2万余人）和天津的三不管都是近代出现的城市综合游乐场，这里面不但从早到晚，不停地演出各种戏剧、曲艺、杂技、电影等，而且有档次不一的饭庄、茶馆，可供不同层次的游客享用；同时还是妓女、地痞、流氓、烟鬼、赌徒等三教九流的聚集地。不过他们主要还是为社会下层市民服务，大大丰富了小市民们的文化娱乐生活。

六　城市体育活动

"体育"一词虽源于西方，约在19世纪末的维新运动中，才从外文中翻译过来的。我国古代虽然不知道"体育"的含义，但在人们的日常生活中却早已有了丰富的体育活动。这是因为体育活动与人们的生产劳动、军事行动、娱乐活动密切有关，人们自觉不自觉地参与后，便使各项体育运动日渐发展起来了。

现代体育对城市中每个人来说，都很熟悉，每天都有大量的体育新闻报道，有各种比赛项目可以观看，绝大多数人都或多或少地参加一些运动项目的锻炼。可以说，体育已成为现代城市居民日常生活中不可缺少的内容。

同样，在古代城市生活中，人们业余时间或为了消遣，或为了娱乐，或为了社交，或为了医药保健等，出于种种原因，也都对各种体育项目很感兴趣。只是当时人们将这些体育运动作为军事训练手段或娱乐健身活动来对待，并没有现代强身健体的意识。今天的许多体育项目，在古代城市生活中都已存在，由于这些体育项目众多，不便一一细说，何况有的在城乡间无所差别，所以我们只能择要作一些简要介绍。

（一）球类运动

1. 足球是当今世界头号体育运动，实际上最早的足球源自我国。古代称作"蹴鞠"（cu ju，音促居）或"踏鞠"，"蹴"和"踏"都是用脚踢的意思，"鞠"即球。唐代以前的"鞠"是实心的，用皮革制成，中间用毛发等物填充，《汉书》注中就说："鞠，以皮为之，实以毛。"到唐代作了改革，由实心球发展成充气球，这种空心充气球为我国首创，比西方早三四百年。由于球为充气的，弹性增大，能踢得较高，所以球门也加高了，而且踢法更加讲究技艺。

《战国策·齐策》中已记载：

> 临淄甚富而实。其民无不吹竽、鼓瑟、击筑、弹琴、斗鸡、走犬、六博、蹋鞠者。

可见至迟战国时踏鞠已是城市中很风行的娱乐活动。《西京杂记》卷二称，汉高祖刘邦的父亲平生所好即"斗鸡蹴鞠，以此为欢"。汉武帝、汉成帝等都是蹴鞠爱好者，所以蹴鞠在上层贵族中受到普遍喜爱。同时将蹴鞠作为军事训练手段，刘向的《别录》记："今军无事，得使蹴鞠。"一改原先民间的踢法，当时的球场被称为鞠城，四周围以高墙，两端各设六个半月形的球门，每队各派12名队员上场，场上有裁判执行比赛规则。于是受到大众的重视，到三国时，"家以蹴鞠为学"。[①] 到唐代足球一方面改为空心球，另一方面是在球场中间架两根竹竿，竿上结网，网中开个一

---

① 《太平御览》卷754引《会稽典录》。

尺见方的洞,称为风流眼,两边球员看哪边进球多为赢。这样双方各在一侧,比赛对抗程度减弱,加上唐代风行马球,所以唐代蹴鞠不是太盛,但还开始出现女子足球运动。

宋代踢球艺人组织成团体,称作"齐云社",又称"圆社"。当时有的踢球高手,居然得到皇帝和官僚的赏识,由此发迹升官,最突出的是高俅,被宋徽宗提拔为殿前都指挥使。到明代以后,这项运动逐渐衰落,只是作为一般娱乐伎艺,不再为宴会表演,仅在妓院娱客而已。清代更不重视这项运动,至中叶后渐灭绝了,致使我国足球运动起源很早,但近代发展迟缓,迄今仍未能振作。

2. 马球古代称击鞠,又叫击球、打球。"击鞠"一词最早出现在曹植的《名都篇》中,唐代大兴马球之风,唐太宗十分喜爱,首开唐代打马球风气,自此宫廷中十分盛行。唐代皇帝无不嗜好,有的球技还很高超,中宗李显经常率文武官员亲临梨园亭球场观看马球赛。唐代马球有单门和双门比赛方法,单门的只在一个木板墙下开一个一尺左右的小洞,洞后结网囊,以击球入网囊多少定胜负。双球门则在球场两端各立一门,与现代马球相似。除宫廷盛行打马球外,许多文人墨客也都喜好,甚至一场马球赛能有数千人观看助威,其盛况可能不亚于今人对足球的爱好。而且当时女子也爱玩马球,1975年江苏邗江出土一枚唐代击球图案的铜镜,上面雕刻着四个驱马击球的女子。唐代后期还出现了驴鞠,即骑驴打球。到五代时,马球在南方流行开来,仍盛行不衰。宋代还以马球列入军礼之一,但总的说来逐步衰退,仅在辽金时仍较风行,到明中叶后就基本消亡了。

3. 高尔夫球在当今世界各地十分流行,早在唐代在打马球的同时,有人拿杆步行打球,叫步行球,与今天曲棍球差不多。到宋代进一步发展出现"捶丸"游戏。即用棍打球,是最早的高尔夫球,到元代更加成熟,一般场地有地形变化,在凹凸不平的空旷场地上挖一些与今天高尔夫球穴差不多的球窝,在球窝旁插上彩旗为标记。至明代仍很盛行,但清代逐渐衰落。

(二) 摔跤运动

"摔跤"这词在我国古代还没有,最早称作"角力"、"角抵",后又称"手搏"、"相扑"等,它是一项非常古老的体育运动,是富有刺激性的娱乐活动。

秦代改称角力为角抵,前面说过,秦二世曾在甘泉宫观赏角抵节目,可见当时这项运动已很普遍。汉代更是深受人们喜爱,汉武帝、汉哀帝等都是角抵的爱好者,汉代开始出现几种不同的摔法,其中一种称"淬胡",是种纯粹的摔跤,即抓住对方脖子摔倒对方,到南北朝时,被称为"相扑"。从南北朝开始宫廷里出现"角抵队",专门练习和表演角抵。到唐代这些专业摔跤手成立了正规组织叫"相扑棚",他们都是在宫廷中专门表演摔跤的高手。他们经常到民间传授摔跤技巧,所以唐代摔跤在民间也很普遍。

宋代称摔跤为"相扑",除了宫廷中专业摔跤高手外,随城市中广大市民娱乐需要,民间出现大量相扑艺人在街头巷尾或瓦子中表演。前面已讲过当时还有女相扑艺人和乔相扑者,这里就不再重复了。元代蒙古族入主中原,蒙古族有摔跤的优良传统,不仅男子都是摔跤好手,而且女子中也有不乏摔跤高手。以至到清代,满人称他们的摔跤为"布库"。他们除了娱乐外,还将摔跤用作练兵。康熙皇帝就是通过玩摔跤游戏将鳌拜捕获,夺回皇权。清代满人摔跤时,需穿用白布制成的叫"俩裆"的摔跤衣,这种衣服为短衫窄袖,衣领与前襟要用七八层布缝制得很结实,以便对手拉扯,脚上穿小短靴,摔跤时主要靠脚上功夫将对方绊倒即胜。另有一种为厄鲁特式摔跤,不须穿摔跤衣,上身裸露,摔时除了摔倒对方外,还必须将对手两肩压触到地面才算赢。可见当时的摔跤已基本接近现代摔跤运动了。

(三)举重运动

举重也是我国一项古老的运动,由于古代没有现代的杠铃、哑铃等举重器械,当时举重的东西比较简陋。按所举的东西,在春秋战国时,史籍中将举重运动称作"翘关"和"扛鼎"。

翘关的"关"是指关城门的门闩,又大又重,古人将"以一手捉城门关显而举之",称作"翘关"。据《吕氏春秋》和《淮南子》记载:

  孔子之劲,能招(即通翘)国门之关。

可见,孔子就是当时举重爱好者。这种举重活动延续到唐代武则天时,正式将翘关列入武举的考试项目。规定:

翘关，长丈七尺，径三寸半，凡十举后，手持关距，出处无过一尺。①

早期古人练习举重的器物最常见的是青铜制的鼎，因它较重，又比较好抓握，所以举鼎便成为古代大力士显示实力的标志。项羽就是"身长八尺，力能举鼎"。②所以，汉代对举重则称作"扛鼎"，在百戏中就有扛鼎表演项目。李善在《文选注》中就指出："翘关扛鼎，皆逞壮士之力也。"

宋代开始出现石制的举重器械，当时临安城里就有民间艺人表演举石球和掇石墩，《水浒传》中也记载了武松举石墩的精彩情景。从此以后，民间举石锁、石担活动日渐普及。

（四）保健运动

如今每天清晨，许多老人迎着朝霞，在城市各大公园，或街心公园，以至较为宽阔的广场等地，或打太极拳，或在练气功，或在跳舞，或做健身操等。这些健身运动，在我国起源很早，不过古代对这种运动称作"导引"，即"导气令和，引体令柔"之意，其意是通过深呼吸运气，加上身体各部位和肢体的运动，致使身体各部分更加协调和谐，柔顺自然。这是我们中华民族在保健运动中积累的丰富经验和保持的优良传统。

今天老人以跳舞方式进行练身运动，似乎是赶时髦，其实不然。我国最早的保健运动可能就是从舞蹈动作而来，古人语："民气郁阏而滞著，筋骨瑟缩不达，故作为舞以宣导之。"③

其意是通过跳舞方式，可以排泄心中烦闷，能使筋骨关节舒展活络。随着社会发展，人们都有健康和长寿的美好愿望，于是，导引和按摩法逐渐发展。1973年在长沙马王堆西汉墓中发现一幅珍贵的《导引图》帛画，画面上彩绘着44个人正在做各种导引动作，其中有近一半的动作是模仿各种野生动物的动作，如龙登、鹞背、沐猴灌等。到东汉末年，著名的华

---

① 《新唐书·选举志上》。
② 《史记·项羽本纪》。
③ 《吕氏春秋·古乐》。

陀模仿虎、熊、猿、鹿、鸟五种动物的神态，创编了"五禽戏"，由此趋向套路化方向发展。

东晋的葛洪不仅收录了模仿各种动物的导引术势，如龙导、虎引、熊经、猿踞、蛇屈、龟咽、兔惊等，还首次记录了一系列自我保健按摩方法，如叩齿、熨目、按耳、摩面、漱咽等。其后陶弘景、王羲之等人都在这方面又有所发展。至隋唐时，一些医书中记载的导引法多达两三百种。宋代则将导引术向简易方面发展，使之更加贴近民众，便于普及推广。宋初陈抟创编一套"十二月坐功"，仅有24个术势，简便易行；最后形成一套《八段锦》，它有点儿类似今天的广播体操，虽然只有八节动作，却依次从上肢到腰、背、腹、下肢以至全身都进行运动。

以至到明代又出现《易筋经十二势》，它以12个体操动作组合，把内练气功与外练肢体结合起来，从而逐步发展形成迄今仍风靡全球的"太极拳"。太极拳是举世最好的健身运动，它融合了历来内功与外功，又将呼吸、意念和运动三者巧妙地结合，使它们和谐统一，所以颇受广大群众的喜爱。

（五）民间体育运动

我国古代民间体育活动十分活跃，尤其是在节令时，都有一些群众性游艺娱乐活动，这些活动都十分简单，无须复杂器械，人人皆可参与。我们这里简单介绍几种迄今仍为大家喜闻乐见的项目，诸如放风筝、荡秋千、拔河、踢毽子等。

放风筝 直到今天，每到春天，天安门广场上各式各样的风筝在蓝天映照下，迎风飘逸，千姿百态，在空中飞舞盘旋，给人一种春意盎然的感觉。而放风筝活动是我国传统而又古老的群众体育活动，早在春秋时，公输般即已"削木以为鹊，成而飞之，三日不下。"[①] 古代风筝称作纸鸢，又名纸鹞。开始做的只是木鸢，因制作复杂，至汉代仍不能普及。东晋以后才逐步流行，到唐代便十分盛行，甚至出现带有灯光和能发出哨声的各式风筝。"于鸢首以竹为笛，使风入竹，声如筝鸣，故名风筝。"南宋时，杭州城内已有专门制作风筝出卖的了，西湖边上放风筝的人不可胜数，甚至有的还进行互相争斗："桥上少年郎，竞纵纸鸢以相勾牵剪截，以线断

---

① 《墨子·鲁问》。

者为负。"① 人们之所以十分喜爱放风筝活动，因当时已认识到放风筝活动对健身很有益处，《续博物志》记载："今之纸鸢，引丝而上，令小儿张望视，以泄内热。"明清时期放风筝更是风行，《红楼梦》作者曹雪芹就是做风筝能手，在《红楼梦》中描绘大观园中公子小姐们放风筝情景更是有声有色。风筝传至国外，引起国际友人高度重视，而今每年在山东潍坊等地都要举行国际风筝节活动。

荡秋千　《古今艺术图》中讲，"秋千，北方山戎之戏，以习轻趫者。齐桓公伐山戎，流传入中国"。可见春秋时，这项活动已传入中原。当时比较简单，据南北朝的《荆楚岁时记》载：

> 春时，悬长绳于高木，士女衣彩服坐于其上而推引之，名曰打秋千。

自唐代以后，在寒食节和清明节时，成为节日活动之一，《开元天宝遗事》记：

> 天宝，宫中至寒食节，竞竖秋千，令宫嫔荡之，呼为半仙之戏，都下士民因而呼之。

可见荡秋千已成宫廷和民间普遍开展的活动，一直延续至今。

拔河　这是我国古老游艺活动，最初称"牵钩"，后又称"拖钩"或"强钩"，唐时才改称为"拔河"。源于春秋时，楚、吴水上交战，楚军地处上游，每逢敌船后退时，为防其顺流而下，便以大篾缆钩住不放，所以叫牵钩。《隋书·地理志下》记：

> 又有牵钩之戏，云从讲武所出，楚将伐吴，以为教战，流迁不改，习以相传。钩初发动，皆有鼓节，群噪歌谣，振惊远近，俗云以此厌胜，用致丰稔。

可见以此活动来祈求丰年。到唐代改用大麻绳，在《封氏闻见记》

---

① 《武林旧事·西湖游幸》。

中明确记载：

> 拔河古用篾缆，今则以大麻绳，长四五十丈，两头分系小索数百，挂于胸前，分二朋两相齐挽。当大绳之中，立大旗为界，震鼓叫噪，使相牵引，以却者为赢。

唐代帝王颇为喜好此项运动，据《资治通鉴》记：唐中宗于景龙三年（709年）二月，

> "上幸玄武门，与近臣观宫女拔河。"又于次年，"上御梨园球场，命文武三品以上抛球及分朋拔河，韦巨源、唐休璟衰老，随互踣地，久之不能兴；上及皇后、妃、主临观，大笑"。

唐玄宗文臣薛胜在《拔河赋》中记载：唐玄宗时曾

> 令壮士千人分为两队，名曰拔河于内，实耀武于外。

千人拔河，万人助威，气势澎湃，喧呼动地。唐玄宗亲自作诗称："预期年岁稔，先此乐时和。"这种运动延续至今，经常组织拔河比赛。

踢毽子 踢毽子活动源自古代踢足球，这宋代高承著《事物纪原》中记：

> 今时小儿以铅锡为钱，装以鸡羽，呼为箭子。三五成群走踢……亦蹴鞠之遗意也。

这项活动在唐代已很普遍，至宋更为广泛，甚至街上有专门卖毽子的，当时可以踢出百十种花样，深受妇女儿童的喜爱。《广东新语》中记：

> 清时广州元宵节时，昼则踢毽五仙观，毽有大小，其踢大毽者市井人，踢小毽者豪贵子。

在《帝京岁时纪胜》中也记北京：

> 都门有专艺踢毽子者，手舞足蹈，不少停息，若首若面，若背若胸，团转相击，随其高下，动合机宜，不致坠落，亦博戏中之绝技矣。

可见当时踢毽子技艺之高超。

我国古代城市体育运动十分活跃，以上只是举一漏万，其他诸如跑跳投掷的田径项目，游泳跳水项目，冬天嬉冰运动，击剑射箭及武术气功，棋类智力运动，乃至民间游艺活动的春天踏青，秋天登高，龙舟竞渡等等，我们都无法一一罗列细述了。总的来说，城市中有闲暇时间的人比乡村要多，他们饱食终日，无所用心，势必寻求一些运动项目或作娱乐，或作健身。城市体育文化有的源自农村，有的从城市又影响到周围农村去了，体育项目难分城乡差别。可以肯定的是，城市体育生活比乡村要丰富得多，先进得多。

第十章

城市江湖文化

自从城市产生以后，一般都城成为一地区的政治、经济、文化中心，在都城中居住着大批帝王将相、王公贵族及其子女等，地方城市里也都集聚着政府官员及其眷属等。他们都是城市中纯粹的消费者，而且成天过着悠然自得的寄生生活。他们的消费性和寄生性形成城市生活中的一大特点，从而也影响到城市中一部分人，对他们的寄生高消费生活很羡慕向往，产生种种非分的奢望，采取不正当手段去获取。

同时，由于城市的经济繁荣、生活优越，吸引着周边地区的人口流动，在这些众多的流动人口中，绝大部分都能安分守己地从事各项生产劳动，或经商贸易，或劳作做工，糊口度日；但不免也滋生一些无所事事，不务正业的游手好闲阶层。他们为了在城市中获取低下的寄生生活，往往采取种种不法手段，或坑蒙拐骗、或使用暴力、或投机取巧、或结帮耍赖等，从事江湖术士、娼妓盗窃、流氓乞丐、设赌绑架等不正当行业。

正如毛泽东所分析的那样：

> 中国的殖民地和半殖民地的地位，造成了中国农村中和城市中的广大的失业人群。在这个人群中，有许多人被迫到没有任何谋生的正当途径，不得不找寻不正当的职业过活，这就是土匪、流氓、乞丐、娼妓和许多迷信职业家的来源。[①]

这些丑恶怪异的现象，在封建社会的城市中早已司空见惯，在新中国成立前的旧社会中更是满目疮痍，泛滥成灾。新中国成立后，政府对此做了极大努力，才基本上根绝了这些社会病毒。但是，在改革开放大潮中，

---

① 毛泽东：《中国革命和中国共产党》，《毛泽东选集》第2卷，人民出版社1967年版。

随着经济发展，人民生活水平日益提高，加上门户开放，西方种种丑恶行径的传入影响，一些人又重新拣起旧社会的这些陈腐烂渣，兴风作浪。他们不知廉耻，不择手段，甚至以身试法，冒天下之大不韪，铤而走险，或明或暗地从事这些不正当行业。破坏社会治安，影响市容，扰乱民心，以致成为社会公害。

当今已进入高科技时代，科学技术正在日新月异地发展，人类正向着高度文明方向前进。奇怪的是，似乎人们生活越富裕，科学越发达，社会上愚昧落后的现象愈益兴盛。有的城市里甚至出现了"算命一条街"，连中学生都被陷入什么生属星座迷中，个别官僚为了"官运亨通"，不惜花重金去进行"信息咨询"，预卜未来的官途。至于赌博、盗窃、嫖娼、乞讨等城市阴暗面的现象，也屡禁不止，这些都是城市发展中，长期沉积下来的社会渣滓，一时又沉浮起来了。为了全面深刻了解城市文化，对这些产生负面效应的负面文化，我们有必要作一些简单的介绍，以便大家能对它们有正确的认识，自觉抵制这些不良现象的泛滥。

我们在这里对这些城市中的江湖文化作一些必要的揭露和批判，主要是使一些对旧社会的这些病毒不甚了解，认识不清的人，能有所清醒的认识。让广大人民群众能正确对待这些不良现象，更好地协助政府有关部门，有力地打击这些丑恶行为，清除这些社会流毒，使城市文化生活能向全面健康的方向发展，使我国的社会主义精神文明能更加健全、更加完美地发展得更加灿烂辉煌！

一　江　　湖

"江湖"本义是指江河湖海，也就是五湖四海的意思。在江湖中谋生的各式人物，他们的特性与江湖中的水性颇为相似。江湖中水性特征主要有：一是忽聚忽散，经常流动；二是江湖中泥沙俱下，鱼龙混杂；三是水中大鱼吃小鱼，弱肉强食；四是水面上随风起浪，有时风浪还很险恶。这些正寓意江湖中人物的行踪是漂泊不定的；他们良莠不齐，成分十分复杂；同时斗争十分激烈，随时都会有风险。由此可见，以"江湖"二字概括游荡江湖人物的特征是很形象的。

江湖在这里已超越了地域概念，它已成为一种社会现象，形成为一种特殊文化。它在我国的悠久历史中居有特殊的地位，蒙上了一层神秘而又独特的色彩,其影响力深远而又广泛。所谓闯江湖也就是闯天下之意。

早期的"江湖"是指古人隐居的场所,它象征着一种安贫乐道、宁静淡泊的生活状态。这些隐士实际上只具备江湖上某些特点,尚未成为纯粹的江湖人物。随着时代的发展,江湖含义愈来愈宽广,而江湖上的人物也越来越庞杂。以后"江湖"逐渐发展为专指一种飘忽不定、浪迹天涯的生活状态,他们游荡江湖,四海为家,背井离乡,四处谋生;不能故守家园,安居乐业。主要是指游离于下层经济生活和社会秩序之外的人群。他们出于职业的特点和需要,必须浪迹江湖之中,城市是他们谋生的理想之地,在城市中走街穿巷,从事各种营生。他们中有的凭一技之长或出卖苦力,在江湖中谋生糊口,如小商小贩、手工业工匠、各种艺人等;而有的则游手好闲不愿劳动,专靠一些非正当手段获取钱财,如郎中、镖师、乞丐、娼妓、赌徒、江湖术士及云游僧道等。

江湖艺人是一个特殊的支阶层。一般来说,由于他们有自己秘而不宣的组织方式和原则,改业跳槽的情形不多,他们的地位大幅沉浮的也不常见,但他们职业的流动性非常大,所以常常不是某个市井的恒定成员。

江湖文化中一个很大的特点是浪迹江湖上谋生的人,大多以骗术行世,因此有人说:"江湖本来是诓骗",人们往往称他们为"江湖骗子",不无一定道理。他们的骗术十分高明,而且不断变换手法,千方百计让你示以同情,信以为真,上当受骗。这方面的事例,层出不穷,举不胜举,直到今天,城市居民仍随时会遭遇到这些江湖骗子在大街小巷中行骗,报纸杂志、广播电视中也经常报道揭露他们的恶劣行径。

在江湖中谋生的人,无论干哪一行当,几乎都有欺骗行为,往往是真中有假,假中有真,真真假假,让人分不清真假,便落入他的圈套,上当受骗了。他们蒙骗的伎俩一旦被人揭露或识破,他们随即变换花样,继续行骗,当然也有故伎重演的。而大多数城市居民虽有警惕,但往往被贪图小利或同情的心理所驱使,每每被骗上当而后悔不迭。对于江湖上从业的各式骗局,难以尽述,我们只能简单择要举几个小例以揭露批判他们的鬼蜮伎俩。

市井中骗人之生意颇多,哄骗小孩的转彩卖糖就是其中之一,往往在挑子上有一方盘,盘上有一转盘,形如车辐,辐之间放一些大小价值不等的玩物,盘中心设拨之可转的长棍,棍端悬一针,小孩付钱即拨动长棍,针随之而转,棍停转后,针所指处即付钱者应得之物。往往只能停在空白处，得糖一块，而得不到有价值的玩物。原因是挑子上有暗簧，可使转针停在空白处，以此哄骗小孩。

说到城市中江湖骗子，可能以经商买卖和江湖郎中为最。在城市中的商贩，为了推销其商品谋取暴利，他们使尽各种各样的花招来招徕顾客，最为典型的是制假造假，以假冒伪劣商品坑害广大顾客，甚至不惜以顾客生命为代价，至于其他利用托儿、花言巧语、什么打折销售、有奖销售、不惜血本大拍卖、半送半卖等更是司空见惯，让一些想占点儿便宜的顾客上当。总之，常言说得好："买的不如卖的精。"作为一般消费者，怎么打算得精明，也不如卖的人心里有底，他们总是以谋利为目的的。问题是消费者应增加商品知识，要学会自我保护，在商海中偶尔上点儿当总是难免的，只是尽量少上当或不上大当，就可减少损失。

在古代，由于医学不普及，大多数人没有就医条件，江湖郎中便应运而生。本来干这行基本上以真为主，他们中确有一些医术高明的大夫，确能为一些病人解除病痛，也能医治一些疾病。诸如扁鹊、华佗等古代著名医生就是出自江湖之中，但也有不少庸医对医学一知半解，本没有任何行医本领，为了谋生也混迹江湖之中，或穿街走巷，或设摊挂牌，甚至开设诊所，以假药假医术行骗，坑害病人。他们惯用手法是虚张声势、自吹自擂，号称包治百病、专治疑难症，用一些假药竟说成是家传秘方，胡吹药到病除等。在今天医学比较发达，城市医院林立，有了比较方便的就医条件后，相对来说，他们的市场要小得多了。但我们在马路电线杆上仍经常可见到一些专治癌症、专治性病的广告。在一些集市上常有这些江湖郎中为人拔牙，且不说他们的卫生环境，就说摊上摆的几件拔牙工具之简陋，就可想其技术之"高明"。

江湖上混饭吃的人，为了更好地生存，他们便以某种方式组成群体，从而形成最初的江湖组织。秦汉至南北朝江湖秘密组织主要是组织民间秘密宗教，重要的有太平道和五斗米道；隋唐宋元时期主要影响来自佛教和摩尼教等异域宗教，影响最大的有唐宋间的明教和宋元间的白莲教，清代末年又有一贯道等，这些民间秘密宗教主要活跃在北方地区；明清以后开始发展成江湖秘密帮会，主要有活动在闽粤地区的以天地会为核心的"洪帮"和活动在江淮地区的"青帮"，这些秘密帮会在南方比较活跃。洪帮以"反清复明"为旗帜，而青帮则是清廷的爪牙，青帮政治色彩比洪帮淡薄得多。活跃在长江中上游的哥老会是洪帮中最大的帮会，在川、滇、黔地区又称为"袍哥"。到民国时期，青、洪两帮呈合流趋势，共同主宰江湖王国。

这些江湖组织，每当社会黑暗、政治腐败、人民流离失所的动荡年代，他们可能在社会上兴起轩然大波，震动朝廷和官府，甚至推翻政权。他们有的行侠仗义、劫富济贫、为民做主；但也有专事剽掠、欺行霸市、为非作歹的黑社会。

毛泽东也对他们曾分析道：

> 他们在各地有秘密组织，如闽粤在"三合会"，湘鄂黔蜀的"哥老会"，皖豫鲁等省的"大刀会"，直隶及东三省的"在理会"，上海等处的"青帮"，都曾经是他们的政治和经济斗争的互助团体。处置这一批人，是中国的困难的问题之一。[①]

新中国成立后秘密帮会在大陆基本消除，其影响仍存在于港台和海外，近年又有死灰复燃的迹象。

江湖上各行各业都有自己的地下语言，又称作"黑话"、"口切"、"隐语"。这些江湖语言都十分秘密，只有行内人通晓，这正是他们保护自己和发展自己的手段之一，也是区别组织内外的重要标志。迄今在香港的电影、电视中，描述黑社会时，仍沿用大量洪门隐语，只是粤语化后，形成一套自己的黑话。

江湖文化中最有影响的莫过于行施"江湖义气"的侠客了，特别是明清以来的武侠小说中所描述的武侠精神，更是家喻户晓，人人崇拜不已。这是中华民族的特殊产物，可能也是炎黄子孙在文学方面的特殊基因，诸凡海内外的华人对武侠小说都有特殊好感和兴趣。从古典的《三国演义》、《水浒传》到《三侠五义》、《江湖奇侠传》，以至近年港、台崛起的以羽生、金庸、古龙为代表的新派武侠小说，都在海内外华人圈中产生了巨大影响。数学家华罗庚教授曾形象地比喻说："武侠小说是成年人的童话。"所以能如此普遍地受到人们的喜爱。

这里固然与小说中生动的情节有关，但更主要的还是人们对侠客武艺高强，仗义行侠精神的崇尚。

[①] 毛泽东：《中国社会各阶级的分析》，《毛泽东选集》第1卷，人民出版社1967年版。

侠是从士中分化出来的,这可从"士为知己者死"① 中可以得到反映。"侠"字约出现在战国晚期,《韩非子·五蠹篇》:

> 儒以文乱法,侠以武犯禁。

他又解释道:

> 弃官宠交谓之有侠。

从社会背景来看,侠出于乱世,历史上它产生于春秋,盛于战国,风行于秦汉。

侠又称侠士、侠客,是指急人所难、出言必信、见义勇为的人。春秋战国时,主要指游士;到秦汉之际,典型的游士时代已一去不返,游侠却依然保持"游"的本色。《史记》、《汉书》中均列有专传,《史记》称"布衣之侠";《汉书》称"布衣游侠"。布衣者,贱也;游者,"不安于本业也"。西汉时,游侠是一种职业武士,他们无国无君,无产无业,在巷称闾里之侠,在郊称乡曲之侠,行贱者为轻侠,义勇兼备者为豪侠。他们或称大滑,也称豪杰、豪客,一般不冠以侠称。《汉书·游侠传》记:"长安炽盛,街闾各有豪侠。"

司马迁在《史记·游侠列传》中,对游侠予以极高评价:

> 今游侠,其行虽不规于正义,然其言必信,其行必果,已诺必诚,不爱其躯,赴士之厄困,既已存亡死生矣,而不矜其能,羞伐其德。

可见侠之本义就在于,言必信,行必果,诺必诚。他们一切以"义"为重,崇尚"重义轻利"、"舍生取义";为了"义气",可以为人之所不敢为,游侠本来大多生活在城市中,他们的产生与社会专制有关,城市中受迫害的小市民往往有苦难言,有冤无处伸,于是便将希望寄托在这些侠义之士身上,期盼他们能维持社会公道,给当时黑暗的社会能带来一丝光

---

① 《史记·刺客列传》。

明。唐代以前的侠主要偏重身份，到东汉末，游侠不传而兴豪侠。以后，性格化的行为之侠生生不息，绵延后世。再往后逐渐形成更为广泛的侠义精神。

唐代侠风大炽，民间侠士异常活跃，但由于统治者对城市秩序控制十分严密，迫使武侠不得不注意隐身藏形，使他们成为"隐侠"。正如李白的《侠客行》所记：

> 十步杀一人，千里不留行。
> 事了拂衣去，深藏身与名。

他们的行动神出鬼没，来无影，去无踪。或隐于朝野，或隐于市井，或隐秘其功，平时与常人一样，一旦出手，神速得很，事后飘然而去，不见其影。王维《陇头吟》则记：

> 长安少年游侠客，夜上戍楼看太白。

宋代以后，都市生活发生很大变化，以前活跃在上层中的豪侠逐渐衰微，而出现了前所未有的广大平民社会。于是平民之中的义侠便大量出现，他们对统治者的腐败，苛税不堪负担，疾恶如仇，便亡命江湖，铤而走险，聚众结义，打家劫舍。以往侠客多是单独行动，至此他们开始聚众结社，突出群体行动，提出替天行道，矛头直指统治王朝。自唐代李德裕在《豪侠论》中第一个提出"义非侠不立，侠非义不成"的观点，于是便出现"义侠"。他们强调对国家，对民族的大义，面对少数民族入居中原，又提出要尽忠报国。

由于小市民中一些游手好闲之徒，便也随大流，大量涌入其中，于是许多社会上的流氓习气和狭隘的江湖义气也带了进来，从而原先伸张正义的侠风大减，相反夹杂进来的流氓习气大增。有时干扰到平民百姓的生活，大大影响到世人对侠士的看法。

到明清时进一步发展后，原来义侠的性格侠又进一步升华为精神侠，不再着眼武功上，而是更加重视"义"的精神所在。侠的发展就是从身份侠发展为行为侠，再由行为侠而发展成精神侠，即由游侠而义侠，由义侠而侠义。这从一些类书编排名目也可看出：唐人所编《艺文类聚》与

《唐类函》中都以"游侠"部命名；至明《太平御览》及清中叶的类书均如此分类。到清末徐珂的《清稗类钞》则以"义侠类"命名了。

至于街头江湖术士为人算命、看相；一些赌棍摆在地上的棋局、猜子、玩牌等赌博行为；一些打扮得花枝招展的娼妓吸引嫖客；沿街乞讨的乞丐；破门而入的盗贼；耍着各种流氓手段的无赖等现象，我们在以下各节中陆续介绍。

二 算 卜

所谓"命"的产生，是由于在生产力极度低下时，人们认识水平很差，把一些不能理解的事物归于一种超自然的力量，认为有一种不可抗拒的神秘力量，在安排着世上的一切，于是先秦儒家对原始文化进行了理性化的总结与清理，将原始宗教中神秘的超自然的力量归结为"命"。从而人们便错误地认为，人的一生是由"命"所定的。

孔子就说：

生死有命，富贵在天。

庄子说：

知不可奈何，安之若命。①

扬雄在《法言》中说：

命不可避，
命者天之命也，非人为也。

到东汉时，班固的《百虎通义》和王充的《论衡》中便出现专篇论述。

王充认为，人的吉凶运气是命中注定的：

---

① 《庄子·人间世》。

> 凡人遇偶（逢吉）及遭累害，皆由命也。①
> 凡人受命，在父母施气之时，已得吉凶矣。②

他还辩证地认为：

> 命当富贵，虽贫贱之，犹逢福善矣。故命贵，从贱地自达；命贱，从富位自危。
> 才高行厚，未必保其富贵；智寡德薄，未可信其必贫贱。

命的贵贱并不与才华智慧高低成正比。

王充的理论与先秦的天命观为算命术打下了思想基础，另外占卜术、相术、干支等为算命术的发展提供了技术基础。汉代阴阳五行术产生后，用于相术，则衍化出了算命术。

唐宋是算命成熟时期，代表人物有唐代的李虚中、宋代的徐子平。李虚中是唐宪宗时人，被认为是算命术的开山鼻祖。他进士出身，官至殿中侍御史，精于阴阳五行，能据人的出生年、月、日的天干地支来推断一生贵贱寿夭，吉凶祸福。他的《命书》三卷，集中反映了唐代算命术的水平。算命时，先弄清出生年月日，推算属相，然后根据属相的套话，推算命属何方，而得知祸福凶吉。徐子平发展成以出生年月日时测算，他增加了"时"来推算，他著有《徐氏珞琭子赋注》二卷。从而形成排八字算命。

到明清时算命术达到了鼎盛，大量总结民间迷信的书籍纷纷出笼，其中理性部分大大削弱，而迷信成分被夸大渲染。这样在明清时期，社会上不管富贵贫贱、生老病死、婚丧喜事、赶考、经营等等，都找算命先生算算。

算命虽有各种手法，但无外是一些取巧的骗术，如千方百计地套弄被算者的口气，来推测迎合被算者需要。再有就是用一些双关语来似是而非地答复被算者，让你自己猜测判断，可以进退皆宜。如有三个学生求算升

---

① 《论衡·命禄》。
② 《论衡·命义》。

学情况，算命先生只竖一个手指，让你去猜，如一人考取也对；如二人考取，则为一人落榜，那也对；如三人都录取，那就意味他们一同录取，也对。如有人怀孕后，求算是生男还是生女，他会说："不是生男必生女"，这等于是废话，因为生了男的，其意反过来就成了"非女必男"了。算命先生从不说肯定的结论，总是模棱两可，让你捉摸不定，最后结果似乎总是对的。

人们常见的算命形式，还有占卦、相面、看风水、测字以及相应变异形式。

占卜，又称卜卦，为我国古老的一种巫术迷信形式。占卜是"占"与"卜"两种巫术手段的统称。"占"即视兆以知吉凶；"卜"是用火烧龟壳，察看龟裂横竖以预测吉凶。

占卜方式很多，主要有两种：一是卜，二是筮。卜以龟裂，筮以蓍草。据说它们都是通灵的神物。《艺文类聚》引《孙氏瑞应》云：

> 龟者神异之介虫也，玄彩五色，上隆象天，下平象地，生三百岁，游于蕖叶之上，三千岁尚在蓍丛之下，明吉凶。

《太平御览》云：

> （蓍草）千岁而三百茎，同本以老，故知吉凶。

也就是说，它们能转达天意，能预知人事成败。

占卜和算卦的迷信手段之所以受到民间众多人们信仰，主要是因为人们目的，无外乎是企图以此来预测事后结果，或断定事物产生后果的前因，反映人们向往幸福、追求人生吉祥如意，适应人们趋吉避凶的信仰心理。

相术脱胎于占卜的一种术数，包括相人、相印、相宅、相墓等术。殷周时期的占卜大都用于征战、农事等大事上，用于个人的占卜很少。春秋以后，占卜发展通过人的相貌来推断人的才华贤愚，于是相术便从占卜中独立。

看相，从先秦起就有专门名称，叫相人。《荀子·非相》中说：

> 相人，古之人无有也，学者不道也。

说明相人古时尚无，出于战国。

真正相术应是中医相术，它的学理、立论皆基于人体自身，立足于人体自身脏腑气血，是从人体五官表面观察内体虚弱。正如《灵枢·五阅五使篇》中所说：

> 鼻者，肺之官也；目者，肝之官也；口唇者，脾之官也；舌者，心之官也；耳者，肾之官也。

这里的"官"是管的意思。中医相术只是涉及望诊相病，不及祸福善恶，远离人生荣华富贵。而江湖上的一般相术实际都是骗局，无不先按人为假设规律，去推演人身命运规律之结果，未必有什么必然联系。如有说中，只是偶然巧合，无规律可言。

宋代是相术鼎盛时期，其标志是相术著作《麻衣相法》的出现和相术在朝野广为流行。这部相书讲的全是相人术，它通过对人的面貌、声音、气色等外在特征观察分析，将面部分作头、额、眉、目、鼻、口、唇、人中、舌、齿、耳若干部分，分述每一部分与人生命运的联系，来预言人的吉凶、寿夭、穷富等。自此就某种外形特征与某种命运关系的诸多说法，得到明确、系统、规范化了。此书被后世奉作相书经典。

测字，又谓拆字或相字，是以汉字加减笔画，拆开偏旁或打乱结构，随意离合拼凑，进行附会推算吉凶。《后汉书》中已记有这种字体离合法，只是尚未涉及推测吉凶祸福。至五代时开始出现测字术，自此卜卦就随测字兴盛而衰退。拆字也是一种骗术，拆字先生无外是玩弄文字游戏，随心所欲，胡说八道，主要是通过察言观色，揣摩心理，然后随机应变，花言巧语，迎合被算者的心理要求。同一个字，在不同人身上，可以用不同的方法来拆，能测出决然相反的结果。正因为他们这些变化多端的手法，才能蒙骗人们对他们迷信。

风水说源自古代卜筮，早在商周的占卜中就有"卜宅"。原来叫作"堪舆术"，许慎在《淮南子·天文训》中指出："堪，天道也，舆，地道也。"实际就是相地术，主要用来指导人们如何选择和确定阳宅（住宅、宫室、寺庙、村落、城市等）和阴宅（陵墓等）的位置、朝向、布局、营建等。

"风水"二字出于东晋时的郭璞《葬书》：

> 葬者，乘生气也。经曰：气乘风则散，界水则止，古人聚之使不散，行之使有止，故谓之风水。

《葬书》中有"藏风得水说"，即"藏风聚气，得水为上"。人们选择山水环抱，避风处建宅，使风变得和缓又流通，则可聚气。

> 凡住宅左有流水谓之青龙，右有长道谓之白虎，前有池塘谓之朱雀，后有丘陵谓之玄武，为最贵地也。

实际是将风、水、气三者巧妙结合起来，它与我国的巫术、礼制、哲学、美学、地理学等，有着密切关系，通过对建筑的处理，以求达到人们生活环境能天人感应和天人合一，可以生活得更加和谐美满幸福。

明清时期为风水之学的鼎盛时期，风水理论也发展到了极点，风水活动遍及城乡民间与皇室。由于皇帝的青睐使风水理论"正规化"，如官方所编《永乐大典》、《四库全书》、《古今图书集成》等，都收录了大量风水著作。

风水学不仅在乡村十分普及，在城市建设中也居于重要地位，因城市地理环境非同乡村，有它独特的局限性，所以在城址选择、城门开启、皇宫布局、住宅与街道的处理等方面都有一定的讲究。如《阳宅会心集》就提出：

> 层街衢为一层水，一层墙屋为一层砂；
> 门前街道即是明堂，对面屋宇即为案山。

风水学从巫术走向实践，从晚唐起逐步吸纳科学内容，将天干、地支，地理学的地形、地貌，哲学的阴阳八卦等结合起来，为古代"天人合一"观念代表。北京故宫是明清风水最典型的实践结晶。风水学中确实有不少神秘的迷信色彩东西，这些糟粕应当摒弃，但它对建筑学的贡献，如宅基选址中的朝向、通风、用水、排水等，对城市规划、庭院组合等，都有一定的作用。风水对科学的贡献，有不可抹杀的功绩。

总的来说，算命、占卜、看相、测字、看风水等封建迷信活动，主要以骗取钱财为目的，危及社会治安，危害人民大众生命财产安全，应予以坚决取缔。近年来，从事这些非法活动的人，往往打着宗教活动的旗帜；甚至以"科学"名义，以"易经研究中心"为幌子；有的还称作是"信息咨询服务中心"、什么"人体健康咨询"来进行"电脑科学算命"。社会上一时出版的这类书刊多达数百种，有些地方公开办起各式算命培训班，一些机构甚至利令智昏地公开拍卖所谓"吉利"的电话号码和汽车牌照号码等，有的官僚为了探寻官运，不惜花重金去算卦，真是愚昧荒唐到了极点。

对于算卜的种种骗人把戏，有必要进行彻底揭露，政府应毫不手软地进行坚决打击，予以坚决取缔。同时我们应该明辨是非，诸如风水中部分有科学价值的东西，应很好研究并予继承；又如有些个人行为，如对某些意志薄弱者来说，当他遇到突然意外事故时，需要自我麻醉时，以此自我安慰一番，也未尝不可。诸如有人丢了一笔钱财，难以挽回损失，自慰道："破财免灾"；又如有人打碎一件心爱东西，非常难过，往往以"岁岁（'碎碎'谐音）平安"来自我嘲解，聊以自慰。这些行为都无碍大局，没有引起任何社会公害，不能与迷信活动混同。

我们应该广泛普及科学知识，大力揭穿封建迷信的种种诡计，骗人的手法，必要时采取强行取缔方式，将这些危及社会的非法活动，予以彻底根除，绝不能让它们滋生泛滥，毒害人民大众。

三 赌 博

赌博是从人们的娱乐活动中演绎而来，最初主要在宫廷和贵族中产生，他们在富贵豪华生活之余，寻欢作乐之中，为了进一步寻求新的刺激，于是在一些能比出输赢的娱乐活动中，开始以奖赏形式来激励赢者，逐渐将奖赏变换成赌注，然后由小赌注发展成大赌注，于是改变了原先娱乐的特性，发展成为赌博行为。

赌博是利用一些娱乐形式或工具进行相互竞争，按事先约定的规则，分出胜负，决定输赢，赢者从输者那里获取赌注。通过赌博可以使娱乐者满足投机取巧和侥幸取胜的心理需要，无论是赢者还是输者都从中受到极大的刺激。

由此可见，原先正当的娱乐活动，一旦与金钱或财物联系上，由此竞争胜负，决定出输赢后，就将原来的娱乐活动变了质，从有益的活动变为有害行为，即各种赌博活动，也就成为不正当的娱乐活动。我国赌博起源很早，而且一直延续不断，虽然发展较为缓慢，但不同时期都会有不同的赌博方式，从内容到形式都会有所变化。

最早的赌博行为，据《左传·昭公二十五》记载，春秋时，由郈氏与季氏进行的一场互相欺骗的斗鸡活动，前者在鸡爪上安了利刃，而后者在鸡的羽翼上撒了芥末粉。《战国策·齐策一》记载，战国时临淄城内已盛行"斗鸡、走犬、六博、蹋鞠"等赌博性的娱乐活动。

秦汉时有博簺、意钱及斗鸡、斗鸭、斗鹅、走犬、升官图、弈棋、蹋鞠等；魏晋南北朝时期，博簺消失了，代之而起的是樗蒲、弹棋、象戏、握槊等；隋唐五代时期，樗蒲、弹棋衰落下去，握槊演化成双陆、长行，又新兴起彩选、叶戏、斗鹌鹑、斗蟋蟀和击球等。

唐代开始出现，宋代盛行的叶子戏，后又新增加了打马、响屉、除红、捶丸等；明代时，从叶子戏中分化出骨牌、纸牌，主要是马吊；清代又出现了番摊、花会、闱姓、山票、铺票、白鸽票、压宝、麻将等；近代从西方又传入赛马、跑狗、扑克、回力球、彩票、轮盘、吃角老虎机等新型赌博方式。

概括来看，无外四种类型：

（1）利用动植物进行搏斗，如早期的斗鸡、斗鸭、斗鹅、走犬及斗草、斗茶等，唐代出现的斗鹌鹑、斗蟋蟀；

（2）用棋牌赌博：如早期的塞棋、弈棋、樗蒲、弹棋、象戏、握槊、双陆、长行，叶子戏等；

（3）猜射类：如骰宝、摊钱、压宝、闱姓、花会、彩票、跑马、跑狗等；

（4）技巧力量型，如蹋鞠、拔河、角力等。

这些赌博方式有的流传了好几百年，上千年，甚至延传至今；有的在流传中作了适当变化；有的为新的形式所替代。当然这些赌博方式同样在城乡都很流行，只是在城市中，由于经济条件较好，人们空闲时间较多，无论是上层人物或是下层市民，都有可能陷入赌博之中。种种赌博方式五花八门，层出不穷，举不胜举，有的因时代久远，早已失传，只知其名，已不知其玩法了。以下只举一些具代表性的赌博方式作一些简要的介绍。

如：斗蟋蟀源自唐代，《开元天宝遗事》中记载：

> 每至秋时，宫中妃妾辈，皆以小金笼捉蟋蟀闭于笼中，置之枕函畔，夜听其声，庶民之家皆效之也。

宋代顾逢的《负暄杂录》中指出："斗蛩之戏始于天宝间。"蛩为蟋蟀之古称。到宋代斗蟋蟀已很盛行，明清时达到顶峰，以至近代仍很风行，近年仅在上海就有一条街专门经营蟋蟀交易，据说上海有40余万人对此有爱好。

樗蒲又称五木，多用樗木制作，是掷骰行棋的博戏。魏晋南北朝时期很盛行，隋唐以后衰落，则演变成后来的骰子。骰子，用骨或象牙为之，成正方体，六面分刻一至六之数，初以四数为红，馀皆为黑；后仅六为红，馀皆为黑。掷之盒内，视其转止，以所见色为胜负，骰子还和其他玩法结合。在搓麻将时则用之。

叶子戏，据说是由唐代著名天文、数学家一行和尚创制，由一张张纸牌制成，故称"叶子戏"。又说是唐中叶的叶子青所创。开始用于酒令，叶子上绘有宝帖、金盆、狮子、凤凰等图案。后逐步引入博戏，宋代很盛行，到明代发展成《水浒叶子》等，广泛流行。后发展成纸牌，以后在纸牌基础上又发展成骨牌（俗名牌九）和麻将等赌具。

宋代出现的猜铜钱正反面的赌博方式，叫"关朴"，又称博、搏、扑。用六枚铜钱向地上掷去，如都是馒儿（背面）朝上，称"浑纯"或"浑成"，就算赢了，否则为输。也有用三、四、八枚铜钱的。贵重物品得连续几次"浑成"方可赢得。宋元时期市场买卖东西也有用关朴方式进行的，商品交易也变成了赌博。

宋神宗前，禁止公开的关朴买卖，神宗时正式开禁，只是每年年节、清明、冬至三节，每节允许三天。开禁之日，开封城内各热闹商业街道店铺都搭起彩棚，有的还配上吹吹打打的歌舞班子吸引顾客，各类货物都陈列出来，标上关朴的赌注和"浑成"的次数。这比现代商店年关大拍卖还热闹。

在开禁的日子里，皇宫的禁园里也允许摆摊关朴。到南宋时，关朴不再受禁，从小摊贩到大商店都可以用关朴方式买卖。

到清代已变成压宝、压叉、白鸽票（标）、诗票、铺票、闱姓（分别以猜《千字文》、五言诗、店铺名及进士及第之姓）等赌博方式。今天仍有猜硬币正反面或纸币号码尾数单双数来进行赌博的。

宋代京城卖糖的"作一圆盘，转针博之"方式，今天仍作游戏或赌博工具。

明万历年间开始盛行的"马吊戏"纸牌赌博，其诨名为纸老虎。直至清末不衰，在城乡流行程度不亚于当今的扑克牌。据说扑克就是根据中国马吊牌而改造发明的。晚清西方扑克牌传入中国，先在达官贵人、富商大贾中流行，以后商贾士庶也尤而效之，在城市中颇为流行。

麻将发源地在宁波。宁波有个"麻将起源地陈列馆"，它是麻将发明人陈政钥（清道光年间三品官）家族宗祠。麻将是古代博戏的一种，是中国博弈文化的集大成者。

陈政钥，字鱼门，号仰楼（1817—1878年）。少有才智，并研习英文。道光二十九年（1849年）拔贡，以功叙内阁中书，加三品衔。同治年间陈鱼门居宁波，与达官贵人（包括洋人）相周旋，以玩纸牌为乐。纸牌是一种古老博戏，源于唐代，称叶子，明时称马吊。清乾隆后，马吊又演变成默和牌和碰和牌。陈鱼门精通这种纸牌的博戏之道，感到纸牌有诸多不便，于是在同治三年（1864年）以纸牌为基础，吸收骰子、宣和牌的成分改为竹骨，又将纸牌内容加以改进，形成新的牌戏"麻将"。于是风行全国大江南北，甚至走出国门。

麻将牌也是由马吊牌演变而成，麻将牌又称作"麻雀牌"，玩麻将牌或称"雀戏"。麻将牌多用竹、骨、纸等制成，凡一百三十六块（张），牌分筒、索、万三门，每门一至九，各四块（张），另加东、南、西、北、龙、凤、白（亦作中、发、白）各四块（张）。四人一局，每人先取十三张，以先合成四组另一对牌者为胜。麻将牌传至西方称之为"中国牌"。直到麻将牌至光绪末风靡以后，马吊便逐渐衰退消失了。而麻将赌博则独霸赌界，从此成为"国赌"，至今仍为国人普遍的消遣方式。

其他还有很多赌博方式，这里就不再细说了；近代从西方传入的赛马、跑狗、回力球等赌博方式，在香港也还存在，而扑克、彩票等，迄今仍很风行。最为突出的近年传入的电子游戏机赌博，由于其变化多端，有各种题材内容，声、光、电的效果，更具强烈的刺激性，吸引着广大青少年参与。

赌博产生于游戏娱乐，当然主要是为了排闲消遣，但它与游戏最大不同是要决出胜负，比出输赢。这里有技巧，也有机遇，它把贪求钱物与竞争智力、锻炼思维技巧结合起来，具有很大的刺激性。因为任何人都有战胜别人的潜意识，每人都有过获胜时的喜悦快感。赌博正是人类占有欲的特殊表现形式，正好是满足人们获取取胜快感的最好方式，所以历代久盛不衰。

至于赌博的危害性，大家都是明白的，往往一陷进去就不能自拔，愈陷愈深，以致家破人亡。但正因为它能迎合人们上述的特殊心理，往往不由自主地陷了进去，开始也许抱着试试和赢一次就收场的心理。但这种毒害非常人所能控制，一经染赌，就像毒菌侵入人体，很容易上瘾，输了想翻本，赢了还想赢，越赌越想赌，恶性循环，而且赌注越下越大，有的甚至嗜赌如命。

赌博是社会一大公害，对社会治安危害极大，所以历代提倡禁赌者，不凡其例。有的处罚相当严厉，但是屡禁不止，甚至越禁越泛。这是因为赌博心理不仅仅在于一些明显的赌博形式，更重要的是，它渗透到人们生活的很多方面，要想绝对禁止是不可能的。即使在今天的社会中，体育彩票、福利彩票就是公开的赌博行为，有关团体获取政府批准，以此募集大量资金，为社会服务。又如股市交易，实际上也是变相的赌博交易，冒着极大风险，交易成功可以成为富翁，一旦失败，即刻倾家荡产，有的承受不了，甚至跳楼自杀。

所以对待城市中这种负面文化，不能一概而论，需要作具体分析。有的正常赌博性的行为，对社会公共事业，对社会秩序无任何破坏作用的，不但禁止不了，有的还有发展的可能。对于那些非正常性的巧取豪夺的赌博行为，害人害己，其害无穷，当然必须严禁不贷。至于禁赌的方法，不能光靠罚款或判刑等手段；更重要的提高人们的文化素质，让广大人民群众充分认识到赌博的危害性，自觉进行抵制；积极参与一些有益的娱乐活动，增进人们的身心健康发展。即使参与一些健康的有赌博性的行为，也应有足够的心理素质，千万不要抱太大的侥幸心理，应以为社会作贡献为前提。如买彩票，千万不要眼睛只盯着那些特等奖、一等奖上，以一两元钱获取小轿车、大彩电，而应该以平常心态权当捐款，尽尽义务对待，即便中了奖，则是意外惊喜。

四　娼　妓

古代仅有"倡"字，在古籍中并无"娼"字，直到南朝梁时顾野王的《玉篇》中才出现"娼"字，约从唐代以后的著作中才见有"娼"字。古代的"倡"本是乐的意思，初与"优"连用，"优"本是调戏之意，它细分为"俳优"与"倡优"，前者是以诙谐嘲弄供人取乐的艺人，后者则是从事歌舞奏乐的艺人。古代从倡者，不都是女子，这些艺人中也有男子，可见"倡"本与色情无关，再说"妓"，本来是美女专称，后也指女乐，其意是指擅长歌舞、姿容美貌的女子。即使倡、伎两字合用，如《后汉书·梁冀传》中记：

第内多从倡伎，鸣钟吹管，酣讴竟路。

《旧唐书·天竺传》：

百姓殷乐，家有奇乐娼妓。

依然还是指从事歌舞艺术女子而言，并无卖淫之意。

现代意义上的"娼妓"是指靠出卖肉体来索取嫖客钱财的市妓，是在唐宋时，随着商品经济发达而开始于市场之中，形成于明清时期。明代谢肇淛的《五杂俎》中记载：

今时娼妓满布天下，其大都会之地，动以千百计。其他偏州僻邑，往往有之。终日倚门卖笑，卖淫为活；生计至此，亦可怜矣！

可见至明中叶，才将"娼妓"、"妓女"作卖淫对待。实际上早期妓女只是卖艺而已，直至魏晋南北朝时期，她们仍卖艺不卖身，当时比较看重色貌；自隋唐以后，才色艺兼重，开始有卖身的艺人，人们比较注重技艺，而色貌已居次等；到明清以后，才出现真正靠卖淫为生的妓女，此时又看重她们的才情，讲究品韵而色艺都居其次了。当然，对于一般嫖客来说，仍是将色列为最主要的。

当然这并不等于说我国古代没有现代意义上卖身的妓女，这里只是从称谓上加以区别而已。实际上我国卖身的妓女，早在夏商时，宫妓、家妓等已很普遍。

汉代刘向《列女传·夏桀末喜传》载：

> 桀既弃礼义，淫于妇人，求美女积于后宫，收倡优、侏儒、狎徒能为奇伟戏者。

夏桀时：

> 女乐三万人，端噪晨乐闻于三衢。①

殷纣王时：

> 好酒淫乐，嬖于妇人。爱妲己，妲己之言是从。②

春秋战国时更甚，《晏子春秋》记：齐景公

> 左为倡，右为优。

《吴越春秋》记：楚庄王

> 淫于声色，左手拥秦姬，右手抱越女。

我国最早的市妓和妓院，产生于春秋初期。《战国策·东周策》载：

> 齐桓公宫中七市，女闾七百，国人非之。

这在《韩非子·难二》中记为：

---

① 《管子·轻重》。
② 《史记·殷本纪》。

> 昔者桓公宫中二市，妇闾二百，被发而御妇人。

可见齐桓公时，在宫市中确已置有女闾，这女闾即后世的妓院。这是当时治齐的管仲所为，从此开创了我国的妓业，不仅当时各国仿效，后世各代也都以此为圭臬。

战国时，娼妓开始出现于街市，甚至上门服务，如《战国策·楚策四》载：

> 郑、周之女，粉白黛绿，立于街衢，非知而见之者以为神。

实际都是卖笑的娼妓。《史记·货殖列传》也记载：

> 赵女郑姬，设形容，揳鸣琴，揄长袂，蹑利屣，目挑心招，出不远千里，不择老少者，奔富厚也。

可见这赵女郑姬，精心打扮，又善歌能舞，色艺双全，为了取得丰厚报酬，不远千里，不择老少，上门服务。

这些市妓代代皆有，发展到唐代开始出现专门汇集妓女的坊巷。据唐代孙棨的《北里志》中记载，长安城中靠近东市的平康里（坊），北部东侧并排着的三条数百米长的曲巷里全为妓院所占据。最北的一条巷子，居住的全是高级妓女，狎客主要是公子王孙和风流文人。最南的一条长巷，居住的全是下等妓女，狎客主要是一般商人、士卒和市井无赖。于是，"平康里"和"北里曲巷"便成了后来的妓院的代名词。除了平康里外，其他坊巷里也有许多妓女散居。同时在其他城市中也随处可见妓女，如于邺的《扬州梦记》中就记：

> 扬州，胜地也……九里三十步街中，珠翠填咽，邈若仙境。

当时杜牧在扬州任职，就感慨道："十年一觉扬州梦，赢得青楼薄幸名。"说明扬州的青楼妓女之盛。

这里顺便说说自唐代以后，往往将城市中一些高档妓院称作"青楼"

之由来。原来"青楼"与妓院并无任何瓜葛，据《太平御览》卷176《居处部四》中释"青楼"云：

> 《齐书》曰：东昏侯后宫起仙华、神仙、玉寿诸殿，穷尽雕涂，以麝香、杂香涂壁。时世祖于楼上施青漆，世谓之青楼。

在《晋书·麹允传》中也记：

> 允，金城人也，与游氏世为豪族。西川为之语曰："麹与游，牛羊不数头，南开朱门，北望青楼"。

可见青楼本意是所涂漆色，与朱门同意，在六朝诗中多有所用。于梁时，刘邈《万山见采桑人》诗首句云："倡妾不胜愁，结束下青楼。"由此倡妾住进了青楼，青楼便成了烟花女子从业之地的雅称了。

两宋时期，随着商品经济的进一步发展，城市布局也发生很大变化，市民文化生活日益丰富，加上政府对官员嫖娼力加限制，宫妓逐渐消失，于是市妓大兴。北宋初开封城内：

> 四方指南海为烟月作坊，以言风俗尚淫。今京师鬻色户将及万计……遂成蜂窠巷陌，又不止烟月作坊也。①

这数以万计的"鬻色户"遍布全城，《东京梦华录》中就记有十余处妓馆娼楼，此外还有半公开的妓女，除了自行揽客以外，还与酒楼、旅店相互连通。樊楼、丰乐楼、长庆楼等，惯用妓女招徕顾客：

> 京师酒店门首……浓妆妓女数百，聚于主廊檐面上，以待酒客呼唤，望若神仙。

至于南宋临安城内妓女则更多，这在《梦粱录》、《都城纪胜》、《武林旧事》等著作中都有记载。直到元代马可·波罗到杭州时，仍见到杭

---

① 陶谷：《清异录》卷上《蜂窠巷陌》。

州城内妓女不计其数，遍布全城各个角落。马可·波罗还讲到元代大都城内妓女，就有两万五千多。

明代则更甚，朱元璋竟然命工部营建十六座酒楼，搜罗各地妓女入院营业，供官僚学子享用，开官营妓院的先例。

> 万历十年（1582年）前，房屋盛丽，连街接弄，几无隙地。①

所以，钱谦益在《金陵社夕诗序》中称：

> 陪京佳丽，仕宦者夸为仙都，游谈者据为乐土。

其他各地城市中的酒楼、饭馆、旅店，几乎处处遍布妓女。如：

> 在大同，诸边营妓如云，大胜京师。②

至于扬州城内二十四桥妓女集中地：

> 巷口狭而肠曲，寸寸节节，有精房密户，名妓、歪妓杂处之。名妓匿不见人，非向导莫得入。歪妓多可五六百人，每傍晚膏沐薰烧，出巷口倚徙盘，躅于茶馆酒肆之前，谓之站关。③

清代虽然取消了官妓，但私妓乘机大为发展，凡商贾能到之处必有妓女；凡达官贵人和士子们汇集的城市，总有供他们玩赏的名妓。尤其在扬州、苏州、南京、上海、杭州、广州、北京、天津、福州、潮州、宁波等城市的妓业最为发达。清代前期扬州：

> 城内里城，妓馆每夕燃灯数万，粉黛罗绮甲天下。④

---

① 顾起元：《客座赘语》卷七《女肆》。
② 沈德符：《万历野获编》卷一七。
③ 张岱：《陶庵梦记》卷四，《二十四桥风月》。
④ 吴兰茨：《扬州鼓吹词》。

近代上海崛起以后，异军突起，很快发展成娼妓都会，各式娼妓名目繁多，其人数也居世界城市之首。至新中国成立前，在全国各大城市中几乎都有妓院集中的"红灯区"。诸如：北京的"八大胡同"；上海的四马路；沈阳的"平康里"、"通天街"、"九门脸"三处；南京夫子庙一带；开封的"第四巷"；桂林的秀水塘一带；昆明的"三益里"等。直到新中国成立后，政府下了很大决心，采取得力措施，不仅封闭了各城市中所有妓院，而且对所有妓女收容改造，使她们转业从良，自新自立。以至使这一千余年来的城市病毒，得到根治绝迹。

但是，近年改革开放以来，社会上有些人不顾廉耻，竟然走上卖娼道路；而有些商人挣了钱，不仅自己在这方面去挥霍享受，而且还以此腐蚀毒害干部，引诱干部下水。而市场上明娼暗妓行当不断变换花样地出现，什么KTV包间，什么美容美发厅，什么沐浴足浴，什么三陪女等等，随着地下出版物的黄色书刊和黄色光盘的泛滥，城市中一时乌烟瘴气。一些人得不到满足，便铤而走险，采取各种卑劣手段，非抢即盗，甚至行凶杀人，刑事案件骤增，大大破坏了社会治安。

娼妓不仅是不道德行为，有碍社会风化，易染各种性病，严重摧残人体健康；而且是导致社会不安定的重要因素。在生活条件日益富裕起来的同时，我们更应该清醒地认识到嫖娼行为的丑恶和它的极大危害性，应该杜绝它的滋生和发展，让它在我们日常生活中彻底根除。

五　乞　丐

乞丐俗称叫花子，又作花子，盖以其叫号于市而募化钱物者。各地对他们都各有不同的称呼，是指以行乞钱物为生的贫困者，为社会中最下层不治产业的一个成分。在唐代以前只是单称为乞或丐，"乞"有索讨、祈求的意思；"丐"在甲骨卜辞中是祭祀用词，意为乞神，也有给予之义。乞一般表示行为，丐则较多表明身份。清人徐珂定义为：

> 无恒产，无恒业，而行乞于人以图生存之男女，曰丐。[①]

[①] 徐珂：《清稗类钞·乞丐类·丐之种类》。

即使汉代起有此连称，但并非指行乞者，而是指乞求和给予两重意思。直到宋代以后，才正式有"乞丐"之称。

乞丐是个社会问题，这是一个古今中外普遍存在的问题，只要有贫穷，必然就有乞丐现象。在世界各地都有这种现象，不过他们的乞丐很少有徒手索钱者，一般他们在无职业之中寻求职业，或为路人擦火，或为游客刷靴，或扶掔老人，或以玩物、糖果给儿童，以此让人给点儿小惠，以示对他所尽义务的一点报酬。而中国乞丐习以不治产业，多以空手索乞，只是变换各种花样，以求得别人同情予以赐惠。只有很少一部分乞丐，自寻机会，做一些能帮助别人的简单劳动，如过去人力车或三轮车，上桥比较吃力，他们从后助一臂之力，帮忙推一把；也有在车站、码头上帮人接送行李的；再有给有红白喜事家里抬杠作苦力的；以及沿街给人擦皮鞋的等等。

乞丐现象在农村也有，只是在乡村乞讨远不及城市方便有利。城市里富豪者的残羹冷炙，商贾所丢弃之物，以及一般城市平民，在自身温饱之余，也能多少予以一些施舍，这些尽可供乞丐们苟延活命的了；所以城市为乞丐麇集之地，成为乞丐生存的福地。城市中乞丐问题比较突出，不仅影响城市风化，而且已成为城市治安的一个重要危害因素。

在当今社会中，我们不排除仍有部分人确实是因贫困无奈而行乞，因为我们国家毕竟还有近百万人口尚未摆脱贫困，再说全国各地几乎年年有灾，这些都是城市乞丐主要来源。但是，由于我们的社会制度优越，政府采取得力措施，正在不断治贫，争取尽快能使全国贫困地区都能脱贫致富。同时，每当出现大灾时，政府倍加关心，发动海内外募捐，并调拨大量物资进行抗灾救灾，及时安排好灾民的生活，尽量不使他们流离失所，造成城市新的乞丐。

但今天城市中乞丐已非昔日乞丐可比，过去的乞丐绝大部分是因赤贫如洗，无法生存，为生活所逼而行乞。而现代城市中的乞丐绝大部分并非如此，他们往往已职业化了。他们行乞并非真正为生活所迫，实际是为了发家致富所走的一条捷径。他们做出各种假象，如装扮成快要临产的产妇，或领着小孩甚至直接教小孩向游客乞讨，他们还专找正在热恋中的青年男女，或是专找外宾，甚至拉住别人裤腿不放，有的专找人们聚集之处，如车站的候车室等，博得一些人的同情或免受干扰，便大大方方地出手施惠他们，至少一两毛，现在一般人手中毛票都很少，于是出手就是一两元,甚至五元、十元的都有。他们既可不劳而获,同时还收入匪浅,不说日进半金,至少也能有数十或上百的进账。他们积攒后,将钱汇回老家,不出数年,家中楼也盖了,家用电器也全了,远比在家乡劳作者富裕得快。

乞丐有个发展过程,最早都是因贫穷或丧失劳动能力,才以乞讨为生,人们还较为同情怜悯。因我国历来是笑贫不笑娼,他们处在社会最下贱的底层,乞讨者最大的问题是脸面问题,沿街行乞必须得拉得开脸面,不怕耻辱。真正到了无法生存境地,为了生存需要,当然也就顾不得脸面了。再说一个人不是被逼到最后境地,是不会轻易走上这条路的,既然他们无奈地伸出求助的手,人们只要有一丝能力,也就出于同情施舍一点。

由于乞讨者丢开脸面后,即能轻而易举地获取生存条件,有时还能获得较丰厚的收益。于是有些好逸恶劳者也随之加入这支队伍,发展成以乞讨为生的职业乞丐,这种职业乞丐的出现至少不晚于六朝。一旦沦为职业乞丐,就沉沦为社会的寄生阶层,这些人便成为城市中的赘瘤,从而逐渐发展成为城市一大公害。

唐代以前,乞丐虽多,基本上都是以单个行动为主,即使已成帮结伙,但尚未形成专门行乞组织。当时的乞丐大多是因贫困而为,他们都比较规矩,只是乞讨而已。但自宋代起,随着城市的发展,城市中一些游手好闲、好吃懒做的流氓、骗子、无赖等,也加入乞丐行列,他们将一些恶习也带入了乞讨之中,从而乞丐这行也就随之堕落了,使得本来抱以同情感的人们逐渐厌恶唾弃他们。同时他们也模仿市肆中的"行团"组织,组织起他们的丐帮组织。《东京梦华录·风俗》中记,开封城内:

> 至于乞丐者,亦有规格。稍似懈怠,众所不容。

所谓规格,主要是指穿着特制的乞讨衣服。

> 诸行百户,衣装各有本色,不敢越外;
> 街市行人,便认得是何色目。

至于宋代出现的乞丐组织,在正史资料中未有明确记载,但从宋元话本小说《金玉奴棒打薄情郎》中可见一斑:

话说故宋绍兴年间（1131—1162年）临安虽然是个建都之地，富庶之都，其中乞丐依然不少。那乞丐中有个为头的，名曰"团头"，管着众丐。众丐叫化得东西来时，团头要收他日头钱。若是雨雪时，没处叫化，团头却熬些稀粥，养活这伙丐户。所以这伙丐户小心低气，服从着团头，如奴一般，不敢触犯。那团头见成收些常例钱，一般在众丐中放债盘利。①

乞丐从贫困乞讨发展成职业乞丐，自宋代以后又建起丐帮组织，从而开启了与黑社会势力相勾结的恶劣行径。于是乞丐便与社会黑暗面联系日益密切，其成分也愈来愈复杂，逐渐发展成社会上无恶不作的团伙。

乞丐组织是一种秘密的社会组织，组织结构较为松散，隐藏在社会的底层，也有他们自己的隐语，建有帮规，设有崇拜的祖师。帮有帮主，即丐头。帮主有"杆子"，这是帮主的权力象征，即帮内的权杖，犹如官府的大印，帮主可凭这杆子惩治违反规矩的乞丐。这实际是乞丐行乞工具演变而来，俗称"打狗棍"。因各丐帮都有自己控制的地域范围，凡外来乞丐进入这地区行乞，必须要举行入帮仪规，先行拜师仪式。新加入乞丐组织者需缴纳入帮费，一般是三天的乞讨收入，叫"献果"，此后把每天的乞讨收入中两成献给丐头。遇到节庆还要向丐头送礼问安。此后必须按帮规办事，如有所违，必予严惩不贷。

清代各地丐帮组织日臻成熟，更加广泛庞杂。上至京师，下至各县，有丐多有帮，有帮，必有丐头。几乎所有城市都有，虽名称不一，但其性质基本相同。如清代北京的乞丐组织，就有蓝杆子和黄杆子两种，这在徐珂的《清稗类钞·乞丐类·丐头》中有详细记载：

京师丐头，向分蓝杆子、黄杆子两种。蓝杆子者，辖治普通之丐；黄杆子者，辖治宗室八旗中之丐也。盖自入关以来，旗人向不事生计，而宗室中亦有游手好闲之徒，余威未杀，市井横行，故其党魁黄杆子一席，必以属之位尊势厚桀骜不驯之王公贝勒，方足以慑伏之。所辖均旗人，犹之寻常一族之族长，不足为耻，且资格权力足以

---

① 冯梦龙：《古今小说》卷二十七。

雄长其曹，被推之后，虽欲辞而不得也。

> 黄杆子者，实为一种高等之流丐，非端午、中秋、年终不外出，且不走居户，不伸手索钱。每至各店时，必二人或四人，以一人唱曲，一人敲鼓板和之。唱时，以手背向上，执鼓板使平，即为索钱之暗号。店伙以所应给之钱，（至少不得逾大钱五枚。）举之使高，约出头部少许，置这鼓板上，若辈乃去而之他。然有特别规约，给钱时，不得在唱逾五句之后，若不谙此例，或靳而不与，或与而不如仪，则若辈即旋身而走。明日倍其数来，后日更倍其数来，自启市至闭市止，不索钱，亦不出恶声，往往围聚于店门，往来居民恒指而目之曰："黄杆子今日与某店开交涉。"则惴惴然惟恐祸及，势必贸易停止。迨后店主托人和解，则数千数十千，视其时日多寡、情节之轻重而定之。然有大力者请得黄杆子来，若辈亦帖然奉命。

此外，在其他地区普遍存在叫"穷家子"的丐帮。清末民初在吉林海龙一带有叫"大筐"、"二柜"的乞丐组织。前者主要由残疾乞丐组成，后者以卖唱行乞和要饭的乞丐为主。在内蒙古包头有个叫"梁山"的丐帮。奇妙的是在黑龙江双城府居然还出现过由官办的丐帮"双城府乞丐处"。这些旧社会的丐帮组织名目繁多，他们巧立各种名目，如门罩、上贡、例贡、丐捐、包月等，向商家敲诈勒索。使乞丐性质发生了质的变化，他们由原先的向人们乞求施舍的"乞讨"，变成了主动强索性"乞讨"了。由此让施舍者从原先同情可怜转向可恶可厌，甚至可畏可惧的地步。

作为单体的乞丐来说，它只是带有寄生性的坐食社会而已，对社会并不造成多大的危害。在唐代中叶以前的乞丐，基本上不做有损人格，危害社会的事。但自出现职业乞丐后，特别是有了乞丐组织以后，社会上一些残渣余孽，游手好闲分子也纷纷沦入乞丐队伍，他们并非真正贫穷无奈行乞，而是别有用心地利用乞丐手段以达到他们不可告人的目的。使乞丐行当从苦苦哀求的讨乞，转向狡黠的骗乞，进而发展成强行索乞，甚至盗乞、抢乞；加上与黑社会势力相勾结，施行各种流氓手段，使之成为以寄生为主，又是藏污纳垢的社会最底层的群体。他们本与侠、盗不尽相同，他们与法律和秩序之对抗不及侠、盗那么尖锐。他们只是不以官府法律为尊，注重按自己的一套规矩行事。但最后有的竟落入盗匪之列，成为危害社会人们下层生活秩序的一大祸害，引起群众的反感。

问题是近年在上海、济南、沈阳、丹东等大城市中又出现了流氓集团性质的丐帮组织，有的已被当地公安部门破获取缔。这些在有关报刊上已作披露，在刘汉太的《中国的乞丐群落》一书中有较详细的记载。所以我们对乞丐问题绝不能等闲视之。

六　盗　贼

盗贼现象大概是随私有制产生以后即已出现，它一直是城市中的一大祸害，历代王朝和各级政府，为了治理社会秩序，对此一直很头疼。早在《周礼·地官》中即已记载，西周时在城市的市场中已专门设有：

> 司稽掌巡市，而察其犯禁者，与其不物者，而搏之。执市之盗贼以徇，且刑之。

春秋时，晋都内因：

> 寇盗充斥，是以令吏人完客所馆，高其闬闳，厚其墙垣，以无忧客使。①

可见当时盗贼已很猖獗。《谷梁·哀公四年》记：

> 春秋有三盗。微杀大夫谓之盗；非所取而取之谓之盗；辟中国之正道以袭利谓之盗。

由此可见古时盗与贼还未有区分，皆以盗相称，共有三类：一是小偷，二是劫徒，三是反民。历来"乱世为盗，治世为民"，反民多生于乱世，他们大多出自流民，有很大的突发性和不稳定性。而强盗（即劫徒）却无时不有，劫徒多以武力抢劫为生的职业强盗；而劫徒对象主要是平民百姓与商贩行旅；而反民要与官府作对。平民百姓怕盗匪劫徒，官府心腹

---

① 《左传》襄公三十一年。

大患是反民。

以后随城市繁荣与消闲阶层的出现，小偷与流氓为伍，于是把明火执仗之徒与鼠窃狗偷之辈区分开来。前者为盗，后者为贼。即所谓：

> 凡财物所有权之在人者而我取之也，以强力行之者为盗，其得之也曰抢；以诡计行之者为贼，其得之也曰窃。①

盗即上述之劫徒，贼即上述之小偷。也可说，大贼为盗，小盗为偷。

盗是草莽社会中最庞大、最不稳定、最复杂的一个群体。说其庞大，是因其来源广泛，数量众多；说其不稳定，是因民、盗转换频繁，乱世生盗，治世养民；说其复杂，是因其盗的含义覆盖较广，其间鱼龙混杂，良莠不齐，逐利之徒充斥，为此不惜生抢活夺，弱肉强食，布满了险象恶机。

先秦时最早的盗侠盗跖就提出凡做盗侠，必须具备五德：

> 夫妄意室中之藏，圣也；入先，勇也；出后，义也；知可否，知也；分均，仁也。五者不备而能成大盗者，天下未之有也。②

其意是：偷盗前应先对别人室内所藏财宝，斟酌商量，如能验若神明，则可称圣；行盗时，能身先士卒，则为勇；同时能先保护同行者先脱险，而自己不惜牺牲最后才走者，则谓义；如能事先预测事成与否，则为知（智）；盗成以后，能将赃物均分者，则为仁。此"圣、勇、义、知、仁"五德俱全者，方可成大盗。这五德对后世盗者，颇有影响；只是后世的盗贼们早已不顾此五德，胡作非为，愈演愈烈。

从盗者都是出于生存无奈，带有侥幸心理冒险而行。正如徐珂在《清稗类钞·盗贼类·两粤盗风之炽》中所云：

> 两粤盗风之炽，甲于通国，俗有男子三十不成事业便当落草之谚。落草者，为盗也。盖粤人嗜利，而具冒险性质，见有利，辄趋

---

① 徐珂：《清稗类钞·盗贼类·盗贼横行》。
② 《庄子·胠箧》。

之。凡可以致富救贫者，虽陷罪致死，不之顾。

贫人既无生计，饥寒亦死，为盗而为官所捕亦死，等是一死，而饥寒重迫，必死无疑，为盗犯法，然未必为盗者人人尽为官所捕，即捕，亦不过一死。是不为盗则死在目前，且必无幸免之理，而为盗则非特目前不死，且可以侥幸不死。既若此，是亦何乐不为盗也。粤人为盗者之心理盖如此。

可见为盗者横竖一死，与其为生活所逼等死，不如铤而走险为盗，即使被捕，至多也不过一死，或许侥幸躲过，也还有生路。真是"民不畏死，还有何畏？"长期处于社会底层的贫民，确实是为生计所迫，顾不得法律的严厉，冒险从盗。对于这些铤而走险者，只是以法律绳之、警之、禁之，都还难以征服。所以，历代官府为了捕获他们，不得不采用一些手段。如汉代宣帝时的京兆府尹张敞，就有一套制服方法：

> 长安市偷盗尤多，百贾苦之。上以问敞，敞以为可禁。敞既视事，求问长安父老，偷盗酋长数人，居者温厚，出从童骑，闾里以为长者。敞皆召见责问，因贳其罪，把其宿负，令致诸偷以自赎。偷长曰："今一旦召诣府，恐诸偷惊骇，愿一切受署。"敞皆以为吏，遣归休。置酒，小偷悉来贺，且饮醉，偷长以赭污其衣裾。吏坐里间阅出者，污赭辄收缚之，一日捕得数百人。穷治所犯，或一人百余发，尽行法罚。由是抱鼓稀鸣，市无偷盗，天子嘉之。[①]

张敞在此采用的就是以偷治偷，从内部瓦解他们的办法。他先求问长老和偷盗的头目，这些头目平时外出都车行仆从，闾里百姓还以为他们都是长者。张敞召见他们，并未立即捕获，而是充分利用他们，分化瓦解他们，宽恕他们的罪行，晓之以理，让他们都来自首，以求宽容，以此立功赎罪。这些头目认为，如将其手下偷盗者都请到官署来自首，自有部分不愿者会惊恐而逃，于是提出能否给他们小吏差使，张敞照办。那些偷盗者闻讯纷纷前来向头目恭贺，头目们趁机将他们都灌醉，然后在他们的衣襟上涂以红色暗记。这样官府吏差便见有涂有红色暗记的捕之，一天之内就

---

① 《汉书·张敞传》。

抓了数百个，经审讯，有的已案犯百余次。从而一网打尽后，很长时间报警声少了，市无偷盗，平安无事，获得皇上嘉奖。

诸如张敞这样智取盗贼的事例，历代官员中不凡其例，不必再多举了。更为恶劣的是，在现实社会中，往往一些执法者为利益所驱，常常不但不去智取，相反，他们还会利用缉捕机会与盗贼相勾结，或向盗贼敲诈勒索，或让盗贼"进贡"，从而庇护盗贼继续作案。60年代有部电影叫《警察与小偷》，以为是讽刺剧，看了只觉好笑。

其实，生活中这样的事远非讽刺，如清末有人居然偷了有湖广总督张之洞的貂服和朝珠，张之洞同意只要窃贼能当面归还朝珠可以不咎。事隔不几天，忽有一官员打扮者要求接见，那人递了名帖，行了礼，拜见一会儿即告辞。待送客回来，张之洞发现朝珠已入靴筒，使他大为愕然。又如民国年间，上海总捕头在街头巡视散步，突然发现他挂着链子的怀表和口袋里一千多元纸币不翼而飞了。震怒地要求尽快破案，其手下与窃贼商议要求归还赃物，窃贼提出需索总捕头照片一张作纪念，然后让总捕头于原时原地原样散步行走。后将照片给贼后，次日，总捕头届时仍至原地行走，只是马路上一辆马车疾驰而过，几乎要撞过来，路边有人一推而过，其物已如数尽在总捕头身上了。而今一些执法者，如法炮制，明知盗匪窝藏地，他们潜入讲好条件，索取相当赃款，然后让盗匪迅速逃离。所以城市中盗贼现象永远难以根治，当你失窃后报案时，警察居然一言以蔽之："现在有人能将中南海的车偷跑了，你这案算什么？"

其实说怪也不怪，因为如此大案也是司空见惯，徐珂的《清稗类钞·盗贼类》中所记累篇，生动有趣，不妨一读。诸如康熙时有李笠在扬州盗金库事；有咸丰时登州刀客窃抚台大印的；更有同治年间，"皇帝亲亲之宝，已不翼而飞矣"，国玺居然被窃，真可谓动到太岁头上去了。由此可见，历来"神偷"、"神盗"不计其数，防不胜防，真可谓"道高一尺，魔高一丈"。在徐珂的《清稗类钞·盗贼类》中还记有各式偷盗方法：

其行于陆者有十二（实十五）：

  翻高头，即越墙贼也。不用器具，翻身上墙屋者曰上手把子，犹言本领大也。若下手把子，须有滑条。滑条，竹竿也。

  开天窗，即在屋面掀去砖瓦，拍去椽子而下也。

开窑口，即掘壁贼也，又曰开桃源。窑口愈小，本领愈大。有专至衡窑者。衡窑，卧室也。有专至欢喜灯者。欢喜灯，灶室也。

排塞贼，即撬门而入者。

闯窑堂，即白日闯也，有早闯、日闯、黄昏闯之别。

踏早青，即侵晨窃物，亦早闯之流也。

跑灯花，即于薄暮时，出入不意，攫物而逸者，又曰灯花拍过。

吃恰子，即乘主人锁户外出，裂锁而入者。恰子，锁也。

铁算盘，盖役鬼以窃人财物者，其人入门，必先就主家乞茶或水饮之，否则不能算。且必主家自知所贮之数目，始能窃之。

拍花，即以迷药施于行道之人，使其昏迷不醒，攫夺财物也。

收晒朗，即乘人不备，窃其所晒衣物者也。

插手，即翦绺贼也。但用手指者曰清插，用银皮纸者曰浑插。翦绺二字，见于《明会典》。京师谓之小绺，疑是音转之讹。

扒手，乘人之不备而取其随身之财物也，亦作扒撬。

拾账头，即偷鸡贼也。

对买，即以同形式或同重量之物易人财物者，如混入商店窃买主之手巾包，而易以同式之手巾包，或篮中有钱若干，而易以同重量之砖石等是也。

其行于水者有三：

钻底子，即至船舱中窃物者。底子，船也。

挖腰子，即不上船而以能伸缩之竹竿伸入船窗，钩入衣被者也。

掉包，即在船上冒充乘客，乘间而窃物者，亦对买之流也。

另外，"上海飞口有神技"：

上海翦绺、扒撬之贼至多，然类分部别，名目至繁，闻其中有五等。一曰里口，乃以小翦翦物者。一曰外口，乃以康熙大钱磨成刀式割物者。一曰窃口，乃以手掏摸者。一曰盗口，虽系偷窃，而带有强横性质，如长江帮中之扒儿手者。一曰飞口，则飞行绝迹，神妙不可思议，为最上乘矣。

这些扒窃技巧，迄今仍在行施，如在商店或车上，往往有人提醒顾客乘客将包挎在胸前，以免遭"外口"；又如最近报刊揭露"拍花"重演，提醒大家注意防范。

总之，城市中盗窃问题随时都会发生，单靠治安机构保卫，靠防盗门加锁等，都是无奈之举，唯有加强自我防范，处处小心，不给窃贼机会，则是最最安全的措施。

七 流 氓

"流氓"称呼是近代出现的名词，原为上海地区的方言，其意指：

> 凡无业游民遇事生风者，人目为流氓。[①]

即长期不务正业，为非作歹，给社会造成一定恶劣影响的人，他们也是处于社会底层的平民。流氓称呼虽晚，但这类人古已有之，其称谓不断变更，其性质也随时代发展而不断发展变化。据陈宝良在《中国流氓史》中考定：先秦时期称作赖子、恶少及惰民、闲民、轻民等；这里的赖子即后来的无赖，这里的恶少即秦汉魏晋时的各种恶少年，如闾里少年、闾巷少年、轻侠少年等。隋唐时除仍有称恶少外，尚有无赖贼、闲子和妙客之称；宋代则称作捣子，也还有顽徒、无赖、破落户等称法；元代通称无徒、泼无徒及泼皮、绰皮等；明代称作赖皮和光棍；清代仍称光棍，又称喇唬或喇棍。直至清末上海地区才开始称作流氓。

同时各地又有不同称法：上海除称流氓外，还称作拆梢、地棍、白相人等；北京、天津地区称混混或打闲的；苏州称作獭皮，杭州称作聊荡或滥聊，绍兴称为破脚骨，江西人称为棍子或老表；两湖地区多称痞子；福建人称搭溜、闽棍等；广东人称其为滥仔、泥腿；西安人则称闲痞；四川人称啯噜子。总之，多以赖、痞、棍等称之，人们习惯概为"地痞流氓"。将他们的行动多称之为"耍流氓"或"耍无赖"。

[①] 葛元煦：《沪游杂记》卷二。

隋代以前，由于城市经济发展的一定局限，当时社会最大问题主要是侠客、盗贼等，流氓问题还不是太突出，至多只是各种恶少年，在城市中胡作非为，而且大多是带有盗窃抢劫性的，尚未构成社会太大威胁。

自唐以后，乡村农民离土游痞现象日趋严重，在繁华的都市中，滋生了一批社会渣滓，这就是"坊市恶少"。

他们：

> 危帽散衣，击大球，户官道，车马不敢前。①

有的：

> 著叠带冒，持梃剽闾里。

以至宣宗时：

> 近日多有闲人，不务家业，尝怀凶恶，肆意行非，专于坊市之间，胁取人财物。②

这些恶少、闲人等最大的流氓特点就在于普遍"文身"，当时称作"札青"。当时大宁坊中有位叫张宁的，居然在两臂上扎上"生不怕京兆尹，死不畏阎罗王"的誓言。③

约从唐末开始，这些流氓开始聚徒结党。后唐时：

> 又闻市井之中，多有凶恶之辈，昼则聚徒蒲博，夜则结党穿窬。④

---

① 《新唐书·李绅传》。
② 唐宣宗：《委京兆府捉获奸人诏》，《全唐文》卷八十。
③ 段成式：《庐陵宫下式》，《说郛》卷十七。
④ （后唐）庄宗：《严科市井凶豪令》，《全唐文》卷103。

到宋元时期，流氓结社日益增多，如宋代有"没命社"、"亡命社"；元代有"清乐社"、"扁担社"等。组成流氓集团后，他们更是有恃无恐地横行霸道，什么抢劫、勒索、奸淫、杀人放火等，简直是无恶不作，对社会造成极大的破坏。

明清时期的流氓集团进一步得到发展，明代较为著名的就有莠民组成的十三太保、三十六天罡、七十二地煞及苏州地区的打行等。以打行来说，约于嘉靖年间开始起于苏州，人数仅数十人，他们专职殴人，内传一套秘法，可以做到让被打者或三月、或五月、或十月乃至一年而死，绝无差错。有时他们代人去报仇打人，后来有的可以代人去挨板子，当然这些都是需付高价的。这些流氓集团横行市肆，诓诈、嫖劫、偷盗等奸诈之事，无所不为。

清代各地的流氓活动和流氓组织都达到了登峰造极的地步，明代流氓活动中心主要在北京、南京、苏州、杭州等地，而清代除北京仍麇集大批流氓外，新兴起的上海、天津等工商城市已发展成为流氓活动新的中心，同时其他各地的一些城市，流氓活动也都日渐频繁，甚至遍及到一些边远地区。清代流氓之多，从其名目繁多可见一斑，几乎集历史之大成。清代流氓以"棍"相称的就有：地棍、土棍、匪棍、痞棍、光棍、流棍、山棍、讼棍、杠棍、蠹棍、衿棍、神棍、学棍、赌棍等；以"痞"相称的还有：地痞、兵痞、文痞、獭痞、衙痞、女痞等。至于流氓组织各地几乎都有，京城往往以"会"相称，天津称"混混儿"，上海则称"党"，四川则叫"嘓噜子"等，这些还都是土著的流氓集团。

清代后期，随着外国流氓的侵入，以后又出现了中外混合流氓集团，如徐珂在《清稗类钞·棍骗类·串通洋人以行骗》中，就记有中外流氓合伙行骗事。甚至在上海还出现了外国流氓集团，如上海的华尔洋枪队，由美国流氓华尔纠集数百名外国流氓组成。所以新中国成立前的上海被称作是"冒险家的乐园"。

历来的流氓所施行的手段无外是骗、讹、窃、打、抢等；惯用的伎俩则是耍赖、行霸等。

在江湖上行走的各行都贯穿一个"骗"字，各行所骗都各有自己的技巧与特色，故流氓的"骗"又不同于其他：

> 以强力取不义之财者曰棍徒，以诡计取不义之财者曰骗子，虽与

盗贼异，而其见利忘义则同。①

可见流氓行骗多是采用强力和无赖手段进行，他们讲究骗术，无所不为。可以胆敢假造圣旨，假冒官员、宗室来行骗；能制造假象，巧设机关，使被骗的双方都上当，而他们则从中渔利；不择手段地拐骗妇女儿童，甚至不惜残害肢体来骗取钱财。

在行骗的同时，他们惯用讹诈手段，即利用威胁恫吓方式向人强行索取钱财。这种方式在各地称呼不一：上海称作敲竹杠或拆梢，杭州叫刨黄瓜，镇江人称之为钉钉子，南京则称敲钉锤。他们讹诈的方式极为卑鄙，往往无事生非，栽赃诬陷。有人烹犬，他便说丢了犬，诬人偷了他的东西来讹诈；甚至诬陷别人杀人害命，声称要告官；有的故意栽赃，将自己的钱包放入别人包里，反诬别人偷了他的；或是女流氓无缘无故上前打一男子两耳光，诬说在调戏她，并大哭大闹，另一男流氓便出面干预，说是调戏了他妻子，其他众帮手一哄而上，大打出手，夺取钱财。

有时他们讹诈不成，便干脆公开抢夺，如清代杭州流氓，

游手游食之辈，不事本业，淫酗赌博，犯上蔑伦，动辄纠集多人，背黄喊冤不已，即行抢。②

在盛京一带的流氓，"聚至三人以上，横河拦缆，诈索扰累，肆行抢夺"。③ 甚至亲自放火，然后趁火打劫。在上海的外国流氓也这么干，在夜深人静的冷僻处伺候行人，将其击昏罩上布囊，拖着就走。可见这种拦路抢劫是流氓惯用手法。

流氓打群架更是司空见惯，一般流氓武艺虽不高明，但都有一点儿花架子，有的成日在外寻衅闹事。先用恶语伤人，然后群起攻之，大打出手，最后从中勒取钱财。有的专门在街上充当打手，

迩来杭城有等不营生业，游食趁闲之辈，专逞耍拳使棒，名为打

---

① 徐珂：《清稗类钞·棍骗类·贩猪仔》。
② 赵士麟：《武林草附刻·正风俗》。
③ 《大清律例会通新纂》卷二四，《刑律贼盗》下，《恐吓取财》。

手……结党成群，见事鸱张，沿街虎踞，甚至受他人之雇，代为泄忿报仇①。

打殴对流氓来说简直是家常便饭。

至于盗窃，他们也不同于一般盗贼，多采用耍赖、欺骗手段，以武力相威胁，使被偷者即使发现了也不敢声张；有的抓住赃了也不敢去告，因为他们往往合伙串通，指鹿为马，颠倒黑白，能反诬别人诬告。所以他们偷盗每每能得手，别人望而生畏。

他们的无赖行为，无所不用其极，这些流氓成群结伙，逍遥法外，他们利用自己的势力，在上海等沿江码头上欺行霸市，往往成为地方一"霸"：他们霸占码头、渡口、妓院、赌场，在旧上海或以地为霸，或以行业为霸，成为菜场霸、渔市霸、黄包车霸，甚至霸占粪业，成为粪霸。

流氓的恶劣行径几乎占遍江湖上各个行当，他们与娼妓、赌棍、乞丐、盗匪、侠客等都有密切关系，但又有一定区别，他们间有互换性，但流氓又有自己的独特性。流氓的最大特点就是耍赖，如流氓去行乞，他们往往采取强硬手段，如施主不给，他们会自己动手去抢，或威胁别人，甚至将食物弄脏后夺来自享；他们有时还利用乞丐来行骗世人，乞丐便成为流氓的爪牙，而有的乞丐学会流氓的痞性，逐渐也成了流氓。再如流氓行盗，他们可以设下圈套，巧妙地偷盗了东西还让人抓不到把柄，甚至反咬一口倒打一耙，反诬别人拿了他们东西；有的盗贼受他们影响，也向这方面转化，逐渐也变成流氓之列。再说流氓与侠客，本来两者并不相容，侠客武艺高强，流氓一般怕受侠客欺负，他们有时假冒侠客进行诈骗活动，有的可能改邪归正后，演变成侠客，但也有侠客变坏，转向流氓了；更多的是流氓被侠客利用，充当侠客的爪牙。所以，有的流氓实际上已演化成乞丐、盗贼、流氓三位一体，无恶不作。

至于流氓行嫖和入赌更是常事，即使他们做这些事，也带有他们的赖性。如他们参赌，输急了，可以拿刀割下小腿一块肉作赌注，实际是要与其他赌徒玩命的意思。又如他们嫖娼，嫖完以后可以耍赖，更恶劣的是他们能玩弄同性恋，以男扮女去蒙别的嫖客，或是男扮女装后，耍弄各种流氓手段玩弄女性。随着流氓劣性的蔓延，它的影响面逐渐扩展到整个

---

① 赵士麟：《武林草附刻·禁打手》。

社会。

　　如有的流氓迫于无奈，步入僧道佛门，实际上他们本性未改，便将流氓习气带进佛门继续作恶，败坏佛道的名声；有的在佛教道教举行活动时，千方百计去进行捣乱，或者欺侮敲诈和尚道士，所以有的流氓便成了"神棍"。再如有的流氓加入军队，成为军队中的"兵痞"，而军队中原来一些素质不高的士卒，受他们影响，也染上了痞性，利用手中的武器或枪杆子，在社会上为非作歹，甚至烧杀抢掠，无恶不作。流氓们还利用民间打官司来行骗，他们制造假象，代人包打官司，发展成为"讼棍"，他们结伙闹公堂，可以变无理为有理，弄得衙门也无法。更为可恶的是，官府衙役、胥吏们也跟着流氓化而成为"蠹棍"，他们的危害更是残暴，正如民间所言："官府一点朱，民间一摊血。"其代价就更为惨重。他们利用各种机会和手段，一方面与社会上盗贼、娼妓、赌棍等联系，为他们通风报信，让他们为所欲为；另一方面则寻机欺负良民，敲诈勒索，甚至故意设下圈套，坑害百姓，鱼肉百姓。

　　由上可见，流氓对社会造成的危害，不仅限于他们直接的后果，更主要的还在于他们对社会方方面面的影响所带来的不良后果。而且还有他们的流氓意识造成的危害则更大，流氓行为向外可延伸到社会各个领域，就会出现政治流氓、流氓文人、足球流氓等。远的不说，只说"文革"期间，"四人帮"他们所搞一套完全是政治流氓的行为，他们鼓动红卫兵只吼一声"造反有理"，就不顾一切地砸烂旧世界，什么打砸抢，什么戴帽游街，什么批斗谩骂，葬送了千千万万无辜百姓的身家性命。最后斗到自己头上，便打派仗，进行武斗，结果没有一个有好下场。直到"四人帮"被打倒，他们丑恶的嘴脸得到充分暴露后，人们才发现做了一场噩梦，原来十年的"文革"，实际上就是十年的流氓大泛滥。

　　所以我们今天在认清城市江湖文化中流氓的种种恶劣行径的同时，更重要的是要进一步认清流氓意识在社会上所造成的种种恶劣影响。在日常生活中，我们也许经常会遇到一些莫明其妙很不正常的事实，如为了一个球的输赢，闹得整个球场天翻地覆；生活中为了一句不顺耳的话或一个不礼貌的行为，可以豁出命地大干一场，甚至闹出人命。这些都是因目无法纪，不讲道德，缺乏涵养，受流氓习气影响而造成的。

　　我们不要简单认为流氓习气只是不正常的男女行为，或是调戏妇女，对女同志有不礼貌行为等。实际上它涵盖的面相当宽广，诸凡蛮不讲理，无是生非，为非作歹，破坏正常社会秩序的行为，都带有流氓性。当它还没有造成严重后果时，它并不一定触犯法律，所以不大引起人们的足够重视；一旦事态蔓延扩展后，其恶劣后果不堪设想。所以我们不但要认清流氓行为的危害，而且更重要的是要充分认识到流氓意识的危害性更大，我们每个人都应该自觉不自觉地清除这些流氓意识的侵蚀，防微杜渐，以利社会的安定团结。

结束语

我国城市发展历史悠久，但长期受封建农业经济的束缚，始终得不到充分的发展，所以学术界普遍认为我国古代的城市一直不及西方的城市发展水平。实际上这是个误区，这是我国学者长期对我国古代城市研究不够深入的结果。往往以近代东西方城市发展的状况来作比较，并以为中世纪西方城市已基本与乡村独立，他们的城市商业化程度要比我们高，而我国封建社会的城市长期在封建统治者的控制下，难以有很大发展。

实际上，我国古代城市的发展明显地存在着前后两期的不同状况：以唐代安史之乱为分水岭，在这之前可谓我国城市发展的前期，在这之后可谓我国城市发展的后期。其最大的区别在于我国城市从古老的"坊市制"向"坊巷制"转化后，我国的城市经济文化也发生了根本性的变化。前期城市发展确实较为缓慢，但也不一定比西方城市差多少；而在后期的城市发展中，我国城市发展水平绝不比西方落后。

本人虽未进行过全面系统的研究，但在选择典型个案分析研究中发现，我国古代一般的城市就比西方最发达的城市还先进得多。以东西方水城，即我国的苏州城与西方意大利威尼斯城相比较：我国的苏州城只是东南地区的郡首，仅是地区性的政治、经济、文化中心，属于一般中等城市；而威尼斯则是被西方号称为"欧洲第一大城市"。我们从建城历史，城市规模，城市经济发展状况以及城市建筑艺术等诸多方面进行了比较研究，可以清楚看到，当年的威尼斯无论哪方面都不及我国的苏州城[①]。

实际上，西方学者 R. 墨菲也早有同感：

[①] 拙作：《古代东西方"水城"——苏州与威尼斯比较研究》，载《北京与中外古都比较研究》，北京燕山出版社 1992 年版。又载《中国古都研究》第八辑，中国书店 1993 年版。

城市在中世纪世界已到处存在。在中国和在拜占庭帝国都有城市。在十九世纪以前，大城市在中国的比例上比欧洲似乎为数更多，而在十八世纪以前，那里的都市化程度可能更高①。

　　同时，我们还可从《马可·波罗游记》中看到，当时他到过我国很多城市，都发出很深地感慨，始终认为当时中国的城市比西方先进而又壮观。仅以苏州为例，他也说："苏州漂亮得惊人"，"这里商业和工艺十分繁荣兴盛"，"这里人口众多，稠密得令人吃惊"……②

　　确实如此，我国古代城市之多，人口之密集，都市化程度之高，都居世界前列。且不说数以千计的县级城市，仅就州郡级城市而言，就早已数以百计了。而我国城市人口，早在六朝时，古都建康城（今江苏南京市）已在百万之上，以后历朝都城人口都有百万以上。至于城市中的城市经济文化发展水平，只要看看《清明上河图》中城市一角之景，即可充分展现我国一千多年前城市繁盛的景象。

　　前期城市中由于市场只是局限在集中的市中，城市实行宵禁，居民活动范围基本都在坊内，所以城市文化生活非常有限。而到后期，随着城市中商品经济面向全市居民，并出现了夜市，城市文化生活逐渐活跃起来，在饮食文化方面大街小巷中到处都有酒楼茶馆。娱乐文化方面开始有了专门演出场地，瓦子勾栏遍布全城，各种歌舞说唱等艺术形式也日渐丰富起来。宗教信仰方面，佛教道教空前活跃，特别是富有城市特色的城隍信仰和行业信仰也蒸蒸日上。市场文化方面开始出现行会组织，以后逐步发展成会馆、公所，乃至商会。很多方面都可看到前后期的历史差别。

　　其次城市文化的地区差异性变化也很大，前期我国经济重心主要在北方黄河流域，对外交流主要通过陆上丝绸之路，所以城市文化较为突出方面都在北方的一些城市中，诸如最早的定陶、临淄，汉唐时期的长安、洛阳以及河西走廊中的张掖、武威，乃至今天新疆地区的一些古城。而到后期随着经济重心南移，加上对外交流主要通过海上丝绸之路，所以城市文

---

①　墨菲：《作为变革中的城市：西欧与中国》，刊于《美国地理学家协会年刊》1954年第44期。转引自卡洛·M. 奇波拉主编《欧洲经济史》第一卷，中世纪时期。商务印书馆1988年版，第10页。

②　陈开俊译：《马可·波罗游记》，福建科学技术出版社1981年版，第174页。

化一般在沿海沿江的城市中得到充分发展，诸如唐代的扬州、益州，宋代的开封、临安以及港口城市广州、泉州、明州等地。我国历来城市文化地区差异十分明显，如在居住方面，北方始终以四合院最为典型；而南方则因雨水较多，在广州等城市出现有骑楼，便于行人避雨；在上海则因用地紧张，加上受外来文化影响，而对四合院形式加以改造，形成新型的石库门里弄。在饮食方面，根据各地风味不一，逐步形成四大菜系，以后进一步发展成八大菜系等。在交通文化中，北方从车行发展为骑马以至坐轿，而南方水乡城市中，基本以舟船为主。由于后期的外来文化主要从沿海港口城市进来受益较多，而港口城市多集中在东部沿海和南方地区，从而造成我国东部经济文化比西部地区发达，南方比北方兴盛的格局。

从城市类别来看，我国城市文化类别上的差异主要表现在政治、经济方面较为突出。一般较先进的城市文化首先多发生在都城之中，所以我们择例往往多以都城较为典型。其次是在经济较为发达的城市之中，如前期的主要驿道和陆上丝绸之路沿线城市；而后期主要在沿海港口城市和运河沿岸的城市中。我国古代尚未有真正的旅游、休养、娱乐等性质的文化城市出现，所以，城市文化一般都是随政治、经济的发展而发展。

我国城市文化发展的另一特点是受民族文化影响很大，除了在边区发展有不少具有民族特色的城市外，即使在中原地区的城市文化中，不同历史时期受到不同民族文化的影响而产生众多的具有民族特色的城市文化。自从凿通西域，开辟丝绸之路以后，我国西部少数民族的一些文化习俗传入中原；尤其是魏晋南北朝时期，北方少数民族入居中原，在饮食、服饰、音乐、舞蹈等方面对中原地区的城市文化发展影响最大，以至到唐代胡风大盛，吃的、穿的、玩的、唱的、跳的……几乎各方面都得到来自少数民族习俗的影响。至于以后辽、金、元、清各代，都由少数民族统治，将他们的很多优秀文化融入了汉民族城市文化之中，大大丰富繁荣了我国城市文化的内容和形式。

通过研究城市文化发展过程与现代社会生活进行比较，可以发现，总的来说，城市文化是向健康方面发展的。但在某些方面也有退化迹象，如饮食方面，古代本是分餐制，以后发展成聚餐制，从卫生角度来说，似乎不太先进了。又如丧葬方面，我国长期以来人们习惯火葬，但至清代中叶后，强行推行土葬，以至到现代再提倡火葬时，反倒感到不太习惯，甚至怀疑是受西方影响传来的。

虽然古代城市文化的发展与近代城市文化的发展不可同日而语，乃至到现代城市生活的突飞猛进，其发展变化的过程越来越快，这是时代在前进，科学技术的进步所造成的。但我们从古代城市文化的发展过程中，已充分显示我国古代城市文化之丰富，许多方面都居世界先进之列，我们今天现代生活中很多地方都与古代城市文化有着密切的联系。我们要继承传统城市文化中的优秀遗产，摒弃那些不利社会健康发展的糟粕，使现代城市文化生活更加绚丽多彩。